現代建築理論序説

1968年以降の系譜

ハリー・F・マルグレイヴ＋デイヴィッド・グッドマン 著
澤岡清秀 監訳

鹿島出版会

AN INTRODUCTION TO ARCHITECTURAL THEORY: 1968 TO THE PRESENT
by Harry Francis Mallgrave and David J. Goodman

現代建築理論序説　目次

凡例

一、鉤括弧「　」は原文の引用符〝　〟に、傍点は原文のイタリックによる強調に対応し、亀甲括弧〔　〕は訳者による補足を示す。
一、丸括弧（　）と角括弧［　］はそのまま原文に対応しているが、読みやすさを考慮して丸括弧あるいは山括弧〈　〉を適宜挿入した。
一、作品名は《　》で、書名、雑誌名、新聞名、映画名、演劇名は二重鉤括弧『　』で括った。
一、原注の番号は1、2、3……で、訳者による脚注は星印☆で示した。

前奏曲　一九六〇年代

　第二次世界大戦終結から一九六〇年代中頃までの間、二つの大きな理念が建築の職能を支配していた。第一は、モダニティへの政治的忠誠――社会に変化をもたらし、普遍的な環境秩序を提供することで、建築家は人間の命運を好転させ物理的倫理的に荒廃した地球を再生できる――という社会改良論的な信念であった。第二は、この改良を成就するための最も効果的な方法は科学技術《テクノロジー》とその応用に頼るべきだという信念であった。たとえて言えば、建築の女神は過去二〇年間、統一的なモダニティをもたらすのは科学技術だという考え方に魅了されてきたのだ。その熱狂的な魅力がいかに急速に色あせていくか、女神には知る由もなかったのである。

　その間を顧みると、分裂を示す切迫した徴候がいくつか見出せる。早くも一九四七年に、ルイス・マンフォードが地域的モダニズムの可能性を提起したが、ニューヨーク近代美術館（ＭｏＭＡ）の有力者を自称する者たちが、これを手荒く排除した。[1] 同年アルド・ファン・アイクが、ブリッジウォーターでの近代建築国際会議（ＣＩＡＭ）で、モダンデザインの過度に合理主義的な基礎に異議申し立てをしたが、ほとんど支持者はいなかった。[2] 次のエクス＝アン＝プロヴァンスでのＣＩＡＭ（一九五三）では、アルジェリアとモロッコ出身の建築家チームが、ＣＩＡＭの規範を遙かに逸脱した集合住宅案を発表する一

図P.1　BBPR《トーレ・ヴェラスカ》ミラノ、1950-1958　提供：ダヴィード・セッチ

方、ロンドンから来たチームがアテネ憲章の都市的前提のいくつかに異議申し立てをした。[3] そして一九五九年、雑誌『カサベラ・コンティヌイタ』の有力編集者エルネスト・ロジェルスが、現状に反抗する二連発射撃弾を装塡した。第一の弾倉に込められた弾はモダニズムからの「イタリアの退却」であり、その背景には二〇世紀初頭の「ネオリバティ様式」の形態に魅了された建築家の登場があった。第二の弾倉に込められた弾は〈歴史主義〉という破壊的な弾丸だった。つまり、折に触れて歴史的建築も敬意をもって参照するのを許そうという寛容なモダニズムを望んだのだった。奇妙なことに、この弾丸の引き金を引いたのはロジェルス自身（と彼の事務所のＢＢＰＲ）の設計による《トーレ・ヴェラスカ》（一九五〇－一九五八）だった。それはミ

ラノの中心街に立つモダンなコンクリートのタワーであり、キャンティレバーで持ち出された上層階を見た批評家たちは、それがイタリア中世都市の「雰囲気」を思い起こさせると批判した。これに対するモダニズム正統派からの反応は迅速で、ロジェルスはオッテルローのCIAM（一九五九）で、彼の歴史的引喩に異議を唱える批評家数名に攻撃された。その数週間前には、目を剝いたレイナー・バンハムが『カサベラ』誌の「ネオリバティ様式」への心酔を、非難とは言わないまでも教え諭すような喩えで攻撃した。

そのような古い衣服を身に纏《まと》いたいというのは、マリネッティがラスキンを評して語った言葉を借りると、身体的には十分に成熟した大人が、子供時代の無頓着を再び味わいたいがために、子供用ベッドでもう一度寝てみたい、年老いた乳母から乳を飲ませてほしい、と望むようなものだ。ミラノとトリノの地方的な水準を考慮に入れても、ネオリバティは幼稚な退行である。[4]

科学技術と生態学

一九五〇年代末、実際バンハムはすでに科学技術勢力の総司令官であり、この陣営は六〇年代には大勝利を収めるだろうと思われていた。バンハムは秀でた学識を有した精力的で明敏な人物であり、一九五〇年代後半を費やしてイタリアの未来派に関する論文を執筆した。彼を指導したのは、高名な亡命ドイツ人歴史家ニコラス・ペヴスナーだった。バンハムはその一方でロンドンのニュー・ブルータリズム運動の活発な議論にも参加し、因習打破を訴えるインディペンデント・グループの一派と特に親交があった。インディペンデント・グループはロンドンのＩＣＡ（現代芸術協会）内の芸術家の集まりで、その参加者にはリチャード・ハミルトン、ローレンス・アロウェイ、ジョン・マックヘイルがいた。彼らを結びつけていたのは、アメリカのジャズやポップ・カルチャー、ハリウッド映画、ＳＦ、デトロイトの自動車などへのとりつかれたような熱狂であった。それはビート世代の精神の証左であり、遠からず何かもっと大きなものに到達しそうな高まりを見せていた。

バンハムの論文は『第一機械時代の理論とデザイン』（一九六〇）として刊行され、これは建築理論において一時代を画す文献となった。それは学問的識見のためというより、「機能主義と科学技術」に関する最初と最後の章のためであった。バンハムの主要な論点は、自動車や大洋航行汽船のような機械に刺激された「第一機械時代」は、今ではもっと強力な「第二機械時代」に引き継がれた（しかし後戻りしたのではない）。この第二の時代を決定づけるものは、テレビ、ラジオ、電気かみそり、ヘアドライヤー、テープレコーダー、ミキサー、コーヒー豆挽き、洗濯機、冷蔵庫、電気掃除機、ポリッシャーなどの新種の機械であり、それらは今日の「主婦」に二〇世紀初めの工業労働者が手にしていたより遙かに強力な馬力を与えている。一九二〇年代の自動車が単に文化的エリートのステータス・シンボルであったとしたら、テレビ（「第二機械時代を象徴する機械」）は「大衆に娯楽を提供する」という決定的なコミュニケーションの目標を大衆に広めたものだ。この新しい機械時代に欠けていたのは、それを支える適切な理論だけだった。[5]

バンハムは、続く数年で公演や著作を繰り返すなかで、その欠落を埋めようとした。ますます急速に状況が変化していくなかで彼が必要だと感じたのは、科学技術とその概念化を完全に包括することだった。しかしそのような戦略は、少なくともますます自信を深めつつあった建築職能者にとっては危険を孕むものだった。

科学技術とともに走ろうとしている建築家は、伴走者が急速に進歩しつつあるときにその速度に追いついていくためには、かつて未来派の建築家がしたように、自分が建築家であることを示す装いまで含めて、あらゆる文化的な過去の重荷を捨て去る必要がある。そうしなければ、科学技術文化は彼を置き去りにして先へ進んでしまうだろう。[6]

バンハムがその二年後、ロンドンを代表する建築雑誌『アーキテクチュラル・レビュー』で建築をその優柔不断さの廉で「審理」に付したことは、あらゆる都市的課題に対してメガストラクチャー的解決が良いとされていた時代の文脈の中で考慮する必要がある。英国はすでにいくつか巨大都市を建設していたが、若い世代はもっと巨大なものへの野心を抱いていた。[7] 一九五〇年代後半、ハンガリー生まれのイスラエル人建築家ヨナ・フリードマンはGEAM（建築研究グループ）を創設し、地球上に三〇〇万人規模の新しい都市を一〇〇〇個建設する「空間都市」構想を提案していた。フリードマンは芸術家と思想家の仲間と協同しており、その中には、エクハード・シュルツ゠フィエリッツ、ポール・メイモント、コンスタント（・ニーヴェンホイス）、フライ・オットーらがいた。フライ・オットーは、変化し続ける社会の「絶え間ない変化」に対応するために「可動建築」を提案した。そこでは住人は、荒野に持ち上げられた複数階のスペースフレームに自分の「居住単位」を自由に接続できる。食物生産ですら空中の都市的温室で栽培されると考えられた。[8]

ほぼ同年代に、日本のメタボリストたちが過密都市の人口問題に対応するため科学技術に拠る独自の奇抜な作品を発表していた。[9] その一方で、ロンドンではアーキグラム（科学技術に夢中になった未来派的グループ）によるコミック誌のような空想的作品が人気を博していた。おそらく彼らの業績の決定的に重要な年は、ピーター・クックの《プラグ・イン・シティ》とロン・ヘロンの《ウォーキング・シティ》が華やかにデビューした一九六四年だろう。[10]

こうした華々しい上機嫌の背後にいた知的教祖はR・バックミンスター・フラーだった。彼は世界的に称賛者から「バッキー」と呼ばれて知られていた人物である。一九四〇年代後半からフラーは世界中の建築の大学を回って講演を続け、非線形思考と「エフェメラリゼーション〔短命化〕」という倫理的な教義を唱えた。それによれば、建物は通常の美的基準ではなく、その重量やエコロジーから見た健全さによって評価すべきだというのだった。アメリカ建築家協会（AIA）は、早くも一九二八年に発表されたフラーの《ダイマキシオン・ハウス》（持続可能性の思考に基づく二〇世紀初の試作品）の新奇性を見過ごそうとし続けていたが、一九六〇年代初めまでには、フラーはもはや無視できない存在になっていた。彼の郵便箱には世界中から客員教授のオファーや講演依頼が溢れるほど舞い込み、まさに栄誉が舞い降り始めていた。もちろんその評判は一九六七年モントリオール万博で彼が建てたジオデシック・ドームで頂点を迎えるが、彼の思考のこの側面ばかりに注目していると、彼の建築理論におけるもっと重要な貢献を見逃すことになる。

一九五五年に早くもフラーはロンドンのインディペンデント・グループとアーティストのジョン・マックヘイルと連絡をとっていた。フラーはマックヘイル宛てに（手紙で）「インターナショナル・スタイル」のモダニストたちは表面的なバスルームの美学に関心をもっていて、その壁の中にある給排水技術には無関心だと批判していた。バンハムはこの批判に大変感心して『第一機械時代の理論とデザイン』の最終章にこの手紙を一部分引用している。[11] マックヘイルも同じくそれに感銘し、一九六二年に芸術家活動を辞めて渡米し、フラーの協同者になった。同年、マックヘイルはフラーの初の建築作品集を出版し、その翌年、彼はフラーとともに『世界資源目録——人間の動向と需要』第一巻を編集した。[12] 六〇年代末までにマックヘイル自身も未来派のリーダーと目されるようになるのである。

しかしフラーはすでに次の方向へ舵を切っていた。一九六三年に彼は、その当時人類最初の月面到達飛行を計画していたNASAの先進構造研究チームと相談していた。彼は彼一流のやり方で問題を逆転して考え、月から地球へ帰ってくる途中の宇宙空間の生態系問題に言及し、そこでは「宇宙開発の科学技術が自律的生活機械を生み出し、そこで自動車産業が住宅機器生産に参入すれば、次の一〇年には確実に地球上でも使える自律的生活機械が実用化されるだろう」と指摘した。[13] もっと単純に言えば、地球もまた一つの宇宙船であり、「古い建設技法」（つまり「建築」と呼ばれているもの）は先進科学技術について行けず、世界人口の求める住宅需要のうち、ほんのわずかしか満たせなかったのだから、むしろ彼の研究から得られる成果を世界の住宅問題へ振り向けなければならない、ということだ。

このようなテーマは一九六三年の「デロス宣言」——フラーと三三名の知識人がギリシャの島々を八日間航行した後に、聖なるデロス島——神話的な島で法的に居住ができないアポロ生誕の地——で署名した誓約にも反映された。この航海は、アテネ憲章を生み出したマルセイユからアテネへの旅の形式を踏襲し、建築家・都市計画家コンスタンティノス・ドキシアデスが発案したものだった。ドキシアデスは様々な分野の専門家を結集して地球のいびつな成長という問題を解決するために科学（人間居住学《エキスティックス》）に頼ろうと試みた。[14]

こうして「世界計画」は一九六〇年代後半のフラーの活動の主要なテーマとなる、それはちょうど人類は宇宙空間に浮かぶ限られた資源を有する惑星〔地球〕を統御しているのだという認識が一般の人々の注意を集め始めた時と呼応している。[15] ケネス・ボウルディングは、一九六五年の宇宙科学委員会のために用意した小論で、説得力をもってこれを指摘している。「宇宙船としての地球」と題する小論で彼は駆け出しの生態学運動を評して、制御できない人口増加と生態系の汚染の潜在的重大さを見落としているとしてこき下ろした[16]（「科学としての生態学はまだバード・ウォッチングの域を出ていない」）。世界が必要としているのは化石燃料から海洋や太陽を利用したエネルギーへの転換であり、地球の抑制と制御のシステムに関する研究であった。彼はこう結論していた。「我々の理解は、例えば氷河期の物理的動態、地質学的な安定性と地殻変動、火山活動や地震の発生にすら及んでいない。また大気として知れている非常に複雑な熱エンジンについてもほとんど何も理解してない」。[17]

フラーは一九六五年に「世界デザイン科学の一〇年」というプロジェクトを立ち上げ、それを一九六七年万博の最重要課題にしようとしていた。《ワールド・ゲーム》としてよく知られたこのプロジェクトの目的は、コンピュータ（新たな科学技術の発明）で世界中の大学生を結んで、地球の資源目録を作成し、それらを最も有効に活用する方法を編み出すことだった。このプロジェクトは当初、南イリノイ大学を中心に行われ一九六九年夏に実現したが、その後世界中の大学キャンパスで何百人もの学生が参加するようになり、多くは有りあわせの材料でジオデシック・ドームを自作した。同年、イアン・マクハーグは古典的著作『デザイン・ウィズ・ネイチャー』を出版した。フラーも環境的テーマに向けた一群の著作を書いた――『ユートピアか忘却か』(一九六九)、『宇宙船地球号操縦マニュアル』(一九六九)、『私は動詞のようだ』(一九七〇)、『恵み深い環境に向かって』(一九七〇)、『直感』(一九七二)、『地球株式会社』(一九七三)。この一連の著述活動は一九七〇年後半に頂点を迎え、二巻からなる『シナジェティクス』を刊行し、それは彼の幾何学者としての業績の驚異的な広がりの全貌を伝えるものとなった。一九六〇年代に建築を学んだ学生たちはフラーのダイダロスのような手の込んだ考え方を好んだが、それは特にバッキーが建築家を最後の総合的な思想家、事実上人類最後の希望として称賛したことが理由だった。

モダニズムの社会的基盤

科学技術に対するこの熱中が社会の中でどう形成されていたかに目を転じると、そのような改革構想に対して、繰り返し警告が発せられていたことに気づく。つまりモダニズムは概して一般の人々には不人気だった。しかしこれは何も特別新しいことではなかった。初期モダニストたちの冷厳な形態は一九二〇年代を通して特にドイツでは評判が悪く、安住の地を求めたドイツ人建築家の作品集が一九三〇年代に英国に届くと、そこではさらに不人気を被った。英国の批評家J・M・リチャーズは、一九四〇年に彼の著書『近代建築入門』の序文で、この新しい様式に対する大衆の不人気に言及し、その事実を認めていた。しかし彼は、大衆もモダニズムの美的・建設的な基礎を知悉すればやがて同調するだろうと信じていた。[18] にもかかわらず事態は変わらなかったため、一九四七年再びリチャーズはCIAMに対してこの問題に注意を喚起したが、そこでは儀礼的に議論されただけで棚上げにされてしまった。

北アメリカでは、特に企業の世界で鉄鋼とガラスによる新しい科学技術〈カーテンウォールをもつ高層ビル〉の経済的長所が早々に受容されたが、他での状況は似たようなものだった。ヨーロッパ生まれのインターナショナル・モダニズムに対抗したアメリカの勢力には、主として二つの源流があった。第一は、一八九〇年代から北アメリカで展開されてきた〈もう一つのモダニズム〉であり、その一つはルイス・サリヴァンとフランク・ロイド・ライトの流派、もう一つは南部や西海岸沿岸で行われていた様々な地方的なモダニズム解釈であった。第二は、戦後の「近代的」都市デザイン戦略に対抗する勢力だった。数多くの都市再開発構想は、概して一九六〇年代のリンドン・ジョンソンの「グレイト・ソサエティ」プログラムによるもので、ケネディとアイゼンハワー政権の時代にそれが初めて実践に移された。それはこの時代に非常に多くのアメリカの都市の基本構造をブルドーザーで破壊し、さらにしばしば政治的仕組みによって押しつけられた高速道路が社会の分断を招き、それが一九六〇年代の急速な都市の荒廃を招く原因になった。建築家たちがあまりに不用意に受け入れてしまった高層ビルの「プロジェクト」は、一〇年のうちに、人種差別、貧困、福祉、犯罪などあらゆる問題が付随する都市のスラム街という失敗を生んでしまった。

実のところ、建築家や批評家たちがようやくそのような方策の深刻な限界に気づき、それらの計画の理論的根拠を問題にし始めたのは、一九六〇年代に入ってからだった。ジェイン・ジェイコブズが『アメリカ大都市の死と生』（一九六一）で示した「輝く都市／ガーデンシティ／シティ・ビューティフル」運動に対する猛攻撃は、都市理論をいわば上訴審に告発して再審理を迫る方向を切り開いた。事実この点に関しては、彼女に先んじてルイス・マンフォードも折に触れ指摘していた。加えてケヴィン・リンチは『都市のイメージ』（一九六〇）で――都市の「イメージアビリティ」に関する認識論的分析を通じて――モダニズムが都市環境を視覚的に均一化することに異議申し立てをした。ハーバート・ガンズは『都市居住者たち』（一九六二）でボストンのイタリア移民地区コミュニティでの活気ある社会生活をあざやかに描写したが、それはこの地区が「都市再開発」政策によって根絶される直前のことだった。マーティン・アンダーソンの『連邦ブルドーザー』（一九六四）は驚くべき統計的分析によって、そのような政策の社会的・経済的誤りを厳しく指弾した。一九六〇年代半ばまでには、エドワード・T・ホール、ロバート・ソマー、オスカー・ニューマンらの社会科学者が人類学的、心理学的、建築的な視点から、衰退しつつある都市中心部の社会的・物理的失敗を探求していた。しかしこのような研究は、ワシントンの政治的為政者にはほとんど何の影響も与えなかったが、それは他のどこでも同じだった。

この問題に関する興味ある初期の研究として『コミュニティとプライバシー』（一九六三）という著作（サージ・シャマイエフとクリストファー・アレグザンダーの共著）がある。ロシア生まれのシャマイエフは英国とシカゴデザイン研究所経由でハーヴァード大学に移った。彼の主たる関心は集合住宅の社会学にあった。この著作の意図は「環境デザイン科学の発展」のための基礎を築くことにあり、それは他の諸科学を用いた分析的研究を統合するような建築研究分野になると述べられている。また著者たちが都市から郊外への移住に反対することが強調され、現代社会生活のストレスに注意を向けているため、戦後に書かれた最初の生態学的研究の一つとも言える。しかしこの本には一つの致命的な欠点がある。それは人間の「嗜好」は概して順応性があるから、行政が少し説得に動けば人間の行動を変えられる、という楽天的な信頼である。

しかし、この本の第二部はクリストファー・アレグザンダーが次なる著作へ飛躍する契機となった。このオーストリア人は戦時中家族とともに英国に移住し、ケンブリッジ大学で数学と建築を学んだ。一九五〇年代後半、彼はハーヴァード大学の博士課程で研究を始め、『コミュニティとプライバシー』ではシャマイエフの著述に追加して、典型的な都市集合住宅のために三三種類の異なるデザインを詳述している。[19] それを彼は（ＩＢＭの７０４コンピュータの助けを借りて）一連のグループに分類整理した。このパラメーター〔媒介変数〕を用いたデザイン手法は、「解決不能に見えるほどの今日の複雑さ」を整理するために必要だと彼は感じ、それは一九六二年に完成した彼の博士論文「形態の合成——ある理論に基づくノート」の基礎となった。[20] これは二年後に『形の合成に関するノート』というタイトルで出版された。

この本が示したデザイナーのための分析的・統合的モデルは、一九六〇年代のもう一つの側面を代表している。それは、考慮に入れるべき多くの社会的変数を包含するための洗練されたデザイン方法論を見つけたいとする願望を示している。彼のアプローチは可能性のあるデザインの変数《パラメーター》の所在を探り出し、それらをサブセットとツリー状のダイアグラムに合成し、そこに存在する「不適合」——形と内容の間に起こる望ましくない相互作用——をすべて除去するというものだ。彼はまた「自覚的な」デザインと

「無自覚な」デザインを峻別し、そこで西洋の建築家が良いデザイン（アレグザンダーによれば形と内容との間の完璧な対応）だと信じてきたものに対して、第三世界の土着的文化の事例をもって異議を唱えた。彼はそこでは既存の建築伝統と地方材料が文化的バイアスを取り除いていると主張した。この著書と論文の結末には、「インドの村」を構成する一四一のデザイン・パラメーターを載せた附表がついている。

後年彼自身が書き留めているように、アレグザンダーの帰納的モデルには一つの問題点があった。それは彼のデザインプロセスの中でプログラムを生成する段階が非常に主観的であることだった。しかしそれだけではなかった。一九六二年のチームXの会議でアレグザンダーがインドの村について自分の研究を発表した時、アルド・ファン・アイクと激しい論争になった。ファン・アイクも人間主義的な理想に根ざした建築に興味をもっていた人物である。[21] その出来事によってアレグザンダーは、彼自らのツリー状のダイアグラムを再考することとなり、一九六五年の評論「都市はツリーではない」では、初期に提案していたダイアグラムを修正し、枝が様々な方法で相互に重なり合えるセミラティス構造を提案した。[22] アレグザンダーによれば、ツリー状ダイアグラムの例は、近年に建設され始めた多くの新都市——メリーランド州のコロンビアとグリンベルト、英国のニュータウン、チャンディガール、ブラジリアなど——に見られる。そのすべては失敗に終わったが、その原因は要素を機能ごとに分離してしまったことと、ヒエラルキーを有する構造にあると彼は論じた。その反対の（反近代的）セミラティス構造をもつ例として彼は英国のケンブリッジを挙げた。そこでは個々のカレッジが、都市のアクティビティから分離してキャンパスを構成しているのではなく、周囲のコーヒーショップ、パブ、店舗、学生寮とともに町の中に散在している。そのような豊かさ、多義性が人間生活の自然の姿だと彼は提唱している。

このアレグザンダーの論考は、彼の理論的発展の中で興味深い転換点を示している。この時点まで彼の仕事は主として実証主義的なデザイン手法の範疇に属するものだったが、一九六七年バークレーに設立した環境構造センターとともに、彼は建築デザインのための「パターン」を創る方向に路線変更した。数学的記号やラティス・ダイアグラムから離れて、その代わりに記述的「パターン」という、より柔軟な概念を採り入れた。それは、あるコンテクストの中で予想されるある問題に対して「もしも／それならば」で応える解法であり、これは個々の建物にも建物の部分や都市全体にも応用できる。

このシステムは一九六八年『マルチ・サービス・センターを生成するパターン・ランゲージ』の刊行によってデビューしたが、おそらく彼の理論的展開に大きな影響力を与えたのは、国連のペルー・リマ市での集合住宅プロジェクトへの関与だろう。彼はその建築家となり、ピーター・ランドがプロジェクト・マネージャーを務めた。ランドはロンドンのアーキテクチュラル・アソシエーション（AA）卒業後イェール大学で教職に就いた。ランドは一九六六年にペルー政府と国連を説得して、PREVI（実験的住居プロジェクト）の大国際コンペを主催させた。これは第三世界の集合住宅のプロトタイプとなる解を求めるものだった。一九六〇年代に非常に顕著だった「スーパーブロック」案に反対して、ランドの一九七〇年プランは低層・高密度でコンパクトな開発であり、歩行者と自動車を分離し、内部に歩行者軸を通してその周りにコミュニティ施設、庭園、総戸数四五〇からなる近隣単位を寄せ集めていた。クラスター状に配置された集合住宅は中庭、通風性、将来拡張性、耐震構造を備えていた。二四の建築事務所がこのプロジェクトに参加したが、そのうち一二がペルーのチーム、一二はアレグザンダー事務

図P.2　クリストファー・アレグサンダー、サンフォード・ハーシェン、サラ・イシカワ、クリスティー・コフィン、シュロモ・エンジェル共著『パターンから生成された住宅』（1969）より「セル・ゲイトウェイ」を描写した図　提供：環境構造センター

所を含む国際的なチームだった。[23]

アレグザンダー事務所は平面だけでなく、それとは別に六七のパターンを載せた『パターンから生成された住宅』（一九六九）を出版したが、これは主にペルーで実施した現地調査を基に編集された。アレグザンダーは、このパターンが、クラスター、内部に中心をもつ住居単位「セル」、（小規模な）駐車場、歩行者通路の強調などを統合して「ペルー固有の新たな建築を規定する端緒に」なることを望んでいた。彼のパターンは、夜のダンスホール、通り抜けられる学校、非常にここちよい傾斜路、個人住宅を配置する間に設けた中間的なエントランスなど、ペルーの文化的習慣を敏感に採り入れている点で非常に興味深い。それらは、建設された結果も「ヴァナキュラー」な伝統を再確立するという全体的意図においても、さほど成功しているとは言

えない。にもかかわらず、アレグザンダーの次の一〇年の非常に影響力ある研究（これについては後述する）の基礎をつくったのだ。

一九六八年

一九六〇年代のこのような動きは、それがいかに善意の意図に基づいていようと、一九六〇年代後期の破壊的な出来事によってすべてが中断された。アメリカでは、一九六三年のジョン・F・ケネディ暗殺によって米ソ冷戦に初めてひびが入り、その後継者リンドン・B・ジョンソンが一年も経たないうちにベトナム戦争を拡大する決定をし、徴兵範囲を拡大して必要な兵力を送ろうとした。同じ頃、マーティン・ルーサー・キング・ジュニアに指導された公民権運動がアメリカ南部で現れた。最初は平和的だった政治的抗議運動は、地方と国政の選挙人登録でいくつかの法的勝利を収めると、セルマでの騒乱やワッツでの暴動により一九六五年までには平穏さを失った。夏に起きたそれらの衝突で、全米の黒人居住区での紛争がより暴力的になり拡散した。これらの暴動とともにあちこちで反戦デモが起き、それは不満をもつ若者たちの幅広い連帯をいっそう推し進めていった。この「ベビーブーム」の抗議者たちをイデオロギー的に見ると、マルクス主義者から平和主義者、フェミニスト、学者、セレブ、それにもちろんヒッピーまで幅広い。ある世代全体が、新しいエレキ音楽に載せた反体制的な歌詞に突き動かされ、一夜にして反文化的な反乱のもとに団結してしまった。その反乱を不滅にしたのはマーシャル・マクルーハンとクエンティン・フィオーレの言葉「あなたはもう家に帰れないい」だった。[24]

ヨーロッパの学生たちも一触即発である点では人後に落ちなかったが、その不満はもっと内的な要因によって突き動かされているように見えた。ヨーロッパの若者は一般に政治に対して遙かに真剣であり、その戦闘性において様々に異なる戦術をもちつつも、ほぼ全員社会主義的な熱意をもっていた。一九六〇年代半ばまでには、例えば恒常的に不安定な政権をもつイタリアでは、北部では学生と労働組合の、南部では不満を抱いた農民の革命的連帯による攻撃に体制が脅かされて、長期間の無政府状態とゲリラ戦状態にまで転落した。この事実は建築にも影響を与えた。なぜなら、マルクス主義理論――それはウィリアム・モリスの反工業主義とヘルベルト・マルクーゼの技術主義社会への不安を、文化的ギャップを越えて結びつける――は、科学技術の進歩に対して表面的には敵対的でないにせよ、一般的に懐疑的だからだ。

ヨーロッパの混乱にさらに拍車をかけたのは、一九六〇年代の街頭演劇だった。なかでもより声高だったのが一九五七年に結成された左翼のグループであり、ダダに刺激されたシチュアシオニスト・アンテルナショナルだった。様々な戦術を試した後、一九六〇年代後期にはギー・ドゥボールがグループの戦術を決めるようになり、彼の著書『スペクタクルの社会』(一九六七)にその原理が概説されている。それは多くの面でマックス・ホルクハイマーとテオドール・アドルノの「文化産業」に関する初期の論文を更新したものだが、その中でドゥボールは二二一の短い論点からなる戦術(その多くは意図的に他から剽窃、偽装している)を概説し、それによって彼は高度資本主義、マスメディア、消費者文化(商品フェティシズム)、宗教、家族(一言で言えば「ブルジョワ」的生活に少しでも関わっているものすべて)を攻撃した。結論として西洋文化は、毎晩夜のニュースで見る「スペクタクル的映像」に絶望的なほど中毒に陥っていて、その状態を治癒する望みはほとんどないと彼は論じた。シチュアシオニストたちは人々を衰弱させるこの習慣に対抗するため、街頭で無政府的な「シチュアシオン」を演じることを選び、実際彼らは自らを「演劇のスペシャリスト」であると自負していた。

一九六八年は、ヨーロッパはじめ世界中で、このスペクタクルが究極に達した年だった。アメリカではそれは不吉な出来事で始まり、アメリカの巡視船が北朝鮮沿岸で拿捕され、その一週間後には南ベトナムでベトコンがテト攻勢を開始し、六万人もの兵士が北から南の国境を越えてサイゴンまで侵攻した。これに対する〔空爆による〕大虐殺に対して猛烈な反対運動が起こり、三月末にはリンドン・ジョンソン大統領は二期目の大統領選出馬から撤退を余儀なくされ、大統領選レースは白紙になった。その一方、中部ヨーロッパではスロバキアのアレクサンドル・ドゥプチェクが共産党第一書記アントニーン・ノヴォトニーを駆逐して政権を握った。それはチェコとスロバキア国民にとってソヴィエト連邦による二〇年間の支配への反抗として歓声をもって受け入れられ、「プラハの春」を導いた。そこでは長く鉄のカーテンによって他のヨーロッパ諸国から分断されていた国民が、新たな表現の自由を祝福した。

この爆発的な出来事にフランスの学生たちはかなり過剰な刺激を受けたようで、三月にはパリ大学ナンテール校を占拠して重要な大学改革を要求した。四月にはマーティン・ルーサー・キング・ジュニア暗殺という悲劇が起き、それはすでに高まっていた緊張に火をつけた。五月初めにソルボンヌでデモ隊が逮捕されたことがゲリラ戦術を誘発し、ストライキ、バリケード、騒乱のため、パリの大部分はほぼ二か月間、周囲から遮断された。イタリアの大学生も同時に主要な大学を占拠しつつあり、その間ずっと労働者と協力してイタリアの経済生産の大部分を閉鎖させた。六月には、ロバート・ケネディがロサンジェルスのホテルの厨房で銃殺され、その夏にはいつもの人種間騒乱や反戦デモだけでなく、シカゴでの民主党大会で起きた「警官の反乱」をテレビ生中継するという事件が起きた。ヨーロッパの怒れる学生と知識人たちはフィデル・カストロやチェ・ゲバラを描いた旗をこれ見よがしに掲げ、ソヴィエトのレオニード・ブレジネフ書記長は八月初旬、チェコスロバキア国民が提唱する「人間の顔をもつ社会主義」と対決するため、戦車と五〇万人のワルシャワ条約軍を送り込んだ。ドゥプチェクは拘束され「協議」のためモスクワに連行された後、数週間後プラハに戻り、テレビカメラの前で自身の犯罪的行為を放棄することを、むろん涙ながらに、宣言した。一九六八年のこの政治的軍事的スペクタクルに潜むパラドックスは、多くの人々にとって失望をもって受けとめられた。

　同時代を生きる建築家たちがかつて掲げていた高い目標も、この年の大混乱から逃れることはできなかった。すでに見てきたように、モダニティと進歩を奉じるチャンピオンたちは、より良き世界を創るための穏やかな希望をもちつつ、この時までは未来に対してほぼ一致した見解をもっていた。しかしここで、もともとユートピア的な習性をもつこの気位の高い職能人たちは散り散りになり、その分裂の有様は今でも完全には把握できない。共有する目的のもとに科学技術の進歩を唱えていたスローガンは、やがてこの職能を担う若手によって否定され、そればかりか、さらに不穏なことに、建築の女神は実際に出奔してしまうことになる。彼女もまた、もう家に帰れなくなったのである。

第Ⅰ部
一九七〇年代

第1章 ── 否定的な側面☆一九六八－一九七三

一九六八年に起きた社会的政治的事件によって、建築界においても既成秩序の信用失墜が明らかになったことを認めるにしても、その詳細についてはあまり説明されてこなかった。実際この時期の建築雑誌や出版物を調べても、従来の建築からの断絶を示す証拠を見出すことは難しい。例えば、ヴィットリオ・グレゴッティは著書『イタリア建築の新方向』（一九六八）の最終章でイタリアの建築大学で起きた学生の反乱に触れているが、モダニストの伝統からの離反が差し迫っていた例は何も示してない。一九六八年にヨーロッパを舞台とした最重要プロジェクトは、一九七二年のミュンヘン・オリンピックのために計画されたギュンター・ベーニッシュとフライ・オットーの共同設計による複合施設であった。同様にロバート・スターンは著書『アメリカ建築の新方向』（一九六九）をポール・ルドルフの《スタンフォード・ハーバー計画》（ヴァージニア州）で締めくくっているが、それは盛期モダニズムの本流にどっぷり浸かった作品だった。同年フィラデルフィア・グループを代表するルイ・カーンは、エクセター、ニューヘイブン、フォートワース、インドで建設中だった。一方アメリカで最も忙しい事務所の一つだったケヴィン・ローチ＋ジョン・ディンケルー事務所はニューヘイブンの《メモリアル・コロセウム》と《ナイツ・オブ・コロンバス》を建設中だった。もし、一九六九年にモダニズムの終焉を示唆する予兆を一つ挙げるとすると、輝かしい神殿に祀られる「巨匠」の最後の二人、ヴァルター・グロピウスとミース・ファン・デル・ローエの死去ということになるだろう。

しかし雑誌や書籍はつねに物語を語ってくれるわけではない。特に一九六八年に起きた大きな分断は世代的なものだった。それ以上に、それは盛期モダニズムのイデオロギー基盤に対抗する分断であり、まとまった対抗戦略というより、むしろこれから進むべき方向について、断片的な理論や様々な仮説が試され動き出そうとしていた。また北アメリカとヨーロッパの間には政治的文化的に明確な分断があり、そのため一九六八年前後の建築理論にも分断があった。それはロバート・ヴェンチューリとアルド・ロッシが正反対の立場にいたことを振り返れば明らかである。両者とも一九六六年に重要な著書を出版しており、そこで彼らは現体制に対して穏やかながらも不満を表明していた。そして両者ともその後一九七〇年代半ばまでには、はっきりそれとわかる思想流派を率いることになり、それは「ポストモダニズム」の萌芽において、明確に異なる二つの流派と位置づけられる。ただしその思想的基盤において、この二つの流派は全く相容れないものだった。

ヴェンチューリとスコット・ブラウン

ロバート・ヴェンチューリは〈背教者〉として自らの経歴を確立した最初の建築家だ。彼は一九五〇年にプリンストン大学で建築の修士号を取得し、その後オスカー・ストロノフ、ルイ・カーン、エーロ・サーリネンの事務所で働き、一九五四年にローマ賞を獲得してローマに長期滞在した。一九五七年にフィラデルフィアで自分の事務所を立ち上げ、数年のうちにいくつかの小さな仕事を実現した。その中には、チェストナット・ヒルの《母の家》(一九五九－一九六四)、《北ペンシルベニア訪問看護師協会》

訳注　本章のタイトル"Pars Destruens"は、文中にも登場するが、英国の哲学者フランシス・ベーコンが著書『ノヴム・オルガヌム(Novum Organum)』(一六二〇)の中で用いた、議論における両側面のうちの一つ。ラテン語で「破壊する部分」を意味し議論の「否定的な側面」を指す。対する「建設的な部分」つまり「肯定的な側面」は"pars construens"と言う。

（一九六一－一九六三）、《ギルド・ホール》（一九六一－一九六六）がある。彼の経歴の中で同じく重要なのはペンシルベニア大学との関係であり、一九六〇年代初め同大学のアメリカ建築プログラムの中で建築理論の講義を担当した。その講義ノートは一九六三年の著書の予備的草稿となった。その三年後、改訂を経てMoMAから『建築における複雑性と矛盾』というタイトルでその著書は刊行された。

「穏やかなマニフェスト」を目指すとするこの本は、実は読み始めの印象よりずっと複雑だ。第一に、この本はルイ・カーンやアルヴァ・アールトの近作、アルド・ファン・アイクの人類学的視点、トマス・マルドナードの記号論への関心、ハーバート・ガンズの社会学、加えてマニエリスムや当時流行のポップアート現象に対する筆者自身の心酔ぶりを寄せ集めた人文学研究の小論文である。冒頭で彼は、モダニズムがマニエリストの段階に達していると主張したが、それを文学理論から導いた巧妙な形式的・構成的操作によって論理立てた。これはデザインに複雑性と矛盾を持ち込むための戦略であり、彼はそれを「二重機能の要素」「調整された矛盾」「並置された矛盾」と名づけた章で解説している。

この本のもう一つの新しさは歴史的事例――その多くはイタリアと英国のマニエリストとバロック建築――に大きく依存していることだ。それは視覚的な複雑性と曖昧さによって彼の主張の衝撃を和らげる役割をしているが、現代のデザインを語るために歴史的事例を用いることは、その当時としては異例であった。この著書のもう一つの特徴は、その直截的で異論を巻き起こすような語り口だ。よく引用される例だが、彼はモダニストの高尚な決まり文句を裏返した。例えばミース・ファン・デル・ローエの言葉とされる箴言 "Less is more" を "Less is a bore" と冗談めかして言い換えた。そして彼が繰り返しカーンやアールトらの建築家から引用する事例は「正統的モダニズム建築の禁欲的倫理的言語」が、現代ではもはや無条件に受け入れられないうえ、重要ですらないことを証明している。それどころかヴェンチューリは、学問的冷静さをもって、モダニズムがマニエリスト的段階にあるという（多くは知覚上の）議論を展開している。

しかしこの本はまたところどころで、ヴェンチューリの中で生まれつつある思考を図らずも示している。後半の章のあちこちに散見されるが、形態的な曖昧さというテーマが、テクストの、いわば内側に潜んでいるサブテーマとつながっている。その一つは、大衆文化から導かれた「修辞的」「大衆的・通俗的」要素への彼の嗜好である。ヴェンチューリは、第一にそれが（ポップアートに刺激された）リアリズムであり、第二に当時進行中の評判の悪い戦争に従事している政治体制への社会的抗議の意思表示であるとして、そのつながりを、よりインクルーシヴな新しい建築へ向かうものだと正当化している。[1]もう一つ生まれつつあったサブテーマは、ヴェンチューリの大衆主義《ポピュリズム》の始まりである。例えば、ピーター・ブレイクが「メインストリート」の混沌を、トマス・ジェファーソンのヴァージニア大学キャンパスの秩序と比較していることにヴェンチューリは反論して、そのような比較は無意味であるばかりか「メインストリートはほぼ大丈夫ではないのか？」と問い返した。[2]それは、戦後の大規模都市計画と構成的秩序を重視してきたモダニストの感受性に対する穏やかならざる挑戦である。そしてヴェンチューリはこの本の最後の文章で、彼がすでにこの問題に対して、より過激な立場をとろうとし始めていることを明らかにしている。「おそらく日常的な風景、通俗的だと軽蔑されている風景から、我々は複雑で矛盾に満ちた秩序を引き出すことができ、それこそが都市的な全体性を有する建築にとっては不可欠だ」。[3]

そしてこの頃、一九六五年か一九六六年、デニーズ・スコット・ブラウンの影響が明らかに大きくなってきた。このザンビア生まれの建築家は、夫のロバート・スコット・ブラウンとともに、一九五〇年代後半カーンのもとで学ぶためペンシルベニア大学にやってきた。ロバートは一九五九年に悲惨な事故で亡くなったが、デニーズは、とりわけデヴィッド・クレイン、ハーバート・ガンズ、ポール・ダヴィドフらの科目を受講して都市デザイン学への興味を深めた。彼女はフィラデルフィアに来る前、ロンドンのAAスクールで学び、そこで一九五〇年代の「ニュー・ブルータリズム」現象を間近に見ていた。その批判的視点（盛期モダニズムへの肝の据わった嫌悪）が、彼女をペンシルベニア大学に向かわせた一因だったのかもしれない。そして教職に就いた後、一九六二年から一九六四年の間、彼女はヴェンチューリと共同で建築理論の科目を担当した。

翌年スコット・ブラウンはカリフォルニア大学バークレー校の客員教員となり、そこで何かと物議を醸す都市社会学者メルヴィン・ウェッバーと共同で科目を担当した。今では古典的評論とされる一九六四年の著作でウェッバーは、都市は中心ダウンタウンのハブまたは地域の中心周りに組織されるべきだとする原則を非難した。彼はコミュニケーション・パターンで起きている変化――多くのビジネス取引が地域内でなく国レベルあるいはグローバルレベルで行われていること――を指摘し、将来はこれらの電子的パターンが、都市空間のような伝統的なものではなく「都市と都市生活の本質」になるだろうと論じた。[4]

それに応えてスコット・ブラウンはゴードン・カレンとともに、一九六五年「意味のある都市」というタイトルでいくつか記事を書いた。そこで彼女は都市を四つのテーマ（知覚、メッセージ、意味、モダンイメージ）から分析した。これらの分析をつなぐものは「シンボル」のアイディアであり、それは本質的に戦後の都市計画家が構想した都市への批判だった。スコット・ブラウンは、多くの住民は都市の形態を記号として読んでいるのに、都市計画家はそのことを理解できていないと考えた。「私たちは記号を知らないわけではないが、記号を利用する方法に繊細さを欠き不器用だ。多くの都市の都市計画部局はそれすら理解しておらず、状況は成り行きのままだ」[5]。都市のコミュニケーションにこのように注目することは、スコット・ブラウンがヴェンチューリに与えた新しい視点であった。そして二人の建築家は一九六七年の夏に結婚した。これ以降、彼らの著作と思考は共同作業となった。

　ヴェンチューリのポピュリズムとスコット・ブラウンの都市への関心が最初に明らかになったのは、一九六七年にイェール大学で二人が教えた共同スタジオだった。それはニューヨーク市の地下鉄駅をデザインし直すという課題だった。その翌年世界が混乱に陥っていた最中に、二人はイェールの学生に「ラスベガスの街路《ストリップ》」を課題として与えていた。その結果は一九六八年に二編の小論で初めて発表され、それが二人の著書『ラスベガスから学ぶ』（一九七二）の基礎を形作った。

　最初の小論で二人はモダニズム建築家が既存の状況、特に都市の商業的バナキュラー建築に対して、エリート的・純粋主義的観点から不満をもっていることに苦言を呈している。二人の考えでは、プロのエスタブリッシュメントたちは、うぬぼれから図像学的な伝統を放棄し、そのため「説得力ある建築」から遠く離れてしまっているというのだ。ヴェンチューリとスコット・ブラウンは、彼らが最近行ったラスベガスへの旅を、伝統的に建築家がイタリアの歴史的広場を訪れて経験する啓示と比較して、公然と議論を呼びそうな語り口で次のように指摘している。

一九四〇年代の若いアメリカ人は自動車のスケールでできた碁盤目状の都市と前世代の反都市的な理論しか知らなかったので、彼らにとってイタリアの広場のもつ伝統的な都市空間、歩行者のスケール、混在しつつ継続している様々な建築様式は、重要な啓示だった。彼らは広場を再発見したのだ。それから二〇年後の建築家たちは、おそらく広いオープンスペース、大きなスケール、速いスピードから同様に教訓を学ぶ準備ができているはずだ。ラスベガスにとっての「ストリップ」は、ローマにとっての広場と同じなのだ。[6]

一九六八年の二つ目の小論で、スコット・ブラウンとヴェンチューリは、有名な「それ自体が建物であるサイン」（あひる）と「建物の正面に立つサイン」（後に「装飾された小屋」と命名される）を区別した。彼らは率直に後者を好むと明言した。なぜなら、それは「装飾という問題に対して、より簡単で安上がり、より直接的であり、基本的により正直なアプローチである。そうすることで、普通の建物を普通に建てることができ、その記号的な要求に対して、より軽く巧みな仕上げで処理できる」からだ。[7]この好みの選択は、彼ら自身の設計活動にむろん計り知れない意味をもち、彼らがモダニズムの科学技術的視点から明確に決別したことも大きかった。事実、彼らは『ラスベガスから学ぶ』の最終ページで、ミース・ファン・デル・ローエの「象徴的に露出されているが、実は被膜に被われているスティール・フレーム」を取り上げ、ジョン・ラスキンの「建築は構造体を装飾で被ったものにすぎない」という「恐るべきかつての主張」を強調して述べている。[8]

このような意見は議論を呼ばないわけがないが、面白いことに反発はエスタブリッシュメントのモダ

図1.1　ロバート・ヴェンチューリ、デニーズ・スコット・ブラウン、スティーブン・アイズナー『ラスベガスから学ぶ』表紙　©MIT Press、1972

ニストからではなく、同世代の若い建築家から出てきた。一九七〇年、アルゼンチンの画家トマス・マルドナード（彼は数年前にウルム造形大学でコミュニケーションの講義を始めていた）が彼らの考え方に鋭く反論した。ラスベガスのネオンサインはポピュリストの行為でもなく、視覚的豊かさの条件でもなく、むしろ「無駄話」「コミュニケーションの深さの欠如」であり、ただ単に「カジノとモーテル所有者のニーズと不動産投機家におもねるもの」にすぎないと述べた。[9]

一九七一年には、イタリア随一の雑誌『カサベラ』の二カ国版特別号（ピーター・アイゼンマン監修）に、もっと辛辣な反論が現れた。スコット・ブラウンはそこにしかるべき舞台を与えられ、「ポップから学ぶ」という小論を書いている。そこで彼女はラスベガスの教訓を拡張して、建築家は「ロサンジェルス、レヴィットタウン、ウェストハイマー・ストリップの陽気な単身者たち、ゴルフ・リゾート、ボートのコミュニティ、コープ・シティ、ソープオペラの舞台となる住宅、テレビのコマーシャル、大衆雑誌の広告、広告掲示板、ルート66」からも学ぶべきだと述べた。[10] 別の新しいカリキュラム内容には、愛すべき郊外住宅とそのオーナーたちの古風で趣のある立派な特質が新たに加えられた——伸び広がる芝生、装飾的絵画、車道のゲートウェイ、柱、玄関ドアの脇のランプなど（彼女の一九七〇年のイェールのスタジオは「レヴィットタウンから学ぶ」というタイトルであった）。建築家たちはここに来て学べと彼女は続けた。その理由は、まずアメリカの都市再開発プログラムが大失敗だったこと、さらにエリートたちに備わった一般教養が建築の職能を支配しているからだとした。スコット・ブラウンは挑戦的なポピュリストの立場で反論を繰り広げた。

ポップアートの世界の形態が今日の我々に意味があるのは、古代ローマの形態がボザールにとって意味があり、キュビズムや機械の建築が初期モダニズムにとって意味があり、英国中部の工業都市とドゴン族がチームXにとって意味があったのと同様である。それは言うなれば、最新の深海探査用潜水球の発射台やシステム的な病院より（あるいは、バンハムには失礼ながら、サンタモニカの桟橋よりも）もっと意味深いものだ。[11]

スコット・ブラウンのごく手短な議論に対して、以前マルドナードが行った批判を引き継ぐ形で、ケネス・フランプトンが遙かに長い所感で反駁した。フランプトンは、ヘルマン・ブロッホ、ヴェスニン兄弟、ハンナ・アーレント、ヘルベルト・マルクーゼを引用し、アンディ・ウォーホルによる自動車事故のとりわけ陰惨な写真とともに議論を始め、彼女の主張に対して実に真剣に反論している。

デザイナーが求めるものはすでに彼らの手中にあるのだと伝えるだけなら、ガンズ流の手の込んだ社会学的承認が本当に必要なのだろうか？　レヴィットタウンを〔学ぶべき対象として〕持ち出すなら、アメリカ現政権の国内外での抑圧的政策に関しても、同様に肯定的な意見の一致をみるに違いあるまい。デザイナーも政治家のように物言わぬ大衆の声に従うべきなのか？　もしそうなら、デザイナーはその声をどのように解釈すべきなのか？　レヴィットタウンのような町に住まざるをえない大衆に対して、新興富裕層が住む西海岸の高級住宅街に住んでみませんか？　と勧めるのが、自分自身の雇用すら不安定なデザイナーがなすべき仕事なのだろうか？　それはすでにマディソン・アベニューの広告代理店が長年やってきた仕事ではないのか？　この点において、我々の誇る多様な社会には、大衆の好みを満たすために仕組まれた甘い幻想をまだ抱え込む余地があるかもしれないが、もうほとんど残りはない[12]。

さらにフランプトンは、社会の生活水準を自動車、テレビ、飛行機によって測ろうとする価値観を否定した。それは究極的にはフランクフルト学派の批判理論であり、またクレメント・グリーンバーグの思想――芸術的前衛の役割はまさしく、資本主義文化とそれが不可避的に生み出すキッチュに抵抗するものだ――を包摂している。

ロッシとタフーリ

同じ頃、ロッシの思想は、ヴェンチューリと同様、モダニストの掲げた理想への反感を対極的な観点から示していた。ミラノ生まれのロッシは一九五〇年代にミラノ工科大学で建築を学び、まだ学生だった頃、エルネスト・ロジェルスに依頼されて『カサベラ・コンティヌイタ』誌に寄稿した。ロッシは全三一編の記事を書き、歴史的問題のほかにネオリバティ様式のような同時代的問題についての書評や評論を執筆した。一九六〇年代初め、彼は大学で教職を始め、一九六五年には母校の教員になった。一九六〇年代前半の建築作品は非常に少ないが、最も重要なプロジェクトはアドルフ・ロースに触発された《ロンキのヴィラ》(一九六〇)と、《セグラーテの広場とパルチザン記念噴水》(一九六五)である。後者はその太い円筒形の支持体と三角形の突き出したペディメントによって、彼の原初的形態《プライマリー・フォーム》への傾倒が予告されており、それはマルク゠アントワーヌ・ロージエの還元主義的伝統に沿ったものである。

ロッシの転換点は、少なくともその理論的側面では、一九六六年の著書『都市の建築』であった。この論考にはいくつかの重要な先行研究(大部分はマルクス主義的な)を含んでおり、その中にはジュゼッペ・サモーナ、レオナルド・ベネヴォロ、カルロ・アイモニーノの研究がある。[13] 同時期のヴェンチューリの試みと同様、ロッシの著書は一九六〇年代半ばの停滞した議論の場に、新しい息吹を吹き込んだ。この本はフランスの地理学者たちの仕事を基にした学術的研究であるとともに、多くの同時代の都市計画者たちの主義・主張に対する理路整然とした反論であった。ロッシの使命は、後に彼自身が述べているように「時代を超えたタイポロジー〔類型概念〕の確固たる法則」を見出すことだった。[14]

ロッシの『都市の建築』が特に焦点を当てているのはヨーロッパの都市、それも構築的要素や文化的相貌によって規定された都市である。こう強調することで、結果としてそれぞれの都市に、人工物、永遠性、モニュメント、記憶、場所など、そこで生きられた「自覚」を読み取るための基本的要素を導き出している。それらの用語はひとまとめで、都市が時代を超えて生き残っていくための基本的要素となり、その都市の儀礼的行事や集団的記憶の源となる。タイポロジーもロッシの議論の中心である。この点に関してロッシは新古典主義者アントワーヌ・クリソストーム・カトルメール・ド・カンシーの先例に従っている。カトルメール・ド・カンシーは「タイプ〔類型〕」を「複製でき、完全に模倣できるような物事のイメージというよりは、それ自体が設計のルールとなるような要素のアイディアだ」と定義している。[15]時代を超えた都市のタイプに回帰する必要があるというのがロッシの主要な論点であり、それはアテネ憲章に触発されたデザインの実践に対する代替案であり、また「素朴機能主義」に対する彼の批判でもあった。デザインを組織のプログラム的図式に還元してしまうと、建築形態からそれ自身の自律的価値を奪ってしまうとロッシは主張する。ロッシはそのような設計実践を（マックス・ウェーバーを想起させるが）都市デザインの商業主義化になぞらえている。それとは反対に、伝統的なタイプのアイディアとは、建築を歴史的な考察によって補強し、それゆえに（文化的モニュメントの再発見などに見られるように）意味深く、建築の「本質」に迫ることができる。しかしロッシはこれを、前工業的時代や一八世紀の都市デザインの戦略や形態に戻るための論拠にしようとしたのではなく、そうした方向性を暗示するにとどめ、その後の展開は次の世代に託している。

『都市の建築』が出版されたその年に、ロッシはジョルジョ・グラッシと組んでモンツァの《サン・ロッコ集合住宅》のコンペに応募している。これは彼のタイポロジーに基づく大規模な建築設計の端緒であった。グラッシはロッシの試みを受け継ぎ、一九六七年に『建築の論理的構成』を上梓している。この本もまた「合理主義《ラショナリズム》の系譜」を目指したもので、つまり「合理的《ラショナル》な伝達可能な基礎」の上に「建築と建築要素の分類を科学的に研究」したものだ。[16] グラッシのタイポロジーの考え方は、一七世紀－一八世紀のピエール・ル・ミュエ、シャルル・エティエンヌ・ブリズー、ロラン・フレアール・ド・シャンブレイらのハンドブックに基づいていたが、彼の形態的探求は、当時あまり知られていなかった、ハインリッヒ・テッセノウ、ルードヴィッヒ・ヒルベルザイマー、アレクサンダー・クラインたち初期モダニストの仕事に近い。ロッシとグラッシのこうした試みは建築形態のタイプを「安定化」させようとする目的があった。このようにして一九六七年までにイタリアの建築理論の新しい展開が準備されていた。残るは、この基礎の上に（批評的な見地から）正確な政治的規準を与えることだった。一九六八年という年はそのための絶好の機会を与え、一九六八年初頭にヴェネツィア建築大学（ＩＵＡＶ）の学科長に就任するためヴェネツィアへ移ったマンフレッド・タフーリがそれを仲立ちしたのだった。[17]

タフーリがヴェネツィアに着任したのは、非常に政治的な色合いの濃い時期だった。一九六八年の冬学期と春学期、建築大学は学生に占拠され、彼らは（タフーリを含む）教員たちの入校を拒んでいた。マッシモ・カッチャーリ、フランチェスコ・ダルコー、チェザーレ・デ・ミケリスは、その少し前に『アンゲルス・ノブス〔新しい天使〕』という批評誌を立ち上げ、フランクフルト学派とともに一九二〇年代の社会主義建築の論考を取り上げていた。カッチャーリとダルコーは『コントロピアノ』というマルキストの雑誌にも関わっていて、それはイタリア共産党（ＰＣＩ）の制度的構造に左翼の立場から異議を唱えていた。『コントロピアノ』誌のスタッフは社会活動家として知られていたアルベルト・アゾール・ローザ、マリオ・トロンティ、アントニオ・ネグリらを含んでいる。トロンティとネグリの二人はその時、様々な駆け引きのもと激しい議論を交わしていた。[18]

またここでタフーリは現代建築への最初の批評的研究に携わった。控えめながら明快な論調で書かれた彼の著書『建築の理論と歴史』は、今日から見るとルカーチ・ジェルジの革命的理論とヴァルター・ベンヤミンの分析的公平性との間に位置するように思える。事実この著書の一つの意図は、一九二〇年代の政治的状況と現代の思想とを並べて比較することにあった。タフーリの中心的主題《ライトモティーフ》は「操作的批評〔operative criticism〕」である。この概念は、近年の流行を説明するために歴史を読み取る批評家たち、つまり現代にも適用できる利便的なイデオロギー的判断によって、過去から〔都合の良いものを〕選び取り、誤読するような批評家たちのことを指していた。「イデオロギー」という言葉もまた政治的意味合いを帯びている。マルクス主義の用語を用いるならば、ブルジョワジーの誤った（宗教的、文化的、美的な）「階級意識」が、プロレタリアートが自らの革命的可能性を真に意識することを妨げてしまう。タフーリの主張の核心は、多くの近代建築史の本はでっちあげられたものだ、というものだ。なぜなら、端的に言えば一九二〇年代の建築家たちは、その革命的野望を実現できなかったからである。

タフーリは〈方便〔instrumentality〕〉という概念によってこうした主張を展開している。つまり、批評がイデオロギーのための理論や偽りの理論の道具になってしまったというのだ。ピーター・コリンズからアイモニーノに至る近年の建築理論を踏まえ、多くの識者が構造主義や記号学やタイポロジー研究などの戦術を応用することで、より科学的な方法を執拗に当てはめようと望んでいることにタフーリは気がついた。そのような方法にも現実的に期待はあるとしながらも、タフーリは、「曖昧さ」のような歴史的概念を、自分自身のデザインの好みを正当化するために持ち込んだ当時の多くの著者（ヴェンチューリ）の意味論的な手練手管と、資本主義との暗黙の結びつきを即座に見抜き、これを退けた。究極的にタフーリは歴史の自立性と理論を、現代の実践から切り離すことを主張した。[19] その理由には、多くの歴史家が過去を歪曲して解釈していることへの知的な困惑とともに、資本主義の高度な発展に直面して何もできない無力感があった。今日、歴史家の役割は、過去に助けを求めることで現代の危機を解明してみせることではなく、むしろ現在の沈滞をさらに深め、増幅することにこそある。歴史家は現代の苦悩を表明しなければならないが、必然的にそれは知的絶望を示しつつ表明することになる。後年タフーリは、この一九六〇年代後半の時期を振り返って、フランシス・ベーコンの「パルス・デストルーエンス〔pars destruens〕」というパラダイムを援用している。それは、過ちから精神を解放していく帰納的プロセスの中での「否定的な側面」のことである。[20]

ヴェネツィアに着任後、タフーリの政治的見解は進展を見せた。一九六九年彼は『コントロピアノ』誌に「建築的イデオロギーの批評に向けて」と題する評論を書いた。これは彼がこの雑誌に書いた四編の評論のうち最初のものである。ここで彼は建築の誤った自己認識の問題に鋭く政治的な焦点を当てた。なぜなら——過去二世紀を「精神分析」することによって——彼はモダニストの楽天主義やユートピア的な救済について、一片の可能性も認めなかったからだ。その分析は一八世紀のロージエやジョバンニ・バッティスタ・ピラネージに遡る。タフーリは現在の危機はこの二人から始まったと主張する。つまり、ピラネージは「断片」を称賛し、バロックがこだわっていた全体性を断片に置き換えてしまった。

タフーリの短くまとまった通史によれば一九世紀のユートピア的なプロジェクトも無残に失敗した。なぜなら一九世紀は「自らの非正統性を表明することによって倫理的救済を求めようとする誤った道義心を際限なく」披瀝しただけであり、二〇世紀に行われた試みにもそれを上回るものはなかった。[21] 一九二〇年代のアヴァンギャルド運動の「英雄的」反抗さえも、タフーリの研究はほとんど評価していない。なぜなら、芸術作品をプログラムから制御しようとしたデ・ステイルの作戦も、ダダイストの「非合理的なものの暴力的挿入」も、最終的にはいつも同じ結果をもたらした。建築に対する見方が明らかに変化しつつあることを予見する所感の中でタフーリが主張していたのは、資本主義の秩序に抵抗しようとするあらゆる試みは不当に奪われたか、あるいは世俗的な資本主義に奉仕する方向に牽引された。つまり「巨大産業資本が、建築の基盤とするイデオロギーを取り込んでしまった」[22]ということである。

この戯画的小論は、言うまでもなく一九六九年の建築に何一つ救いをもたらさなかった。もしタフーリが弁証法を用いて、ヘーゲルの建築の死という主張を繰り返し唱えなかったとしても、終末論的時代精神がいまだに現在につきまとう。それは短い一時的な「階級闘争の時間」を謳歌する幻想に突き動かされた政治的活動家たちでさえ同じであった。カート・W・フォースターは、このタフーリの激しい非難を次のようにまとめている。「現在の歴史的束縛の中では、どのような意味のある文化的行動も原理的に不可能なのだ」と。[23] タフーリは、ヴェンチューリの「多種多様なイメージ」もロッシの「沈黙の幾何学」も同類だと主張した。建築は革命への道をふさがれ、今やその革命的主張を剝奪されてしまったのだ。

一九七三年タフーリはこの小論を増補して有名な著書『建築とユートピア』を出版した。そこで彼は、自らのロールシャッハテスト的分析手法をウェーバー、ベンヤミン、カール・マンハイムの社会学理論によって補強し、また友人マッシモ・カッチャーリの「否定の思考〔negative thought〕」も取り込んだ。この新たな暗鬱な見方からすると、ダダの「価値の脱神聖化」やベンヤミンの「アウラの終焉」も、もはや非合理的なプロセスとは見なすことはできない。なぜなら彼らの「価値の破壊は、全く新しいタイプの合理性を提供し、それによって、否定そのものから無限展開の可能性を引き出すために、否定と正面から向き合えるからだ」[24]とした。タフーリがその時代に展開しつつあると認めた二つのデザイン戦略——記号学と構成的形態主義——は、どちらも「資本の完全な支配」のもとにあり、革命的意味から見ればむなしい試みである。もし記号学における象徴性の探求は、建築がすでに意味を失っていることを確認するだけなら、「ニューヨーク・ファイヴ」の建築家の形態主義的アプローチも、同様に商業主義市場の力に消費されてしまう運命にある。建築家も批評家も今果たせる役割は一つしかない。それは「時代錯誤的な〝デザインへの期待〟の存続を許容するような幻想をしばしば生み出してしまう、不毛で無効な神話から決別すること」である。[25] かくして建築からは、ヴェンチューリがすでにもっと非情に示していたように、いかなる社会改良的な意図もすべて奪われてしまったのである。

ミラノ・トリエンナーレ

このような全くの虚無主義的視点から見れば、ヴェンチューリとスコット・ブラウンがラスベガスをポピュリスト的に受容したことは資本主義勢力への降伏以外の何ものでもない、とタフーリは解釈した。一方で、数年後タフーリはロッシへの批判を和らげることになる。一九六九年にアイモニーノはロッシ

図1.2　アルド・ロッシ《ガララテーゼの集合住宅・ロッシ棟》ミラノ、イタリア　提供：アレッサンドロ・フリジェリーオ

を招いて彼の最初の主要作品《ガララテーゼ》（ミラノ郊外の集合住宅）の設計を依頼する。ロッシはこれに「回廊型住居《コリドール・ハウジング》」のタイプ〔類型〕で対応し、極度に厳格な幾何学を提示した。全長一八二メートルにわたって連続する細長い壁柱に支えられた二つの建物が、狭い隙間で互いに接しており、壁には正方形の窓が開けられていた。タフーリは、ロッシのデ・キリコ風の発想に初めは不意を打たれたようで「時間に置き去りにされた空間の中で凍りついている」と評したが、後にはほとんど称賛しており「彼の幾何学的な建物の聖なる精緻さ」は「イデオロギーを越え、〝新しい生活〟へのあらゆるユートピア的な提案を超越して」将来に残ると評価している。[26]一九七一年に初めて発表された《モデナのサン・カタルド墓地拡張計画》では、ロッシが原初的な

タイポロジーによって、彼の私心のない献身、というより〈打ち捨てられた姿勢〉☆を克服し、別世界的雰囲気をもたせたことで大いに称賛された。ラファエル・モネオの言葉によれば、ここに見られる形態の原始的な沈黙は「もはや寒さからの保護を必要としない」人々にとって完璧に相応しく見える。[27]

ロッシは、このようなデザインについて、一九七三年の第一五回ミラノ・トリエンナーレの建築キュレーターに指名された時、自ら説明する機会を得た。その展覧会は華々しい建築展で、多くの若い建築家がそこで評判を上げることになった。今振り返ると、そこでの最も重要な出来事は、新しい建築運動のマニフェストとなった展覧会カタログ『合理的建築〔Architettura razionale〕』の刊行であった。ここでロッシは、タイポロジーと合理主義を、今日の複雑な問題に対する曖昧な反応としてではなく、「労働のより具体的な道」[28]として支持すると表明している。カタログにはほかに、エルネスト・ロジェルス、J・J・P・アウト、アドルフ・ロース、J・A・ギンズブルグ、ジョルジョ・グラッシ、ハンス・シュミットらの文章の抄録が含まれ、それらはすべて、一九二〇年代の精神から一部インスピレーションを受けている今日のタイポロジーの立場を擁護するためであった。しかしこのカタログの核心は、マッシモ・スコラーリの小論「前衛的で新しい建築」であり、それは「テンデンツァ〔傾向・潮流〕」という名で知られることになる新しい合理主義運動を歴史的に位置づけることを求めていた。

スコラーリはこの新しい「批評的態度」を、一九六〇年代のイタリアでの都市をめぐる議論に見出すとともに、『カサベラ・コンティヌイタ』誌とミラノ工科大学に関わる建築家のサークル〔ロッシ、エルネスト・ロジェルス、ヴィットリオ・グレゴッティら〕にも見出している。もしロッシの一九六六年の著書が「テンデンツァ」の決定的瞬間だったとすると、一九六八年の政治的出来事は、ここで問われている問題により鮮明に焦点を当てた。建築の自律性を求める反ユートピア的な主張によって、タフーリはいわば「テンデンツァの最も情熱的な〝仕掛け人〟の一人」と位置づけられることになった。[29]同様にロッシのタイポロジーによる「本質化のプロセス」は、「建築をグローバルに再構築する」ことによって、ネオ・アヴァンギャルドによる学問的言説の拒否、建築が「ブルジョワ的」に汚染されているという時代的状況の両方を克服するための、非常に重要なポイントを規定している。[30]ロッシの「数少ないオブジェによる厳格な世界」は、タフーリの史料編集と同じように、もはや先進的な科学技術による思考を許容しないからだ。事実、建築家は今やいかなる近年のモダニストの源泉に対しても選択的にならざるをえなくなった。東ドイツのハーレの「新都市」や東ベルリンのカール・マルクス・アレーのような不可解な作品――おそらくその政治的色づけの理由だけで当時の歳出予算が承認されたと考えられるような作品――はこのようなイデオロギー的な裏口を通って出現したのだろう。概して言えば、テンデンツァの特徴は、歴史的タイプ（特定の形態ではなくタイプ）との強い結びつき、都市に焦点を向けること、都市の形態学、そして実際に典型的あるいはプラトン的形態を重んじるその方法である。[31]

もし新古典主義建築家エティエンヌ＝ルイ・ブーレーが生きていれば、そのような考え方に同調した

訳註　原文は「abandonment」であり、『科学的自伝（A Scientific Autobiography）』（邦訳『アルド・ロッシ自伝』三宅理一訳、SD選書191、一九八四）で言及される表現でもある。『自伝』では、捨てられた（abandoned）事物への関心について述べると同時に、「ミラノ工科大学で最も出来の悪い学生」で教授から建築家を諦めるよう諭されたエピソードが回顧される。また一九七一年「モデナ墓地」の設計競技の直前にミラノ工科大学の教授を解雇されている（参考文献：Lopes, Diogo Siexas, *Melancholy and Architecture: On Aldo Rossi*, Park Publishing, 2015）。ここでは「モデナ墓地」がロッシ自身の経歴におけるメルクマールとなったことを踏まえ、「私心のない献身」つまり「打ち捨てられた」ことを「克服した」と訳した。

だろうが、一九七〇年代初期の批評家たちの中で、合理主義的厳格簡素の道筋まで降りてくる者は多くはなかった。歴史家ジョゼフ・リクワートは、イタリア建築界と長くつながりをもっていたが、ロッシやスコラーリの主張に対して痛烈な反駁をした数少ない一人だ。「そのとおりごもっともだが、その先はどうなるのだ。建築は沈黙していれば生きながらえるかもしれない。無言で美しいかもしれないが、無言は無言だ。沈黙を拒否する者たちは容赦なくその場から排除されてしまうのだ」[32]。

IAUSとニューヨーク・ファイヴ

この論争渦巻く時代にあって、もう一つの不満の兆しが、コーリン・ロウとピーター・アイゼンマンの活動に見られる。ロウは初め建築を学んだが戦時中に事故に遭い、一九四六年ロンドンのウォーバーグ研究所に入って、ルドルフ・ウィットカウアーの指導のもと歴史研究に転じた。彼はまだ学生の頃、「理想的ヴィラの数学」（一九四九）という小論を書き、パラーディオの《ヴィラ・マルコンテンタ》とル・コルビュジエの《ヴィラ・スタイン（ガルシュの家）》を比較した[33]。この小論に影響されて英国でル・コルビュジエ様式の人気が高まり、やがてロウは建築家としてだけでなく人物としてのル・コルビュジエにも心酔することになった。しかしロウは、多くの同世代の英国人同様アメリカへ渡る。一九五二年にイェール大学に移り、ヘンリー゠ラッセル・ヒッチコックの講義を受けることになる。そして彼はアメリカ中を旅した後、一九五三年偶然にもテキサス大学オースティン校で教職を得ることになった。

そのタイミングも場所も絶好だった。テキサス大学建築学部の新しい学部長ハーウェル・ハリスも、ロサンジェルスで設計実務に関わっていたところをテキサスに誘われ、第一級の教育プログラムを作るという命を受けて着任していた。[34] 新旧の教員たち（その中にはバーナード・ホエスリ、ジョン・ヘイダック、ロバート・スラッキー、リー・ハーシュ、ジョン・ショー、リ・ホッジデン、ワーナー・セリグマンがいた）は、その革新的なカリキュラムと視覚的形態的な複雑性に重きを置いたユニークな教育ゆえに、「テキサス・レンジャーズ」として知られることになった。[35] しかし一九五六年にレンジャーズはそれぞれの道に散っていき、ハリスはノースカロライナ州立大学へ移り、ロウは短期間コーネル大学で教えた後、英国のケンブリッジ大学に戻り、彼はそこで一九五八年から一九六二年の間、教職を得た。一九六二年彼はコーネル大学の教授に任命されてアメリカに渡り、そこで伝説的なアーバンデザイン・プログラムを創設することになる。

アイゼンマンが最初に指導教官ロウに出会った場所はケンブリッジ大学だった。ニューアーク出身のアイゼンマンは一九五〇年代初めコーネル大学で学び、その後いくつかの建築事務所で働いた後、一九五九年にコロンビア大学大学院に入学した。その後、彼はケンブリッジ大学でゴシック建築を学ぶための奨学金を得た。ロウとアイゼンマンは友好を深め、ロウの指導で、アイゼンマンは一九六一年と一九六二年の夏、欧州大陸の建築旅行を行い、その時アイゼンマンは一九二〇年代から一九三〇年代のイタリア最初の「ラショナリスト」グループの作品、とりわけジュゼッペ・テラーニの作品に開眼した。テラーニはアイゼンマンの博士論文「近代建築の形態的基礎」の中心テーマとなり、この論文は一九六三年にトリニティ・カレッジで受理された。[36]

この論文はアイゼンマンのごく初期の仕事ではあるが、その後二〇年間に及ぶ彼の思考はほとんどこの論文を基礎としていた。彼がこの論文を完成した時期は、ちょうどクリストファー・アレグザンダーが博士論文を完成した直後であり、実証主義的精神において共通するものがある。しかしアイゼンマンの論文が生まれた源はロウの理論だった。ロウの「透明性」のアイディアは、以前ロバート・スラッキーとともに案出したもので、建築の視覚的形態をより抽象的かつ概念的に分析することを優先するために、意味論的次元を効果的に抑え込んだものだった。[37] アイゼンマンはそれを受けて、形態自体の特性分析にすべてを頼る理論を打ち立てた。その特性とは、ヴォリューム（空間はそこに存在する）、マッス、表面、運動などを含む。また「統語法」や「文法」のような概念が、彼の議論では重要な役目を果たし、それは彼がその後長い間、象徴論に関することすべてを嫌悪する始まりであった。彼の分析の重点はテラーニの《カサ・デル・ファッショ》にあった。なぜなら立方体の内に抽象的な平面の重層を読み取ることが、隠された軸線、後退した平面、ベクトル、などのコンセプチュアルなダイアグラム作りに不可欠だったからだ。実際アイゼンマンは形態を純粋合理的に読解しようと模索していた。

アメリカに戻ると、アイゼンマンはプリンストン大学で教職を得て、マイケル・グレイヴスとともに一九六四年、CASE（環境研究建築家会議）を設立、このグループには当初ヘンリー・ミロン、スタンフォード・アンダーソン、リチャード・マイヤー（アイゼンマンの従兄弟）が入っていた。[38] 後にこのグループには、ケネス・フランプトン、ジャクリン・ロバートソン、マリオ・ガンデルソナス、トム・ヴリーランド、アンソニー・ヴィドラー、ジョン・ヘイダック、チャールズ・グワスミイが加わった。ロバート・ヴェンチューリとヴィンセント・スカーリーは一九六四年のCASE会議に招かれたが、他の参加者との違いに気づくと、このイベントから去っていった。CASEの成果は年によって様々だったが、アイゼンマンが指揮した一

図1.3　ジュゼッペ・テラーニ《カサ・デル・ファッショ》コモ、イタリア　提供：フランツ・ドロニャック

つの重要なイベントは、一九六九年五月にMoMAで開かれた「ファイヴ・アーキテクツ」展だった。しかしその重要性が知られるようになるのは数年後であった。

その時すでにアイゼンマンのCASEへの熱中は冷めていて、一九六六年MoMA館長アーサー・ドレクスラーに近づき、都市の問題――当時の都市の混乱を見れば明白な危機――を研究する新しい研究所の創設を提案した。ドレクスラーは美術館の理事会に諮り、二人の理事が新しい組織を立ち上げる基金提供を促した。こうして一九六七年一〇月、IAUS（建築都市研究所〔Institute of Architecture and Urban Studies〕）が法的に設立され、アイゼンマンが所長、ドレクスラーが理事長となった。IAUSは当初から多面的な組織だった。まずそれは（初期の数年だけだが）私企業や公的組織から都市環境研究のための基金を募る非営利のシンクタンクであった。もう一つの、より一貫した側面としては理論的研究・計画のためのセンター、つまり実質上一つの大学院であり、そこにはアメリカ北東部の大学の教員が客員として教えに来て、週に一、二日セミナーなどを担当した。IAUSはまたシンポジウムや展覧会を主催し、批評的雑誌を刊行した。これらすべてが一九六七年に形をとり、その頃アイゼンマンは最初の建築設計の仕事を得て、それ以来、彼の設計実務と理論は互いに一体のものとなった。

プリンストンの《バレンホルツ・パヴィリオン》（一九六七）、むしろ《ハウスI》として知られる作品が、その一体性を初めて築いた[39]。一九六九年にアイゼンマンは設計意図の説明文を書き起こしたが、その根底にあるテーマは「カードボード・アーキテクチャー」だった。この言葉は一九三一年にフランク・ロイド・ライトが、ル・コルビュジエのディテールのない建築に言及して軽蔑的に用いたものだった[40]。ところがアイゼンマンはこの言葉を肯定的に受け入れ、「形態を、美的・機能的な文脈で考えることから、標識や表記法として考える方向に焦点を移す」意図を示した[41]。ロザリンド・クラウスは後にこの意図を評してこう述べている。アイゼンマンは「あらゆる機能的・物理的な装い（この柱は支持を〝意味する〟）や、あらゆる意味的な連想（煉瓦は暖かさ、安定性を〝意味する〟）を取り除こうとした。その代わりに彼は、現実の構造的必要性や現実の材料的性質からかけ離れたところで形態を生成し、アイディアを追求する方法として〝モデル〟という概念を重用した[42]」。

こうして、アイゼンマンにとってカードボード・アーキテクチャーは、形態に関する論理的・生成的な操作、抽象的レベル以外での意味をもたない操作を指すものになった。例えば、《ハウスI》で彼は三

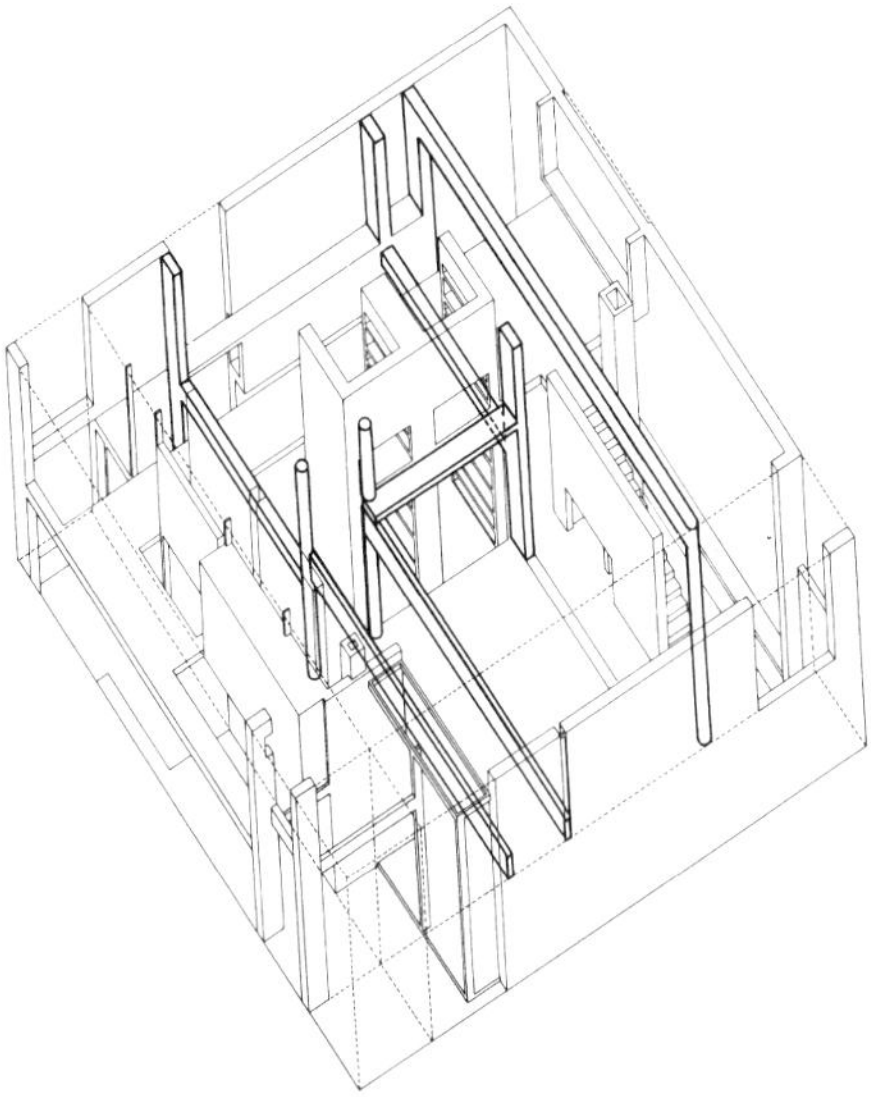

図1.4　ピーター・アイゼンマン《ハウスI》ニュージャージー、1967　提供：アイゼンマン・アーキテクツ

つの方策を採用し、これらを「深層構造」（ここではノーム・チョムスキーの用語を借用している）として重視している[43]。その一つは白または中性的な色彩と平板なテクスチャーの使用により、慣習的な意味に限界を設ける試みである。もう一つは構造を隠蔽すること、つまり、いくつかの柱や梁には敢えて荷重を負担させせないようにした。そうすると、これら偽りの構造的記号は、時にはその曖昧さにより、時にはその不在によって、根底にあるコンセプチュアル・デザインの構造へ人の注意を向けさせることができる。こうしてル・コルビュジエが《サヴォワ邸》で、いくつかの形態を大洋旅客船のディテールを想起させるように象徴的に採用したとすれば、アイゼンマンは形態の統語的構成（文法と言ってもいいかもしれない）を探し出そうとし、そこから

あらゆる意味論的参照や象徴的寓意を厳格に排除した。

一九七〇年代初めにアイゼンマンはいくつかの小論を書くなかで、こうしたアイディアを深化させていった。一九七〇年に『カサベラ』誌に書いた記事では、自らの博士論文を援用して、ル・コルビュジエ（モダニティのメタファー）がデザインの感受性を、実務的（機能・構造）関心から意味論的（記号的・象徴的）関心へ移そうとしたように、テラーニによるコモの《カサ・デル・ファッショ》は建築を統語論的領域へ移行させたと論じ、特にそれはファサードの構成において「一連の垂直面がくっきりと分節されていて、その結果、単一の正面が決定され、その正面から後退していくように見える空間的秩序が決定されている」と論じた。[44] この時期のほかの小論でアイゼンマンは「コンセプチュアル・アート」という自分の戦略について、ヴェンチューリが「ポップアート」を味方につけたことに対して、自分はコンセプチュアル・アートで応えたのだと言っている。[45] このような仕事はすべて、ロウとスラッキーの〈現象的な透明性〉の概念に多くを負っている。

アイゼンマンは一九七二年に短期間行われた展覧会「ファイヴ・アーキテクツ――アイゼンマン、グレイヴス、グワスミイ、ヘイダック、マイヤー」のカタログを制作するかたわら、一つの勢力を興そうと企てていた。[46] もちろん「ファイヴ・アーキテクツ」展はすでに一九六九年にも行われていて、それは主として五人の建築家の作品を展示し、他のCASEメンバーからの批評的所見を引き出すためのイベントだった。実務経験から見ると、彼らは全員まだ若い建築家だった。リチャード・マイヤーだけは一九六三年から実務を始めていたが、マイケル・グレイヴスとチャールズ・グワスミイは一九六〇年代終わり頃に初めて設計の仕事を得た。またかつて「テキサス・レンジャーズ」の一人だったヘイダックは

《ハウス10》《バーンスタイン邸》《ワン・ハーフ・ハウス》のドローイングをもって参加した。この本にはいくつか重要な評論が掲載されているが、その中にはフランプトン、ロウ、アイゼンマンのものがあった。

フランプトンは、その評論「正面性対回転性」によってアメリカ批評史に自らの地位を確立した。彼は一九五〇年代前半、つまりニュー・ブルータリズム華やかなりし時代にAAスクールで教育を受けた。彼はピーター・スミッソンの下で学んだが、当初からリチャード・ハミルトン、ジョン・ミラー、アラン・コフーン、レイナー・バンハムの考え方に共感していた。一九六〇年代前半、彼はダグラス・ステファン事務所で働くとともに、『アーキテクチュラル・デザイン』誌の専門編集者を務めた。一九六五年、フランプトンはアイゼンマンに誘われてプリンストン大学の教員に加わり、そこでマルドナードとも親しくなった。マルドナードの政治的方向性(ハンネス・マイヤーのソヴィエト・リアリズムに触発されたもの)が、一九六〇年代後半にフランプトンが急速に評論家として先鋭化していったことと軌を一にしていた。この時期、彼はアドルノ、マルクーゼ、アーレントの思想を吸収していた。フランプトンはアイゼンマンから(一九六五年か一九六六年頃)「グループのシグフリード・ギーディオン☆」になるよう勧められたが、それにもかかわらずアイゼンマンの形態主義的関心には決して同調しなかった。[47]

このフランプトンの評論は、以前の小論を膨らませたものだったが、そこでグループの設計を、グ

訳註 ギーディオンのファースト・ネーム Sigfried は、「ジークフリート」と表記されることが多いが、これは例えばリヒャルト・ヴァーグナーの息子の名 Siegfried の綴りに該当するため、「シグフリード」と表記するのが適当である。

リッド、入口、正面性、斜めの軸線、頻発する「浸食のテーマ」などの最重要手法を考慮しながら、非常に客観的に分析している。彼はヘイダックの《ハウス10》にライト的な構成的モティーフを見出し、アイゼンマンの《ハウスI》にはテラーニの影響を認めたが、他の三人の建築家の作品に「ル・コルビュジエとの統語的関連性」があるとまでは、積極的に言及していない。その代わり彼は、むしろマイヤーの《スミス邸》とグレイヴスの《ハンセルマン邸》を、マルセル・ブロイヤーの《グロピウス・ハウス》(一九三八)のデザインや、一八八〇年代後期アメリカのシングル・スタイルの住宅といった事例と関連づけることを選んだ。[48] フランプトンは、いかなる政治的イデオロギーも排除した「ネオ・モダン」リバイバルの成熟を目の前にして、その事実に困惑していたことが感じられる。

しかしアイゼンマンの仲間から距離を置いていたロウは、最も辛辣な言葉でこの問題を正確に捉えていた。

我々がここで目にしているものは、近代建築の正統的理論から見れば異端である。我々の前にあるものは、時代錯誤、ノスタルジア、そしておそらく軽薄だろう。もし近代建築が一九三〇年頃にこのような姿であったとすれば、今日それはこのような姿ではありえない。そして、もし現在の真の政治的課題が、金持ちにケーキを提供することではなく、飢えている人々にパンを提供することであるならば、これらの建物は単に形態的にだけでなくプログラム的にも的外れなものだ。[49]

ロウの勢いは止まらず、彼はさらに一九三〇年前後のモダニズム建築理論の纏《まと》っていたイデオロギーの装いを解明した――それは「終末論的空想とユートピア的空想を出発点」として立脚し、「認識可能な客観的事実を編集したもの」に対する客観的対応として形成された。最も重要なことは、建築家は歴史の受動的助産師でありながら、あたかも「事実を基にした実証主義的な概念」と「ヘーゲル的概念である自明の運命説」に従って活動していたかのようだった。ロウはまた盛期モダニズムの建築理論を「一群の現実逃避者たちの神話」だと特徴づけ、その中心にあった「社会主義的使命」はその後「福祉国家の感傷主義と官僚制度の中で解体してしまった」ことを認めた。[50] ロウは、一九七二年に出現した初期モダニスト形態の再来現象というアポリアは、単なるリバイバルにすぎないと結論づけている――モダニズムの英雄的時代から気まぐれに形態を複製しているが、そこには新しき良き世界を求めようとする素振りすら見えない、と指摘した。

このような分析がいかに率直であったにせよ、ニューヨーク・ファイヴが注目すべき存在として名声を高め、IAUSが勢力を拡大することを妨げるものではなかった。IAUSの雑誌『オポジションズ』は一九七三年九月に創刊し、三人の創立編集者――アイゼンマン、フランプトン、マリオ・ガンデルソナス――は急速に、多様でレベルの高い言説の場を確立した。[51] この雑誌の創刊号の巻頭論説は、「批評的評価と再評価」をその目標として掲げ、「建築理論の新たなモデルの発展」に取り組むとしている。[52] 初期の号では批評的前衛の同盟者としてロッシとタフーリを紹介した。これは、一九七三年のミラノ・トリエンナーレにニューヨーク・ファイヴが参加したためであったのは疑いようもない。初期の号では、ロッシのデザインが北アメリカの読者に紹介され、またタフーリの文章が初めて英訳され、有名な評論「閨房建築〔L'Architecture dans le boudoir〕」が載せられた。ここでタフーリはロッシとアイゼンマンの還元主義的実験を「残酷さの建築」と評した。[53] つまり、デザインへのアプローチが現実世界の機能的社会的関心から退却している点で、マルキ・ド・サドの放埒なサディズムに匹敵する、というのだ。ミラノ－ヴェネツィアの軸でつながる人々の中でこの雑誌に執筆したのは、このほかにフランチェスコ・ダルコー、ジョルジョ・チュッチ、マッシーモ・スコラーリ、ジョルジュ・テーソーがいた。そのためこの雑誌は全二六巻を刊行する一九八四年までの間を通じて、歴史的、理論的、批評的問題を幅広く取り上げ織りなしたものとなった。その第一の功績は、それがアメリカにおける最初の批評的内容を有する雑誌であったという事実である。

第2章

意味の危機

ヴェンチューリのポピュリズム、イタリアの合理主義《ラショナリズム》、IAUSの始動が、ポストモダンを支える三つの思想的基礎だとすれば、もう一つ残るのは、次の二〇年間その上に多くの理論が構築されることになる第四の基礎についての考察である。それは、モダニズムは、そのボキャブラリーの貧弱さゆえに失敗した——つまり人々とつながり、思いを伝えることができなかった、という巷間に流布した考え方である。

本書ではすでにいくつかの例で「シンタクス〔統語論〕」や「セマンティクス〔意味論〕」という用語を使ってきたが、これらは一九六〇年代後半に頻繁に使われるようになった。どちらも記号学や記号論(ここでこの二つは互換性のある言葉として扱う)など現代の言語学と関連しているが、建築において形態の意味への関心は長年の問題である。例えば、ユダヤ教とキリスト教のどちらも最初期の文献は、エルサレム神殿のような建築に適用された象徴主義について詳細に語っている。またヴィトルヴィウスのよく知られた三つのオーダーの起源——ドリス式は男性、イオニア式は女性、コリント式は少女——は、古典時代の建築形態の基本は擬人化にあるという重要な識見を示している。ルネサンスの建築家たちも、明らかに建築デザインの根底にヒューマニスト的宇宙観を据えようとしていた。一八世紀までには、フランス建築アカデミーが西洋建築理論の教義を固めていくなかで、形態の意味は、建築の正式な論議の中では確定された見解となっていた。その時代と一九七〇年代の違いは、一九七〇年代にはそのような思考を通じて、さらに厳格なモデルを作ろうとしたことだ。

記号学と記号論——いわゆる記号に関する学問——は二つの明確な基礎から出発している。一九一六年、フェルディナン・ド・ソシュールの死後に出版された『一般言語学講義』の中で、このスイス人言語学者は言語を、不変の規則としての言語「ラング」と、より個人的な発話としての「パロール」に分けたが、どちらも通常の記号と意味を通じて流布している。彼はこの新しい学問を〈セミオロジー〔semiology、記号学〕〉と呼んだ。もう一方二〇世紀初頭に、アメリカの哲学者チャールズ・サンダース・パースも言語に関する論理的研究を提唱し、これを〈セミオティクス〔semiotics、記号論〕〉と呼んだ。その研究を基に議論を展開したのがチャールズ・W・モリスの『記号理論の基礎』（一九三八）である。ソシュールの二元論的構造に対して、モリスは言語学分析を、統語論、意味論、語用論に分ける三元論を提唱した。彼は統語論を「記号相互の関係を、記号が示すモノや記号を読み解く人から切り離して捉えるもの」とし、したがってそれはどのような記号体系、言語体系にも通底すると定義づけた。それと対照的に意味論は「記号とそのデジニャータ〔designata〕、つまり記号とそれが指示する対象物との関係」を扱う。それゆえ意味論は記号とその意味を扱い、特に形態の意味について考察するので、のちに建築分野で重要な関心事として登場することになる。三番目の語用論は「記号とそれを読み解く人との関係」について考察する。[1]

モリスはさらに意味論的記号を、インデックス・アイコン・シンボルの三通りに分類したが、これはのちに建築界にも影響を与えることになる。インデックスはその意味を〔直接〕指示し表示する（例えば一方通行道路サイン）が、アイコンはそれが示唆するモノの内容性質を示す（例えば駅などの売店がそこで扱う商品の形をとる）。それと対照的なのはシンボルであり、例えば銀行のドリス式円柱が金融機関の強さと安全性を示すために使用されるように、恣意的または文化的に確立された記号である。

建築にとってモリスのモデルが重要になるのは、シカゴにおける「ニュー・バウハウス」とモリスとの関係に基づく。この学校は一九三七年にシカゴ芸術産業協会によって設立され、その初代学長に任命されたのは、アメリカに亡命して間もないラースロー・モホリ＝ナジだった。協会はこの学校経営から一年後に手を引いたが、モホリ＝ナジはこの学校を「スクール・オブ・デザイン」、ついで（現在知られているように）「インスティテュート・オブ・デザイン」に改名して再建した。一九四〇年代、彼と後継者サージ・シャマイエフは、ジェルジ・ケペシュ、ジョージ・フレッド・ケック、ラルフ・ラプソン、そして短期間ではあったがバックミンスター・フラーやコンラッド・ワックスマンなど錚々たる教授陣を集めた。シカゴ大学哲学科教授であったモリスはこの学校に招かれて「知的統合」に関する講義を担当した。これは芸術、科学、科学技術の理論を彼の記号論のもとに統合しようとするもので、それは、あらゆる人間の行為は「ある種の記号構造」として分析できるという前提に立っていた。[2] モリスは一九三〇年代中頃から「統合的科学〔United Science〕」として知られる運動に関わり、オットー・ノイラート、ニールス・ボーア、ジョン・デューイ、バートランド・ラッセル、ルドルフ・カルナップらの努力を通して、あらゆる知の理論的基礎を追求していた。

モリスは一九四〇年代初めにここで講義をしたが、あまり評判にならなかった。しかし彼の努力は一〇年後、もう一つの新生バウハウスによって認められた。それは一九五三年、ドイツのウルムで設立された造形大学である。[3] 元祖バウハウスの教授陣や学生たち、ヨハネス・イッテン、ヨーゼフ・アルバース、ヴァルター・ペーターハンスらが教育に加わり、初代学長マックス・ビルは、新カリキュラムで初代バウハウスをどの程度まで継承するか非常に苦心した。しかし一九五六年、ビルは、オトル・アイヒャーとトマス・マルドナード（二人とも「統合的科学」運動に通じていた）らの教員の造反によって学長を辞任することになった。その後マルドナードは記号論に関するセミナーを導入し、それはサイバネティックスや情報理論、システム理論、人間工学などを包含するものだった。マルドナードは先輩のホルクハイマーやアドルノのように、電気通信産業や広告業の影響力の大きさに興味をもち、デザインの意味するものに関しては「最も微妙な暗示のレベルまで研究すべきだ」と主張した。この目標が示唆するのは、デザイナーは「言語学、心理学、社会心理学、社会学、そしてもちろん現代の記号論」も学ぶべきだということだ。[4] マルドナードは、すでに述べたように一九六〇年代にプリンストン大学へ移った。

記号論と建築

マルドナードは一九六二年、ロンドンの雑誌『アッパーケース』に五編の小論を投稿して議論を展開した。[5] しかしそれ以前に、同じくウルム造形大学で教えていた二人の建築家——ジョゼフ・リクワートとクリスチャン・ノルベルグ゠シュルツ——が意味論について興味を深めつつあった。リクワートは一九六〇年の「意味と建物」と題する魅力的な評論で、事実上ウルムでの試みを批判していた。彼は合理主義者《ラショナリスト》が盛期モダニズムの建築家たちを偏愛すること、とりわけ「デザイナーや建築家が合理主義的規準に執着すること」に異を唱えた。彼はその代わりデザイナーに対して、建築が人の感情に訴える力に目を向けるよう呼びかけた。それもただ漫然とではなく、社会学者、人類学者、心理学者の研究、さらに加えて神話伝承も研究するように促した。ヴェンチューリとスコット・ブラウンが数年後に打ち出す考えを予言するように、リクワートは、アメリカの広告のようなメディアを研究し、その教訓を真似するのではなく、どのようにして人は世界の中で自分固有の居場所を見つけるのか——それは自分の家の「切妻壁に小さな銃眼付き胸壁や雷文装飾」を発見することかもしれない——について建築家は学ぶべきだと主張した。彼は、記号論はそのための枠組みを提供してくれるだろうが、それは概略のものにすぎないと述べている。「環境の記号論的研究を通して、我々は建築について議論する手段を発見できる。そうすることでのみ、再び我々は普通の人々に訴えかけられるようになる」。[6] これがリクワートの理論的基礎となって、その後一九七三年、彼はロッシのタイポロジー〔類型概念〕による合理主義《ラショナリズム》や沈黙のデザイン、「テンデンツァ」の議論に強く異を唱えることとなる。

ノルベルグ＝シュルツはそれとは別の視点から記号論に入ってきた。もっとも彼はわずか数年のうちに正反対に転向することになるのだが。彼の野心的な研究『建築における意図』（一九六三）において、このノルウェー人建築家は、モリスの三元論的記号論形式と「それに関連するあらゆる心理学、システム理論、情報理論」（ウルムで教えていたこと）をすべて盛り込むだけでなく、意味のある建築形態を限界まで精力的に追求することで、包括的で「申し分のない建築理論」を確立しようとした。ノルベルグ＝シュルツにとって建築は「統合的な行為であり、すべての生活の形に順応しなければならない」ものだが、彼が編み出した理論の大部分は、実証主義的もしくは疑似科学的な基盤に立っていた。[7]

ウルムでの実験は、そのカリキュラムが知られるようになると、一九六〇年代に記号論研究の隆盛を引き起こした。イタリアの理論——特にセルジョ・ベッティーニ、ジョヴァンニ・クラウス・ケーニッヒ、レナート・デ・フスコ、ウンベルト・エーコらの著作——は建築理論に記号論を適用する方法を追求した。[8] ロンドンでは二人の建築家の博士論文が主導権を握った。それはカナダ人ジョージ・ベアードとアメリカ人チャールズ・ジェンクスの二人である。一九六六年この二人は雑誌『アリーナ』で記号論の特集号を組み、これは三年後に増補されて『建築の意味』という影響力ある著書の発刊に結びついた。しかし核心において、モリスの記号論的モデルとソシュールの記号学的システムのどちらに従うかという問題はまだ残されたままだった。

ベアードとジェンクスは、初めはソシュールの二元論的方法に従って成功を得た。例えば、ベアードは「建築における〝愛の次元〟」と題する小論で、エーロ・サーリネンとセドリック・プライスの二つの近作を、ソシュールの「ラング」（集合的、無意識の言語）と「パロール」（個人の意識的、表現的な話し言葉）の二元論によって比較してみせた。ベアードの分析の詳細――サーリネンもプライスも、正反対の方法ではあるが、「パロール」の修辞的な力を犠牲にしても、デザインの「ラング」に過剰なまでにこだわった――は、一つの洞察の方法を提示した。しかしそれ以上に重要なのは、建築の意味は（言語学者がしばしば示唆するように）一つのシンボルと一義的に対応するのではなく、隠喩、換喩、曖昧さ、様々なレベルの修辞的なニュアンスなど非常に豊かな意味の領域を併せもっている、というベアードの観察である。[9]また同様にジェンクスはこの時期の主要な小論で、〔建築形態の〕意味は特定の文脈、慣習、偶然の出来事に左右され、それどころか（むしろそれゆえに）その賞味期限は定まっていない。次の一〇年間に起きるポスト構造主義の議論を先取りする視点で、ジェンクスは「意味の最前線はつねに時々刻々変わっていき、崩壊と逆説の状況にある」と結論している。[10]

ジェンクスとベアードの著書は、人々の関心をこの分野に向けることに大成功を収め、三年後の一九七二年、建築記号論の国際会議がスペインのカステルデフェルスで行われた。[11]組織したのは、ジェフリー・ブロードベント、ファン・パブロ・ボンタ、トマス・リオレンスであり、ピーター・アイゼンマンがニューヨークから参加した。カステルデフェルスで発表された論文の多くが建築記号論の可能性に向けられた期待の高さを示していた。例えばブロードベントはノーム・チョムスキーの統語論の研究に頼ろうとしたが、彼の方法は、同時にそれを提案したアイゼンマンとは全く異なっていた。アイゼンマンがチョムスキーの統語論を強調したとすれば、ブロードベントはチョムスキーの方法論のアルゴリズム的なプロセスを真似て、記号論的響きをもつ建築の四つの「深層構造」を提案し、そこからさらに演繹してデザインの四つの生成規則、アプローチを提案した。それは、プラグマティック（トライアル＝アンド＝エラー）、タイポロジック（タイプ）、アナロジカル（アナロジー）、キャノニックまたはジオメトリックデザインの四つである。彼はさらにチャールズ・ジェンクスとウィリアム・ターンブルが、サンタ・バーバラのファカルティ・クラブのデザインに、その時代のスペインのコロニアル的性格をいかに導入したか、リカルド・ボフィールがザナドゥーのデザインに、強い色彩、曲線、屋根タイルなど地中海バナキュラーの側面を利用したことについて考察した。ブロードベントは、どちらの戦略も、モダニズム建築に強く必要とされていた意味を注入し、建築が文化的シンボルとなる助けになったと感じていた。[12]

カステルデフェルスの会議では、ボンタとジェンクスの論文も重要だった。ボンタはソシュールやモリスの記号論的システムのどちらも顧みず、〈インディケーター〉と〈シグナル〉の体系としてコミュニケーションを捉え、それに焦点を当てるエリック・バイセンズとルイ・J・プリエートの理論に傾倒した。このモデルによって彼は〈意図的なインディケーター〉と〈偽りのシグナル〉という二つの範疇を仮定した。前者はデザイナーが意図して作ったが人には読み取れないもの、後者はデザイナーが意図せずに作ったのに人が読み取ってしまうものである。ボンタはのちに著書『建築とその解釈』でこの研究方法をさらに展開しているが、その利点は、〔デザイナーの〕意図の有無に関係なく、建築の意味は遍在することを強調できたことだ[13]。

ジェンクスは「修辞」の立場に立って再び論を展開した——すなわち「インデックス的記号」（彼はモダニズムがこれを好んだと見ている）や「アイコン的記号」（サーリネンのTWAターミナルで見られる）よりも「シンボル的記号」（表象）を優位に置く立場である[14]。この方法により記号論はデザイナーにとっての道具になるだけでなく、批評家にもモダニズムの失敗を考察することができるとジェンクスは信じていた。やはりこの会議に参加していたアラン・コフーンは、この点についてさらに先に進んで、言語学と美学はその方法論が一致しないのだから、記号論は批評の手段に限って使用すべきだと主張した[15]。

一方で、記号論によるモデルはほかにもいろいろと提案された。一九七三年にヴァージニアで開かれた会議で、マリオ・ガンデルソナス——雑誌『オポジションズ』の創立編集者の一人としてアイゼンマンに加わった——も建築デザインに記号論を適用することには懐疑的だった。その理由の一つは、建築家は記号論の概念について限定的な知識しかもっていないこと、さらに建築家は政治的な点で、イデオロギーと理論の決定的な区別をまだ認識していない、と彼は感じていたからだ[16]。もちろん彼はイデオロギーという言葉をマルクス主義者流の〈偽りの意識〉という意味で使っていて、それによればイデオロギーは、建築実務の現体制を含む現存の諸条件をそのまま保持することにつながる。同年、ガンデルソナスとダイアナ・アグレストの夫婦は、『オポジションズ』創刊号に書いた小論で、この所見を幅広く展開している。ここで彼らは、記号論は建築家の助けになるが、それは「特定のイデオロギー、建築のイデオロギーに反対する我々の戦いに理論的戦略を与えてくれる」ときに限られるとしている。[17] アグレストとガンデルソナスは最新のフランスにおける合理主義的思考への批判に詳しく、事実彼らはすでにポスト構造主義理論に足を踏み入れていたのである。

また一九七三年には、ウンベルト・エーコの著作『不在の構造』の建築に関わる章の英訳が出版された。彼の記号論は、モリスとソシュールの要素を統合したものだが、建築を明示的意味（機能）と暗示的意味（イデオロギー）から構成されるコミュニケーションの体系と見て、技術的、統語論的、記号論的コードのレンズを通して読解できるとした。しかしエーコは同時に記号論をデザインの領域で発展させることに興味をもっていた。その理由の一つは、彼は建築と大衆文化との関係に興味をもっていたからだ。つまり、建築は心理的説得のテクニックを使って大衆にアピールし、それゆえ短命で気まぐれな流行と関わりがもてる職能であると考えていた。彼はまた（あまり公にしてないが）彼が言うところの「前衛的反体制」の中で、建築家はアドルノ的な抵抗行動によって、慣習的なコードを意図的に侵犯する役割を負っていると考えていた。このような策略が効果的に相重なれば、いかなる体制もその規範の中で修正変更できると彼は結論づけている。そしてその代わりエーコは建築家に、現代の社会学、人類学、心理学の研究に向かうよう示唆している。[18]

このような試みはすべて一九七〇年代前半に起き、建築家の間で記号論的興味が頂点に達した。しかし同時に、説得力ある方法で記号論をデザインの微妙な色づけに応用した成功例がなかったため、記号論は方法論の領域から追い出されて、批評の領域に入っていった。批評において記号論は、モダニズムが意図的に象徴的意味を希薄にしていることを批判する完璧なツールとなった。実際一九七〇年代後半には、記号論はモダニズム理論の教義を拒絶するための重要なツールとなったのである。

ファイヴ・オン・ファイヴ

まさにこうした文脈の中で一九七二年一二月『ファイヴ・アーキテクツ』が刊行された。この出版に対する最初の重要な反応は、五つの小論の形をとって単に「ファイヴ・オン・ファイヴ」と題されて『アーキテクチュラル・レビュー』誌に掲載された。この反応を背後で主導したのはロバート・A・M・スターンだった。彼はイェール大学でヴィンセント・スカーリーの下で学び、ロバート・ヴェンチューリの代弁者であった。一九六六年スターンはニューヨーク建築連盟で「四〇歳前の四〇人」と題する展覧会を成功させ、そこでヴェンチューリら若い建築家の仕事を特集した。[19] 三年後スターンは最初の著書『アメリカ建築の新方向』を出版し、そこでヴェンチューリとチャールズ・ムーアを議論の前面に押し出しただけでなく、スターンは「あとがき」でヴェンチューリらの試みを一九六〇年代後期に起きた社会的大変動と並べて位置づけたため、ヨーロッパの批評家たちに論争を巻き起こした。[20] 一九六九年、スターンはイェール大学の同級生ジョン・ハグマンとパートナーシップを組んで建築家としてのキャリアを始め、その後コロンビア大学で教職を得た。

「ファイヴ・オン・ファイヴ」はニューヨーク・ファイヴの作品に対して、スターン、ムーア、ジャクリン・ロバートソン、アラン・グリーンバーグ、ロマルド・ジョゴラの五人の建築家が行った批評である。[21]冒頭の小論でスターンは『ファイヴ・アーキテクツ』とヴェンチューリとスコット・ブラウンによる『ラスベガスに学ぶ』がほぼ同時に出版されたことに注目し、彼の目にはこの偶然の一致は、二つの異なる陣営がもつ対立する戦略を明快に示していると述べた。スターンの議論はこうだ。ファイヴの「ヨーロッパ的／理念的」な展望に対して、ヴェンチューリは「アメリカ的／実務的」である。過去を現在に同化させる手法において、「エクスクルーシヴ」に対して「インクルーシヴ」である。片方はむろん良いが、もう片方はそれほどでもない。もしインクルーシヴな『ラスベガスに学ぶ』が、多様な影響をデザインに持ち込むことで一九二〇年代の主流的な美学から我々を解放してくれるとしたら、コーリン・ロウ（「グループの知的なグル〔指導者〕」）の率いるファイヴの「エクスクルーシヴ」な傾向は、結果としてル・コルビュジエと一九二〇年代の限定的な美学に建築家を回帰させ、そのため現代の建築家が革命に関わる機会を奪いかねない。スターンは、アイゼンマンのチョムスキー的な試みを「建築的経験を文化から断絶させる」として「最も苛烈に」反対した。またリチャード・マイヤーに対しても、《スミス邸》のデザインは描く、《ソルツマン邸》では粗悪な外装材を選んでいると非難した。さらにマイケル・グレイヴスの作品は、あまりに「技巧」と「仰々しさ」に満ちているとし、その批判は『ファイヴ・アーキテクツ』の「洒落た」装幀にまで及んだ。[22]

他の四人の建築家による批評も同様に批判的だった。グリーンバーグは、ファイヴはヨーロッパ・モダニズムの「公式路線」（ニコラス・ペヴスナー、シグフリード・ギーディオン、そして近年のバンハムに先導された）に固執していると非難し、ジョゴラは彼らの仕事の強迫観念的な形態主義に異議を唱え、その基礎が「曖昧な論拠、博学な引用、美的排他主義、基本的冷淡さ」にあると感じると述べた。[23] ムーアは、かなりの皮肉を込めて「厚紙でできたル・コルビュジエ」風の形態のいくつかは自分も好きだと認めたが、彼らの試みの説明には確信が感じられないと述べた。[24] ロバートソンは最も長く注意深い小論で、ファイヴの「ドローイングとしての建築」に肯定的な評価を示したが、彼らが高級美術の「美術館的世界」にエリート的忠誠を誓っていることは時代の文脈から見て評価できないとした。要約すると、「ネオ・コルビュジアン様式の復活は、その出発からして不人気であり、現代ではそれは不健康でもあり、〝アートの世界〟で寄付金による静脈注射的栄養補給に頼って特別隔離病棟でかろうじて維持できるようなものだ」と評した。[25]

『アーキテクチュラル・フォーラム』誌の編集者もこの論争に参加し、この五人の批評を「多様な哲学的陣営が対立している」にすぎないと評し、彼らの批判が、人によってはやや辛辣すぎるように感じるとすれば、実際それは専門家の仲間内の論争にすぎないからだと言及している。[26] 同様の見解はポール・ゴールドバーガーも述べている。彼は『ファイヴ・アーキテクツ』とそれに反響を寄せた五人の批評を数か月後に論評した。彼は論争の「活発な」全体像を評価するとしたうえで、この議論がアメリカ北東部の二つのアイビーリーグの陣営に限定された「いわば局地的な」ものだという事実を見出した。さらに彼は、二つの陣営の間には、本質的な相違よりも、実はデザイン的な共感のほうが大きく存在することを洞察深く看破した。両者に共通する特性は、「メガストラクチャー、コンピュータ・デザインなど、最新鋭科学技術による実例に無関心」なことだった。もう一つの共通点は彼らのエリート主義、もっとよく言えば、過去の歴史を受容する意識だった。ゴールドバーガーの見方によれば、インクルーシヴ主義の建築家たちは、より広範囲な歴史的源泉からシンボルを採用するのに対して、彼らの仮想敵たちは、その様式的リバイバルの源を、すべてではないにしても、主として、ル・コルビュジエの形態に限定していた。[27]

グレイとホワイト

ところが一九七四年の春、UCLAで開催された会議によってこの論争はアメリカ北東部限定にとどまらなくなった。「五月の四日間」「ホワイトとグレイがシルバーと出会う」など様々なタイトルの会議が行われ、事実それはCASE会議（アイゼンマンとグレイヴスが一九六五年に結成したグループ）の最後の会合だったが、この会を主宰したのは、トム・ヴリーランド、シーザー・ペリ、アンソニー・ラムズデン、クレイグ・ホッジェット、ユージン・クッパーだった。対抗する二つの陣営にはレッテルが貼られ、ニューヨーク・ファイヴは「ホワイト派」、ヴェンチューリとスターン率いる敵方は「グレイ派」と呼ばれた。ホストをした建築家たちはみなロサンジェルスに移住してきた建築家だったが、彼ら自身は「シルバー派」と自称することに躊躇していたものの、衆目の見るところ活発な行事だった。スカーリーがグレイ派を代弁したのに対して、ロウがホワイト派の名誉を弁護するために登場したが、それは「大規模な一戸建て住宅の大軍に一人で立ち向かうマルクス主義者のような」感がしないでもなかった。[28]新進気鋭の日本の雑誌『a＋u（エー・アンド・ユー）』がこの集会のために特集号を組んだ。それは新しい運動がメディアを牽引している印だった。[29]

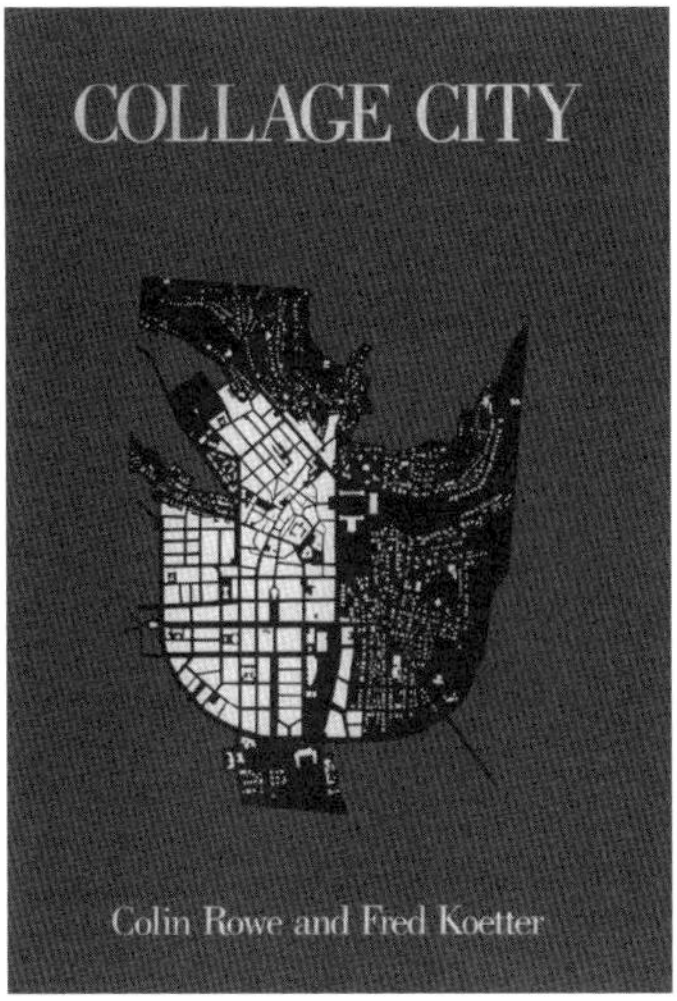

図2.1　コーリン・ロウとフレッド・コッター『コラージュ・シティ』表紙　© MIT、1979

翌年一九七五年、さらに二つのイベントが耳目を集めた。一つはコーリン・ロウとフレッド・コッターの最新作『コラージュ・シティ』の草稿が『アーキテクチュラル・レビュー』誌に初めて発表されたこと、もう一つはニューヨーク近代美術館で「エコール・デ・ボザールの建築」の回顧展が行われたことである。

この二つのうち、ロウの著書『コラージュ・シティ』は、影響力は少なかったかもしれないが、彼が事実上ホワイト派陣営から身を引いてグレイ派の歴史的傾向を受容するようになった点で重要だった。ここでロウは、トーマス・モアの倫理的ユートピアからミノル・ヤマサキのプルーイット＝アイゴー・ハウジング・プロジェクト（セントルイス）まで触れながら、後期モダニズムの失敗を、虚飾を一切排して批判した。彼はハーロウの偽りのノスタルジアとアーキグラムの空想を同様に嘲笑した。彼がカール・ポパー流の伝統への信頼を抱いていたことは明白で、アイザイア・バーリンのハリネズミと狐の違いの引用がその証拠である。ハリネズミは大きなことを一つだけ知っている（設計する）が、狐は小さなことをたくさん知っている（設計する）。ロウは現代では狐を選ぶ。それによれば幾何学的に明快に決定された形態をもつヴェルサイユの大複合建築はハリネズミの仕事だが、ティボリのハドリアヌスのヴィラの、どことなく不揃いの小さな建物群は狐の印である。パラーディオ、ミース、フラー、フランク・ロイド・ライトはみなハリネズミだった。ジュリオ・ロマーノ、ニコラス・ホークスムア、ジョン・ソーン、エドウィン・ラッチェンスはみな狐だった。モダニズム初期の「トータル・デザイン」を拒否し、代わりにレヴィ＝ストロースの「ブリコルール」の概念（あり合わせの要素を使って控えめに物をつくる）のほうを選ぶ。この隠喩《メタファー》は事実上ロウの都市理論の扱える範囲と限界を示している。なぜなら彼は「全体的で〝欠点のない〟解決（それは政治的条件でしか中断できない）という空想を満たそうとするより、小さな、むしろ互いに辻褄の合わない部分的な舞台装置（まるで異なる政治体制の下でつくられたような物たち）の集合体を考えるほうがよい」と認めているからだ。[30] 都市計画者は、今は都市デザインに対して、コラージュをつくる、つまり既存の文脈の中に部分部分を挿入したり組み合わせたりする方法で（ただし前衛的な逸脱やアイロニーを忘れずに）取り組むべきだとしている。さらに興味深いのは、彼が好んで用いるイメージの多くが古代ローマやルネサンスのプロトタイプであることだ。ジャンバティスタ・ノリの一八世紀ローマの地図はポストモダニズム初期の新しいパラダイムとなった。

「エコール・デ・ボザールの建築」展は、建築的職能の現体制に対して、それより遙かに深い傷を負わせることになった。二四〇〇枚のドローイングからなるこの展覧会はアーサー・ドレクスラーが企画したが、ほどなくそれは本質的に絢爛豪華なショーであることが判明した。一八世紀、一九世紀のドローイングはそれ自体驚嘆すべき美しさであり、ほとんど忘れられていた時代を懐古させただけではなく、この展覧会から生まれた書籍（リチャード・シャフィー、ニール・レヴァイン、デイヴィッド・ヴァン・ザンテンが執筆した）は、一九世紀フランス建築理論の歴史的研究として最初のものであった。したがってそれはその気取った態度も含めて、何にもまして学識を披瀝する得がたい機会でもあった。

ドレクスラーは一九五一年以来ニューヨーク近代美術館に勤め、当初はフィリップ・ジョンソンのアシスタントを務めた後、一九五四年に建築・デザイン部門のディレクターを引き継いだ。前述したように彼は一九六七年にIAUSの理事長となり、ロバート・ヴェンチューリの『建築における複雑性と矛盾』および『ファイヴ・アーキテクツ』の両方に美術館代表として短い序文を書いている。彼のモダニズムに対する見解は、かつてはヒッチコックとジョンソンの「インターナショナル・スタイル」に沿ったものだったが、彼らともども変化してきた。ボザール展カタログの序文で彼は、バウハウス・モダニズムの「救世主的熱狂」を「破壊的でなかったとしてもナイーヴだった」とその特徴を述べているが、「教義《ドグマ》からの解放」から生まれた新しい自由が、向かうべきはけ口や方向性を見出していなかったことも認めている。彼の見解によれば、エコール・デ・ボザールの建築は、その素晴らしいドローイングが「現代の建築の根底にある哲学的前提に対する厳格な批評」を誘発するかもしれないという理由だけでも学ぶに値するとしている。[31]

『エコール・デ・ボザールの建築』（一九七七）に書いたやや冗長な小論で、ドレクスラーはそれまでの立場を翻し、一九世紀建築を材質感（マッスの見え方）とともに描写的側面においても評価し、装飾の使用を含めて許容した。これはモダニズムの「絶対不変の追求」や「工学的様式」の禁欲的な形態を否定し、むしろ「舞台装置のようなドローイング」を許容する建築を支持するものだった。それは、フラーが基準とした〈重さのない状態〉からの全面的な方向転換を示していた。本質的に「ポストモダンの建築形態が思い描く理想の姿の重要点は、マッスと重量を自由な精神の象徴として主張し、かつての合理主義者が傾倒した構造的経済的必要性を基にした決定論的な建築と対立する」ことだった。結論として、「我々が今思い描く理想の姿は、非物質性から逃れることだ。非物質性は、方向性を見失った昨今の科学技術支配の世界と関係が深く、来たるべき世界とは関係がない。新たな希望のイメージは地に足の着いたものだ」[32]。

同じくらい興味深いのは、この展覧会と出版物に対する批評だった。英国の建築雑誌『アーキテクチュラル・デザイン』に寄稿したロビン・ミドルトンは喜びを隠しきれない様子で「アメリカの近代建築運動の長老フィリップ・ジョンソンの正統な後継者と目される」ドレクスラーが、彼のデザイン嗜好を一八〇度方向転換したと指摘した。「彼は今では近代建築運動が生み出した建築を忌み嫌っている」「その幻滅を彼は知らせようとしている」と述べた[33]。アダ・ルイーズ・ハクスタブルも『ニューヨーク・タイムズ』紙の記事で、この展覧会を「反革命」という、より大きな文脈の中で捉え、そこでは「機能的・形態的純粋さと過去の拒絶を説いたギーディオンやグロピウスによる福音が、今ますます議論の対象になり否定されつつある」。もしＭｏＭＡの展覧会が「予想されたほどの衝撃波」を起こさなかったとしたら、それは建築界の若き「革新的青年たち」が「歴史的折衷主義」の主義主張をもうすでに受容していたからにほかならないと述べた[34]。

主題の変奏

ロウが歴史主義を受容したこととボザール展の開催は、ともにピーター・アイゼンマンを困惑させる事態だった。実際それによってグレイ派陣営は得点を稼ぎ、しかもその展覧会は、アイゼンマンが当時自分自身の本拠地と見なしていた場所で開催されたのだ。当然彼はすぐに反応した。一九七六年一月、彼はＩＡＵＳ主催でこの展覧会について議論する特別の「フォーラム」を招集し、そこに選ばれた評者たちは全般的に否定的な意見を述べた。ジョージ・ベアードは美術館の「衝撃的意図」が成功したことを認めたうえで、同時にこの展覧会が結果的にミノル・ヤマサキやエドワード・ダレル・ストーンら先達の「悪趣味な歴史主義の復活」につながるかもしれないことを危惧した。[35] ウルリッヒ・フランゼンは、近代建築は死んだと宣言する「突然の天の啓示」には楽しませてもらったと吐露し、ポール・ルドルフは「非常に魅力的でどこまでもノスタルジックで綺麗なドローイング」は「プレゼンテーションにのみ」向いていると評価した。[36] デニーズ・スコット・ブラウンはその中で異なる意見を表明した数少ない一人だった。書面で提出したコメントで、彼女は近代美術館を「ボザールの世界に闖入してきた新参者」だと評し、展覧会で取り上げたテーマは正当だったが、採用した理由がすべて間違いで、とりわけ（主催者が）ボザールの伝統であるエリート主義に立っていると酷評した。近代美術館はその高御座から降りてきて「社会的関連のある社会的多様主義に立つ美学に開かれた、日常的環境の理解に」つながるような問題に取り組むべきだと要求した。[37]

一九七六年の夏から秋にかけて、ガンデルソナスとアイゼンマンは『オポジションズ』誌の編集に力を注ぎ、二人とも昨今の出来事を、別の言い方で捉え直そうと試みた。ガンデルソナスは論説「ネオ機能主義」で、二つの対抗するイデオロギー（ネオ合理主義とネオ・リアリズム）が一九六〇年代後半から展開してきたと論じた。ネオ合理主義はロッシ、アイゼンマン、ヘイダックによって示された考え方であり、建築が「自らについて語る」ことのできる自律的な言語を求め、それゆえに歴史・文化を超越している。一方ネオ・リアリズムはヴェンチューリの考えに端を発し、多様な歴史的文化的影響力を許容する。しかし、この二つのイデオロギーは「機能主義《ファンクショナリズム》を好ましくない退行的なイデオロギーだと見る二元論的視点」では一致しているので、その意味で両者とも、実は機能主義を継続しあるいは「その一部を展開させている」にすぎないと、ガンデルソナスは異を唱えた。ガンデルソナスは、初期機能主義の象徴性の限界（形態は機能しか象徴しない）を否定して、代わりに「ネオ機能主義」（本質的にそれは、意味の問題を取り巻くネオ・リアリストとネオ合理主義者の批評を新たに融合し統合するもの）を提案した。実のところ、ネオ機能主義の考え方は、「デザインの過程に、体系的かつ意識的な方法で意味の問題」を、おそらく記号論の理論的枠組みを用いて導入することを追求するものだった。[38]

アイゼンマンは『オポジションズ』誌の続号で、従来とは全く異なる新方針をとり、論説「ポスト機能主義」で新しい地平を切り開いた。近年の雰囲気の変化に鋭敏に反応して、彼は冒頭で「批評界のエスタブリッシュメント」が我々に告げるのは、我々はもはや「ポストモダニズム」の新時代に入ったということであり、「もはや君は思春期でないと告げられたときに人が感じるのに似た」ある種の安堵感を得た、と述べた。この新時代を定めた二つの極は、一九七三年のミラノ・トリエンナーレと、一九七五年のボザール展であった。前者が建築を自律的な学問分野に戻そうとしたのに対して、後者は歴史を受容することで、建築の将来の成り行きさえも過去の中に示そうと求めた。しかしどちらの方向性も指標として誤っている。なぜなら両者とも論理的には依然として、形態（あるいはタイプ）と機能（あるいはプログラム）の明解な関係性の中で操作しているからだ。したがって、両者ともルネサンス・ヒューマニズムの認識論的限界内にとどまっているのだ。一九二〇年代の機能主義者は形態と機能の関係を単純化しすぎたが、それだけではなく、近年の英国の修正主義的・機能主義者（レイナー・バンハムやセドリック・プライス）も、科学技術を積極的に理想化して一種の「ネオ機能主義」を標榜している。機能主義はどんな体裁をとろうと、アイゼンマンにとっては「実証主義の一種」と見なすべきものだった。[39]

アイゼンマンは次のような仮説で応えた。西洋の思想は一九世紀に重大な変動（ヒューマニズムからモダニズムへ）を遂げたが、建築はこの変動に歩調を合わせなかった。音楽や文学のような他の芸術が、無調性や無時間性などのポスト・ヒューマニスト的概念と戯れていたにもかかわらず、建築は、人間こそが形態を「創造する担い手」であるという前提のもと、相変わらず形態／機能の二元性の内に固定されていた。アイゼンマンは「ポスト機能主義」を、新しい時代の「エピステーメー」（ミシェル・フーコーの用語）に合わせようとした。「モダニストの弁証法」は形態を既定の幾何学として捉える傾向を追求したが、「ポスト機能主義」は、形態を「一連の断片、つまり意味や参照物を一切もたない記号」として読む。そこでは世界を創造する担い手としての人間は「存在しない」。それは建築的には私たち

にとって「新たな意識」であった。[40☆]

アイゼンマンの評論は二つの理由で重要だった。第一にそれは彼がイタリアの合理主義者からもニューヨーク・ファイヴからも袂を分かったことを示す兆候だった。第二に彼が新たに見出したヨーロッパのポスト構造主義――それは当時（少なくともアメリカでは）まだほとんど知る人がなかった――に夢中になっていたことを示した。しかし事態はあまりにも急速に動いていたため、彼のこの主張は霞んでしまった。一九七六年四月、西海岸の建築家グループ（トーマス・ヴリーランド、アンソニー・ラムズデン、フランク・ディムスター、ポール・ケノン、ユージン・クッパー、シーザー・ペリ）が集結して「シルバーズ」の旗印を掲げUCLAで展覧会を開いた。ジョン・ヘイダック、ジェームズ・スターリング、チャールズ・ムーア、チャールズ・ジェンクスらもロサンジェルスに集まった。この展覧会の一か月後には新築されたシーザー・ペリの《パシフィック・デザイン・センター》で、もう一つの展覧会が開かれ、そこでは「ロサンジェルス・トゥウェルヴ」の作品が展示された。その展示作品を統一するものはほとんど何もなく、共通点として見られたのは、ガラスを好み、ガラスを支えるマリオンを最小限に見せるディテールくらいだった。しかしチャールズ・ジェンクスはとりわけペリの《ブルーホエール》に惚れ込み、シルバーズの作品を「間違いなく、ノイトラ、イームズ夫妻、ソリアーノ、エルウッド、ケーニッヒの〝スティック・テック〟の伝統に沿うもの」と総括したが、これらの建築家はみなバンハムが著書『ロサンジェルス――四つの生態学の建築』の中で「ほとんど創らない様式〔The Style That Nearly Didn't Make it〕」として取り上げた建築家たちだった。[41]

寒冷地に置き去りにされてはならないと思ったのか、アメリカ中西部でも「シカゴ・セブン」と名乗るポストモダンの連隊がすぐに登場した。[42] その推進力となったのはドイツで企画されミシガン湖畔に巡回してきた「シカゴ建築の一〇〇年」と題する展覧会だった。それは二〇世紀初頭の最初のシカゴ・スクールと一九三八年以降のミースの伝統を讃えるものだった。[43] その歴史的な選択範囲が狭すぎる(その間の多くのシカゴのモダニストたちが除かれている)ことに抗議して、スチュアート・E・コーエンとスタンリー・タイガーマンはそれに対抗する展覧会「シカゴ・アーキテクツ」を企画し、一九七六年にクーパーユニオン〔ニューヨーク〕で開催し、ほどなくシカゴで始まったドイツの展覧会と同時進行させた。[44] タイガーマンはイェール大学の卒業生でアイゼンマンとヘイダック両者の友人であり、論争のもう一人の先鋒になりたがっていた。「シカゴ・アーキテクツ」に続いてさらに二つの展覧会(「七人のシカゴの建築家」と「絶妙な死骸」)が、一九七七年一〇月にグラハム財団で精力的な討論会とともに開催された。[45] 討論会の参加者にはホワイト、グレイ、シルバーの代表をはじめ、ジェンクス、ジェームズ・スターリング、中村敏男らが加わった。この爆発的な活動に関連して注目すべき作品は、ミースのクラウンホールの沈没を讃えるタイガーマンの有名な絵画《タイタニック》(一九七八)と、一九二二年のシカゴ・トリビューン・コンペの「期限外応募案」として一九七〇年代の建築家の案をまとめた二冊の本だった。[46]

最後に、一九七六年の夏、ロバート・スターンが再び問題を取り上げ、混迷を極めている事態収拾の

訳注　マルグレイヴ自身の解説によれば、「アイゼンマンは、建築は新たな時代に入り、それは、形態を機能と関連づける〝モダニストの弁証法〟を超越する、と主張した。新時代では、形態と機能の関係は断絶され、サインやシンボル(表象)とその意味との関係も断絶される。形態から、その使い方を正当化する人間的な理由づけはすべて剝ぎ取られ、形態はもはやいかなる歴史的正統性も持たなくなる、と論じた」。

図2.2　スタンリー・タイガーマン《ザ・タイタニック》1979　©スタンリー・タイガーマン、タイガーマン・マッカリー・アーキテクツ

ために、フランスの雑誌『AA（ラルシテクチュール・ドジュルデュイ）』に論考（その大部分はすでに彼が述べてきたことの繰り返しだった）を投稿した。今や彼は新しい現象を「ポストモダン」アーキテクチャー（この語は、モダン・アーキテクチャーの〈終わり〉を容認している）と呼び、それは本質的かつ独占的にホワイトとグレイ陣営間の友好的競り合いのみを指すと定義づけた。アイゼンマンの「ポスト機能主義」という陰気な概念を、スターン自身の「ポストモダニズム」に重ね合わせ、スターンはそれを「一種の哲学的実用主義または多元主義であり、〝正統的モダニズム〟と他の歴史的流派の双方から受け取るメッセージを基に構築している」と定義した。スターンにとってモダニズムとは一八世紀

中期に始まったもので、近代建築運動と呼ばれるものは、その様式の厳格な「清教徒的段階」にすぎない。スターンの「ポストモダニズム」の概念の中心にある主張は、モダニズムの清教徒的段階の抽象的言語を一般の人々は決して受け入れないので、今やボザール展に展示されたような「詩的なデザインの伝統」の再生を暖かく受容すべきだというものだ。[47]

この立脚点からスターンはポストモダニズムの主要な戦略を明快に表明した。そこに含まれていたのは、装飾の使用と明確な歴史的参照、折衷主義、不完全なまたは辻褄合わせされた幾何学、意図的な歪み、さらに時間経過に伴う変化を許容する建物、などである。その中でも特にグレイ派の建物は「物語を語るファサードをもつ」。この物語る外観の由来を辿れば、ヴィンセント・スカーリーの文化や風景の理論、ニール・レヴァインのボザール形態の記号論的研究、ジョージ・ハーシーの『一九世紀中期英国建築の観念連合説〔associationism〕の研究』にもつながる。これらすべては、むろん一九二〇年代のモダニストの形態に自らを限定している「ホワイト派」の建築家とは正反対の方向を向いて対峙している。[48]

二年後再びスターンはグレイ派を、モダニズムの三段階に後続する「最初のポストモダン世代の建築家たち」だと称賛した。モダニズムの第一段階は一九二〇年代に花開いた世代で、第二段階は一九五〇年代と一九六〇年代であり、第三段階を代表するのはホワイト派だが、今ではリチャード・マイヤー、チャールズ・グワスミイ、ピーター・アイゼンマンの三人にまで減ってしまった。スターンは近年ロマルド・ジョゴラとマイケル・グレイヴスがグレイ派陣営に移籍してきたことに鼓舞され、グレイ派のデザイン戦略は、文脈主義、比喩を用いる方法、装飾を用いる方法である、と簡潔に要約している。スターンは一〇年近く前に彼自身が行ったように、ポストモダニズムの誕生をケネディのリベラリズムと、ジョンソン政権下の苦悩、ベトナム戦争、ニクソン時代の「ほとんど悲劇的な様相」と結びつけようと試みた[49]。こうしたいささか安直な政治的合理づけを行った理由は、スターン自身には、戦わねばならないもう一つの戦線・勢力があることが、よくわかっていたからにすぎない。ヨーロッパの多くのマルクス主義者から見れば、アメリカのポストモダニズムは、それが定義されていくにつれて、政治的な敗北（資本家と商業的搾取勢力への降伏）以外の何ものでもなかったからである。

第3章——初期ポストモダニズム

様式的区分を定義する意味で「ポストモダニズム」という用語が、いつ最初に使用されたかは、実のところはっきりしない。ジョセフ・ハッドナットが一九四五年の小論でこの語を用い、ヒューマニズム的デザインの価値を擁護し、ヴァルター・グロピウスの工業化住宅を批判した。[1] 建築史家ニコラス・ペヴスナーは、一九六六年にアンチモダニズムという軽蔑的な意味を込めてこの語を用いている。[2] また、チャールズ・ジェンクスによると、一九七四年頃に「ロバート・スターン、ポール・ゴールドバーガー、アーサー・ドレクスラーとニューヨークの建築家たち」において使われたとされるが、文献的根拠は存在しないようである。[3] さらに一九七五年には、ジョゼフ・リクワートが文中で「ポール・ルドルフのポストモダン・ムーブメント様式」と言及している。[4] しかし重要な転換点はジェンクスが同年秋に発表した小論「ポストモダン建築の黎明」であったようだ。[5] それ以降、急速に「ポストモダニズム」という語は建築的流行に取り込まれていく。

ボルチモア出身のジェンクスは、一九七〇年にロンドン大学の博士課程を修了したため、ロンドンの建築界に関わる人物だと見なされてきた。一九七一年から一九七四年にかけて、彼は四冊もの著作を出版したが、その中で最も重要なのは『建築における近代運動』(一九七三)である。[6] しかし、これはやや時期尚早であり、建築界に変化を及ぼす決定的な事象が確定する一、二年前であったように見える。一九七二年にネイザン・シルバーと共著で書いた別の論文で、ジェンクスは、デザインにおけるアドホシズム(一時しのぎの方策)を擁護し、コーリン・ロウと同様に、中央政府の権力濫用、計画方針に対する必然の代替策として位置づけた。[7] さらに、一九七三年に『アーキテクチュラル・デザイン』誌のために書かれた別の論文で、その当時ロサンジェルスに定住していたジェンクスは、「ロサンジェルスの模造品」

を称賛し、かなりの皮肉を込めて、ハリウッドの「グローマンズ・チャイニーズ・シアター」の記号論的遊戯や、「ビッグ・ドーナッツ・ドライブイン」、飼い猫の墓地計画である「ルーム8」に賛辞を送った。[8]

これらすべてのテーマは小論「ポストモダン建築の黎明」に織り込まれている。この題名を彼は躊躇しつつ選んだ。そこで、「ポストモダン」という語の選択について次のように説明している。

怪物を倒す唯一の方法は、代わりの怪物に置き換えてしまうことであるが、「ポストモダン」はその役割を十分には果たせないだろう。我々に必要なのは、幅広いコンセンサスが得られる新たな考え方、広範な理論に裏づけられた新たなパラダイムだ。今の時点で、そのような理論やコンセンサスは存在しないが、こうした物事の性質として、そのようなことの発展には長い時間がかかる——おそらくあと二〇年ぐらいは。[9]

ジェンクスはそこから、スミッソン夫妻や、アルド・ファン・アイクはじめチームXのメンバーがかつて述べてきたモダニズム批判の論考について考察した。その一方で、チームXが代替案としていた建築言語は抽象的なままであり、ほとんどの場合、感情を伝えられない表現にとどまっていると主張する。こうした変革の試みの失敗を踏まえて、ジェンクスが最も有望な長期的戦略として支持したのは、社会派リアリズム（ジェーン・ジェイコブズの社会学）、アドボカシープランニング、修復と保存、アドホシズム、模造デザイン、ラジカルな伝統主義、それに政治的再編制であった。またジェンクスは、一九世紀の建築家トーマス・L・ドナルドソンが示した展望を思い起こさせるような言葉を用いて、記号論とラジカルな折衷主義を、この汚れ仕事をやり抜くための特別な手段として言及している。

今日のデザイナーは多様なコードを習得してこなかった。結果として、建築家は被雇用者にとどまっており、都市の社会的多元性も抑圧されている。もし建築家が四つか五つの異なる様式を身につける教育を受ければ、自らの形態がより大きな効果をもって他者に伝わるような方法を制御できるだろう。都市とそのサブカルチャーの現状の多様性を反映するものとして、ラジカルな折衷主義が生まれるだろう。[10]

ポストモダニズムの建築言語

新しい様式を創造するためには二〇年は必要だとジェンクスは予測したが、それは速やかに、むしろ劇的な形で合成されることになる。ほとんど二年も経たないうちに、一九七七年、彼は『ポストモダニズムの建築言語』を出版し、それはベストセラーとなった。もはや彼は建築家・建築批評家として、自らの記号論研究に頼りながら、モダニズムの死が現実になったことに何の疑念も抱いていなかった。実際、ジェンクスはほぼ正確にモダニズムが終焉した日時を明示している。「一九七二年六月一五日午後三時三二分（またはその前後）、悪名高い《プルーイット・アイゴー計画》、そのコンクリートブロックにダイナマイトによる最後の慰めの一撃が加えられた」。[11] もちろんここで彼が言及しているのはミノル・ヤマサキによるセントルイスの、犯罪がはびこりスラム化した都市再生計画の解体である。その住宅計画のもつ威光は、一九五〇年代・六〇年代の都市再生戦略の失敗のシンボルとなり、爆薬によって終わりを告げられた。

ジェンクスのこの著作は大成功を収め、初版から数多くの再版を重ねている。初版は、時流に乗った洒落たヴィジュアルな図録の形をとり、数多くのカラー図版（当時比較的珍しかった）を含んだ豪華なものであった。これは、歴史的な建造物から現代の建造物についての議論、また建築からポップカルチャーの娯楽物の議論を多く含んでおり、例えば、ジョン・ナッシュのブライトンの《ロイヤル・パヴィリオン》から、ジェームズ・ボンドの映画『００７ダイヤモンドは永遠に』のウォーターベッドのシーンまで盛り込んでいる。その本文は注釈付きの図版に対応しているが、やや図版と切り離されているので、シグフリード・ギーディオンがかつて言及したように、大部分の本文を無視して図版と注釈を通読する「斜め読み」も可能になっている。[12] さらに、もしジェンクスにとってミース・ファン・デル・ローエが、モダニズムの軽蔑すべき「一義的な建築」（一つあるいは非常に限定された意味に基づく建築を意味する記号）の典型として評価を下げた建築家だとすれば、このコミュニケーション下手という不名誉を負う建築家はミースひとりではない。フランク・ロイド・ライト、ゴードン・バンシャフト、I・M・ペイ、アルド・ロッシ、ヘルマン・ヘルツベルハーといった人々も、意味を語らざる者たちとしてその名を列挙された。その一方、エーロ・サーリネン、ヨーン・ウッソン、ル・コルビュジエは、それぞれ《TWAターミナル》、《シドニー・オペラハウス》、《ロンシャンの礼拝堂》のデザインが「あり余るほど豊かな隠喩的反応」を喚起するという理由だけで、イエローカード付きで放免された。[13] ポストモダニズムの初期作品の作者として評価された建築家はきわめて少ないが、そこには、リカルド・ボフィール

〈《ウォールデン7》〉、リチャード・ロジャースとレンゾ・ピアノ〈《ポンピドゥー・センター》〉、マイケル・グレイヴス〈初期の住宅〉、シーザー・ペリ〈《ブルーホエール》〉らが含まれている。ジェンクスは、ビバリーヒルズのキッチュと映画的な豪奢さに特に惹きつけられていた。サイケデリックな記号論者としてのジェンクスは、とりわけ映画『バーバレラ』でジェーン・フォンダが「つねにつやつやした光沢のある柔らかい人工の毛皮に身を包んで現れる」ことを読者に伝えている。[14] かつて建築理論が、このような触覚的な語彙によって提示されたことはなかった。

まさに「斜め読み」によって最終章に辿り着いたとき、ジェンクスが意味する〈多義的な〈あるいは「過激に分裂的な」〉建築〉の実際に意味するところが初めて理解できる。それはロバート・スターン、ロバート・ヴェンチューリ、ウィリアム・ターンブル、竹山実、ラルフ・アースキン等の歴史的折衷主義のことである。こうしてジェンクスは、多義的なコードへ応答可能な記号論的言語をもつ「グレイ派」陣営に急接近する――それは「緩やかに変化する伝統的なコードや地域社会にある特定の民族的な意味へ向かう方向性と、もう一つは、急速に変化する建築的流行やプロフェッショナリズムのコードへ向かう方向性」である。[15] ジェンクスはこのうち後者を好んだ。彼は、ポストモダニズムは全般的にもっと軽やかなリズムへ向かうと見ていた。

同書全体を通して再登場したテーマは、メタファー〈隠喩〉の問題である。例えば、初期モダニズムでは、「工場のメタファー」や「機械のメタファー」を採用するのは、その類似性が産業的な堅固さを示唆する場合に限定されていた。また、《TWAターミナル》と《シドニー・オペラハウス》が大衆からの支持を得たのは、鳥やヨット、あるいは亀をイメージしやすいからであった。しかしこうしたメタ

図3.1　アントニ・ガウディ《カサ・バトリョ》1904-1906　提供：ロミーナ・カンナ

ファーによる解釈は、建築を「オブジェとしての建築」という、いささか表面的レベルに限定してしまう。それは、建築的経験を記号論的に概念化すると一般的に生じる限界である。ジェンクス自身も、本書の最後では、読者の興味をそそるアレゴリー〔寓意〕を列挙するなかで、この限界に気づいていたようだ。多義的な要因を示す他の例に、ほかならぬアントニ・ガウディのバルセロナの《カサ・バトリョ》（一九〇四－一九〇六）（時折「骨の家」と言及される）の屋根を被うドラゴンのような饒舌な形態があった。ジェンクスは、このデザインの意味の解明に悩み抜いたことを認めており、最終的には建築家デヴィット・マッケイからのヒントが助けとなって〈アナーキスト〉の理念が寓意されていると解読した。この解釈に従えば、バルセロナの守護聖人聖ゲオルギウスとしての立体十字架が、戦争中のスペインの政治的身体としての竜を退治していることを意味し、骨と下部の頭蓋骨はカタロニア分離独立運動の殉教者の死体になぞらえられる。かくしてジェンクスの思考の中で革命の理念は明らかに最重要なものであったのだが、それにもかかわらず、彼の結論部における見解はそれほど勇ましい表現ではなく、身近な話題に読者を引き戻している。

建築家の第一の、そして最終的な役割は、ある文化にとって重要な意味を表現することであり、また、未だ表現へと辿り着いていない理念や所感を解明することである。建築家の労力を要する数々の仕事の中には、技術者や社会学者に任せたほうが良いものもあるかもしれない。しかし意味を明示し、環境を感覚的でユーモラスで驚くべきものとして捉え、読み取れるテクストとしてコード化する責任をもつ特別な職能は、建築家以外にはないのだ。それが建築家の仕事であり悦びであり、もはや再びそれが彼の「障害」にはならないことを望もう。[16]

ヴェネツィアでの達成

ジェンクスの『ポストモダニズムの建築言語』は、より戦略的に練られた作戦の最初のきっかけにすぎなかった。ほぼ同時期の一九七七年には、ジェンクス編集による『アーキテクチュラル・デザイン』誌の特集号が刊行され、チャールズ・ムーア、ポール・ゴールドバーガー、ジェフリー・ブロードベントといった人々が、ジェンクスの著作とポストモダニズムという新しい現象を議論するために招集された。

ムーアはジェンクスのモダニズムの分析を称賛したが、彼の「ラジカルな折衷主義」のための処方箋が、コミュニケーションを一面的に強調したため、建築経験の知覚的次元を軽視している点で不十分だと指摘する。「どのように我々が建物を知覚するか──どのように光が建物を活気づけ、風が吹き抜けるか、そしてそれがどのように我々の身体に関わり、我々がどこに居るかという感覚を与え、我々の精神を高揚させ、おそらくは建物自体をも高揚させるのか」。[17] ゴールドバーガーは、ポストモダニズムの「寛容な複雑性」へ向かおうとする欲求には賛同したものの、同時に「イメージの卓越性、イメージに形態を決定させ、その逆ではないという傾向」には保留の意を示した。[18] ブロードベントは長大な分析の中で、この著作の要約を示しただけでなく、不正確な用語法と建築の矮小化という欠点を指摘し、それは人に「[建築を] 単なる視覚的事象にすぎないと考え」させてしまうと批判した。[19]

一九七七年末にかけて、ジェンクスはこの著作の最終章の改訂草稿を準備し、それは『インランド・アーキテクト』誌に掲載された。「ポストモダン建築の〝伝統〟」と銘打たれ、ここでジェンクスはポストモダン的経験のルーツとして多彩な例を挙げた。そこに含まれたのはBBPRの《トーレ・ヴェラスカ》、パオロ・ポルトゲージの《バルディ邸》、エーロ・サーリネンのゴシック建築にインスピレーションを受けた《イエール大学学生寮》など、さらには、フィリップ・ジョンソン、ミノル・ヤマサキ、エドワード・ダレル・ストーン、ウォーレス・ハリソンの「セミ・ヒストリシズム」さえもが含まれた。[20] ポストモダニズム商店の品揃えはさらに拡張され、マリブの《ジョン・ポール・ゲッティー美術館》、コーリン・ロウとコッターの『コラージュ・シティ』、ジェームズ・スターリング、「自称スターリニスト」のモーリス・キュロ、アーキズームとアーキテキストのニヒリズム、ヘイダックとタイガーマンの詩的シュルレアリスムまで含まれた。
系統樹をあまりにも急速に拡張したため、ジェンクスは相当に興味深い問題にも直面することになる。その一つは「ストレート・リバイバリスト〔真正復古主義者〕」という問題である。レイモンド・エリスやクインラン・テリーなどの建築家は、モダニズム以前の典型《プロトタイプ》に歴史的忠誠をおいており、当然のことながらモダニズムを全否定している。[21] この問題に関して、ジェンクスはコンラッド・ジェイムソンの社会学的理念に立ち戻って問題解決を求めた。ジェイムソンの、都市的建築は「社会的創成物」（公共的領域のために造られた公共建築であり、建築家の職能的嗜好のエリート主義的支配から除外されている）であるという言い逃れを採用して、ジェンクスは、現代におけるネオ・ヴァナキュラー的試みは、ジョセフ・エシェリックのサンフランシスコの缶詰工場のような過去のヴァナキュラーの事例とシームレスかつ同列に並ぶものだと見なした。唯一アルド・ロッシの厳格な形而上的世界だけが、「シンボリズムの作用の仕方を理解し損なった」ものとして、ジェンクスには分類学的に解決できない問題として残ったが、この問題は、すでに論じてきたヨーロッパと英米の分断を示す予兆でもあった。[22]
しかし、この批評的熱狂のなかで最も輝かしい試みは、パオロ・ポルトゲージがキュレーターとなった一九八〇年のヴェネツィア・ビエンナーレであった。テーマは「過去の現前〔The Presence of the Past〕」と題され、最高級の国際的イベントであった。このビエンナーレのハイライトは、ロッシの海に浮かぶ《世界劇場》であり、それは一九七〇年代後半の半狂乱的状況を集約したものだった。ポルトゲージは、「〝ポストモダンの状況〟は存在する。それは我々の文明の急速な構造的変化によって形成されたものである」と宣言することで、同時代の英米世界の熱狂を反映する方向に一歩踏み出した。その状況が追求するのは「建築を歴史の胎内に立ち戻らせ、伝統的な形態を新しい統語論的文脈の中で再利用する」ことであり、そこには、ポルトゲージが踏み越えようとしたきわどい微妙な境界線があった。というのも、彼がポストモダニズムの仲間として気前よく選んだ作品群は、確実に多くのヨーロッパ人を不快にさせるはずだったからだ。フランプトンは、イベントの参加者たちにも「ポストモダン」という用語の使用にさえも辟易し、以下の辛辣な言葉とともにこのイベントへの参加を撤回した。「私はこのビエンナーレを、多元主義的なポストモダニスト宣言だと見ている。私は自分がその立場に同意すべきかどうか確信がもてない。私自身はそこからは距離を置き続けるべきだと考えている」[23]。

論争の焦点の一つは、アルセナーレで催された「ストラーダ・ノビッシマ〔Strada Novissima〕（新しい道）」であるのは明らかだった。ここでは、二〇の国際的建築家が招待され、連続したひとつながりのファサードをデザインし、新しい様式が都市的テーマに回帰したことを実地で示そうとした。それゆえ、フランク・O・ゲーリー、アラン・グリーンバーグ、ハンス・ホライン、磯崎新、マッシモ・スコラーリ、マイケル・グレイヴス、スタンリー・タイガーマンといった傾向の異なる様々な建築家たちが、それぞれの多種多彩なデザインの才能をもって一堂に会するよう求められた。少なくとも七六の建築家の作品が、この新しい流行を再び幅広く解釈したものとして主展示会場で披露された。ポルトゲージは、その中に一九七三年のロッシの展覧会まで拡大して含めることを決めたものの、ロッシ・スクールの作品とジェンクスによって擁護された「ラジカルな折衷主義」を一箇所に集めるのは、理論的論争のポイントになることを認めていた。しかし彼は、理論的に違いがあろうと、その帰結として展示会から除外すべきではないという理由でその措置を擁護した。

展覧会のカタログは、ヴィンセント・スカーリーとチャールズ・ジェンクスによる小論で締めくくられた。スカーリーは、アメリカのポストモダニズムの系譜は、ルイ・カーンとヴェンチューリから始まったとしたが、のちに彼は、クリエ兄弟や、モーリス・キュロ、レム・コールハースの作品にも共感を感じ、ポルトゲージを支持した。[24] ジェンクスも同様に、現在の運動は幅広い性格をもつと主張し、なかでも豊富さと多元主義が二つの主導的な思想だとした。[25]

そして、アメリカの大衆的メディアの中で「ポストモダニズム」という用語が最後の感嘆符を必要としていたとすれば、それは一九八一年のトム・ウルフのベストセラー『バウハウスから私たちのハウスへ』に見てとることができる。[26] ウルフは達者な語り口で、ヴェンチューリとジェンクスの視点を繰り返し、新しい様式の勝利を宣言した。この著作の成功が立証したのは、一九七〇年代末にポストモダニズムは、芸術理論の領域を大きく乗り越えて、より幅広い学術的文化にまで巧みに入り込んだということである。

ヨーロッパの対位法

ヴェネツィア・ビエンナーレでのポルトゲージの様々な成果に対して手厳しい評価をした批評家の一人がマンフレッド・タフーリだったことは驚くにあたらない。一九七三年のミラノ・トリエンナーレ以来、このマルクス主義の批評家は、合理主義運動とは平静を保ってきたが、ニューヨーク・ファイヴの美学的関心には我慢ならなかった。一九八〇年にタフーリは、チャールズ・ジェンクスやロバート・スターンが、ロッシの作品を彼らのポストモダン的修辞的作品と同列に位置づけることに断固として反対した。ジェンクスとスターンの二人は、後年タフーリが邪悪な「煽動者」的人間として、かなり軽蔑的に退けることになった建築家である。[27] また、タフーリはポルトゲージには地域的感受性があり、初期の「ネオ・バロック的実験」（ポルトゲージはバロック時代の通史を著している）が理論的根拠にあるという点で、多くのアメリカ人による制約のない折衷主義とは根本的に異なることを理解していた。それゆえ、後にタフーリがポルトゲージのビエンナーレについて記した記録の中に「快楽主義の衝動と引用への好み」「模倣」「キッチュ」「安直な効果」などの言葉遣いが入り込んでくることになる。また同時にタフーリは、「ポストモダン」という新しい呼称にも不満だった。フリードリッヒ・ニーチェの著作をそれとなく仄めかしながら、この点を強調している。

> これが本当の転換点であるかどうかはわからない。反対に「モダン」の最も表面的な特徴が極端にまで強調されている。我々が手にしたのは「楽しき学問」ではなく「放埒な誤り」である。それを支配しているのは、形態と意味の完全一致、歴史を視覚的に侵略する場にまで貶めることによる歴史の無効化、テレビから学んだショックを与えるテクニックなどだ。結果として虚構の建築がコンピュータ時代の中で難なく確立してしまった。このような部品の混合体はハイパーモダンと名づけるのが適当だろう。[28]

実際、タフーリは少なくとも一点において正しかった。なぜなら一九七三年のミラノ・トリエンナーレ以来、〔イタリアの〕合理主義者たちは、アメリカの仲間たちとはかなり違うイデオロギー的な歩みを追求してきたからだ――双方とも歴史に関心をもっていたことは別として。その使節団のリーダーであり続けたのはロッシであり、彼は一九七〇年代の自らの作品集に、《モデナ墓地》の竣工（一九七三－一九八〇）、《ファニャーノ・オローナの小学校》（一九七四－一九七七）、そして《世界劇場》、ヴェネツィア・ビエンナーレのシンボルとなったあの船上の劇場を追加していた。

一方一九八〇年までに起こった変化は、合理主義運動の中心が北上し、オーストリア、ベルギー、ドイツ、英国の中心都市へ移動していったことだ。この動きを主導したのは、ルクセンブルク出身のロブ、レオンのクリエ兄弟である。ロブ・クリエは、ミュンヘン工科大学で教育を受け、ドイツのO・M・ウンガース、フライ・オットーの事務所に勤めた。ウィーンで教職を得る前に、一九七〇年に都市のタイポロジー〔類型概念〕を構成し始め、これをドイツ語では『理論と実践としての都市空間』として、また英語では『都市空間』[29]というタイトルで出版した。彼は一九世紀の都市理論家カミロ・ジッテに心酔し、この本は論理的には穏やかな語り口で書かれていたが、にもかかわらず一九－二〇世紀のヨーロッパの都市計画政策、特に第二次世界大戦後に再建された地区で起きている歴史的都市空間の浸食行為に対する強力かつ効力ある告発であった。クリエは何ページにもわたって、街路と広場について歴史的・タイポロジー的な対抗案を示した。そのどれもが、建物のファサードは歩行者の道に向かうように戻すべきであり、都市計画家は都市空間の形態的明確さを強調すべきだという彼の主張を裏づけるものであった。歩行者道と車道は厳密に分離されるべきだが、彼の提案の要点は、その空間的コンセプトが、あるときは中世的、あるときはバロック的、あるときは新古典主義的な性格を有していて、シエーナ、ナンシー、バース、マドリッドといった都市モデルを好んで踏襲していたことだ。

八歳下の弟であるレオンの作品と著作は、同じように都市に対する強い興味を示しているが、より好戦的で、ラスキン主義にも通ずるような論調を示している。レオンはシュトゥットガルト大学での短い在籍の後、ロンドンに移住し、一九六〇年代はジェームズ・スターリングの事務所で働き、その後、AAスクールで教職を得た。彼はスターリングやJ・P・クライフース（レオンはクライフースのベルリンの事務所にも勤めていた）とともにいくつかの設計競技に参加したが、彼の初期のキャリアの決定的契機となったのは、一九七三年のミラノ・トリエンナーレへの参加である。そこで彼は、合理主義運動に沿った建築思想を学んだ。その延長として、彼は一九七五年にロンドンのアートネット・ギャラリーで「合理主義建築《ラショナル・アーキテクチャー》」展を組織し、英国の人々に合理主義の教養を紹介した。それは——戦後の復興再建で苦い経験をしてきた後だけに——英国人にとって非常に受け入れやすいものであった。クリエはまた、三年後に出版された著書『ラショナル・アーキテクチャー』の編纂も務めた。

この著書はその挿図とともに議論を巻き起こしたが、傑作と言えるレベルには達していない。手頃な判型にレイアウトされ、タイポロジー的章立てで構成され、街路、広場、街区、モニュメント、自動車道路、庭園といった都市的テーマを考察している。図版は全般に小さく、ページ一面に詰め込まれたが、必要に応じて目立つように強調されている。例えば、いくつものル・コルビュジエ風の形態がばらばらに一つの場に寄せ集められたスケッチには、太い二本の赤線でX印が書かれている。その図のすぐ上には、《キエティの学生寮》のデ・キリコ的な透視図（ジョルジョ・グラッシ、アントニオ・モネスティロー リ、ラファエーレ・コンティ設計）が、望ましい都市の代替案として提案されている。序論では、ロバー

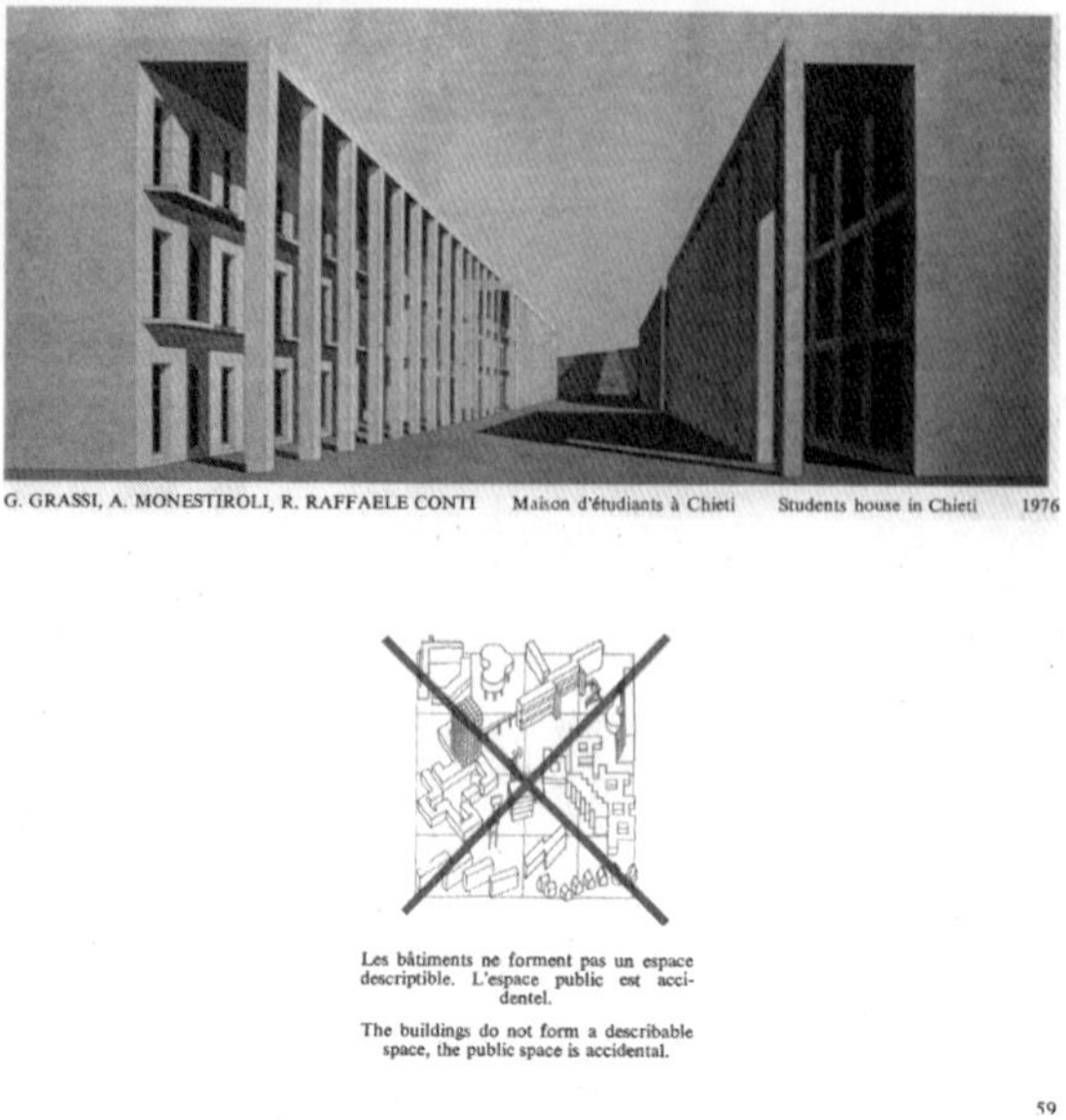

図3.2 『ラショナル・アーキテクチャー』の紙面　提供：レオン・クリエ

ト・デレヴォイが、この研究目的は「建築理論、それは一九三〇‐一九四〇年代から無残にも欠落していたと感じられるもの」[30]を推進することにあると主張している。

誇張はさておき、本書は実際、合理主義の一つの定義であるとともに現代の都市計画への理路整然とした批評を提供している。アンソニー・ヴィドラーはここで示された合理主義について、小論「第三のタイポロジー」で扱っており、これは『オポジションズ』誌に彼が初めて書いた論説だった。その主張は、建築史において一九六〇年代以前には二つのタイポロジーがあった。第一はマルク＝アントワーヌ・ロージエとジャン＝ニコラ＝ルイ・デュランによる還元的タイポロジーであり、それは新古典主義的合理主義と自然を根拠としていた。第二は機械のタイポロジーであり、産業革命の産物として出現し、ル・コルビュジエやヴァルター・グロピウスの科学的管理法〔テイラー・システム〕の考え方によって統合された。そこに現れたのが、ロッシとレオン・クリエに始まり、今クリエが議論を進めている新しい合理主義による第三のタイポロジーだ。これは一八世紀の都市のヴィジョンに基づいているが、かつての実証主義的な終末論は拭い去られている。☆「新しいタイポロジーを適用する場となる都市の理念は、明らかに形態と歴史の連続性を強調したいという欲望に由来しており、それは一昔前の初歩的、制度的、機械的なタイポロジーの作り出した断片化に対抗している」。これらのタイプ〔類型〕は、過去からお墨つきをもらった都市の要素として蓄積されたものだが、それらは過去にもっていた意味をまだ完全には捨て去っていない。むしろ昔の古い意味は、新しく獲得された意味と融合し豊かにする――それは弁証法的変容の自明のプロセスだ。加えてこの新しいタイポロジーは、ノスタルジックでも折衷的でもない――それは、歴史的引用を批判的なモダニストの眼によって選別する。それゆえヴィドラーにとって合理主義は、ロウの「コラージュ・シティ」戦略を含む当時の「ポストモダニズム」に勝るものだった。それはまた、見下されていた「放っておけば、生産と消費の果てしないサイクルによって毀損されてしまう公共建築」[31]に批評性を取り戻すものでもあった。

続けてクリエは「都市の再興」という非常に好戦的な小論を出し、これを新しい運動のための「作業

訳注　マルグレイヴ自身の解説によれば、「第一と第二のタイポロジーは、形態にそれぞれの理想に対する〝真正さ〟を要求した。〝終末論〟とは、ここでは〝より高い真正さ〟という宗教的な暗示的意味が含まれている。ロージエの終末論は理性そのものを求め、モダニズムの終末論は機械の純粋な表象化を求めた。しかし第三のタイポロジーは、理想に近づく〝真正さ〟を求めなかった」。

文書」と呼んだ。ミラノ・トリエンナーレで展示されたニューヨーク・ファイヴとヴェンチューリ派の建築は、ロンドンの展覧会からは排除された。クリエによれば、それはタイポロジー的および形態論的なテーマを薄めないための措置だった。同様に排除されたのは、意味論に関連する一切のものだった。それは「明確な政治的意図もないのに建築的意味を生産しようとするすべての尊大な試み」だというわけだ。政治的視点から、一九世紀の折衷主義とともに「アングロ・サクソン国家における広大な郊外住居」も否応なしに糾弾された。それはクリエから見れば、階級闘争を阻止し彼らの政治制度を本質的に保守的に保つものだった。[32]その代わりにクリエが持ち上げたのは、信じられないことに、ウィーンのカール・マルクス・ホーフとモスクワの高層団地であり、それを新しい都市の「例外的な達成」だと評した。しかし、ヨーロッパの都市における真の変革の道筋に立ちはだかる最大の障壁は工業化それ自体であり（利潤に基づく）その科学技術と建築技法には建築の職人的文化が不足している。それは工業化によって破壊されてしまったからだ。それゆえ、クリエによる都市の再興は、プロレタリアート的価値と手仕事による（前工業的な）労働技術へ立ち戻ることに依拠していた。

著書『ラショナル・アーキテクチャー』はクリエが組織した大規模なキャンペーンの一部にすぎない。本書の登場と並行して、このテーマについて『アーキテクチュラル・デザイン』誌の特集号が組まれ、クリエはこの機会を捉えて、王立英国建築家協会（ＲＩＢＡ）、ニコラス・ペヴスナー、キッチュ、ロバート・ヴェンチューリ、さらに建築教育一般を非難した――それは、ロージエ、ウィリアム・モリス、レイモンド・エリス、カール・マルクスの思想を礼賛するまでになっていた。[33]この年、社会主義の都市計画家の国際会議が開かれ、そこで「ブリュッセル宣言」が出された。[34]これはＥＥＣの都市計画政策を非難し、とりわけブリュッセルの政策を非難し、さらに続けて都市の「修復」を目的とした教育・技術・政治・歴史に関わる全面的な刷新を求めた。署名者の中にはレオン・クリエ、ピエルルイジ・ニコリン、ベルナール・ユエ、モーリス・キュロがいた。宣言はブリュッセルの近現代建築資料館から発行されたが、今やこの資料館は、この宣言の刊行によってその政治的主義主張を引き受ける法的機関になった。

実際、クリエとキュロはこの時点ですでに同盟を結んでいた。キュロはラ・カンブル国立視覚芸術学校の教授であり、ＡＲＡＵ（都市研究行動アトリエ）とともにブリュッセルで数年間活動していた。これは大規模な再開発計画に反対することを目的に定めた政治的・都市計画的なグループであり、地域のワークショップを指揮し、地元の反対運動を組織し、既存街区をそれほど破壊しないような代替案を提示していた。一九七八年にクリエとキュロは共著で『オポジションズ』誌に「建築のための唯一の道」という決然としたタイトルのマニフェストを寄稿した。ここで、反モダンの「階級闘争の枠組みの中の都市闘争」は、復活のための明確な地獄の火のように苛烈な倫理主義を前提としている。最終的に建築の救済は、マルクス主義的な「手仕事による職人芸の復興」が「熱烈なる社会生活」を引き起こしたときに初めて訪れることになる。[35] キュロは数年後に出版した小論で、これを達成するための具体的な建築的手段を詳説していて、大きな窓、大スパン、原子力（特にコンクリートとアルミニウムの生産を支えるための）、さらに事実上、石材・木材・煉瓦以外のあらゆる材料の使用を拒絶した。[36] 議論としての有効性はさておき、彼らは都市的スケールと近隣住区を強調することで、一九七〇年代において是が非でも議論が必要だったいくつかの論点に言及したのだ。特にクリエはその後、非常に驚くべき方法で同様のテーマに入念に取り組むことになる。

さらにその当時、合理主義建築のもう一つのヴィジョンが、オズワルド・マティアス・ウンガースのドローイングに現れていた。ロッシより五歳上のウンガースは、一九四〇年代にカールスルーエ工科大学で教育を受け、一九五〇年代にケルンで実務を行い、英国のブルータリズム運動にもチームXの批判にも関わった。こうした傾向は一九六三年頃、ベルリン工科大学に教職を得てからは影を潜め、フルタイムの実務から身を引いた。その年に参加した二つの設計競技《ベルリン・グリュンツーク・ズュードの再開発計画》と《エンスヘーデの学生寮計画》で、初めてウンガースは、一連の明快な形態を設計することで、形態学的変形という理念を打ち出した。前者では、線状形態を街路の性格に応じて変形し、後者では、矩形の建物の一群が（鋭角的に軸回転して）曲線的な形態の一群に変形している。同様に中庭を囲む自律的な形態の簡潔さは、一九六五年の《バチカン・ドイツ大使館》の設計競技にも見てとれる。この大使館計画はこの年、彼がコーネル大学で教鞭を執り始めたという意味で重要であり、彼は同学の学部長を一九六九年から一九七五年まで務めた。

一九七四年にウンガースはフランクフルトに設計事務所を構え、ヨーロッパとアメリカを仕事で行き来していた。彼は結晶のような自らの形態学を、断片の集合、衝突、対立物の同時並置などの構成的戦略、ゲニウスロキに合わせた歴史的順応によって、引き続き紙上で進めていた。フランクフルトの《ドイツ建築博物館》（一九七九－一九八四）の設計委嘱を得て、突如ウンガースは明快で説得力ある言語をもつ成熟した才能の持主として国際的な舞台に躍り出た。彼とロッシの作品に見られる形態的な類似性はしばしば目を引くが、そのニュアンスはやや異なる。もしロッシが、つねに全体との関連の中で部分を考える思考によって、概ね純粋な幾何学に向かっていたとするならば、ウンガースの新古典主義は、論理的には、カルル・フリードリッヒ・シンケルのリアリズムをより自由に解釈したものに近い。いずれにせよ一九七〇年末までには、一つの非常に独特な合理主義様式が明らかになり、その様式は次の一〇年にさらなる展開を遂げることになる。

第4章——モダニズムは存続する

一九七〇年代後半、流行を追いかける出版界はポストモダニズム現象におとなげなく熱中していたが、実務のうえでは盛期モダニズムの形態言語が減退することはほとんどなかった。科学技術の進歩はすでに確立された基準に従って引き続き加速していたが、一九七〇年代に建てられた建築の大部分に、目に見えるような変化はほとんど見られなかった。多くのモダニストたちの願望と野心は、その根底にある教義への疑問と批判に晒されながらも、その強迫の中で存続し続けた。むしろ一九七〇年代を通して見られたのは、容易に特定できるような反革命計画ではなく、デザインに対するいくつものアプローチが互いに競合する状況だった。多くの場合、それらはいくつかの立場(テーマ的、素材的、同世代的、国家的)に沿って細分化された理論であり、一世紀以上前の様式論争を彷彿とさせるものだった。一九七三年の石油禁輸措置〔オイルショック〕とそれに続く七〇年代後半の経済不況とインフレーションも、こうした出来事に深く関わった。多くの建築家には仕事がなく、学校を出ても実務活動に移行できない現実ゆえに、なおさらこうした論争が熱く激しく続いた。七〇年代初めの若者の怒りはまだ沈静化していなかったが、やがてモダニズムの限界に関わる重要な出来事が相次いで起きた。

シカゴの高層建築

科学技術と進歩への変わらぬ信頼は、スキッドモア・オーイングズ・アンド・メリル(SOM)――おそらく世界最大規模の建築事務所であり、ニューヨーク、シカゴ、サンフランシスコに拠点をもつ――の仕事に着目すれば、そこに見出すことができる。この事務所は一九三七年に設立され、一九五〇年代にゴードン・バンシャフトの《レヴァー・ハウス》（一九五一－一九五二）やブルース・グラハムの《インランド・スティール・ビル》（一九五六－一九五七）――どちらも盛期モダニズムの洗練された様式の典型――などの設計で建築界の先端に躍り出た。例えば一九階建ての《インランド・スティール・ビル》の外装はステンレス・スティールと緑がかったガラスのカーテンウォールで仕上げられ、薄い直方体のオフィス本体は、二五階建てのサービス・コアに接続され、外に持ち出された柱と九〇フィートスパンの大梁で構成されたフレームが、メタリックな光沢仕上げを強調している。

このビルでもう一つ注目すべきは、これが一九五六年に博士課程を修了した東パキスタン（現バングラデシュ）出身のエンジニア、ファズルール・カーンの出世作である点だ。[1]《インランド・スティール・ビル》の構造システムを設計した後、彼は東パキスタンでしばらく実務につき、一九六〇年に再びシカゴのSOMに戻ってきた。そこで彼はグラハムのチームに戻り、サンフランシスコ・オフィスから移ってきたマイロン・ゴールドスミスと出会った。ゴールドスミスも建築家・エンジニアとして立派な経歴の持主だった。彼は、一九三八年にミース・ファン・デル・ローエがアーマー工科大学（現イリノイ工科大学）の建築学科長として移ってきた時の学生だった。卒業後ゴールドスミスはミースの事務所で七年間働き、その後イタリアへ渡ってピエール・ルイージ・ネルヴィに師事してさらに研鑽を重ねた。[2]

一九六〇年代初期のシカゴは一種の建設ブームだった。ループ〔シカゴの中心商業地区〕の中で二つの大きなプロジェクトが進行中だった。C・F・マーフィーの《シビック・センター》とミースの《フェデラル・センター・コンプレックス》である。川沿いの数ブロック北には、バートランド・ゴールドバーグの七〇階建て円形ツイン・タワーのマリーナ・シティ――アメリカ・モダニズムの新たな未来の象徴――が建設中だった。一九六一年にはブルース・グラハムが高層ビルを二つ手がけていた――ノース・サイド近くの《チェストナット＝ドゥウィット・アパートメント》とダウンタウンの《ブランズウィック・ビル》――どちらも「チューブ」構造の概念を探求した実験的作品であり、構造的なアイディアとしては新しいものではないが、しかしまだ十分に活用されていないアイディアだった。

従来のフレーム構造でできた直方体のカーテンウォールの建物は、構造的・経済的に大きさに限界があり、一般的には三〇階前後の高さが限界とされた。この限界は、高層建物の設計に影響する決定的要因が一般に横からの風圧であるために存在する。本質的に従来のフレーム構造の高層建物は（横風に応じて）振動し揺れるが、それを緩和するには（構造設備のシャフトなどの）コアで水平力に抵抗するか、外壁とコアをつなぐ剪断力壁を建てるしかほかに方法はない。ところがチューブ構造はそれとは別の手法をとる。[3] そこではメインの柱は外周に沿って近接して立てられ、鳥かごのような連続的な外部被膜として機能するように設計される。ミースの《レイクショア・アパートメント》もまさにそのような手法を示唆していた。そこでは外壁のH鋼は（しばしば視覚的な装飾だと言われるが）事実上カーテンウォール被膜を補強している。それよりもっと高い慣性モーメントをもつチューブ構造では、建物全体の幅と奥行きが水平力を相殺してくれるので、内部の柱はただ垂直力を受けるだけでよい。すべては外部フレームの剛性に依存しているのだ。

ミースの元祖《レイクショア・タワー》の西に隣接して建てられた《チェストナット＝ドゥウィット・アパートメント》（一九六一―一九六四）で、SOMは四三階建てのコンクリート造建築に挑戦した。ゴールドスミスとカーンは外周に沿って五・五フィートごとに柱を立て（基礎のスパンの二倍）その柱

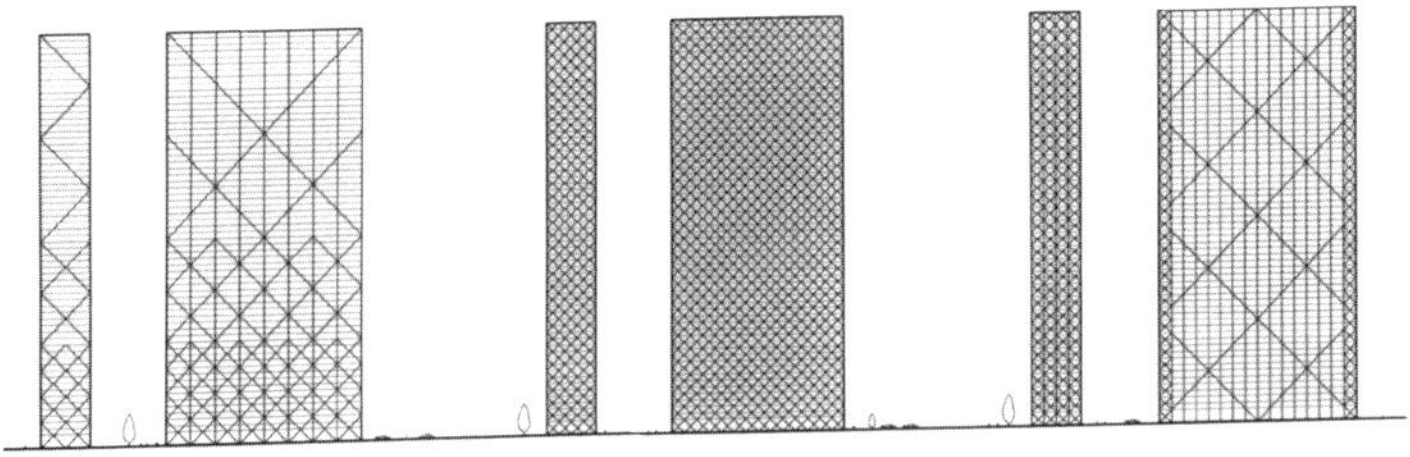

図4.1　マイロン・ゴールドスミスのイリノイ工科大学論文プロジェクト「高層ビル――スケールの効果」の図版、指導教官：ルードウィッヒ・ミース・ファン・ローエとルードウィッヒ・ヒルベルザイマー　提供：エドワード・ウィンドースト

を幅広いスパンドレル・ビーム（これもまたコンクリート）で結合した。このような考え方のいくぶんかはカーンによるものだが、ゴールドスミスも関わっている。彼の一九五三年の修士論文はダーシー・トムソンの講義に基づき、あらゆる構造システムの限界とともに、スケールの拡張がいかに新しい構造的解決を必要とするかについて論じた。彼は論文の中で八〇階建てのコンクリート造タワーと六〇階建ての対角線ブレース入り鉄骨構造の案を複数提案している。[4]またちょうどこの建物が設計された頃、ミノル・ヤマサキがニューヨークの《ワールド・トレード・センター》のツイン・タワーで、鉄骨フレームのチューブ構造を設計していたことも注目に値する。

シカゴのダウンタウンで《シビック・センター》の向かいに建つ三五階建ての《ブランズウィック・ビル》（一九六一－一九六五）の設計で、ゴールドスミスとカーンはコンクリート造のチューブを建てたが、その外回りの柱を九フィート余りの間隔で立て、それと剪断力を受けるサービス・コア（チューブの内側のもう一つのチューブ）を、強固な梁とワッフル・スラブの床で結合した。

この時代のもう一つの、興味深いがあまり評価されていない実験作品として、ジョージ・シッポレイトとジョン・ハインリッヒが設計した

図4.2　ジョージ・シッポレイトとジョン・ハインリッヒ《レイク・ポイント・タワー》シカゴ、1964-1967　提供：エドワード・ウィンドースト

七〇階建ての《レイク・ポイント・タワー》（一九六四－一九六七）がある。これは、三つの独立ウィング（クローバーの葉形プラン）をもち、それらのウィングは強固な三角形コア（底部では三〇インチ厚のコンクリートで五九階建ての高さ）に緊結されていた。三角形コアは頂点部で各階の廊下アクセスのために途切れているが、梁は三枚の剪断壁をつないでいる。またこのコアはコンクリートの床スラブと柱、プラン全体の形とともに一つのユニットとして機能している。[5]

一九六四年《チェストナット＝ドゥウィット・アパートメント》建設中にSOMには、桁外れの挑戦のできる設計依頼が舞い込んだ。ディベロッパーのジェリー・ウォルマンが、アッパー・ミシガン・アベニューの《チェストナット゠ドゥウィット・アパートメント》の二街区西にまとまった土地を購入した。当初経済的に検討すると広場をもつツイン・タワーが有力視されたが、空間の制約ゆえにオーナーはすべての機能を集約して、二〇〇万平方フィート〔二〇万平方メートル〕を超える床面積を一棟に収める高層建築の建設を決定した。ゴールドスミスはこの設計に関わっていなかったため、主として仕事を任されたカーンが一〇〇階建てタワーの構造システムを提案した。カーンはゴールドスミスの論文の提案とともにミキオ・ササキによる学生プロジェクトの最新作も参照して、対角線状にブレースの入ったチューブ構造でこれに対応した。これが現在の《ジョン・ハンコック・タワー》である。[6]

障害はいくつもあった。かなり厄介なものとしてはシカゴの粘土質の土壌であり、そのため建物の基礎工事に少なくとも二三九本のケーソンが必要だった。もう一つの問題は、その当時どの程度建物が揺れるか、また揺れに対して建物の使い手がどのような生理的反応をするか、正確に予測する方法が存在しなかったことだ。そこでカーンは仮説的な数学的モデルの開発に加えて、何回かの実証的実験を行った。[7]住戸とオフィスの混在も、もう一つの課題だった。住戸はオフィスより細長いフロアプランのほうがうまく機能する。このときとられた解決法は、住戸アパートメントを上階に配置することで、タワーの全体形を上で細くし、その結果建物を自然な優美さと安定性を兼ね備えた形態にする。一〇〇階建ての一つの垂直軸に沿って下から上に、商業エリア、駐車場、オフィス、住居が層状に重なって、一一二七フィートの高さまで達している。ただ残念なことに、対角線ブレースの間をつなぐ垂直の柱形がデザインのロジックを損なっている。

ハンコック・センターは一九六九年に竣工した。同年シアーズ・ローバック・アンド・カンパニーがシカ

図4.3　スキッドモア・オーイング&メリル《ジョン・ハンコック・ビル》シカゴ、1964-1969　撮影：筆者

ゴのダウンタウンに六〇階建てビルをSOMに設計依頼した。シアーズは各階が非常に大きな建築面積をもつ建物を構想していたが、グラハムはむしろ建築面積を縮小して、建物をより高くするよう施主を説得した。実際それは世界一高い建物になった。グラハムの言葉によれば、シアーズの誰かが「あの目障りな斜め材」の使用を拒否したため、その問題が新たな構造的発明を生み出すことにつながったのだ。

ここでもカーンが今まで同様の対応をしたが、またゴールドスミスとIITが背後で支援した。一九六六年新たな学生A・G・クリシュナ・メノンが九〇階建てアパートメントビルに関する論文を提出し、その指導教官はカーンとゴールドスミスだった。そのチューブ状のデザインは立面的にはチェストナット＝ドゥウィット案と似ていたが、メノンは長方形の平面形を三つに分割し、その間に二枚の剪断壁を設置した。[8]彼の狙いは群状のチューブ、つまり「束ねられたチューブ」だった。つまり、複数のチューブや構造ユニットが互いに支え合って、全体の効率性を高めようという案である。当初カーンは《シアーズ・タワー》のために一五ものチューブがそれぞれ任意の高さをもつ案を想定したが、最終案では、九つの七五フィート×七五フィートの正方形構造体を集合させ（それぞれのチューブの外周に一五フィートピッチで柱を立てる）延床面積は四四〇万平方フィートに達した。二つのチューブが一五階、二つが六六階、二つが九〇階で止まり、二つの正方形タワーがさらに伸びて一一〇階つまり一四五〇フィートの高さに達した（一九七四年竣工）。それに加えて、構造鋼材が延床面積の中で一平方フィート単位あたりに負担する荷重が、《エムパイア・ステート・ビル》の五〇ポンドに比べて、三三ポンドという画期的な数字を示している。[9]

この時期のシカゴでの実験を顧みて注目すべきは、ほとんどすべてのコンセプチュアルな思考と構造計算がコンピュータなしで成し遂げられたことである。コンピュータは《シアーズ・タワー》が建設中の頃ようやく登場してきた。例えば風圧を弱めるために構造的接合部に粘弾性パッドを使うかどうか（それは結局使用されなかったのだが）というような新しい科学技術の使用に関する決定は、すべて風洞実験と相当程度の構造的直感によって行うほかなかった。[10]またこれらのビルが登場した文脈も同様に興味深い。《シアーズ・タワー（現ウィリス・タワー）》が一九七四年に竣工した時は、まさに石油禁輸措置〔オイルショック〕のただ中であり、建築がポストモダニズムへ大きく方向転換しようとしていた矢先であった。そのためこの素晴らしい科学技術的革新は、あまり注目されず脚光も浴びなかったのだ。

ドイツの工学技術

ドイツの建築が第二次世界大戦後の廃墟から復興するには相当の時間がかかった。近代建築の中核をなす著名な建築家は、その多くが戦前に故国を逃れ、国の経済的・工業的・教育的基幹施設は破壊されてしまった。一九四六年から一九四七年にかけての厳しい冬のためヨーロッパ各地で大規模な飢餓が起きたが、ドイツの復興はその物理的被害の大きさゆえに、マーシャル・プランの援助があってもなお他国より後れをとった。むろんそこには政治的な要因もあった。一九四九年五月、英国、フランス、アメリカによって占領されていたドイツの地域は、まとめてドイツ連邦共和国とされ、その五か月後にジョゼフ・スターリンが国の東半分をドイツ民主共和国として組織した。その後四〇年間「鉄のカーテン」が国を二分し、ベルリンは冷ややかな冷戦の策略の舞台となった。

そのため戦後ドイツの代表的建築家の一人、フライ・オットーも若い頃は無名だった。[11] 一九二五年生まれの彼は、戦時中は空軍パイロットとして従軍し、遅れてベルリン工科大学で建築教育を受け、一九五二年にディプロマを取得している。彼は一九五〇年から一九五一年アメリカで大学生活を送り、そこでエーロ・サーリネンと出会い、サーリネンからフレッド・セヴェラッドを紹介された。この構造エンジニアは当時ノースカロライナ州ローリー市の新しいスポーツ・アリーナを、有能なポーランド移民建築家マシュー・ノルウィッキーとともに吊り屋根構造を用いて設計していた。《ローリー・アリーナ》のコンピュータによるモデリングは、オットーの博士論文と最初の著書（一九五三年刊行）のテーマになった。[12] この著書はオットーの後年の興味を予言するものだ。オットーは、吊り屋根構造の歴史をかなり広範に論じた後、膜、テント、金物、コネクター、アンカーについて論を進め、実際彼自身のデザインもいくつかスケッチしている。そのスケッチの中には、東アフリカのミッション・スクールや南極の都市のための網状屋根のシリーズもあった。

一九五四年オットーは「テントメーカー」ペーター・ストロマイヤー事務所に加わり、その協力関係から公共的イベントのための《4点テント》《バタフライ・テント》（カッセル、一九五五）および《アーチ支持テント》《ハンプ・テント》《ピーク・テント》（すべて一九五七年にケルンで建設）など一連のテント状構造体が生まれた。一九五八年オットーはベルリン゠ツァーレンドルフに軽量建設開発研究所を設立した。これはやがて一九六四年にシュトゥットガルトで新設された軽量構造研究所（IL）の所長にオットーが任命されることにつながる。この研究所のお陰でオットーは革新的研究のための予算を獲得でき、かつ彼の研究に協力する研究者スタッフを得て、複雑な問題に取り組むことができた。またこの任命は、過去六年間にオットーが人知れず成就してきたことの重要さを際立たせることになった。一九五八年に彼はバックミンスター・フラーとヨナ・フリードマンに出会って親交を深めた。フリードマンはパリの「可動建築研究グループ」を主宰していた。この三人はみな可変建築と薄膜を利用して都市的景観を大規模に包み込む技術を探究していた。一九六一年オットーは著名な生物学者ヨハン゠ゲルハルト・ヘルムケと共同研究を始め、ヘルムケを通じてオットーは生物学的な原則や体系への関心を深めた。その結果として始まった生物学的研究の目的は、生物の形に似た形態を創ることではなく――ダーシー・トムソンの血統を追って――自然界の組成物の法則とそのデザインへの応用可能性（生体工学《バイオニクス》）を理解することだった。さらにオットーは一九六二年、ルードヴィッヒ・トロステルの協力のもと、張力構造〔tensile structure〕に関する初めての本を出版した。[13]

オットーはこのような数々の関心をＩＬ研究所に持ち込んだ。一九六七年の《モントリオール万博ドイツ館》の国内コンペに建築家ロルフ・グトブロードと協同して勝利すると、その研究は一段とギアを上げて進んだ。様々な高さのマストに支えられた、一万平方メートルの面積を均質に包み込む網状のケーブル構造は、このような構造体としては世界最大であり、万博ではフラーのジオデシック・ドームと張り合う工学技術の驚異の一つとなった。ねじれたケーブルの網から吊り下げられた透明なポリエステル製の織布が、光と空気を通しながら巨大な建築的経験を作り上げた。ドイツの戦後建築の文脈では、ディーター・M・シュタイナーが述べたように、国際的な重要性をもつドイツ初の作品であったと見なすことができる。[14]

一九七二年のオリンピックは次なる構造的実験のために提供された機会だった。イベントの建築コンペはギュンター・ベーニッシュが一九六七年春に勝ち取った。しかし彼らのスタジアム、スポーツ・アリーナ、水泳プールを被う連続的な屋根構造のデザインは審査員会に拒否されたため、いかにしてそのような被膜を形作り経済的に建設できるかについての長い論争が始まった。一九六八年ベーニッシュは、オットーを主たるコンサルタントとして設計に迎え入れた。そこでプレ・ストレスのケーブル網を一群のマストとパイロンから吊り下げる案を工学的に解決したのはオットーだった。[15] エッジに沿ってネオプレン〔合成ゴム〕でシールされたアクリル・パネルが、このシステムの被膜材として選ばれた。実はその選定は、新しいカラーテレビジョン技術のために、透明性とともに、競技場に落ちる物影を消す必要性のために求められたものだった。

その一方でオットーは他分野でも関心を広げていた。一九六〇年代後期に彼はロンドンに本拠を置くオーヴ・アラップ&パートナーズのエンジニア、テッド・ハポルドとピーター・ライスと提携した。彼らは協同して『アーキテクチュラル・デザイン』誌のオットー特集号と、ロンドンの軽量構造研究所の設立に取り組んだ。[16] その目標は、コンピュータ解析の新たな可能性を用いた、ケーブル、膜組織、空気膜構造に関する先進的研究だった。この時期オットーのもう一つの新たな試みは雑誌『IL』の創刊だった。これはシュトゥットガルトで手がけた研究を年代的に記録するものだった。一九六九年から一九九五年まで全四一号が刊行されたが、各号それぞれ異なる構造的テーマを特集した。創刊号(一九六九年六月)でオットーは、最小限の網の目を設計する際の彼の研究手法を石鹸の薄膜片と関係づけた。第二号(一九七一年四月)は「南極大陸の都市」というオットーとオーヴ・アラップ&パートナーズ、それに日本の丹下健三が加わった協同研究の特集だった。オットーらは、人口四万五〇〇〇人の環境制御された都市のプロトタイプを、直径二キロメートル高さ二四〇メートルの、空気で膨らませた浅いドームの下に創ろうとしていた。小規模な原子力発電所が持続可能なエコシステムにエネルギーを供給し、そこには動く歩道、湖、植物園があり、鳥や動物が住めるようにしようとした。

第三号(一九七一年一〇月)から、オットーは研究所で専門家会議《コロキアム》を開いて、寄稿者の幅を広げようと試みた。テーマ別にタイトルがつけられ、「生物学と建築」号では、生物学者チームとの協同研究の深さとオットー自身の理論家としての進化が明らかになった。「生物学と建物の関係」号で、彼は巻頭で「生物学と建物の関係は、今や実際的実務的緊急性があるので明確にしなければならない。環境問題は従来それほど生存の脅威では決してなかった。しかしそれは、今では実は生物学の問題なのだ」。[17] こうした生態学への関心は、フラーたちの活動を追う展開になったため、しばしばオットーは「反建築家〔anti-architect〕」と渾名されたが、それは的外れではなかった。なぜなら彼の軽量構造体への関心は今やある信念（後年、明言するようになる）にまで進化していた。「我々はすでにあまりに多くの建物を建ててしまった。空間、土地、マッスとエネルギーを浪費し、我々は自然と文化を破壊している」[18]。オットーはその当時流行していた歴史主義に猛然と反論して、都市は第一義的に一つの「生態系システム」と捉えるべきで、最小限の大きさの建物を「バイオタイプ」とし、最小限エネルギー建物こそが景観と調和を保つことができると述べた[19]。

その後の号では、この種の研究がひたすら展開させられた。いくつかの号は、一九七三年にIL研究所で開かれたコロキアムのテーマに基づいていた。それは「ニエス〔Pneus〕」というテーマで、オットーのチームはそれを「張力のみがかかった層で媒体を包むシステム」と定義していた[20]。当初オットーは、空気膜構造などに関連するためこの概念に関心をもっていたが、しかしそこで彼は、このアイディアがもっと広範囲に及ぶもので、いかなる媒体（空気、液体、重力までも含む）にも応用できることに気がついた。「我々は生物学的構造という限定的領域を扱っているのではなく、我々の手中には、あらゆる生き生きとした自然の形態と構造を理解するための鍵がある」[21]。

『IL』誌はあまりに豊富な内容を含んでいるので、それをここですべて考察することはできない。各号が多種多様な問題を取り上げ、それは今日の最先端技術にまで及んでいる（エネルギー創出から風力タービン、太陽熱テクノロジー、地熱輸送と貯蔵、軽量可変構造など）。しかしそこに通底するのは、「大きな固いコンクリート建築の時代」と「過去への神経症的なノスタルジアの時代」に対するオットーの反感であり、それらがあまりに表面的に一九七〇年代の建築を代表していると彼は見ていた。[22]『ＩＬ』誌の刊行は一九九〇年代半ばまで続いた。その意味でオットーの生態学的十字軍はその長寿ゆえに、七〇年代と九〇年代の間に横たわる理論的分断を、多くの面で架橋するものとなった。この側面一つ見ても、オットーの仕事は主要な歴史的重要性を有していると考えられる。

英国のルネサンス

フライ・オットーが戦後ドイツの建築理論再生のために行ったのと同様のことを、英国ではオーヴ・アラップが様々な形で工学と建築理論のために行った。アラップは北欧の両親のもと英国で生まれ、デンマークとドイツで教育を受け、英国に戻って一九二三年に最初のエンジニア事務所を開設した。一九三〇年代初め、彼はバーソルド・リュベトキン、マックスウェル・フライ、ヴァルター・グロピウスらのモダニストの仲間に寄り添い、彼らのために《ロンドン動物園のペンギンプール》（一九三三－一九三四）や《ハイポイントのコンクリート集合住宅 Ｉ・Ⅱ》（一九三三－一九三四）の構造設計を行った。戦後一九四九年、オーヴはアラップ・パートナーシップという事務所に改組したが、彼を国際的に有名にしたのは、その後の《シドニー・オペラハウス》への関与だった。この建築設計競技は一九五七年にヨーン・ウッソンが劇的に勝ち取ったが、そのデザインは実現する過程で頓挫してしまった。設計の遅れとコスト超過のため、一九六一年にアラップが屋根のシェルを見直して単一の半径をもつ形態に変更した時には、プロジェクトはほとんど断念される寸前の状態であった。このアイディアがアラップに帰するものかどうかは未だ議論の分かれるところだが、一九六六年にウッソンが再設計をした後、あの複雑に込み入った仕事を結果的に成功に導くためにアラップが果たした役割については、全く疑問の余地はない。一九七三年にオペラハウスが完成した時、アラップ事務所は建築部門も加えて拡大し、今やスタッフと影響力の両面でSOMと肩を並べるほどになっていた。[23]

アラップの国際的な業績は、リチャード・ロジャーズとノーマン・フォスターの作品を紹介することにもつながった。ロジャーズはフォスターより二歳年上で、一九三三年英国人の父とイタリア人の母のもとにフィレンツェに生まれ、家族はその後戦争拡大の圧力を受けて英国に移住した。[24] 従叔父〔いとこちがい、父の従兄弟〕のエルネスト・ロジェルスの薦めによってリチャードは一九五〇年代半ば、AAスクールで学び、一九六一年イェール大学へ留学する奨学金を得た。彼はそこでフォスターに出会った。当時フォスターはマンチェスター大学で建築を学んだ後だった。[25] 二人の学生はポール・ルドルフ（フォスターはルドルフの事務所で短期間働いている）、サージ・シャマイエフ、ヴィンセント・スーカリーや客員クリティックのジェームズ・スターリングのもとで学んだ。フォスターとロジャーズはアメリカでバックミンスター・フラーの思想やルイ・カーン、エーロ・サーリネン、フランク・ロイド・ライト、そしてケーススタディハウスの建築家の作品に興味をもった。

ロンドンに戻り、一九六三年にロジャーズとフォスターは、ウェンディとジョージア・チーズマンとともに、チーム4として知られるパートナーシップを結成した。初期の二つの仕事、《クリーク・ヴィーン・ハウス》（コーンウォール、一九六四－一九六六）と《スカイブレイクハウス》（ハートフォードシェア、一九六五－一九六六）は二人の経歴では過渡的なデザインである。前者の段々状の形態とコンクリートブロック仕上げには、ライトとアトリエ5の影響が見られる。一方後者の映画的なオープン・プランとハイ・モダンなインテリアは、スタンリー・キューブリックの映画『時計じかけのオレンジ』のレイプ・シーンの一部に使われることとなった。しかし二人にとっての決定的な仕事は、電子機器メーカー、リライアンス・コントロール社（スウィンドン、一九六五－一九六六）だった。そこで彼らは工業的なディテールのニュアンスを、カリフォルニアのケーススタディの建築家の伝統のもとにマスターし始めた。非常に限られた予算の中で、軽量のコルゲート・スティールでできた工場を、ミニマリスト風のディテールでデザインした。こうして二人は、科学技術を露出表現させるとともにクールで効率的な工学的スタイルを追求したが、このプロジェクトの完成後、二人はパートナーシップを解消した。

今顧みるとこれは幸運な解消だったと言えるだろう。なぜならロジャーズは――イタリアの建築家レンゾ・ピアノとチームを組んだ後――一九七一年、パリの《ジョルジュ・ポンピドゥー文化センター》の設計競技に勝利し、初めて大きな名声を獲得することになったからだ。ピアノとロジャーズにこのコンペへの参加を勧めたのはアラップ事務所のテッド・ハポルドで、彼は《シドニー・オペラハウス》完成後の大きな仕事を、自分の構造チームのために探していたのだ。そして一九七〇年代半ば、ポストモダンの不協和音のただ中、一九七七年にパリのボーブール地区に開館した新しい複合建築は、ほとんど超現実的な和音を響かせた。機械を賛美することで鮮明に反歴史主義的であり、ガラスと合成樹脂の外装に包まれた六つの展示ホールは、被覆層をもつ鋼鉄軀体で支持され、その軀体はブラケット（ゲルバレットと呼ばれる）から吊り下げられている。それは「意味」を追究する同時代の考え方すべてを否定するだけでなく、その（当初提案されていた）可動式床や外部ヴィデオスクリーンなどは、一九二〇年代のロシ

図4.4　ピアノとロジャーズ《ジョルジュ・ポンピドゥー文化センター》パリ、1971-1977　提供：リチャード・O・バリー

ア構成主義者《コンストラクティヴィスト》の空想的イメージと近年のセドリック・プライスやアーキグラムの未来主義的アイディアをかけあわせたものだった。レイナー・バンハムはこのつながりを素早く見てとり、そのデザインの図面と模型を、彼のメガストラクチャーに関する著書（一九七六）の最後に採用し、「明るい色彩、鋭い形態、膨らむ物体、クリップで取りつける小道具類、巨大な投影スクリーンやその他あらゆる古き良き楽しさとフレキシビリティのイメージ」の大部分は「このプロジェクトのために働こうとロサンジェルスからパリの事務所に移ってきた、アーキグラム直系の「クリサリス」グループ「アラン・スタントン、マイケル・デーヴィス、クリス・ドーソン」の創作だ」と指摘した。[26]しかしすべての批評家がこの建物を

称賛したわけではなかった。アラン・コフーンはこの「文化のスーパーマーケット」が「それ自身の科学技術を完璧に仕上げる以上のことは何も達成していない」と指摘し、それが残念だと評している。[27]

しかしロジャーズとピアノのそれぞれの成長の中で、ボーブールの《ポンピドゥー・センター》は過渡的な作品にとどまる。二人のパートナーはこの作品の完成直後に別れるが、ロジャーズはすぐにロンドンの《ロイズ保険会社》（一九七八−一九八六）の仕事を獲得した。そのデザインは再び時代の特異点となり、またもやピーター・ライスが重要な役割を果たした。パリで実施したように、ステンレス・スティール柱の内部に水を充填する方法を採用したいと希望したが、ロンドンの耐火法規当局がこれを拒否したため、ライスはスレンダーなコンクリート柱に方針転換し、「ゲルバレット」をプレキャストコンクリートの柱受けブラケットに変換し、その上に床スラブを支えるコンクリート・グリッドを立ち上げた。すべての階段、エレベーター、便所を内部から撤去して、六本のサテライト・タワーの一群に集約した。そうすることで内部の開放感を増すとともに、より複雑な外部の形態構成を作りだした。事実、ステンレス・スティールと、連結された階段・便所の容器は、複合体全体に鮮やかな光沢を加えている。またこの建物のコンセプトの中心には、エネルギー効率性の思想がある。半透明ガラスを使用した三重ガラスの外部被膜は、日射量を軽減するだけでなく、オフィスから排出される暖気をリサイクルして地下の貯蔵タンクへ送り再利用している。アトリウムは建物の主たる排気用煙突装置として機能し、内部のガラス皮膜に設置された可動窓によって、入居者が換気制御できるようにしている。したがってこの建物は、厳密にエネルギー効率性の観点から設計された、当時初めての大型建物だった。[28] この点については、数年後に《香港上海銀行》（一九七九−一九八六）がそのライバルとして現れることになる。その設計者は、ロジャーズのかつてのパートナー、ノーマン・フォスターだったことは言うまでもない。

実際フォスターの思考において、エネルギーと構造の効率性に役立つ先進的な科学技術は、しばらくは最も重要なものであった。一九六九年に書いた論説の中で、彼は建築家が利用できるようになった新しい工学技術とともに、他領域の専門家たちと協同する可能性について語っている。もしこうして「軽量のスペース・フレーム構造や空気で膨らむプラスチック皮膜」のような新しい事物に工学技術が応用されれば、「幅広い領域のスキルを統合したチーム」による協同作業によって「洗練された構成部品と組立部品一式セット〔kits of parts〕」の創作が可能になり、それが生産の原則を根本的に変革するだろう、と述べている。[29] この命題を試す最初の作品は、イプスウィッチの《ウィリス・フェイバー・デュマス保険会社本社》(一九七一－一九七五)だった。それは屋根から吊り下げたミラー・ガラスのカーテンウォールに包まれた曲面的形態と、オープンフロアプラン、照明と機械設備を統合したシステム、イングランドの典型的な公園にも似た芝生の屋根で名高い建物だ。そのデザインはフォスターが、オックスフォードのセイント・ピーターーズ・カレッジの地下劇場の計画についてバックミンスター・フラーに相談していた時に思いついた。この打ち合わせの間、フラーは「クライマトロオフィス」のアイディアを提案していた。それは開放的で植栽された「リビング・オフィス」が巨大な軽量ドームの下に設置されたものだ。[30] フォスターはそのような解決をイプスウィッチに持ち込もうと大望を抱いたが、彼の辿り着いた解決は、控えめながらもその後の彼の仕事につながる道を開いた。

フォスターの成長においてもう一つの重要なステップとなったのは、ノーウィッチの《セインズベリー視覚芸術センター》(一九七四－一九七八)だった。ここでは、フラーがしきりに問いかけていた

「建物の重量はどれくらいか?」という問題を真剣に考えて、フォスターは、技術的正確さを最高水準にまで高めた美術館という斬新なコンセプトを提案した。角柱トラスの吊り構造体(三〇×一三〇メートルのスパン)をイースト・アングリア大学に隣接した荒れ地に配置した。そこは草原と湖の眺望が満喫できる場所だった。全体を被う壁と屋根パネルの材料はアルミと発泡プラスチックの合成材で、それがネオプレンゴムの網状組織に巧みに挿入されて、ネオプレンゴムは雨水を流す溝としても機能している。断熱性が高いので機械式冷房は不要になり、自然光が壁とルーバー付きスカイライトを通してふんだんに導入されている。開放的な内部空間「クライマトロオフィス」には、展示エリア、レストラン、厨房、コーヒー・エリア、植栽(限定的だが)そして美術学校が収容されている。ここでもまたこの建物は、一九七〇年代のポストモダンの議論とは、およそ相容れないものだった。

こうしてフォスターが《香港上海銀行》(一九七九)を設計した時、彼の「モア・ウィズ・レス〔more with less〕」という理論的プログラムはほぼ完成していた。この銀行は、二〇世紀の技術的達成という点で非常に素晴らしいものの一つとなったが、その秘訣はオーヴ・アラップ&パートナーズによる橋梁のような構造システムにあった。建物は実際、高さの違う三つの建物からなり、それらが八つの、四本柱で支えられた鋼鉄製の「マスト」(フィーレンディール・トラスでできている)で支持されている。このマスト同士を上下一定間隔でつないでいるのが、二階分の高さをもつピンジョイントのサスペンション・トラスで、この水平トラスから上下トラス間の各階床が吊り下げられている。アルミパネルで被われた鋼鉄の部材は耐火性能があり、薄いセメント質の合成物によって海風による錆を防いでいる。プレハブのプラグ・イン・カプセル(全部で一三九個)の中に電気配線、空調設備、トイレが納められている。

図4.5　ノーマン・フォスター・アソシエイツ《香港上海銀行》香港、1979-1986　提供：ラッセル・エドワーズ

外づけルーバーは、建物の南壁を守り、プログラム可能な太陽光取り入れスクープが、日光を内部の一群のミラーに向けて反射させ、それを受けたミラーは光を一二層の床を経て、地上レベルのオープン・プラザまで落としている。

フォスターは彼の世代の倫理的姿勢を代表する建築家である。この世代は戦後のサーリネンやカーンの伝統の中で育った。その視点から見ると、技術的・美的・有用性のすべての観点から素晴らしい優れた成果を達成するために建築家がなすべき責務は、個々の課題に対して新たな気持ちで取り組み、それを実現するための創造的な知的作業を注ぎ込むことである。この点でフォスターを本当に特徴づけるのは、新しい科学技術の導入や他分野にまたがるコンサルタントによるチーム編成よりも、むしろ彼自身が本質的に職人であるという紛れもない事実である。

日本のポスト・メタボリズム

ドイツと同じように日本も戦争からの復興には時間を要した。日本の建築復興を示す初期のサインは、一九六〇年に東京が世界デザイン会議を主催したことであり、その時を捉えて若い日本人建築家グループが小さなマニフェスト『METABOLISM 1960——都市への提案』を発刊した。この運動の創始者(菊竹清訓、川添登、大高正人、槇文彦、黒川紀章)はみな、西洋文化と交流をもつ日本の建築家の「第四世代」と黒川が呼んだ面々だった。[31] マニフェストのタイトルは次のように簡潔に定義されている。

「メタボリズム」はグループの名称である。そのメンバー各自は来るべき世界の未来の姿を具体的なデザインと図を用いて提案する。我々は人間社会を、原子から大星雲まで切れ目なく生成発展する生命の過程の一つと考えている。このような生物学的用語(メタボリズム=新陳代謝)を用いる理由は、デザインや科学技術を人間の生命力の外延と考えるからにほかならない。[32]

メタボリズムは一九六〇年代に隆盛するが、この時期の西洋の運動と同じく科学技術への熱中が生み出したものだ。一九五〇年代にCIAMとともに活動した丹下健三は、このグループの師と目されていた。一九五九年丹下はMITで設計スタジオの客員講師を務め、そこで彼は学生とともにボストン湾に

A型フレームによる湾曲した二つの巨大構造体を提案した。そして帰国後、彼は東京湾に向けて一八キロメートル都市を延伸させる提案に着手した。伝統的都市の急激な拡張に対抗して、彼は三層レベルでできた線形の構造、ひと続きの動線を提案し、そこでは自動車とモノレールは障害物なく運行される。その中心軸に沿ってオフィスビルで構成された「シビック・コア」が水平に連続し、垂直に伸びるサービス・コアと交差する。中心軸と直交する方向に集合住宅が並ぶ何本ものリブが伸び、そこには日本の伝統的な屋根がかかっている。

メタボリズムもこの野心的なスケールを受け継いで後を追った。一九六〇年菊竹は《海上都市》を発表した。それは、一つのコンクリート・コアに一二五〇個の差し込み式の鉄鋼製ユニット（その寿命は五〇年）が取りつけられて構成されていた。黒川は発見されたばかりのDNAの染色体構造にヒントを得て三次元的な《ヘリックス・シティ》を提案した。槇文彦と大高正人は、建物を個別に設計することは失敗だという信念から、その対案として「グループ・フォーム」という概念を打ち出し、東京新宿地区の再開発案を提案した。そこでは、ショッピング、オフィス、娯楽のセンターがそれぞれ独自の形と論理に従って構成されていた。例えば娯楽センターは花のような形をしたシステムで考えられ、中核をなす広場を囲んで、劇場・コンサートホール・オペラハウスが放射状の花弁のように配置されていた。

これらの未来像がこの時期のほかのメガストラクチャー提案と異なるのは、彼らのアイディアの新鮮さとともに、建築家たちが初期の試みをその後も続けて追求したという事実だ。黒川は一九六二年に『プレハブ集合住宅』を出版し、厨房・浴室・育児室などを「ユーティリティ・カプセル」としてプレキャスト・パネル工法と結びつけた。彼によれば、それはカーンのマスター・スペースとサーバント・スペー

図4.6　黒川紀章《ヘリックス・シティ》1960　提供：黒川紀章建築都市設計事務所／撮影：大橋富夫

スの概念を進化させたものであった。[33] 同年、他の小論で彼は自らの「メタ・アーキテクチャー」をNASAの宇宙産業と並べて、建物の形態は「宇宙ロケットのように精密に構成される必要があると同時に自由な形をもたなければならない」と述べた。[34] 彼は一九六五年の《メタモルフォーゼ計画》の中で、線形都市のアイディアを前面に出し、これは社会的な相互交流を促進し、かつ都市の孤独や疎外に対抗するものだとしている。このアイディアは《菱野ニュータウン》（一九六七）の基となり、自己完結的中心をもちつつ、東京・大阪間を結ぶ回廊地帯内の「ネットワーク」として構想された。[35] そのモデルとして彼は、ジャン・ゴットマンの「メガロポリス」、コンスタンティノス・ドキシアデスの「エキュメノポリス」を引き合いに出し、世界の主要都市との文化的・情報通信的つながりを挙げている。

この時期の黒川の思考は一九六九年の「カプセル宣言」で頂点を迎えた。それは「サイボーグ建築」への、そして電子工学と人間の移動性による新しい時代へのオマージュだった。カプセル・リビング（彼はそれをアメリカのモービル・ホームになぞらえている）は土地所有を必要としない。多様な都市を可能とし、個人主体（家族主体の対極）のライフスタイル、メトロポリス、「テクネトロニック」社会、プレファブリケーションにも呼応している。[36] 黒川は一九七〇年頃、コンセプトのうえでさらに独創的な建築を実現した。それは一九七〇年大阪万博のテーマ館内の《空中テーマ館・住宅カプセル》、《タカラ・ビューティリオン》、そして一九七二年に完成した《中銀カプセルタワー》である。中銀は一四四戸のワンルーム・カプセルで構成され、一日に六戸のプレハブ化されたカプセルがコンクリート製のサービス・コアに接合され、全ユニットの接合は一か月で完了した。

しかし一九七三年の石油危機によって日本経済は西洋諸国と同様に打撃を被ったが、一つだけ重要な違いがあった。かつての大規模プロジェクトへの関心は必要性を失ったが、メタボリズムに関わった建築家たちは科学技術への関心を決して忘れず、事実それを強力な日本的感受性と融合して職人技術とディテール術へ向かった。一九七〇年代後半、黒川は彼が言うところの「異分野文化」交流に乗りだし、そこで彼は自らの作品を伝統的な日本の「縁の空間」や「共生」などのテーマと結びつけようとした。[37]《埼玉近代美術館》（一九八二―一九八四）の格子で囲んだ中庭の説明で、彼は「縁側」（囲われたベランダ）、「軒下」（半外部通路）、「露地」（狭い小路）について語っている。そして世評高い東京の《ワコール麴町ビル》（一九八二―一九八四）で、彼は日本の仏教（特に龍樹《ナーガールジュナ》の「無自性空」）から探り出した理念と

図4.7　黒川紀章《ワコール麹町ビル》東京、1982-1984　提供：黒川紀章建築都市設計事務所／撮影：大橋富夫

「マシーン・プレザンテ（愉悦の機械）」（「活動的で喜びを与える機械であり、絶え間なく変幻する流れの中で、つねに分裂を生み、それが新しい関係性に収束していくもの」）を標榜するフランスのポスト構造主義理論とを融合させた[38]。しかしそのようなアナロジーをしのぐのは、建物のアルミと人工大理石による外装の洗練されたディテールである、それはレイナー・バンハムの言う「第一機械時代」の究極のアイコンと解釈できる。絶妙にディテールを施された内部仕上げはその全体的な効果としてハイテク建築を上回る。黒川は最上階の応接室を「日本的に装飾されたスペースシャトル」と適切に表現した[39]。

　科学技術的表現主義は、槇文彦と磯崎新の作品にも見られる。この二人は一九七〇年代終わりには、日本の「ニューウェイヴ」を代表する高名な建築家として群を抜いていた。[40]一九六〇年代初めに磯崎は丹下事務所に勤めたあと独立し、初期の作品には《大分県立図書館》(一九六二－一九六六)などがある。一九七〇年代初め、彼は明らかに新しい方向性を目指し、もっと色彩豊かな材料と技術を用いるようになった。例えば《福岡相互銀行本店》(一九六八－一九七一)では、奥行きが浅く間口の長い一一階建ての高層部をインド産の赤い砂岩で被い、それを引き立てるように低層部を花崗岩とスティールで仕上げた。世評高い高崎の《群馬県立美術館》(一九七一－一九七四)では、鈍く輝くアルミパネルで建物全体を被い、ところどころその被いを剝いで、下から荒々しいコンクリート構造を露出させている。ボトンド・ボグナーはこの美術館のきらめく被膜の全体的印象をそのハイテクな効果から、幻想的、「非現実的」と評している。[41]反対にチャールズ・ジェンクスはポストモダンの視点から見て、この建物の意味論的クオリティを「あまりに冷たく、病院的で、機械的にすぎる」と評している。[42]

一方で磯崎は当時の記号論ブームによく通じていて、一九七〇年代半ばにはルネサンスの用語「マニエラ」を用いて彼の寓意的意図を語るようになった。彼はその方法によって、歴史的主題と地域的感受性を再びデザインに取り込むとともに、彼の持論である〈モダニズムは「科学技術の絶対的特質」の維持に失敗した〉ことに対抗しようとした。[43]この最後の所見は彼の仕事の理解には不可欠である。というのも磯崎は「マニエラ」を一連の(七つの)形態操作と考えていたが、科学技術そのものの妥当性を決して否定しなかった。[44]反対に彼は「逆説的ではあるが、科学技術こそ建築家が今日使える唯一のものだ」と主張した。かくして彼は「機械のような」という言葉を「マニエラ」のメタファーとして好んだ。

それは、雑多で複層的で折衷的なメタファーであることには違いないが、にもかかわらず、そのメタファーを通して建築は「意味を生産するための機械」になる。これはポストモダン潮流の真に独特な解釈であり、そこでは科学技術は（モダニズムとともに）もはや表現をコントロールするものではなく、むしろ（オットー・ヴァーグナーにとってのモダニズムのように）「科学技術が表現となる」のである。[45]

槇の先進科学技術を受容する方法が他と違った点は、ひとえに彼が自らのモダニストのルーツから決して出ようとしなかったことにある。グループ・フォームへの強い関心は一九六〇年代から一九七〇年代まで一貫して彼のテーマであり続け、そこに新たなパターンを編み込もうとした時、それはさらに発展した性格を帯びることになった。一九六六年にハーヴァードで書いた小論「都市の運動のシステム」で槇が強調したのは、建築家は、読み取りやすく、詩的で、魅力的な都市空間を創り出す必要があり、自発的な社会的イベントがそこで起きるような刺激的な舞台を創り出すべきだということだった。[46]一九七三年の小論「建築への環境的アプローチ」で槇は、建築とそれを取り巻く環境との関係だけでなく、建築のスケール、雰囲気、象徴性の適切さが重要だと強調した。[47]

その後数年にわたって彼の立場は引き続き進化していった。二〇世紀最後の四半世紀に建築はどうなっていくかを展望した一九七五年の槇の小論は示唆に富んでいて、日本の建築は一九七〇年と一九七五年の間に大転換を経験したと指摘した。退場したのはメタボリズムの「カプセル」建築と巨大構造体の実験の時代であった。それに代わって登場したのは、もっと内省的な感覚を重んじるデザインであり、それは低層の都市環境への願望と結びついていた。その一方で槇は、こうした流れが導くのは、特定の機能をもたない空間を具体化すること、内部の機能から外部の表現を切り離すことであり、またこのような不安定な時代に伴って生じる不確定性の中で必要とされるのは実用主義と職人技術への回帰であり、それが衰えた自信を補強してくれると主張した[48]。ここで職人技術のアイディアは重要であり、槇は一九七八年の「新年の挨拶」でもこれを取り上げ「現在の不安定な時代は、ディテール、素材、光、色彩そして構成要素の美しさに対する昔からの関心を再び呼び起こしたかに見える。」と述べた[49]。

槇の思考におけるこの変化は（過去にも見られたが）表面的にはカーンの美学的影響にスカルパの構築的なディテールを融合したものと解釈できるが、彼の作品をつぶさに見ると、対立するアイディアをより広範囲に調停していることが見えてくる。《筑波大学中央棟》（一九七二－一九八〇）の階段状・ピラミッド的形態は、ディテールだけでなく、新たな「ハイテク」的思考と技術を大胆に強調している。この建物の鉄骨構造は有孔スティール・デッキ・プレートの床を支えている。そして内壁は軽量鉄骨の上にキャストアルミパネルを重ね、外壁はガラス・ブロックのパネルが熱押型鋼による枠組みに嵌め込まれてできている。彼はそれを「カーテンウォール・デザインの新しいボキャブラリーの発展」に貢献する方法だと述べている[50]。彼はここでピエール・シャローによるパリの《ガラスの家》とその「機械の美学のロマンス」との関わりにも言及し、また建物中央アトリウムの露出したスティールについては「中央棟の内部では、ガラスと金属による正方形の中庭が空に向けて開いていて、その中にはロシア構成主義にヒントを得た階段が据えてある。こうして最も力強い時代の機械主義者のイメージが金属製の籠の中に囲い込まれている」と説明している[51]。

一九八〇年代初めになると、槇は科学技術の詩的解釈を「インダストリアル・ヴァナキュラー」と呼んだ。例えば《藤沢市秋葉台体育館》（一九八〇－一九八四）の二枚の屋根を構成する「浮遊する」被

図4.8　槇文彦《ワコール・アートセンター》東京、1982-1985　提供：ルイス・ヴィラ・デル・カンポ

膜を形作るステンレス・スティールは、厚さが〇・四ミリメートル（六四分の一インチ）という薄さゆえに表面に皺が寄ることになる。結果としてできた〔皺という〕装飾的な効果は、建築が失った装飾の「耐えられない空虚」を埋めるだけでなく「広大な屋根にリズムとスケールを与える」ためにも必要だったと彼は説明している。槇はさらに「大アリーナの屋根のエッジは、下から見るとトンボの羽のように透明に見える」が、それと同時に屋根の形は中世の侍の兜や宇宙船を思わせる」とも指摘している[52]。これに似た「浮遊する」クオリティを、槇は《スパイラル（ワコールアートセンター）》（一九八二―一九八五）のアルミファサードでも追求した。この作品は八〇年代で最も魅力的で説得力ある建築デザインの一つである。ここではアルミパネルと

他の金属仕上げ面が、透明ガラスと半透明ガラスの様々な面と組み合わされて、結果的に層状構成の効果をもつ視覚的なシンフォニーにまで高められている。これほどまでの「高いレベルのディテール意匠」は、ロウとスラツキーの透明性の概念を思い起こさせ、それは「今日の工業的科学技術が献身的な伝統的職人技術と緊密に結びついたときにのみ初めて実現できる」と槇は述べている。そして槇にとってこの「透明なロマンティシズム」は、日本におけるポストモダン歴史主義の拒絶を意味していたのである。[53]

アレグザンダーという特異な事例

クリストファー・アレグザンダーはこの章で論じている科学技術の枠組みに収まる人物ではないが、彼の仕事は、一九六〇年代にあれほど輝かしい高みにまで達したモダニストの人類学的思考が、その後失われていった軌跡を描き出している。アレグザンダーは同年代でほぼ一人だけ、形態の構成や建物の象徴的意味には目もくれず、建物の使い手が建築をいかに経験するかに焦点を当て続けた。その意味で一九七〇年代後半に出版された彼の三部作は、進歩の手段としての科学技術の価値だけでなく、ポストモダニズムの高度に概念化された建物にも疑問を投げかけた。[54]

彼の三部作の基礎をなす著書は『時を超えた建設の道』（一九七九）である。これは、その禅を思わせる文学的性格や、生きること、全体性、美しさのような摑まえどころのない特性について、明確とは言いがたい記述で書かれているため、多くの読者にはまさに秘教的な試作と捉えられている。「時を超えたもの」という特性は、現代建築よりも歴史的建築や都市の中に遙かに多く見出せることに読者が気づくと、それは何か風変わりな単なるノスタルジアに思えてくるのは間違いない。しかしこの本は重要な実証的分析と実証的性格を備えている。アレグザンダーは、建築的環境として成功した例を「生き生きとしたパターン」として選り分けることに一生をかけた人物であり、深遠とまでは言えないものの思慮深い見識を多くもっている。どのようにして近代建築家の科学技術的・美的な直感がデザインの最も重要な側面を覆い隠してしまったか、について彼の単刀直入な所見を取り上げてみよう。

人々が自らの環境を生き生きとさせることが可能な社会と、都市や建物が死に絶えた社会との間には、まさに根本的な違いがある。[55]

この直言は単純明快であるがゆえに、暗に意味する様々なことを呼び覚ます。どうすれば人は死に絶えた建物や都市を設計し、反対に生き生きとした建物や都市を設計するのか？　どうして建築や都市計画は住み手の幸福を高めたり妨げたりするのか？　アレグザンダーは「美」のような昔からの概念に対しても、多くの建築家がこう考えるべきだと教えられてきたものより、もっと直感的に捉える。彼はまた、自然がその根底にある形態的・幾何学的構造に支えられているように、建築もそうあるべきだとも強調している。その当時、アレグザンダーの理論が他の誰とも違っていたのは、この「生き生きとしていること〔aliveness〕」という特質は、形式的・抽象的な理論に見出すことはできず、むしろ有機体としての人間のゲノムに見出せると信じていたことにある。それは核心において一九六〇年代の彼の認識論的研究に端を発する生物学的なデザイン理論であり、そのことは、その後刊行した一段と知的で野心的な四部作『生命の現象――秩序の性質』（二〇〇一－二〇〇四）によって初めて十全に明らかにされた。

彼の初期の研究の頂点は『パターン・ランゲージ』（一九七七）であり、この本はサラ・イシカワとマレイ・シルバースタインとの緊密な協力によって書かれた。二五三のパターンを提示することで、アレグザンダーは掛け値なしに真に包括的（都市計画の全体像から居住空間の隅々に至るまで）と言えるデザインマニュアルを目指していた。それはまさしく超人的な企てであり（この時代のバークレーのカウンターカルチャー的影響にもかかわらず）その時代の弛緩した雰囲気とは異質のものだ。これらのパターンの多くには様々なレベルで欠点を見出すことはできる（例えば四階建て以上の建物を嫌う彼の生来の傾向など）が、多くの観察（住居レイアウト、部屋の造作、自然光、眺め、入口、中庭、庭、近隣住区、都市の空間的人類学的複雑性）は、まさに時を超えて我々の心を打つ。

社会学的な思考が未発達であった当時の状況で、アレグザンダーの同輩として群を抜いていたのは建築家ヘルマン・ヘルツベルハーだった。彼は同じオランダ人のアルド・ファン・アイクが先行して行った試みのあとを継ぎ、一九七三年にオランダの雑誌『フォーラム』で「もっと生活しやすい形のためのホームワーク」と題した特集を刊行した。[56] ヘルツベルハーは現代都市の失敗と、冷たく融通の利かない建築形態が全般に停滞をもたらしていることに対して幅広い批評を展開した。彼が対抗手段として提案したことをいくつか挙げると、既存の都市組織にもっと敬意を払うこと、もっと正統的な「アーキ・フォーム」を見出す真摯な努力をすること、大きな建物の形態をより小さく分解すること、使い手が空間を何度も変更修正できるオープンエンドのデザインなどであった。

さらにハサン・ファトヒーの『貧者の建築』第二版が一九七三年に刊行された。[57] このエジプト人建築家はもともと西洋的な建築実務経験を積んでいたが、一九三〇年代末にはエジプトにおけるモダニズムの失敗を目の当たりにすることになる。伝統的形態は激しく破壊され、気候制御に対応する手法は欠如し、居住空間の文化的ヒエラルキーには無関心ということだ。戦争中にファトヒーはニュー・クルナのヌビアン村建設を開始し、そこで彼はモダニストの語彙を完全に拒否し、泥煉瓦による建設、土着のヴォールト技術、伝統的な日除けと換気設備、歴史的な中庭などに回帰していった。彼によると住民はその結果に非常に満足して、ほぼ消滅しかけていた伝統の痕跡の再生を強く望んだだけでなく、遙かに人間的で快適な住居が「モダンな」集合住宅の何分の一もの費用で建設できた。土着技術を用いるファトヒーの事例には説得力があり、それは露骨なまでにアンチ・モダンであったが、それが暗に示す重要性は数年後にようやく十分に認められることになる。

第II部
一九八〇年代

第5章——ポストモダニズムと批判的地域主義

ポストモダニズムの再定義

ポストモダニズムの歴史主義派は、当初に受けた抵抗にもかかわらず、特に一九八〇年代の前半に勢力を拡大し続けた。運動が成長するにつれてその変形版の種類も多様になった。アメリカ大陸では、ロバート・ヴェンチューリ、チャールズ・ムーア、ロバート・A・M・スターンが、歴史のポピュリスト的解釈とアイロニーを追求する建築家たちの中心的存在として勢力を増していた。そしてかつての「ホワイト派」は、すでにその頃各自別々の道を切り開いていた。マイケル・グレイヴスは、《ポートランド・ビル》とサン・ファン・キャピストラーノの《公共図書館》(ともに一九八〇年に開業)を発端に、歴史的効果を混ぜ合わせた絵画のような、非常に象徴的かつ折衷的な言語を考案した。リチャード・マイヤーは、《フランクフルト工芸博物館》(一九七九-一九八五)では、まだ自身の白のボキャブラリーに執着していたようだが、《ブリッジポート・センター》(一九八四-一九八九)では、グレイの磁器パネルと赤い花崗岩でタワーを被覆することで、色彩の世界に一歩足を踏み入れた。シカゴでは、スタンリー・タイガーマン、トーマス・ビービー、ヘルムート・ヤーンが、非常にアイロニーを込めた歴史の引用を行った。またロサンジェルスでは、エリック・オーウェン・モス、トム・メイン、マイケル・ロトンディ――そして後にフランクリン・イスラエル――が牽引する非常に才能ある建築家たちの新たな流派が、遊び心に溢れた素材ベースの彫刻的スタイルを開拓し始めた。それらは抑制を課さない造形という点で、同じ地で進化を遂げていたフランク・ゲーリーの作品と相通ずるものがあった。

ヨーロッパ圏の大半では、依然としてアルド・ロッシとO・M・ウンガースによる合理主義的原則が強かった。しかしこの運動もマリオ・ボッタの擬・地域主義、あるいはブルーノ・ライシュリンとファビオ・ラインハートの率直な古典主義によって、その勢力を中和された。誇張された古典主義は、クリスチャン・ド・ポルザンパルクとリカルド・ボフィールの一九八〇年代の作品にも見られたが、その成功は控えめであった。その間にもウィーンでは、ハンス・ホラインが、巧みなウィットに富んだ独特のスタイルを開発した。また、ジェームズ・スターリングも、イングランドを拠点に同様の発信をしていた。イタリアでは、パオロ・ポルトゲージが、彼自身のバロック建築への幅広い知識を活かして、ますます手の込んだ視覚的に豊かな空間体験を作り出していた。それは時に抽象的で、時に歴史的先例を強く連想させるものだった。実際、ヨーロッパの歴史的遺産の直接性は多くの建築家の心に響いていた。それは一九八二年にニューヨークで開催されたエミリオ・アンバースとフルビオ・イラセの展示会から窺い知ることができる。そこでは、ポストモダニズムの円柱、ペディメント、グローブの活用の先例として、一九二〇-三〇年代につくられたバロックに影響されたミラノの集合住宅という、一見関係の薄そうな出典が示されていた。[1]

　ポストモダニズムの根底を支える理論は一九八〇年代にも進化を遂げた。八〇年代初頭、学生編集者たちが『ハーヴァード・アーキテクチュラル・レビュー』誌を創刊し「近代運動を超えて」という巻頭論説を載せた。彼らはいささか偏狭な観点からポストモダニズム現象の範囲を五つの特徴に限定した。それは、歴史の活用、文化的な引喩主義、反ユートピアニズム、アーバンデザインとコンテクスチュアリズム〔文脈主義〕および形態的関心であり、それぞれが詳細に説明されている。例えば、文化的な引喩主義を「幅広く人々に理解され受け入れられている既存のシンボルや表現形式を建築の領域で使用する」ための努力と定義した。[2] また形態的関心では、プログラム重視を弱めること、シンメトリーの回帰、開放的よりも閉鎖的で静的な空間の選択、装飾の受容、そして図面の表現的価値への新しい探究を挙げた。

同号で、スターンは「ポストモダンのダブルス」を執筆し、新しい運動がモダニズムのように二つの陣営に分かれたと主張した。「分離派〔schismatic〕」（「西洋ヒューマニズムとの決別」を主張する人々）と「伝統派〔traditional〕」（西洋ヒューマニズムの「継続性」を受け入れる人々）である。両派は、それぞれピーター・アイゼンマンとマイケル・グレイヴスの作品によって代表されるとした。スターンはさらにこの二つのグループを、モダニズムに対する態度の違いによって、それぞれ二つのサブグループに分けた。アイゼンマンの反ヒューマニストかつ反歴史主義的な態度に対抗して、スターンは「伝統派」ポストモダニズムのうちの一つのサブグループを代表する主張を述べた——それは、モダニズムからの決別を望みながらも、同時に西洋ヒューマニズムの正当な源泉としてモダニズムを許容するという立場である。この種のポストモダニズムは、モダニズムがもたらした社会的・技術的失敗を、新たな文化への意識によって修正すると同時に、普通の人々からの多元的な支持を得るために、モダニズムのように「首尾一貫した手法で偽りの」外観をつくることはない。[3]

ポストモダニズムを定義するもう一つの試みは、一九八二年にグレイヴスの主要作品をまとめた最初のモノグラフに登場した「比喩的建築擁護論」に見出すことができる。この中でグレイヴスは、近代《モダン》建築とポストモダン建築の差を明確にするために、一般的言語と詩的言語という文学的なアナロジーを採用した。もし近代建築がその機械的なメタファーによって技術的・機能的な表現を主題にし、抽象的な幾何学形態を選んで、いかなる文化的表現をも拒絶していたとするならば、対照的に比喩的建築は自然と擬人的なシンボリズムの両方に根ざした詩的なフォルムを再探索しようとする試みであった。これは建築の要素（壁や窓）と同様に、建築の空間にも当てはまる——それは例えば、パラーディオの《ヴィラ・ロトンダ》の中央ホールに立ったときの感覚と、ミース・ファン・デル・ローエの《バルセロナ・パヴィリオン》のどこに立っていても感じる、空間が抽象的に拡散する感覚という対比的な経験に見られる。したがって、グレイヴスにとってポストモダニズムは近代建築に欠けていた擬人的内容を取り戻すための必要な修正にすぎず、それによって「建築文化が、社会の儀式的で神話的な熱望を完全に表象できるように、私たちの文化が生み出したテーマに関わる連想作用を再確立する」と述べた。[4]

この定義に対しては、チャールズ・ジェンクスが後続研究『ポストモダニズムとは何か？』で示した観点も考慮に値する。ジェンクスは依然としてポストモダニズムが時代を画す重要性をさらに強く主張し、かつて一九八四年に示した定義の信念を繰り返し述べた。「二重のコード化＝建築が一般市民や建築に関心をもつ少数の人々（一般には他の建築家たちのこと）に思いを伝えるために、近代《モダン》の技術を他のもの（普通は伝統的な建物）と組み合わせること」[5]。対照的にモダニズムについてはこう定義した。「新しい工業化社会に相応しい、新しい建設手段の事実に由来した普遍的で国際的なスタイル。そして社会をその嗜好と構成の両面で変えることを目標としていた」[6]。

この運動の同時代の動きに対するジェンクスの評価も、いくらか変化した。最初に彼はポストモダニズムから、ジェームズ・スターリングとレオン・クリエの作品で代表される二つの主要な構成要素を切り離した。ただしクリエは、実はまだポストモダニストの「ボーダーライン」にとどまると認めた。[7] しかしその二つ以外にも、ポストモダニズムの幅広い範囲を構成する六つの主要な伝統があると述べた。その六つとは、歴史主義、真正復古主義、ネオ・ヴァナキュラー、アド・ホック・アーバニズム、隠喩を用いる形而上学、そしてポストモダン空間である。これほど多くの血統を含めることで、ジェンクスは広範囲の建築家をポストモダニストと分類した——ピーター・アイゼンマン、フランク・ゲーリー、レム・コールハース、ディミトリー・ポルピュリオス、アルド・ファン・アイク、ヨーセフ・クライフースや伊東豊雄まで含めた。彼が努めてこのカテゴリーから除外しようとしたグループは、その作品が「後期モダニズム」と評される建築家たちだ。それは「その社会的イデオロギーにおいてプラグマティックで技術優先主義的であり、一九六〇年頃からモダニズムの多くの様式的な理念や価値観を、退屈な〈使い古された〉言語を蘇生させるために極端にまで推し進めた」建築である。[8] このグループには、ノーマン・フォスター、ピアノとロジャーズ、ベルナール・チュミ、そして「アメリカのデコンストラクション〈脱構築〉主義者」が匿名で数名含まれていた。

その数年後、一九八九年にこの著書の再版で追加された章でジェンクスは、ほとんどヘーゲル的な古典的論法で、ポストモダニズムはより根本的な社会的・生態学的関係から弁証法的に発展するに相違ないと結論づけている。彼は天安門広場での学生反乱の映像を見て、中国やその他の非工業国がより進化したポストモダンの高みに到着するためには、まずモダニストの段階を経なければならないと主張した。そしてこの「パラダイムシフト」は、生態圏の悪化とそれに伴って世界が近代化の限界に気づくことにより、ミレニアムの終わりまでに起きてもおかしくないと主張した。[9] ジェンクスにとってポストモダンの状況は依然として奥深いものだった。

ポストモダニズムの見通しにそれほど楽観的でなかったのは、ドイツの評論家ハインリッヒ・クロッツだった。彼は、一九八四年の自著『モダンとポストモダン』が一九八七年にアメリカで英訳版（『ポストモダン建築の歴史』）が出た時に後記を加えた。その時までにクロッツは、ポストモダニズムの進む先に対して相反する見解をもつようになっていた。一方で彼は、数多くのデザイナーの「装飾的な飾りつけ」や「売り込むための美学」の「ある種の浅薄さ」に批判的であったが、他方では、スターリングの《シュトゥットガルト州立美術館》、ラファエル・モネオの《メリダの国立古代ローマ博物館》、磯崎新の《群馬県立美術館》など多くの公共プロジェクトの成功に明らかに興奮していた[10]。彼は、ポストモダンの「歴史主義の弁証法」の衰退をすでに目にしたことを認めつつも、同時に、より近年の傾向（例えば、レム・コールハースのモダニズムに対する過剰に皮肉な態度など）についても懸念をもっていた。したがって彼の結論は、矛盾していないまでもかなり用心深いものになった。「このような勇敢な冒険——歴史的様式を用いてアイデンティティを求めつつ、なおも現在にとどまろうと試みること——は、必然的に〝ポストモダニズムの終焉〟を告げることに通じる。最終段階は達成されたように見えるが、先はまだ見えない」[11]。

ポストモダニズムへの反論

ポストモダンの流行に反対する声も、一九八〇年代が先に進むにつれてますます明確になってきた。この運動に対して当初から断固として批判的だった人物の一人は、一九五〇年代後期に盛期モダニズムの合理主義に異議を唱えていたアルド・ファン・アイクだった。彼が一九八一年にＲＩＢＡで行った基調講演は、RIBAの機関誌がその内容を何とか控えめに伝えようとしたにもかかわらず「機能主義に取って代わろうとするポストモダニズムやその他あらゆる建築様式を圧倒的に攻撃するもの」と報じざるをえなかった。[12] 彼にこの評言を促した要因は、伝えられるところによれば、レオン・クリエが書いたとされることの「怪物のような時代」の悲劇に関する主張だった――その時代とは、ル・コルビュジエ、レイナー・バンナム、シグフリード・ギーディオン、スミッソン夫妻それにファン・アイクらのモダニストの時代を暗に意味していた。[13] ファン・アイクは最も厳しい口調で、モダニストのヒューマニズムの伝統に対する自らの解釈を、彼自身の流血すら賭けて擁護した。彼はポストモダニストたちを「RPP」という略語――「ラット〔鼠〕／ポスト／ペスト」の頭文字――を用いて辛辣なレトリックで応じた。

私は、RPPの途方もない幻想はポルノと同じくらい陳腐であり間違いなく非創造的だと見る。そしてもっと悪いことに、倒錯が――そう、倒錯とさえ言える――彼奴らの手にかかると嫌悪を催す表現になってしまう。しかし、彼奴らの馬鹿馬鹿しさ、皮肉、陳腐、不一致、矛盾や醜さのような、つまらぬおふざけ以上に私の怒りを真に掻き立てるのは、意図して人を戸惑わせ、意図して攻撃的で人を悩ませるような要素を故意に取り込もうとすることだ。ある日建物が、いかなる考え得る論理にも反して、帰宅する人々の精神的なストレスを和らげる代わりに、故意にストレスを挑発することになるなど、かつて誰が想像しただろうか。[14]

同誌の後の号で、ジェフリー・ブロードベントは「ペストの反撃!」という記事でファン・アイクに応酬した。そこで彼はポストモダンの建築家の試みは「快適で人間的、経済的かつ本当に機能する建築」を創り出すことにあり、それは「機械の美学」が決して実現できなかったものだと擁護した。「後者の建築家たちは、それを望まない大衆の意に反して戦いと改革を仕掛けた」と彼は続け、さらにこう述べた。「しかし、ＲＰＰは何にもまして大衆に好かれたいのだ。彼らは普通の人々に好まれることを欲している。一九二〇年代の建築を好むゆえにＲＰＰを否定するファン・アイクのような建築家たちは、自分たちの〝機能主義〟と呼ばれた建築が実際には機能的に最悪だったのだから、彼らを否定するにはもっと説得力のある論拠が必要だ」[15]。

一九八〇年代のポストモダン運動に批判的だったもう一人の著名な建築家は、『カサベラ』誌の編集者ヴィットリオ・グレゴッティだった。彼は一九六〇年代の独断的なモダニズムについても冷淡だったが、その後は、ロッシ・スクールの合理主義にも、社会的関心を顧みず「歴史への執着」に走るポストモダニズムにも反対した。彼は言う。「建築は、それ自体の問題を反映し、それ自体の伝統を探求するだけでは生き延びることができない。たとえ、建築という分野に必要な専門的手段は、その伝統の中でしか見つけることができないとしても」[16]。

このポストモダンの論争の中で、さらに異なる立場を明確に主張したのが、ヨーセフ・クライフースであり、ベルリンのＩＢＡ（国際建築展）のための作品でそれを示した。この大規模な住宅および復興事業は、一九七七年にベルリンの政府によって大規模な住宅展に出資する目的のもとに開始され、それは一九二七年のヴァイゼンホーフ住宅展から五〇周年を記念する意味もあった。クライフースたちが率いる反対勢力が介入した結果、単一の住宅団地という案は否定され、その代わりに特にベルリンの壁に

図5.1　ロブ・クリエ《IBA集合住宅への入口》南ティアガルテン、ベルリン、1980－1985　撮影：著者

隣接する未だ戦争の傷跡を残していた都市地域全体に、一連の再構築計画を分散させることになった。この新しい建設のため、建築家と都市計画家の委員会を統括するクライフースは、設計競技、展示会、シンポジウムなどを多面的に展開する戦略で応えた。結果的に彼の仕事は、南ティアガーテン、南フリードリッヒシュタット、プラガー広場およびテーゲルの外れの郊外に、新たに数百もの住宅ユニットを建設する成果を収めた。これら多くのプロジェクトを設計するために国際的に活躍している建築家が多数招かれた。その中には、チャールズ・ムーア、ロブ・クリエ、ハンス・ホライン、O・M・ウンガース、ジェームズ・スターリング、ヴィットリオ・グレゴッティ、アルド・ロッシ、ヘルマン・ヘルツベルハー、ジョン・ヘイダックやコールハースらがいた。

この試みで興味深いことは、クライフースがこの計画のために築いた理論的な基礎だった。建築家たちに様々なデザイン手法を試す自由を与えながらも、合理主義運動に共感していた建築家クライフースは「批判的再構築」の根強い提唱者だった——それは、革新的でありながら同時にベルリンの場所の「記憶」を尊重し、かつ「一般の人が理解できる言語」で表現するデザインである。[17] この設計アプローチは、戦後の「タワー」による手法や、ドイツの住宅団地の一部に見られるバラックのような家屋を否定し、その代わりに、戦前の街路システム、混合用途ゾーニング、緑の中庭を再構築し、一九世紀初頭の近隣住区スケールに再び焦点を戻すことを狙っていた。この意味において、IBAのガイドラインはポストモダニズムの受容と拒絶という両側面の性格を併せもつと見なすことができるかもしれない。というよりむしろ、ポストモダニズムと、もう一つ当時発展途上にあった地域主義者の立場とが交錯したものと捉えることもできる。

批判的地域主義と現象学

地域的モダニズムの理念は、モダニズムそれ自体と同じくらい古くからある。一八九〇年代後期には、ドイツ人哲学者のリヒャルト・シュトライターーが、モダニズムに地域的な環境や建築の伝統を取り入れようとする試みを提唱した。[18] 同時代には、フランク・ロイド・ライトが自身の「プレーリー・スタイル」の原則を試していた。これもまた特定の地理的状況に基づくスタイルだった。二〇世紀初頭には、もう一つの地域的モダニズムが、バーナード・メイベック、グリーン&グリーン、ヴィリス・ポルク、マイロン・ハント、アーヴィング・ギルの作品を通してカリフォルニアに根づいた。そして、一九二〇年代にはルイス・マンフォード、ベントン・マッケイ、チャールズ・ウィッタッカーらのＲＰＡＡ（アメリカ地域計画連合）に関わる人々が支持する地域的な理念が現れた。それに対して一九二五年以降のヨーロッパとアメリカのモダニズムは――一九二七年のヴァイゼンホーフ・ジードルングの住宅展示会とそれに続く一九三二年のＭｏＭＡでの「近代建築――国際展示会」を追うように――大部分は形態の可能性の範囲を絞り込み、普遍的で国際的と見なされる様式を定めるプロセスを辿った。第二次世界大戦以前のヨーロッパで数少ない例外はイタリアであり、歴史的伝統と強い日差しが当たる気候というこの国固有の課題と葛藤していた。

それでも、アメリカで地域的モダニズムの思想が下火になることは決してなかった。アメリカ・モダニズムの最初の年代記の一つである『アメリカの近代住宅』（一九四〇）で、ジェームズとキャサリン・モロー・フォードはアメリカのモダニズムを、地理的および気候的な多様性に基づいた地域的な現象として特徴づけた。[19] その一年後、キャサリン・フォードはアメリカのモダニズムを七つの地域スタイル――ニュー・イングランド、ペンシルベニア、フロリダ、五大湖、アリゾナ、北西部、カリフォルニア――に分類した。[20] この中でも特に、ルドルフ・シンドラー、リチャード・ノイトラ、ウィリアム・ウルスター、グレゴリー・エイン、ラファエル・ソリアーノ、ハーウェル・ハミルトン・ハリスやジョセフ・エシェリック等、第一と第二世代のモダニストの作品の貢献もあって、カリフォルニア・スタイルが際立っていた。

ＭｏＭＡはヨーロッパのモダニズムを代表してロビー活動を続けていたが――最初は一九三八年のヴァルター・グロピウスとバウハウス展、続いて一九四七年のミース・ファン・デル・ローエ展――、にもかかわらず一九四〇年代後期から一九五〇年代初期にかけて地域主義の理念が次第に盛り上がってきた。一九四七年の年末にルイス・マンフォードが雑誌『ザ・ニューヨーカー』に書いた小論「ベイ・リージョン・スタイル」がMoMAの神経を逆なでするという事件が起きた。前述したように、MoMAは「近代建築に何が起きているのか？」というシンポジウムを開催して対抗した。[21] この出来事は一九五〇年代初期のアメリカの建築雑誌において時おり激しい論争を引き起こした。なかでもエリザベス・ゴードンとジョゼフ・バリーはアメリカの地域主義の理念を、ヨーロッパと北アメリカの間の文化的差異から当然生じる見解だとして支持した。[22] この論争が鎮静したのは、一九五〇年代半ばになって、ようやく当時両方の陣営の人物と近かったハーウェル・ハリスが問題の仲裁を試み、洗練度の低い「制約の地域主義〔Regionalism of Restriction〕」に反対して、前向きな「解放の地域主義〔Regionalism of Liberation〕」を提唱した時だった。[23] 前者は、偏狭な態度で創造的な衝動を抑圧する傾向があるが、「解放の地域主義」はモダニズムの国際的な知識を用いて地域的な見方を和らげまたは補完するとした。

同じ頃、ヨーロッパでも似たような論争が展開していた。とはいえこの論争は、反対勢力としてそれほど明確に提唱されたものではなかった。一九四七年に英国の批評家J・M・リチャーズは、スカンジナビアの住宅建築の最近の動向を報告するなかで、その形式にとらわれない構成、自然素材の使用と、住居が自然環境に溶け込んでいることに注目した。当時コンクリートや様々な工業材料の使用を支持していたリチャーズにとって、北欧建築の特徴のすべてが風変わりで面白かったようで、彼はこの現象を「新たな経験主義」と称した。[24] 一九四九年にベルガモで開催されたCIAMにおいて、ブルーノ・ゼーヴィは、この「新たな経験主義」の地域的な多様性とフランク・ロイド・ライトの作品の二つを称賛した。

そして、CIAMがあまりにも長きにわたってル・コルビュジエ、ヴァルター・グロピウス、シグフリード・ギーディオンの合理主義的モダニストたちの構想によって支配されてきた事実を糾弾した。[25] その数年後、ギーディオンはおそらくいくぶんかはこうした攻撃への返答として、彼自身が考える地域的モダニズムの構想を示し始めた。[26] しかしこの譲歩も、オッテルローで開かれたCIAM(一九五九)で、エルネスト・ロジェルスが自らに浴びせられた地域主義という非難に対して、やむを得ず自己防衛した時に起きた爆発を鎮めることはできなかった。

従って一九八一年に著された二つの評論によってこの地域的モダニズムをめぐる論争が再燃したことは、さほど驚くほどのことではない。一つ目の評論は、アレクサンダー・ツォニス、リアンヌ・ルフェーヴル、アンソニー・アロフシンによる「地域主義の問題」である。この論考は前述した一九四七年のマンフォードの小論をめぐる論争を詳述し、地域的建築の考え方を提起して、彼らの目にはただ表面的に歴史的テーマに集中しているように見えるポストモダニズムを批判した。[27] 二つ目は、ギリシャの建築誌『ギリシャの建築』のために書かれた。ここで、ツォニスとルフェーヴルはハリスの「解放」というテーマを取り入れ、三世紀間のギリシャの地域主義を三種類に分類した。第一は一八世紀のナショナリズム的な心情と結びついていたが、第二は一八二一年のギリシャ独立戦争に続くものでドイツ新古典主義の影響に由来する地域主義だった。第三段階の地域主義——彼らが「批判的地域主義」と呼ぶもの——は、一九五〇年代の教条的なモダニズムから自らを解放したいギリシャの建築家たちの憧れから生まれた。その主唱者の一人はディミトリス・ピキオニスだ。モダニズムの「抽象的で普遍的な規範」や「技術的露出と構成的な奇抜さ」から縁を切るためのピキオニスの人間主義的な努力を、ツォニスとルフェーヴルは、ファン・アイクやチームXの建築になぞらえた。[28] ディミトリスとスザーナ・アントナカキスの作品は、特に路地とテラスの使い方（ギリシャの土着的な事例調査に基づく）において、「社会的文脈における文化的オブジェクトとしての建築」を再確認するだけでなく、一九七〇年代後期の合理主義者のタイポロジーに対するもう一つの選択肢を提供した。[29] したがって、批判的地域主義の本質はヒューマニズムにあり、流行を追いかけて歴史的形態を受け入れることに反対するものだ。

ツォニス、ルフェーヴル、アロフシンの議論は一九八〇年代初期の文脈の中では強力であり、彼らの論理はケネス・フランプトンに受け継がれた。前述したように、フランプトンはニューヨーク・ファイヴとIAUSとの結びつきがあり、また依然としてヴェンチューリとスコット・ブラウンの作品の断固たる批判者であった。しかし彼の思考の中枢は、一九七四年一〇月『オポジションズ』誌創刊号に上梓した「ハイデガーを読んで」と題する巻頭論説にある。[30]

フランプトンは、特にマルティン・ハイデガーの論考「建てる・住まう・考える」（一九五一）に惹きつけられていた。[31] ハイデガーはドイツの哲学者で、哲学における現象学派を創設したエトムント・フッサールの弟子である。フッサールの現象学はその始まりにおいて、「もの自体」すなわち日常生活の中にある私たちの意識による経験についてきわめて厳密な説明を施すことによって、一九世紀の観念論の哲学的抽象化から抜け出す試みであった。現象学は、意識を抽象としてではなく、むしろ、つねに何ものか「についての意識」と見なしている。したがってその何ものかには、ムード、感情、意味の文脈的なレイヤーが浸透しており、それを私たちは知覚の行為へ導く。ハイデガーは、後期の評論「建てる・住まう・考える」においてドイツ語の単語「bauen《バウエン》（建てる）」、古ドイツ語の「buan《ブアン》（住む）」、および

「ich《イッヒ》 bin《ビン》（私は～である）」の間の語源的な関係に着目した。彼はこのことから、住居が建物の究極的な形態であると結論づけている。建てることと住まうことは、本質的に「場所」を認可すること、あるいは人の記憶の在り処を印づけること、それはあたかも蛇行する流れの周りの土地や風景を寄せ集める橋のように。ハイデガーは、科学技術の影響にも強く反対していたが「根源を失った西洋思想」にも悲嘆していた。[32] それは、ギリシャ語からラテン語への、一見すると合法的だが抽象的な翻訳から始まり、その過程で言葉の具体性の多くが失われてしまった。例えば、英語の「space」はラテン語の「spatium《スパティウム》」に由来するが、知覚的経験から切り離された概念となってしまった。対照的にドイツ語で「空間」を意味する言葉は「Raum《ラウム》」であり、それは英語の「room」に該当し、「場所」という概念の物理的表現である。

フランプトンも、記号論の概念的な手練手管に対抗する手段として「space」よりも「place」という言葉を好んだ。また彼は建築をより記述的に表現したドイツ語――「Baukunst《バウクンスト》」、文字どおり「建造の芸術」――に注目し、そのほうがより物質的に建築を思考する方法を示すと考えた。なぜなら彼の見解では、もし「architecture」という用語の抽象性が「エリート主義のカリュブディス」（生態的、社会的、地形的な関心を剝ぎ取った形態主義者のアプローチ）につながるとするならば、「space」の抽象性は結果的に「ポピュリズムのスキュラ」（メルヴィン・ウェッバー、ヴェンチューリや商業通りなどの「non-place」）につながるからだ。[33] 逆に言えば、建築を「場所」というテーマの中心に再び呼び戻すためには、建物の構築的技術《テクトニック・アート》への衷心からの関心が必須となるだけではなく、デザインには建築家が究極的に配慮しなければならない「公共的な領域」が存在することを認めることになる。それゆえに、フランプトンはこの巻頭論説で、デザインのためのより活力のある「恒常的な舞台」として、初めに「場所、生産、および自然」という公式を据えた[34]。

もちろんフランプトンの「場所」への注目は、一九七〇年代において全く新しいものではなかった。アルド・ファン・アイク、ルイ・カーン、ケント・C・ブルーマー、チャールズ・ムーアなどの建築家はもっと以前から「場所」という言葉を強調していたが、しかし彼らには現象学的な理論基盤はなかった。この最後の点では、ノルウェーの建築家クリスチャン・ノルベルク゠シュルツが、フランプトンより数年先行していた。彼は一九六〇年代に記号論者たちと関わった後、六〇年代末までには、より深い根拠のある現象学的アプローチのほうを選んで、記号論の使用を否定するようになった。彼は友人ポルトゲージに捧げた著書『実存・空間・建築』（一九七一）で、彼自身の「新しいアプローチ」を明確に現象学的であると説明し、アレグザンダーやヴェンチューリらが同時期に行っていた活動と区別した[35]。その後で、彼は空間を少なくとも六つのタイプに区別した。それは、実用的、知覚的、認識的、抽象的、実存的、そして建築的の六つである。このうち最後の二つにノルベルク゠シュルツの主要な関心があった。なぜなら彼の主たる命題は、建築空間は実存空間を「具象化」するということだからだ——すなわち実存空間とは、ランドスケープ、町、個々の住宅の多様な実存的次元における、場所／ノード〔place/node〕、道／軸〔path/axis〕、領域／区域〔domain/district〕といった空間特性を媒介する象徴的な形態である[36]。私たちが建築空間に求めるべきものは「識別するための可能性をたくさん提供する、イメージを喚起するような構造」であると彼は結論づけている[37]。この後、ノルベルグ゠シュルツは『西洋建築における意味』（一九七五）と『ゲニウス・ロキ——建築における現象論に向けて』の二冊の著書でこの命題を進展させた[38]。

このような基礎の上に、一九八三年フランプトンは評論『批判的地域主義に向けて——抵抗の建築に関する六つの考察』によって彼自身の批判的地域主義の考え方を表明した。この評論の副題は、彼の思考にテオドール・アドルノとハンナ・アーレントが引き続き影響していることを明示しているが、フランプトンはそこに新たなものを提示した。彼は文明〔道具を根拠とする理性によって支配された概念〕と文化〔文明の創造的な表現〕を区別することから始めた。そして、最初に彼が冷笑の標的としたのはポストモダニストの前衛気取りであり、それは「解放された近代《モダン》のプロジェクトの破綻」と「批判的な対立文化の衰退」の両方を示していると論じた。[39]当時進行中の「ネオ・アヴァンギャルド〔新前衛主義〕」に対抗して、彼は批判的地域主義による「アリエールギャルド」つまり「後衛」の立場を提唱した。それは皮相的な文化の世界を「解体」し、普遍的文明の実証主義的ないし科学技術的力を継承するとともに和らげることができる。

彼の見解では批判的地域主義は、場所／形態、地形、文脈、気候、光、触覚、テクトニック・フォーム〔構築的形態〕の一覧表から、その目標を達成する。もし場所／形態が、彼が以前抱いていたハイデガーへの興味に立ち戻って、ある種の保守的ないし阻止的な戦略で勝手放題の歴史主義の勢いをそぐものであれば、地形、文脈、気候、および光への考慮は〔フランプトンはヨーン・ウッソンとアルヴァ・アールトの建築にそれは特に顕著だとした〕ここ一〇年間以上衰えていた生態学的感受性への着目を呼びかけるものだった。しかしこれらの提案の中で最も重要な点は、フランプトンが触覚とテクトニクス〔構築術〕を新たに強調したことである。つまり、触覚は建築を単なる視覚的あるいは記号学的芸術以上のものであるという事実に着目させるものであり、テクトニクスは建設の方法とディテールに関わり、それゆえ「材料、工芸と重力の間にあってそれらをまとめ上げる潜在的手段」として「ファサードの表現よりも、構造の詩的な表現」に寄与するものである。[40] このようにして、触覚とテクトニクスは、彼がその性格を舞台装置的と見なすポストモダン歴史主義のみならず、当時生まれつつあったデコンストラクション建築にも対抗するものであった。[41]

この点に関してフランプトンの後を追ったのはフィンランドの建築家ユハニ・パルラスマだった。パルラスマは一九六〇年代初めから教育者、美術館館長、建築家として活動を続けるなかで、フィンランドのデザインの伝統と旅から得た高度の国際的な素養を併せもつようになった。それを通じて彼は現代における文化的正統性や「ポストモダン社会における地域的建築」を維持する可能性についてさえ疑問をもつようになった。[42] 一九八五年に執筆した小論で、彼は近代《モダン》の建物には（どんな田舎の農家にもあるのとは反対に）感情に訴えるものがほとんどないことを嘆き、それは過去何十年かの間、合理的な形態主義に固執してきたことに起因する過ちだと述べた。彼は「現象学」という用語をもっと「典拠のある芸術作品」を求めるための方法として受け入れた。なぜなら、現象学の役割は特に人間の現実の深層構造を精密に調べ、そうすることで「我々の実存と結びつけられるメタファーの言語」を明確に表現するからだ。現象学がさらに強調する事実は、建築は何にもまして、（純粋に視覚的または概念的な作業とは反対に）いくつもの感覚が関与する経験であり、その点で建築は「我々の物理的・感覚的な感受力全体をより敏感にする」。[43] それゆえパルラスマは（ポストモダニズムに反対して）「第二のモダニズム」の支持を訴えた。それは、状況的、感覚的、相対的であり、地域的な感受性を包含する建築——それは、バラガン、アールト、アルヴァロ・シザ、イムレ・マコヴェッツ、レイマ・ピエティラの建築に見られる特徴である。彼は「建築の人間的な課題は、日常的事象の世界を美しく人間的に見せることではなく、我々の意識の第二の次元、イメージのリアリティ、記憶や夢への視点を開くことにある」と説明を加えている。[44]

メリダとヴェネツィア

一九八〇年代の半ばには、さらに二つの出来事がこの議論に重要な役割を果たした。一つは建築であり、もう一つは展覧会である。その建築とはスペインの建築家ホセ・ラファエル・モネオによるメリダの《国立ローマ博物館》（一九八〇－一九八五）である。このナバラ出身の建築家は一九六一年に建築学位を得たのちヨーン・ウッソンとフランシスコ・ザビエル・サエンス・デ・オイサの事務所で働いた。その後二年間、ローマにあるスペインアカデミーに滞在した時、ブルーノ・ゼーヴィやマンフレッド・タフーリ、そしてパオロ・ポルトゲージに出会う機会を得た。したがって彼の初期のキャリアにおいて、モネオはロッシの合理主義的思考、特に彼の都市空間に関するタイポロジー的な洞察力に触発されていた。しかしモネオは、当初からロッシの建築は「現実から離別」しており、のちには「形態の残虐」と呼び、決して信奉することはなかった。[45] モネオの側にあったこの距離感は、彼の国立ローマ博物館に関するデザインを見れば、歴史的にも建築的にも非常に異なるアプローチをとっていることから一目瞭然である。

この博物館の第一印象は、一九八〇年代初期のポストモダン歴史主義を完璧に体現しているかに見える。メリダはスペインにあった古代ローマ都市の跡地であり、実際にローマ帝国の末期にはスペイン最

図5.2　ホセ・ラファエル・モネオ《国立ローマ博物館》メリダ、1980－1985　提供：ロミーナ・カンナ

大の都市であった。建物は遺跡の上に、廃墟の街路プランとは異なる軸に沿って建てられた。その主要な内部空間には、アーチの穿たれた九つの壁面体が軸に直交するように平行配置され、その壁面体を軸に沿って複数のレベルの動線が貫通している。建物の片側に寄せて、とりわけ高い、幅の広いアーチの連続が主動線を収容しているが、それは教会の翼廊に似ていなくもない。建物の片方の端では平行配置された壁が、全体を囲む壁から外部に突き出して控え壁《バットレス》になっている。一見すると、モネオは古代ローマ都市の廃墟を中に収めるために、あたかも隠しアーチと上部スカイライト付きの古代ローマの壁の連続体を文字どおりそのまま建てたかのように見える。

しかし、もっと詳しく見るとそれは文字どおりではないことがわかってくる。この壁は古代ローマ建築の壁（それはつねに交差壁によって支えられていた）の忠実な模倣ではなく、中空の煉瓦壁の間にコンクリートを充塡するという古代ローマ建築の手法を参照しているのだ、とモネオは折に触れて指摘してきた。特に彼は、煉瓦を結合するモルタル目地を最小限に抑えるよう苦心している――それは第一に、壁をより非歴史的なものにするため（すなわち古代ローマの壁面から距離を置く）であり、次いで、煉瓦の材質感を際立たせるためである。この両方の特質によって、人は古代ローマの考古学的断片を正しく鑑賞するための心の準備がより良くできると彼は主張する。[46] 事実、この博物館は訪問者に二つの重要な主題――光と物質性――を提供する。遺物が展示されている上の階の壁と、都市の遺構が見られる下の階の、暗くほとんど洞窟のような雰囲気との間の、光のコントラストは際立って鮮烈である。物質性という主題は、壮大な煉瓦壁のもつ純然たる量感によって力強く明示されている。モネオにとってそれは「永続」という観念を間接的に意味し、この目的もまた、彼を主流に反する立場へ導くことを彼は理解している。「私は、永遠という理念に価値を認める。建築はあるアイディアをただ見事に表現するだけにはとどまらないものだ」。[47]

一九八〇年代の議論に重要な役割を担った二つ目の出来事――展覧会――は、メリダの博物館がまだ建設中であった時にヴェネツィアとミラノで催された。再びそれは、その当時の文脈と歩調が合わないという特徴ゆえに際立っている。この展示会の焦点――カルロ・スカルパ――はすでに六年前に他界しており、その時まで、北イタリア以外ではほとんど注目されたことのない存在だった。会場レイアウトはマリオ・ボッタによりデザインされ、展示会とそのカタログ――『カルロ・スカルパ――全作品』――は、フランチェスコ・ダルコーとジュゼッペ・マッツァリオールによって企画、編集された。[48] そしてほとんど一夜にして、一人の新しい重要な建築家が登場することになった。

図5.3　カルロ・スカルパ《カステルヴェッキオ美術館》ヴェローナ、1956-1973　提供：イヴァン・カクロフ

彼の精神的な師であるパラーディオ同様、スカルパはヴェネト地方で生まれ、ヴィチェンツァで育った。一九二〇年代にヴェネツィアの美術アカデミーで学んだ後、実務を始める前にグイド・チリーリのオフィスで働いた。彼の初期のプロジェクトの一つは、中世に建てられた《カ・フォスカリ内部の改修》（一九三五－一九三七）である。同時期に彼は、ムラーノにある有名なパオロ・ベニーニのガラス製造会社との長きにわたる交流を始め、そこで素材の性質、色、ディテールを学んだ。第二次世界大戦後、スカルパは数多くの美術館のインスタレーションと修復の仕事に関わることで、建築に集中するようになった。その中には、トレヴィーゾの《カノーヴァの石膏彫刻陳列館》（一九五五－一九五七）、ヴェローナの《カステルヴェッキオ美術館改修》（一九五六－一九七三）があり、後者はヴェネツィアの《クェリーニ・スタンパーリア財団》の地上階再構築の仕事につながっていった。これらの作品によりスカルパは、空間的・視覚的効果とともに、独創的で洗練されたディテールによる

素材の探求における達人として名声を獲得した。一九五六年、彼はオリベッティ建築賞をルドヴィコ・クアローニと分け合った。しかし彼の経歴における最高の業績は、彼の死後一年経って完成したサン・ヴィート・ダルティーヴォレの《ブリオン・ヴェガ墓地》（一九六九－一九七九）のデザインである。この間ずっとスカルパは、ヴェネツィア建築大学でドローイングや他の専門分野の教鞭をとり、それによって多数の学生たちの知的成長に影響を与えた。

　スカルパのデザインの力をもってすれば、なぜこの展示会とカタログがこれほど急速に世界的な注目を集めるに至ったかを理解するのは難しくない。しかし彼の才能の認知が遅きに失したことに紛れて見失ってはならないことは、彼のデザインが発見された時期がこの特定の時期——つまりポストモダニズムの人気が最高潮だった時期——にぴったり一致していたことだ。これは不可解である。なぜなら、スカルパは多くの点で古典的なモダニストであり、したがって彼の作品はある種の時代錯誤の雰囲気を醸し出した。

　彼が新たに評価された理由の一つは、彼のドローイングの魅惑的な力であったが、そう言うのにはある重要な条件がついていた。彼のドローイングは、当時のコンセプチュアルなデザインに多く用いられていたアクソノメトリック・スタイルでもなければ、ポストモダンのプレゼンテーションに見られた派手な色彩のスタイルでもない。それらは何にもましてデザイン・ドローイングであり、すなわち、非技術的な意味での実施図面である。T定規による数本の線が色鉛筆の助けを借りて平面図や立面図の大まかな形を示しているが、大抵の場合、制作用のディテールを描いた多数の小さなスケッチが——中世のパリンプセプトのように平面図や立面図の中や周囲または上に重ねて——何枚ものトレーシングペーパーを埋め尽くしていて、それによって図面の意図することがわかる。ほかにもそうする建築家はいるが、スカルパは同時にいくつかの異なる縮尺でデザインするだけでなく、（異なる色のインク、クレヨン、鉛筆を用いて）文字どおり一枚一枚の紙を費やして大著の一巻を形作っていくような強い独創的な思考や探求を行う建築家だった。

スカルパの作品の一つの魅力的な側面は、間違いなく自然光の使い方であるが、ここで再び我々は彼の魅力を説明する場合の困難に直面する。というのもカメラのレンズは、よく知られているように、光の効果のニュアンスをすべて除去してしまうだけでなく、アドリア海の気候とビザンチンの感性の下にあるイタリア北東部は、その霧深く水を含んだ大気が一日中あるいは、ある季節を通じて絶え間なく変化することで特に名高い。例えば、《カノーヴァの石膏彫刻陳列館》のレイアウトは議論の的になったのだが、スカルパは、カノーヴァの白い石膏彫刻を白い壁を背にして配置し、部屋の角の上に浮かぶ凹んだ窓の「青空色の塊」で彫刻を照らした。[49] また他の展覧会では、絵画面は光に脆弱なため、彼はそこに落ちる自然光を暗くするのではなく拡散させることを意図して、街中を探し回ってようやく服飾店で目的に適う淡い色のナイロン製ペティコートを見つけ出した。この思慮深さは、彼の図面と同じように、建築の体験に対して非常に官能的あるいは感覚的なアプローチを示唆している。

しばしば議論されてきたスカルパのもう一つの側面は、ディテールへの異常な執着である。しかしここで再び、その説明と解釈は多岐にわたり様々に存在する。スカルパの最も明敏な称賛者の一人であるダルコーは、彼のディテールはその「天衣無縫さ」と「贅沢さの表現」ゆえに「アンチ・モダン」だと見ている。彼は続けてこう指摘している。「一方、スカルパの建築においてその表現の豊かさは、そこに記憶が入り込んでくることによって形作られたものである。それゆえ贅沢さは、消え去りやすく繰り返すことのない物事との親密な関係が表出したものだ。それが、過ぎ去りゆく瞬間を超えて保持される保証はない」[50]。対照的に、スカルパのかつての教え子であるマルコ・フラスカーリは、「ジョイントへの敬愛」を「アルベルティの全体的調和に関する盛期ルネサンス的概念の完璧な具現化」であり、「ヴェネツィアの石工、煉瓦職人、大工、ガラス職人、金属細工職人」との彼の生涯にわたる交際から生まれたものだと見る[51]。どちらの解釈も、スカルパが《ブリオン・ヴェガ墓地》のために特別にデザインしたディテールの集合体に見られる素晴らしいイメージの文脈の中で考えれば、ありうるかもしれない。――そこにある品々は、あたかも自動車のエンジンや蠟燭店、建築の排気口のカタログから選り抜かれてきたかのように見えるのだ。またフラスカーリは、スカルパが特にディテールの表現に焦点を合わせて見るために、夜間に懐中電灯を持って建設中の建物を見にいくという風変わりな習慣をもっていたと物語っている。

しかしまさにこうしたドンキホーテ的な姿ゆえに、スカルパの強烈に個性的で地域色豊かなデザインが、一九八〇年代中頃の多くの建築家にとって非常に魅力的に映ったのだ。もし、ある時代が自らの想像上の女王と建築的夢想の冒険を追い求める馬上の騎士を必要としていたとすれば、歴史的な虚構を求めたこの時代がまさしくそれに当てはまる。この時代におけるスカルパの貢献は、モネオの貢献と同じように、舞台上の眩い明かりを弱めることのできる何かであった。そこに残る唯一の疑問は、正気を失っていたのはこのヴェネツィア人なのか、それとも建築界全般のほうだったのかという問いである。

第6章——伝統主義とニューアーバニズム

建築の王子

英国の建築理論は、ほぼ一三〇年おきに貴族階級の関与を伴うことによって、特別に活発な論争に発展する事態を経験してきた。一七二〇年代にパラディアン・リバイバルの古典的手法をもって、ジョン・ヴァンブラとニコラス・ホークスムアのバロック的放縦を抑制しようと企んだのは、バーリントン卿・第三代シャフツベリ伯爵だった。一八五〇年頃には苛烈な「様式戦争」が勃発した。これは「折衷主義者」や（アルバート王子のような）産業革命の支持者が、オーガスタス・ウェルビー・ピュージンやジョン・ラスキンらの中世を奉じる篤信家に対して仕掛けた言葉による論戦であった。とすれば一九八〇年代に再び、最も典型的な英国的論争が現れたことは、決して時期はずれではない。ただし今回やや例外的だったのは、大騒動に火をつけたのがハンプトンコート宮殿で行われた上流階級内でのスピーチだったことだ。それは王立建築家協会（RIBA）の一五〇周年を記念する八月の会議で起きた。水曜日の夜会に集った着飾った紳士淑女の語らいの場で、建築の革命が勃発するのはきわめて稀なことだ。

しかし、今や悪名高き「ぞっとするような吹き出物スピーチ」を行ったチャールズ王子（アルバート公の末裔）が建築思潮に与えた影響は、仮にそのスピーチが多くの点で控えめで表面的であったとしても、非常に甚大であった。チャールズ・コレア（その年のRIBAゴールドメダル受賞者）を讃えたオープニングでの所感も、締めに引用したヨハン・ヴォルフガング・フォン・ゲーテによる「嗜好」も、確かに論争に訴えるものではなかった。そして、チャールズ王子がそのスピーチの本題に入って、障害者のためのバリアフリーの基準、「普通の人々」の「感覚と要望」を建築家が考慮する必要性、そしてこの「普通の人々」を「コミュニティ・デザイン」に巻き込む重要性について言及した時も、それほどの抗議を引き起こすことはほとんどなかっただろう。さらに「デザインにおいて感覚を表現する曲線やアーチ」への回帰を願う彼の訴えさえも、おそらく多くの聴衆には、建築の初心者が述べる個人的見解にすぎないと受けとめられただろう。

しかし王子がハンプトンの大運河に花火を仕掛けようと目論んでいたのは疑いない。もの柔らかなこの所感を述べる間、彼はずっと狐のように悪賢かった。すでにその日の早い時間に、彼はそのスピーチ全文を『タイムズ』紙と『ガーディアン』紙に送りつけていた。これはいったんＲＩＢＡにも転送されたので、ＲＩＢＡは常識的な分別をもって、王子に対して「ロイヤルファミリーとして」スピーチを変更するよう要求した。[1] この権威ある建築家集団の支配層をとりわけ立腹させたのは、二つの現在進行中の建築提案に関する王子の短いコメントだった。一つは、長らく計画が止まっていたミース・ファン・デル・ローエによる《マンションハウス・スクエア》（一九六四）のタワーであり、これは定期賃借権契約のため一九八六年まで建設計画が止まっていた。もう一つはトラファルガー・スクエアの《ナショナル・ギャラリー増築計画》である。これはアーレンズ・バートン・アンド・コラレク建築事務所が設計競技で獲得したプロジェクトの最新案だったが、これこそチャールズ王子が「いとしき優雅な友の顔にできたぞっとする吹き出物」[2]と評して有名（悪名と言うべきか）になったものだ。建築史の多くを読み通しても、これほど悲惨な病状になぞらえられたデザインを見出すことはおそらくできないだろう。

王子の所感に対する反発は予想にたがわず素早かった。しかも（これは想定外であったが）ふだんは穏健な『タイムズ』の紙面に驚くほど早く現れた。明らかに神経を逆なでされたのだ。金曜日までには、イベント終了後二四時間余り過ぎたばかりなのに『タイムズ』はもう社説を出し、王子のモダニズム非難に対し、良い近代建築と悪い近代建築を峻別するよう進言し、ポストモダン的な「保存、複製、模倣への撤退」[3]を追求しないよう王子に警告した。同じ紙面に《ナショナル・ギャラリー増築計画》の設計者であるピーター・アーレンズが、王子の所感は「侮辱的で、反動的であり、不適当」だと述べて反論した[4]――王子が言葉にした直喩が、建設関係当局にはあまり影響を及ぼさないだろうという確証がまだ得られないうちに。しかしそのような楽観主義は怪しくなってきた。というのもその後何週間にもわたって『タイムズ』に寄せられた読者投稿の大半は、この特定の建物に対する王子の見解を支持しただけでなく、論争は拡大し、英国建築にとって第二次世界大戦以来最も不幸な状況にまで議論が拡大してしまった。まるでそれは、大英博物館の地下のどこかからパンドラの箱が見つかり、封を解かれてしまったかのようだった。

次いであらゆる方面から意見が寄せられた。RIBAの声明を取材したジャーナリストのサイモン・ジェンキンスは、王子には「発言する資格がなく」、彼の所感は「著しく無作法な」ものだと認めた一方で、RIBAの「偽善」を、つまり「ほとんどが快適なジョージアン様式住宅に住む建築家たち」を非難した。この建築家たちは「自分たちの作ったブルータリズムのモニュメント――英国のほとんどの都市のスカイラインに点在するタワーブロック、板状の建物、包括的再開発――を擁護するか、またはその欠点を公然と非難するかどちらかだ」とした[5]。ジェンキンスは続けて、もし英国建築の現況に何か救済法があるとすれば、それは英国で新たに始まった保存運動と、クインラン・テリーとテリー・ファレルによる最新のコンテクチュアルなアプローチだけだとした――こうなってしまった理由は「近代建築運動は、単に一つの歴史的段階ではなく、それは失敗だったからだ。それは様式から切り離された建築であり、政治を侵略し社会的な工学を装っている」[6]と述べた。

RIBA会長のマイケル・マンサーはその一週間後に、抑制しながら、おそらくいささか戸惑いをもって返答した。一見彼はこの論争を鎮めようと望んでいたようであり、王子が論争を提起したことを称えたものの、プロフェッショナルとして公然と反撃に出た。

エドワード朝時代には、線引きが必要だと考えたのは、老人か独裁者だった。しかし、健康で自由な社会では、あらゆる考え方を受け入れる余地がある。近代建築、ポストモダンや模倣、保存や修復など。近代運動の建築の発展を支援し継続しようと望む人たちにも、他の人々同様、自由が与えられるべきだ。たとえ、中には、他の様式と同様、良いものも悪いものもあるとしても。[7]

これよりもっと熱意溢れるモダニズム擁護の弁を、リチャード・ロジャーズが買って出た。彼は、最近完成したばかりの《ロイズ保険会社》が、まさに人々からの批判に晒されて耐え忍んでいた時だった。彼は「ノスタルジアの波が無差別に排除してしまった」モダニズムの亡霊について語り、（チャールズ王子によってまだ非難されてない建築家の中から）ルイ・カーン、アルヴァ・アールト、フランク・ロイド・ライト、ル・コルビュジエの失われた名誉を擁護し、以下のように主張した。「芸術の発展は決して立ち止まることはない。たとえ大衆の理解と関与が、賢明なパトロンと意見の一致を得たとしても、それだけでは偉大な芸術作品を生み出すことはできない」[8]。

しかしこれらの反論もむなしく、この論争の第一ラウンド（後のラウンドはさておき）は、明らかに王子側の優勢で終わった。一九八五年五月、長く計画が中断していたミースのタワー計画が、時の環境大臣パトリック・ジェンキンによって破棄された。ジェンキンは前年の王子のRIBAでのスピーチに聴衆として居合わせた人物でもあった。《ナショナル・ギャラリー増築計画》もまた同様の運命に見舞われることになる。アーレンズ・バートン・アンド・コラレク建築事務所による当初の案は、さらなる審議によって却下され、一九八四年に二度目の提案が出されたが、これもまた行政の承認を得ることはできなかった。その後、この敷地はもともとのディベロッパーから新しいパトロン、ジョン・セインズベリーに売却されたが、彼の介入によって元のプログラムに含まれていた投機目的のオフィス空間が除外された。こうしたことすべてが新たな指名設計競技につながり、最終的にヴェンチューリ・スコット・ブラウン事務所がこの仕事を勝ち獲ることになった。

パターノスター論争

この間チャールズ王子は、講演会や地域を選んで訪問し、彼と似た傾向をもつ建築家とも会談しながら、論争における自身の陣営を固めていた。彼は少しずつ一連のテーマを練り上げ、目に見える運動を組織し始めた。一九八五年初頭、彼はリバプールとマックルズフィールドの荒廃した都市近隣地区における「地域の建築家の専門的アドバイスと援助」[9]に基づくアドボカシープランニングを称賛することで、「コミュニティ・アーキテクチャー」の概念について説明した。その後まもなくチャールズは、あまり人の言いなりになっていると見られないように、自ら「普通の人々」を代表した十字軍を率いることを誓い、「尊大な建築家連中のプライドという綺麗なガラス板に、世に言う王室の煉瓦を投げ込む」[10]ことを約束した。一九八六年のスピーチでは「数学的な調和の法則」を持ち出し(五世紀のギリシャの彫刻家ポリュクレイトスを引用)、また同時にラスキンの建築装飾の定義を引用して、「街路のパターンと建物の高さに、ヒューマンスケールを再確立すること」[11]を強く訴えた。最後は一九八七年一二月、建築家の老ジョージ・ダンス設計の《マンションハウス(ロンドン市長公邸)》で、もう一つの有名なスピーチを行い、パターノスター・スクエア再建の設計競技にまつわる論争に踏み込んでいった。

いろいろな意味で、パターノスター論争は近年の都市計画理論における非常に重要な出来事の一つであると考えてよい[12]。尊いセントポール大聖堂のすぐ北に位置するこの七エーカーの土地は、シティ・オブ・ロンドンの旧壁の内側にある。大聖堂自体は七世紀まで起源を遡ることができるが、その歴史の中では数回にわたり焼失し、そのたびごとに再建された。一六世紀の地図には、パターノスター地区の狭い街路と隙間のない中世的特徴を見てとることができる。パターノスターの名はもともとロザリオ職人の名前に由来し、その後ロンドンの出版産業の中心地区となった。一六六六年のロンドン大火で再び大聖堂と周辺地区が焼失したが、ともに一七一五年までには中世の区画割に沿った形で再建されていた。実際、パターノスター地区は一九四〇年のドイツ空軍による空爆までは、ほとんど無傷で残っていた。戦後、行政府はこの地区を「モダニズム」の原則に基づいて再建するという救いがたい決断を下し、つまらない(誰にでもつまらないと見える)コンクリートの板状の建物をランダムにこの地区に配置した[13]。ほとんどの建物が一九六〇年代初期のものであった。つまり市と民意が一致してこれらを取り壊そうとするのに二〇年もかからなかったのだ。

一九八七年六月、ロンドン市とディベロッパー連合は、この地区の再開発のアイディアを募集する指名設計競技に踏み切った。指名されたのはSOM、ノーマン・フォスター、磯崎新、ジェームズ・スターリング、リチャード・ロジャーズ、アラップ・アソシエイツ、マコーマック・ジャミーソン・プリチャード・アンド・ライトの七者であった。[14]設計競技の結果は、アラップ・アソシエイツとリチャード・ロジャーズの勝利となったが、それはマスタープランを提示するのではなく、都市計画戦略のアイディアを提示するものだった。しかし、七月に七者の案を個人的に見せられたチャールズ王子は、すべての案に対して断固反対の意を表明した。

かくして一二月の王子の「マンションハウス・スピーチ」に向けて舞台が整った。チャールズは、標的をさらに広げ、七つの計画案だけでなく、第二次世界大戦後の英国の都市再開発政策全般を対象にした。そこで彼は「一九四七年タウン・アンド・カントリー計画法」とともに戦後の都市計画家、建築家、ディベロッパーの大半をこき下ろした。王子はそうした人々こそが、ロンドンのスカイラインを台無しにし、セントポール寺院のドームを「オフィスビルが押し合いへし合いする中に」消滅させてしまったと断罪した。実際のところ、彼が「他のヨーロッパの国だったら、戦後もっと美しく再建していただろうに」[15]と述べたパターノスター地区の歴史的街路や路地や隠れた中庭は一掃されてしまっていた。続けてチャールズは、主要なモニュメントの近くに建つ新築の建物すべてのデザイン審査、その建物のスケールとディテールに関する美的ガイドライン、さらにロンドンのスカイライン保存のための特別なルールを要求した。そして再びパターノスター地区に関して、強い覚悟をもって雄弁な訴えを行った。

そうなのです。私は戦前のパターノスターの、中世の街路プランの再建されたところを見たいのです。単なるノスタルジアからではなく、エイメンコートやチャプターハウスのような生き残った断片に意味を与えたいのです。彼らは、神に見捨てられた不毛な建物の砂漠の中にたたずむ追放された難民のようです。私はセントポール寺院が、まるで海に浮かぶ大きな船のようにその上に浮かぶ、屋根の風景を見たいのです。私はまた、クリストファー・レンなら使ったであろうと思われるその種の素材を見たいのです――柔らかな赤い煉瓦と石の仕上げ、おそらく古典的建築の装飾とディテールをもちながら、しかしセントポール寺院のモニュメンタリティと競うことのない謙虚なスケールのものです。[16]

しかも今回の王子は有言実行であった。チャールズ・ジェンクスによれば、彼は水面下でレオン・クリエ、ダン・クラックシャンク、ジョン・シンプソンとともに行動し、これら七つの計画案に対する対抗案（それは古典主義者シンプソンによって実行に移されることになっていた）を準備していた。[17] このような行為によって、この論争の方向性は誰の目にも明らかになった。多くの建築家は、チャールズがまたもや様式の問題で特定の側に荷担することで、王子としての一線を踏み超えてしまったと感じた。

設計競技の案それ自体は、この時期としては非常に示唆的なものであった。磯崎新とスターリングは個々のユニットからなる「ポストモダン」的モンタージュを作り出し、一方SOMとノーマン・フォスターは従来のモダニズム的な計画の範疇内にとどまる幾何学的な案で対抗した。マコーマック・ジャミーソン・プリチャード・アンド・ライトの案は、街路のレイアウトによってこの地区のもともとの街路パターンにいくぶん立ち戻ろうとしていたが、リチャード・ロジャーズの案はいわばその中間にあり、高密度に建物が建つ部分と中央の大きなスクエアとで構成されていた。どの提案も――おそらくは設計競技要項で要求された膨大な賃貸エリア面積ゆえに――このエリアの歴史的性格やセントポール大聖堂との空間的な境目に対しては、十分な関心を払っていなかった。またスケールや抑揚、あるいは複数のパブリックスペース間の階層秩序づけに考慮した者もいなかった。

すべてが注目を浴びたのは、一九八八年の春から夏にかけてであり、アラップとジョン・シンプソンがともにそれぞれの案を発表した時であった。アラップは未だ当選案を「進行中の作品」と見なしていて、事実この時三つの代替案を提示した。その一つでは、セントポール大聖堂の主玄関に隣接してささやかな円形劇場を設けており、三つのうち二つはパターノスター通りがもともとあった場所の近くに曲線状のアーケードを盛り込んでいた。[18] フィリップ・ドーソンによれば、三つの案すべてに共通する特徴は、デザインをひとつながりの「道、小路、広場」として捉えるべしという設計競技審査員団の要請に従って、いくつかの歴史的街路のレイアウトを復活させていることだった。[19] しかしまさにこの点において、アラップはもっと控えめなスケールでレイアウトされたシンプソンの案に負けたのだ――とりわけ、シンプソンの油彩による描画と視覚的誘惑に満ちた尋常ならざる性格の古典的デザインに。また、シンプソンはプログラムの要求条件をすでに単純化してしまっていたので、オリジナルの街路と広場の配置を復元できたのだ。アラップはこれに対抗して一九八八年一一月（シンプソンの案をそれまで以上に詳細に見習って）スケールを抑えた最終案を出したが、チャールズがすでに作り上げていた勢いに打ち勝つことはできなかった。一九八九年に新たなディベロッパーがこの土地の所有権を買い取った時、ジョン・シンプソンは、テリー・ファレル、トーマス・ビービーとともに、この地区の新しい建築家・都市計画家に指名された。[20]

パターノスターはさておき、一九八七年にマンションハウスで行ったチャールズ王子のスピーチは、それを取り巻く世間の注目によって、すでに賑やかだった建築論争の音程を一段と上げることになった。ロンドンの建築家たちは二つの陣営に分断され、レオン・クリエ、テリー・ファレル、ジェレミー・ディクソン、ロッド・ハックニーなどが王子の側についた。クリエは何年にもわたって政治的立場をたびたび変えてきた人物だが、一九八八年にコーンウォール公領(プリンス・オブ・ウェールズの個人的領地)から、ドーチェスターに隣接する四五〇エーカーの土地に、パウンドベリーという新しい町の設計を任されてから、この論争の最前線に立つようになった。[21] クリエは典型的な英国のヴィレッジを雛型とし、町の広場、市場、公共建築を建てた。彼はさらに近隣住区を、それぞれが複合用途(教育、雇用、ショッピング、レジャーからなる)をもつコミュニティに細分割し、そうすることで自動車への依存度を軽減した。また彼が地域の人々とともに仕事を進め、彼らの意見を組み込んだことも、目に見える大きな成功となった。

しかしチャールズ王子のキャンペーンに反対する動きは強まり続けた。一九八八年と一九八九年の間、ロンドンで人気のあった批評家チャールズ・ジェンクスは、チャールズ王子の多元主義にかつて賛同したことを撤回し、王子には道義的な誤りがあると批判した。[22] リチャード・ロジャーズは、再びチャールズ王子の歴史的ノスタルジアと政略を拒絶した。今や政治が絡む争いにまでなっていたのだ。ロジャーズはマンションハウスのスピーチの直後に、王子の「厳格な古典主義」に反論するとともに、個人の創造性と建築家が科学技術の進歩に歩調を合わせる必要性を擁護した。[23] ノーマン・フォスターも王子の立場に反対したが、その論調はより控えめだった。フォスターは、王子が環境の問題に向けて人々の耳目を集めたことを称賛したうえで「戦後発展のもたらしたおぞましい遺産」に反対する意見を表明した。[24] それと同時に、世界経済がよりグローバルになるにつれ、英国の企業もこの新しい現実に参画する必要性があると指摘した。最後にフォスターはチャールズ王子に、一三〇年前にアルバート公が役割を担っていた王立美術委員会に関与することを勧めた——ただし、委員会の事務局長が最近チャールズ王子を厳しく批判していたことも、すかさずつけ加えることを忘れなかった。[25]

しかしチャールズ王子はもっと公に出る方針をとった。一九八八年の秋、彼は「英国の未来像」というBBCのテレビドキュメンタリーに出演した。この番組は大成功を収め、翌年にはヴィクトリア・アンド・アルバート・ミュージアムでの大展覧会にまで発展し、それに合わせて書籍が出版されるほどだった。テレビドキュメンタリーは六〇〇万人が視聴し、五〇〇〇通の手紙が寄せられた。その九九パーセントが問題に対する彼の考え方を完全に支持するものだったと、王子は後に自画自賛した。[26] また、「建築についての個人的見解」という副題がつけられた書籍は、ある意味でテレビ番組以上に成功した。チャールズの建築的見解がどのような立場であれ、この本は、昔のピュージンの伝統を大いに参考にして、収集整理された図像と、明快な文章、物議を醸す切り口によって強烈な主張を放っていた。英国の小さなスケールの伝統的建築に対して戦後開発がもたらした最悪の惨状を、写真を対比してみせる戦術があまりにも安直なやり方だからか、王子は将来に対する前向きの構想を示すことで、少なくとも彼の勝利を謙虚に見せようとした。王子はハサン・ファトヒーの作品を引用して、世界の多くの地域でモダンの美学が果てしなく反復されたため、文化的アイデンティティが失われつつあると指摘した。[27] これは英国の歴史遺産についても同じことが言え、それを強調するために、彼はもう一つの世評高いポストモダニズムの中心地を糾弾した。「例えば、なぜＡＡスクールの本拠地がロンドンの最も美しいスクエアに位置しているのか？　あの学校の卒業生たちは、他の人々の住む場所として、ますます醜い環境を創り出すことに手を貸してきたのに」[28]。

続いてチャールズ王子は、未来の開発に向けた自身の指針である「建設における一〇原則」を表明した。最初の五つの原則（建築の場所、ヒエラルキー、スケール、調和、囲いの定義）は、カミロ・ジッテの著作から寄せ集められたようであり、それはチャールズ王子が歩行者や人間のプロポーションに相応しい都市のスケールに関心があったからだ。残り五つの原則は、ラスキンのヴィクトリア朝的感性に多くを負っている。つまり地元の材料が飾り物や技芸によって装飾され、サインや建物高さの制限を伴って建築物を構成する要素となる。そしてその建築物はコミュニティに真に対応し、コミュニティの好みと願望を実際に考慮したものとなる。チャールズ王子は締めくくりに、コミュニティ意識の高い建築家との協同により、どのように現在これらが実践されているか実例をいくつか挙げた。この点において、著者が読者に残した読後感は、「国家」への肯定的な感覚である。[29] これらの原則が、英国で同時代に起きていたデコンストラクション〔脱構築〕をめぐる論争（この問題はその時まさにデリダ的クレッシェンドに達しつつあった）と対比して位置づけられた。二つの全く正反対の建築的アプローチが同時期に大衆に提供されたことなど、ほとんど想像できない。それこそが一九八〇年代の多くのパラドックスの一つである。

ニューアーバニズムに向かって

チャールズ王子は前述のテレビドキュメンタリーと著作の結末近くで、アメリカの海辺にある《シーサイド》という名のコミュニティについて論じている。伝統的な英国の村々とシエナの風光明媚な画像の間に挟まれて、その写真は一見すると著しく場違いなように見える。しかし王子は、フロリダの細長く延びた海岸線と紺碧の海に面するこの砂浜の町が「並外れた場所——モダンで古典的な姿」を示していて、アメリカの小さな町の「伝統的美徳」と「英国の計画的なガーデンシティ運動」からの影響を結合するのに成功したものだと自信をもって説いた。[30] この一言で王子は、次の数年のうちにアメリカの「ニューアーバニズム」運動の基本的枠組みを提供するプロジェクトを特定することになった。それを担った二人の建築家——アンドレス・ドゥアニーとエリザベス・プラター＝ザイバーグ夫妻のチーム——だけがこの運動の提唱者ではなかったが、一九八〇年代のプロジェクトで、これほど第一歩から注目を浴びたものはほかにほとんどなかった。

ドゥアニーとプラター＝ザイバーグはともに一九七〇年代初め、プリンストン大学とイェール大学で学び、ケネス・フランプトン、マイケル・グレイヴス、アラン・グリーンバーグ、ヴィンセント・スカーリーらの指導を受けた。ドゥアニーは一九七四年にマイアミ大学で教職を得た後、師匠の一人であるロバート・スターンのもとで短期間働いた。一方プラター＝ザイバーグは卒業と同時に、フィラデルフィアの

図6.1　アンドレス・ドゥアニー&エリザベス・ザイバーグ《シーサイド》フロリダ　提供：DPZ

ヴェンチューリ・ラウク事務所で修業した。一九七五年、二人の建築家は共同して、《キーウェストのレッカーズハウスの改修》を手がけ、それがヘルヴァン・ロムニー、バーナード・フォート＝ブレシア、ローリンダ・スピアーとの協力関係の端緒となって、アーキテクトニカ社のスタイリッシュなマイアミ事務所を設立するに至る。一九八〇年に事務所内での方向性の違いが明白になると、ドゥアニーとプラター＝ザイバーグは、ココナッツグローブにＤＰＺという略称で自分たちの事務所を設立した。

この時すでに二人はロバート・デーヴィスと知り合いだった。――実際、彼らは一九七八年にボカ・ラントンで開催された『ファイヴ・アーキテクツ』出版一〇周年記念パーティで彼に出会ったのだ。マイアミを拠点とするこのディベロッパーは、その当時彼自身の方向性を変えようとしていた。彼は祖父からフロリダの北の海岸線の、パナマ・シティの三〇マイル西に、八〇エーカーの一筆の土地を相続していた。彼はそこで家族とともに慎ましい木組のコテージで過ごした子供時代の夏を思い起こし、そのような方法でこの土地を開発しようとしていた。オーナーと建築家たちは一緒にアメリカ南部一帯の様々な場所に旅をして、伝統的な木組住宅の地域的特徴と小さな町の空間的特質を調査した。その結果、いわゆる典型的なフロリダの開発ではなく、むしろ一つの「コミュニティ」を創造するような、非常に大胆で前例のない決断に至った。それは小さな南部の町の空気感とそこ固有の建築的特徴（ポーチ、張り出した傾斜屋根、たくさんの窓、そして通風）を再現するものだった。そのすべてはこの地域の蒸し暑い気候に対応するために選択された。

こうして一九八二年の夏、《シーサイド》の「伝統的近隣住区開発」条例を作成する際に、DPZはいくつか普通ではやらない開発手法を巧みに取り入れた。その中には、小割りの住宅区画は最低限のセットバックを伴うこと、全体として道路はパブリックスペースと海辺の方向に向けること、商業ビルはアーケードをもつこと、住宅には垣根を巡らすことなどが含まれていた。この条例はさらに、住宅の上部にキューポラ〔半球状のドーム〕や小さなタワーを建てて、ルーフライン（多くは金属製）に変化をもたせ、メキシコ湾を臨むビューを確保することさえも奨励していた。町の端から端まで歩いて一〇分もかからないため、自動車の使用を重視しない。また住宅や建物の実際のデザインは、この計画に賛同する外部の建築家に委託された――それはこのプロジェクトに多様性というもう一つの非常に重要な要素をもたらした。

一九八〇年代中頃に少しずつこの町の要素ができ上がってくると、建築専門外の雑誌がこの試みの独

図6.2 《シーサイド》フロリダ 提供：ヘレン・ハーデン

自性を取り上げ始めた。一九八六年に『ワシントン・ポスト』紙のロジャー・K・ルイスは、《シーサイド》の「土地固有の伝統とイメージ」を強調し、それは彼にとって「ノスタルジックで斬新」だと評した[31]。翌年『セント・ピーターズバーグ・タイムズ』のスティーブ・ガルバリーノは、《シーサイド》の初期の住宅は南部建築の伝統的な「クラッカー」様式——フロリダの最初の開拓者が、エアコン登場以前に作ったシンプルで機能的な住宅[32]——の回帰だという洞察ある取材をした。そして一九八七年『ニューヨーク・タイムズ』紙の建築批評でジョセフ・ジョバンニーニが、《シーサイド》の計画を、アメリカ中に広がりつつあった「ニューアーバニズム」の文脈の中に位置づけた[33]。この点は、さらに翌年『アトランティック・マンスリー』誌に掲載されたフィリップ・ラングドンの長文記事「住みやすい場所」によっていっそう説得力をもつことになった。[34] ラングドンはＤＰＺによる《シーサイド》などの都市デザインを「新しい伝統主義」の再来として特集し、それはフロリダ、ケープコッド、プリンストン、レストン、バッテリーパーク、ポートランドにおいて展開されているプロジェクトを手がける都市・郊外のディベロッパーにも受容されていると記した。ラングドンにとって《シーサイド》の際立った魅力は、「住宅の古風で素朴な様式」だけでなく、その一風変わった都市的特徴にもあった。つまりポーチ、垣根、浜辺のパヴィリオン、パブリックスペースであるが、特に自動車を犠牲にして歩行者に忠誠を誓い、結果として「静かな」環境を生み出していることだった。[35] 建築家たちとの対談を通して、ラングドンはまた《シーサイド》のコンセプトに通じる二つの動きを指摘した。それはロバート・スターンによる「英国とアメリカの郊外の研究」と、クリエの「ヒューマンスケールに基づく小さな都市への回帰を提唱する」アーバニズムだった。[36]

もう一つラングドンが見逃さなかったのは、無名のアメリカ人都市計画家ジョン・ノーレン（一八六九－一九三七）が示した着想だった。彼のルーツはフレデリック・ロー・オルムステッドのランドスケープの伝統にある。[37] ハーヴァード大学ランドスケープ・アーキテクチャー学科の初代卒業生（一九〇五年卒業）であったノーレンは、自然について深い理解をもつアメリカ最初の都市計画家の一人と呼んでよいかもしれない。しかし彼の遠大な計画の多く（全部で四〇〇を超える）は実現しなかった。大規模なものとしてサンディエゴ、マディソン、ロアノーク、シャーロットなどの都市のマスタープランを計画したが、彼の才能は、オハイオのマリエモント、フロリダのヴェニスなど、もっと小さな実現した開発に、よりいっそう表れている。ノーレンは「我々の美的・人間的・自然的な源泉を賢く統合すること」を説き、後年レイモンド・アンウィンの《ガーデンシティ構想》に近づいた。[38] 例えば、《ヴェニスの緩やかな幾何学的計画》(一九二六)では、メキシコ湾に面する海岸線一帯に公園を配し、近隣住区の一つ一つに緑地と、歩行者アクセスのためにスケールを合わせた小路を計画した。《シーサイド》のプランにはっきり見える対角線や、プレゼンテーションの描画に使われた柔らかい色調は、ノーレンと海岸線を尊重する彼の態度に負っている。

もしスターン、クリエ、そしてノーレンが一九八〇年代のニューアーバニズムの勃興に重要な役割を果たしたとすれば、この運動が一九六〇年代と一九七〇年代における社会的環境的な運動とも関連していることも見過ごしてはならない。この観点で重要なのは、シム・ファン・デル・リンとピーター・カルソープの貢献である。ファン・デル・リンはミシガン大学の卒業生で、彼はそこでとりわけバックミンスター・フラーの教育に影響を受けた。カリフォルニアに移りバークレー校の教員となった後、彼は——アレグザンダーと同じく——従来のモダニズムに代わるアプローチを模索し始め、生態学とリサイクルの問題を研究する目的で、ファラローンズ研究所を立ち上げた。一九七五年に彼は州政府ビルにおけるエネルギー効率の新基準を制定する手助けをした。一九七七年に彼は有名なベイトソン・ビルディングを設計し、そのアトリウムはパッシブ環境制御にすべて依存している。彼の若き同僚ピーター・カルソープは、イェール大学で短期間学んだ後、故郷のカリフォルニアに戻り、ファン・デル・リンのもとで働いた。一九七八年、二人はパートナーシップを結び、サクラメントとマリン・カウンティの革新的な再開発計画を手がけた(後者は近年閉鎖されたハミルトン空軍基地の敷地にある未完のソーラー・コミュニティである)。そして一九八〇年には、西海岸における持続可能な都市計画に関する重要な議論を主導する役割を担うこととなった。

その議論の会場は、ソノマ近郊のウェスタービーク・ラーンチであり、そこに様々な学問分野の専門家が四〇人近く集まり、アメリカの市や町の都市計画の前提条件とエネルギー消費のパターンについて考察した。この会議の結果である『持続可能なコミュニティ』（一九八六）は、グリーンデザインに関する初期の入門書であり、タイトルの「サステイナブル〔持続可能〕」という言葉が建築関連の書籍で使われた最初の例であると言ってよい。[39] なかでもファン・デル・リンやカルソープは、都市と郊外の組織構造についての論文を寄稿し、パブリックスペースと歩行者活動の周囲に、より高密な近隣住区を建てる必要性を強調した。彼らはまた自動車への依存の削減、大量輸送交通機関の活用の推進とともに、パッシブとアクティブ両面のエネルギー戦略の採用を要請した。

このヴィジョンを、より大きな都市計画のコンテクストの中で進めたのはカルソープであった。初めはマーク・マックとともに、一九八〇年代には意見を同じくするバークレー校の教師陣とともに協同して、カルソープはとりわけ郊外の開発に取り組み、「歩行者ポケット」のコンセプトを立ち上げた。彼の定義によると、それは「交通システムから半径四分の一マイルまたは徒歩五分圏にバランスのとれた複合用途のエリアを作る」という考え方である。[40] このアイディアの骨子は、それ自体古くからあるものだが、都市へ向かう鉄道や他の公共交通機関に沿って小規模な郊外開発を集中させるというものだった。一九八八年の春、シアトルのワシントン大学建築プログラム・ディレクターだったダグラス・ケルボーはこうした手法を実践するために、ワシントン州オーバーンの敷地を用いて、学生のための一週間シャレット〔短期集中ワークショップ〕を行い、四つのデザインチームの一つをカルソープとケルボーが指導した。そのシャレットを集録した著書の序文で、ケルボーは「クリエの、説得的かもしれないが教条的なアーバンデザイン理論」への返答として、また一九七〇年代中頃以来、環境問題を弱体化してきたエネルギー価格の変動への返答として、郊外に焦点を定めることが合理的だと説明した。[41]

しかしながらカルソープがこの手法を実施に移す最初の機会は一九八九年まで訪れなかった。その年バークレーの会議で、ディベロッパーのフィル・アンジェライズに出会い、サクラメントのすぐ南にある《ラグーナ・ウェスト》と呼ばれる四〇〇〇エーカーの郊外地域を再設計する仕事を受注した。このプロジェクトは財政難のため結局実現しなかったが、一九九一年の『タイム・マガジン』誌に、DPZの作品とともに、アメリカの都市計画を革命的に変えつつある「古風なニュータウン」の一つとして取り上げられた。[42]すぐその後に、カルソープはサクラメント、サンディエゴ、ポートランドの都市計画ガイドラインの作成を委嘱され、これは彼の重要な研究『ネクスト・アメリカン・メトロポリス』(一九九三)へと結実した。[43]ここで彼は「歩行者ポケット」のテーマを「公共交通指向型開発(TOD)」という概念へと発展させた。アレグザンダーの『パターン・ランゲージ』を彷彿とさせるような方法で、この著書はその手法を詳述する一群のデザイン・ガイドラインを満載していた。

また一九九三年は、いくつかの点でこの新しい運動にとって決定的な年となった。この年の四月、シンシア・デイヴィドソンは、《シーサイド》について議論する円卓会議を開き、出席者としてドゥアニー、プラター゠ザイバーグ、ダイアン・ギラルド、ロバート・スターンを招き、対抗軸としてピーター・アイゼンマン、ニール・スミス、マーク・リンダーを招聘した。三人の否定派は全員、彼らが目にしているものはノスタルジア路線への逆行だと確信しており、建築は決して再び社会的政治的な救済策と捉えられ

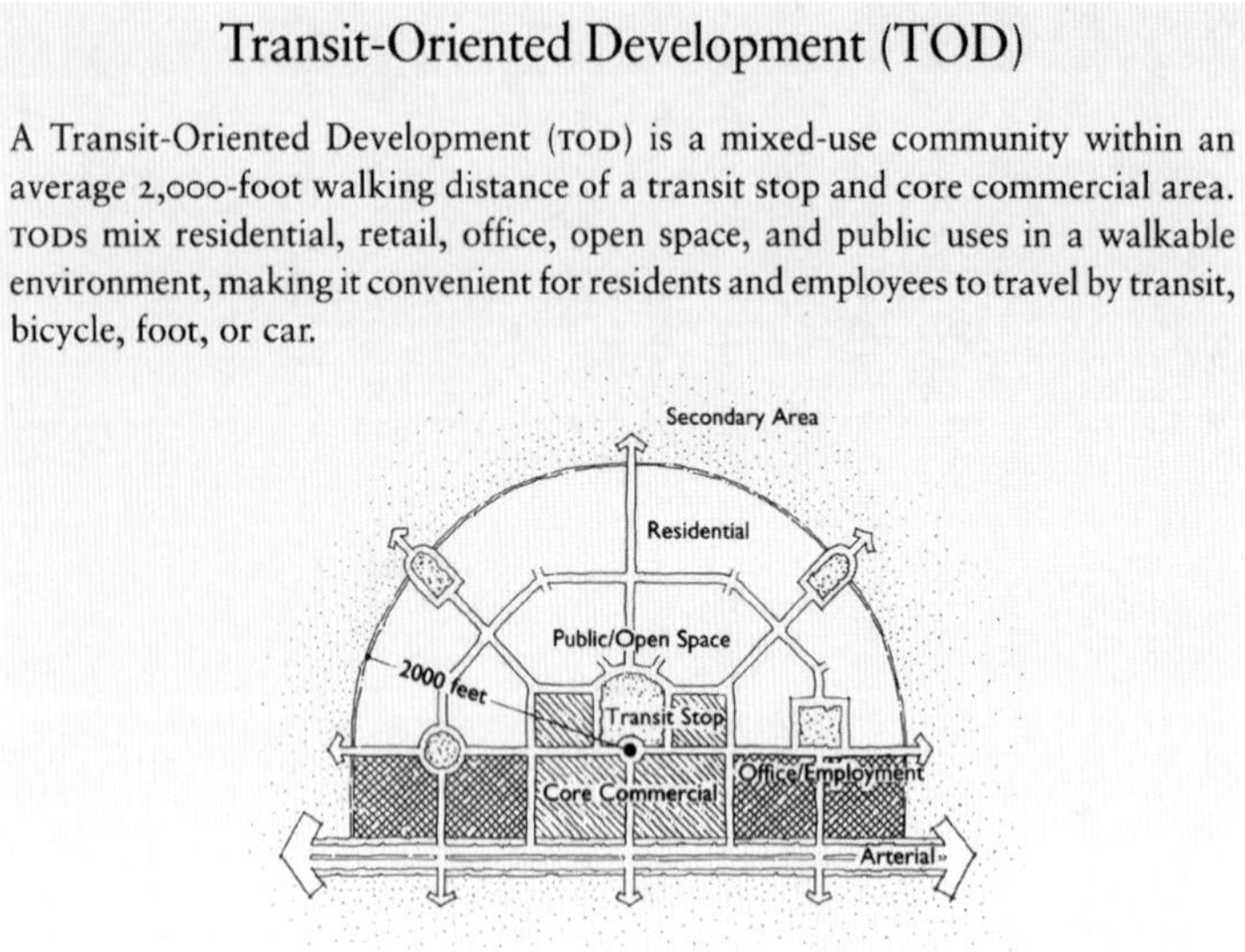

図 6.3　ピーター・カルソープ『ネクスト・アメリカン・メトロポリス』よりTODを説明したダイアグラム　提供：カルソープ・アソシエイツ

てはならないという信念で結束した。なかでもより政治的なスミスは特に《シーサイド》のコンセプトを敵視しており、彼が「大いなるペシミズム」と呼んだ《シーサイド》は、イデオロギー的には「トリクルダウン・パターナリズム」を代表しており、明らかにレーガン政権の経済政策に当てはまると指摘した[44]。

一〇月にはドゥアニーとプラター＝ザイバーグは、ヴァージニア州アレクサンドリアで、より友好的な聴衆を前にしてニューアーバニズムの最初の学術大会を組織し、参加者は一七〇名に上った。このような学術大会の必要性は、早くも一九八九年にロサンジェルスで、ドゥアニーとプラター＝ザイバーグがプリンストン時代の同級生の同僚ステファノス・ポリゾイデス、エリザベス・ムールとプロジェクトで協同していた時、すでに議論されていた。[45] その二年後の一九九一年夏、四人の建築家は、ヨセミテのアワニーホテルでカルソープと会い、アワニー原則を起草し、これがニューアーバニズムの根本的教義を述べたものとなった。[46] 後にムールが述べているように、当初この憲章と組織はアテネ憲章とＣＩＡＭを意識的にモデルに見習おうと試みていた。もっとも彼らの哲学ほどアテネ憲章やＣＩＡＭからかけ離れたものはなかったのだが。[47] その後、ロサンジェルス、サンフランシスコ、チャールストン（それぞれ一九九四年、一九九五年、一九九六年開催）の三回の学術大会を経て、ダニエル・ソロモンの参加を得て正式な憲章が執筆され承認された。

ニューアーバニズム憲章の最終稿は、むしろ二十数人の人々による様々な寄稿を包括的にまとめた文書と言えるものだった。その短い序文は、既存の都市中心部の再生と「スプロール化する郊外の再構築」とともに、こうした目的を支えるために伴うべき「公共政策の再構築」を訴えた。[48] それに続いて都市計画の教義の明細を記す二七の原則とデザインパターンが示され、そのいくつかは精確な言葉で書かれた。初期にあったテーマの定義や政策への関心は、具体的な政治的課題へ発展させられた。例えば、ランドール・アーレントは農地の再ゾーニングについて、ケン・グリーンバーグは保存問題、ミーロン・オーフィールドは税制と歳入分与の問題について言及した。[49] また、その時以来ミシガン大学の建築都市計画学部長となったダグラス・ケルボーとマーク・Ｍ・シメンティも、気候、地形、素材、自然に頼る冷暖房手法などについて語り、かくしてニューアーバニズムは一九九〇年代の「持続可能性」運動と軌を一にする方向に近づいた。[50]

ニューアーバニズムの意味をより明確に限定しようとした、この誰にも歓迎されるはずの試みは、同時にその原則のチェックリストがあまりにも偏狭だという危惧をもたらすことになった。一九八〇年代に多くの批評家が初期のニューアーバニズムに対して向けていた歴史主義的「ノスタルジア」というレッテルは、この頃までには巧みに避けられるようになっていたのだが、批評家の中には、いまだに一九六八年のスローガンを繰り返して、この運動が望む社会工学——建築は社会の病を治癒することができ、また個人の習慣を劇的に変えることができるという信念——に反対する者がいた。アメリカの多くの郊外コミュニティの社会的な孤立とそのエネルギー消費習慣に関する非常に正確な分析にもかかわらず、ニューアーバニズム憲章のいくつかの部分では、建築に関する明瞭な指示が、ある種の非寛容性を伴って述べられていた。例えばもし高層タワーがエネルギー消費の面でより「持続可能」であり、都市中心部の密度を修復するものだと判明したとしても、それは今や政治的判断によって排除される手法になってしまっていた。

いずれにせよ、一九九〇年代初頭のニューアーバニストの作品において最も興味深いことの一つは、多くの作品自体が高品質なことに加えて、建築の職能と建築教育にもたらした救済者的改革の精神である。《シーサイド》は——それは時をおかずして映画撮影用の圧倒的に魅力的な舞台に使われるようになるのだが——もはやただの日差し豊かな場所ではなかった。その頃には、それは住宅地変革への希望の象徴となり、また同時に、多くの都市開発の中核にあった想定に対する真剣な挑戦の象徴でもあった。人々は素直にそれを好んだ——この点がとりわけ《シーサイド》を誹謗中傷する人々の怒りをあおったようだ。この熱狂については一九九四年にヴィンセント・スカーリーが少なからざる牽強付会の議論を伴ってこの新しい運動を評価した時の文章が、おそらく最も的確であろう。「メキシコ湾の彼方ですばらしい風が巻き起こっている――そして高層住宅の建ち並ぶ光暗き町には嵐の雲が雷を轟かせている――とすれば真実は明らかだ。自然の荘厳さと、いくぶんなりとも人類の兄弟愛を巻き込みながら」[51]。根強い反対論者を除いて、いったい誰がこのような使徒パウロ的な経験の価値を軽視することができるだろうか？

第7章——理論の金箔時代

建築理論とカルチュラル・スタディーズの双方に関して書かれた出版物のページ数に基づくと、全般的に一九八〇年代は理論の時代であったと言っても過言ではない。一九六〇年代中頃以降に集められた理論的モデルは増え続け、特に学問的な象牙の塔の中で一九八〇年代初めに最高潮に達した。理論がそのような抽象的用語によって定義され、また議論の中で特権的地位を獲得したことは建築の歴史においてかつてなかった。マルクス主義、記号論、現象学、フロイト派心理学、ポストモダニズム、そして批判理論――それらすべてがこの時期までに多彩な理論的要素の配合において一役を担い、一九八〇年代にはさらにポスト構造主義やデコンストラクションの高尚な知的気取りがつけ加えられた。私たちはこの最後の二つの用語を、より一般的なポストモダニズム現象から区別し、本書ではポストモダニズムを歴史主義や記号論と連動した運動に限定する。それとは対照的にポスト構造主義は、ドイツとフランスの理論的基礎の上に構築されたものであり、「フランクフルト学派」とフランス構造主義がそれぞれを代表する。

ポスト構造主義理論

「フランクフルト学派」の名称は、一九二四年フランクフルトのフェリックス・ヴァイルによって設立された私的基金の研究集団「社会研究所」に関係する政治哲学者のグループに対して、後年適用された。[1]そのためその名称は特に社会研究に関心のある知識人の左派グループを指し、その政治的方向性は当時としては珍しくはなかった。一九一七年にロシア革命が勃発し、翌年ドイツの「一一月革命」が続いた。

後者は、より穏健だが左派であることに変わりないヴァイマール共和国に収拾されたが、その動きを起こした（左派にせよ右派にせよ）革命の余波はすぐには治まらなかった。ドイツ経済は一九一〇年代後半から一九二〇年代前半にかけて壊滅的状況に陥り、インフレーションと失業者増大は激しく、左派の多くは、ソヴィエト流の労働者革命はもはや必然と予想した。社会研究所はこの新たな革命を支援する移行的で教育的な機関と見なされていた。

しかし社会研究所の重点は、一九三〇年代初め、正統的マルクス主義の経済的決定論を拒絶していたマックス・ホルクハイマーが所長に就任するとともに変わり始めた。そこで彼は研究所の周辺に、文化の諸現象により関心のある学者の学際的グループを集めた。研究所のプログラムにおいて、マルクス主義理論はまだ主要な役割を果たしていたものの、その影響はフリードリッヒ・ニーチェの偶像破壊的思想やジークムント・フロイトの精神分析学理論によって中和された。一九三三年ヒットラーやナチスの台頭により研究所は閉鎖されたが、ジュネーブで一時的に存続後、研究所に関連した多くの学者はアメリカに渡ることとなり、その中にはホルクハイマー、エーリヒ・フロム、ヘルベルト・マルクーゼ、テオドール・アドルノがいた。ヴァルター・ベンヤミンは、フランクフルト学派に参加したが渡米しなかった一人であり、彼は一九四〇年スペイン国境で自殺した。

一九五〇年代から一九六〇年代になって、フランクフルト学派の影響はヨーロッパや北アメリカにおいて現れ始めた。ベンヤミンのいくつかの著作が出版され、なかでも多大な影響力のあった評論『複製技術時代の芸術』（一九三六）が、一九五五年に最初ドイツ語で、そして一九六九年ハンナ・アーレント編集による英語版が世に出た。[2] この評論においてベンヤミンは、機械的複製（映画、写真）の時代における古典的芸術の「アウラ」の喪失を語った――それは芸術の伝統的儀礼的価値、あるいはより直近では、権力のブルジョワ的構造による簒奪（マルクス主義的用語）からの断絶であった。また同様のテーマを探求し一九五五年に現れたのが、マルクーゼの著書『エロス的文明』だった。[3] フロイトの『文化への不満』（一九三〇）の論点を踏まえながら、マルクーゼはエロス（生と官能性）とタナトス（死と攻撃性）という対立する人間の本能を考察し、後期資本主義文化の生産性と体制順応性によってエロスが抑圧されると推測した。『一次元的人間』（一九六四）においてマルクーゼは分析をさらに進め、近代文化の科学技術的基盤が個人の自由を搾取するとともに破壊すると論じた。[4] 一九六〇年代にカリフォルニア大学バークレー校――北アメリカで最初の、非常に根強かった学生デモの中心地――を拠点として、マルクーゼはアメリカ「新左翼」の知的教祖の一人になることに成功した。

しかし一九七〇年代と一九八〇年代にかけて最も大きな影響力をもったのはホルクハイマーとアドルノだった――とりわけ二人の共著『啓蒙の弁証法』（一九四七）がその役割を担った。[5] それは「批判理論［critical theory］」（一般にフランクフルト学派と関連づけられる用語）を初めて明らかに開示するものであり、残酷な戦争中に書かれたその狙いは、西洋的理性の自己破壊の経緯を、自由へ向かう前進というヘーゲル的「神話」とともに跡づけることにあった。彼らの主な主張は――資本主義はマルクスが予言したように経済的自己破壊から崩壊することはない。なぜなら実際に資本主義は大衆消費者社会（そこでは個人が「文化産業」の支配に置かれる）に進化することにより、きわめて弾力的な経済システムであることが証明されたからだ――というものだった。新聞、雑誌、笑い声録音付きのシットコム、☆紋切型の映画を通じて、これらの産業は大衆の最も無批判的態度に迎合しただけではなく、それと同時に、きわめて狭い範囲の絶対確実な紋切り型に対する文化的順応性を作り上げた。古い商品は買い物シーズンが変わるたびに、単にスタイルを変え、イメージチェンジされるだけで新品に変わる。

　このようなことが美学理論に与える影響は、容易に想像できることだが、何一つ良いことはない。もし芸術が一つの文化的生産物であり、文化が市場への絶え間ない迎合によって堕落したのなら、芸術は表面的には終点に来ている――表面的にはそうだが、しかし絶対的ではない。なぜならホルクハイマーやアドルノには、もう一つほかにとるべき立場があった。それは実際やや古典的な「モダン」の立場だった――つまり、芸術は自律的かつ社会的であるべきだ、という立場だ。芸術は固有の創造的な技術と技能を有する点で自律的でなければならず、またブルジョワ社会に対して過激に反対する点で社会的でなければならない。アドルノは「芸術はそれが社会に対して抵抗する力を有する限りにおいてのみ生き残るだろう」として、そのような見解をまとめた。[6] それゆえ芸術は根本的に抵抗の行為である。アルノルト・シェーンベルクの無調音楽の精神、フランツ・カフカの自意識の誇張、あるいはパウル・クレーの線による黙想などに見られる抵抗。そのためアドルノの批判理論は、二〇世紀初頭における前衛戦略のいくつかに対する擁護という意味において、しばしばモダニズムの擁護として特徴づけられる。

　批判理論がフランスの構造主義の批評と合流したのは一九六〇年代であった。構造主義とは、最も端的に言うなら、現象をある普遍的な法則の下で作用する変数からできた複雑なシステムと見なすことを試みる知への分析的アプローチである。例えば、フェルディナン・ド・ソシュールの言語学に対する構造

訳注　"situation comedy"のこと。登場人物と場面設定のからみの面白さで笑わせる連続ホームコメディ。

主義的アプローチは、言語をより大きな統語論的構造によって統率される記号（意味）のシステムと見なした。戦後のクロード・レヴィ＝ストロースの構造人類学は、人間の精神には二項対立の法則によって定められる普遍的な構造が存在するという仮説に基づいていた。その構造はあらゆる文化に共通するものなので、最終的には識別可能と考えられた。一九六〇年代のフランスの理論家たちの多くは、構造主義的原則を基本として教育されていたため、同様の主張を唱え始めていた。例えば、思想家ロラン・バルトは彼の評論「作者の死」（一九六八）において、真に知りえるテクストはありえるかという疑問を投げかけ、読者が多様な意味を生み出すのは不可避的であるゆえに、一つの解釈というものは覆されるとした。[7] 異論を唱えたもう一人の構造主義者はミシェル・フーコーだった。『言葉と物』（一九六六）において、彼はルネサンス以降の科学的文化における分類学的コード（西洋思想を組織化したルール）を、三つの一般的エピステーメー（ある体制の中で、真偽を判別するために用いる、文化的・歴史的に受け入れられた「前提」）に分類することで解き明かそうとした。[8]『知の考古学』（一九六九）において、彼は支配的なエピステーメーの概念を放棄し、知の歴史をディスクール（社会、文化、制度、そしてあらゆる利害関係上の権威が織りなす人間活動の複雑な網）の体系として読解するという、より開かれた解釈のプロセスを提唱した。この新たな考古学はいかなる特定の起源ももたず、そして中心的構造や倫理的真実ももたない。[9]

この時期のフーコーのアナーキーな姿勢の高まりは、構造主義のマルクス主義的批評をフランクフルト学派の洞察と結合させたジャン・ボードリヤールのそれと類似している。ボードリヤールは『物の体系——記号の消費』（一九六八）と『消費社会の神話と構造』（一九七〇）においてこう唱えた。あらゆる形の市場消費は文化的コードによって発生し、私たちはそのコードによって、あるデザイナーブランドを他のデザイナーブランドから選り分けることで、私たち自身を他者から峻別し目立たせることを求める、と。[10] ボードリヤールのこのような傾向は、受動的な体制順応主義に帰着せざるをえないが、彼の議論は、それが使用価値と交換価値（有用性と金銭的交換）という伝統的マルクス主義概念の批判であるという点で、もっと広がりのあるものだった。マスメディアという文化的代理人による商品のマーケティング、パッケージング、ディスプレイ、それらすべてが相重なって消費商品は増殖する。結果として最新のファッションにある種の「記号・価値」を付与し、購入者にコード化された高級感や社会的地位を与えるのだ。

一九七〇年代中盤までに、ボードリヤールの物象化（私たちが所有するものを通じて自尊心を定義すること）の見解はマルクス主義の理論的限界すらすべて放棄した。もし現代社会が財貨とサービスの組織化された生産に依拠しているとすれば、ポストモダン社会は現実的労働の「シミュレーション」、あるいは、テレビ、サイバースペース、コンピュータゲームや、他の仮想現実による「ハイパーリアリティ」によって形成される。ボードリヤールによれば、映像、スペクタクル、そして記号の戯れはもはや現実の世界に縛られない。むしろ知らぬ間に現実世界に成り代わりつつあるのだ。『象徴交換と死』（一九七六）において、ボードリヤールはこの過程を〈シミュラークル〉の「第三秩序」だと述べた。つまり、社会が本来（近代における産業、写真、映画を通じて大量生産された）自らを規定してきた象徴《イコン》や標章《エンブレム》が、ポストモダン時代においては、コピーそのものが本物になる段階まで進化を遂げたと説明した。[11] 多くの人々にとって、膨大に増殖したこのハイパーリアリティは日常的なリアリティより遥かに強烈で誘惑的になってしまった。コンピュータのバイナリコードは、実際に、私たちの存在の象徴的コードと化した。なぜなら、私たちが下す各々の判断（特定のソフトドリンクの選択から選挙における二人の候補のどちらかの選択まで）は、実際には何一つ変革することも改革することもできない。ハイパーリアリティはますます加速し、私たちはその速度を落とすことができない。もしこの状況が示唆するのが、私たちは科学技術的決定論にいわば運命づけられているということを意味するなら、私たちは瞬間のイメージや通信伝達に依存していると主張した一九七〇年代半ばのボードリヤールの指摘は、二一世紀の今でも多くの人々の生活に、不快ではあるが、当てはまる。

ボードリヤールは新たな「ポストモダン」世界の堅固な提案者の一人であるが、ジャン゠フランソワ・リオタールが一般的にこの用語を初めて広めた人物と目されている。彼の著書『ポストモダンの条件』は、高等教育の中に占める科学と技術の地位を分析する白書として、一九七四年ケベック政府の要請により書かれた。ところがリオタールは、新たに起きつつあったコンピュータ革命の潜在的重要性について、もっと全般的な考察を試み、知の地位そのものが不可避的に変わるだろうと予測した。リオタールは、知がますますデジタル化されるに伴い、一般教養《リベラルアーツ》は教育の普遍的基盤としては時代後れとなり、情報――端的に言えば科学的知見――が市場で激しく競って売買される商品になるだろうと推論した。しかしこの知の地位の変化にはある問題が内在していた。それは、あらゆる科学的知は伝統的に一般教養に基づく二つの「大きな物語」すなわち「メタ物語」によって支えられてきたことだ。第一は、知の増大とともに社会はさらなる自由の状況へ前進するという啓蒙主義的信念である。第二は、大学制度自体の中心的前提でもあるが、それは、いつか人間への奉仕のために再び知の統合が起こるだろうという信念である。これら二つのメタ物語の終焉とそれが必然的に伴う文化の断絶をもって、リオタールは、ポストモダニズムを単に「メタ物語に対する懐疑」と定義した。そこでメタ物語とはあらゆる信念（それがマルクス主義、リベラリズム、保守主義、宗教、あるいは初期モダニズムのユートピア的政治的基盤であれ）に基づく大きな体系と見なされた[12]。それゆえ、ポストモダン世界とはいかなる大きな物語も支配することのない世界であり、私たちに残されたのは、普遍的正当性を装うことのない、狭い地域に限られた「小さな物語」である。

ポストモダンに対するリオタールの議論は、まさにその単純さゆえに、一定の有効性をもっていたが、ジャック・デリダの理論や彼の「デコンストラクション〔脱構築〕」についてはそれは当てはまらない[13]。デリダの研究は実際リオタールより数年先行していた。アルジェリアで生まれたデリダのフランスでの研究論文は、エトムント・フッサールの現象学を中心にしていたが、ニーチェ、フロイト、ソシュールの思想にも広範に頼っていた。彼の最初の主要著書『グラマトロジーについて』（一九六七）において、デリダは何らかの哲学的前提や大きな物語ではなく、「クロース・リーディング〔close reading〕」という批判的方法論や、テクストのデコンストラクション――意図されていない隠された意味や、テクストが必然的に伴いながらも表に出ないヒエラルキーを暴露すること――を提唱した。例えば、彼はソシュール、レヴィ＝ストロース、ルソーについて詳細に論じ、それぞれの筆者が二重性をもつ用語を使うだけではなく、ある用語に他よりも特権を与えていたことを例証した。例えばソシュールの言語学は、書き言葉より話し言葉を優位に置く考え方に基づいており、一方レヴィ＝ストロースの人類学は、文化より自然を優位に置いた。ルソーもまた、人間は自然状態では善良であったが、文化の到来によって腐敗したと論じていた[14]。

この分析において、デリダは単純に用語におけるバイアスを指摘しただけではない。彼の議論はもっと強力だった。つまり、西洋思想の全体的体系が、歴史的に「中心」というロゴス中心主義的理念の周辺で構築されてきたということだ。この「中心」の例としては、プラトンのイデア、受容された真実や教義《ドグマ》、大きな物語、あるいは神への信仰等が挙げられる。そのような中心は、次には「他者」なるものを疎外あるいは抑圧することで対立を作る。私たちはこの対立によって世界を概念化し理解する。したがって、ある一つの用語（例えば建築における「モダニズム」）の「存在」は、もう一つの用語（一九世紀の歴史主義）の「不在」を隠す――そして歴史主義の様式は「痕跡」と見なされる。それゆえ「モダニズム」という用語（二〇世紀の四分の三の間、特権をもっていた）は、歴史主義（「他者」として嘲笑された）の理念を通ずることによってのみ定義できる。同じく建築のポストモダニズムも、実際、二項対立の名をとって命名されていて、その裏には歴史的折衷主義が混入していることを許容している。こうしたデリダのデコンストラクションの全体的戦略は、特権化された用語に揺さぶりをかけ、中心から排除することから成り立っていて、それによってその用語が成立する根底にあったヒエラルキーを転覆することにある。デコンストラクションが非難されてきたのは、それが最も極端な形をとると、世界に関するあらゆる言説を覆し、私たちを深刻な決定不可能性の状態（ほぼすべての学問的および政治的分野において致命的な病）に陥れ、沈黙させてしまうためであった。

ポスト構造主義建築

一九六〇年代のデリダの著書は一九七〇年代中頃にようやく英語に訳され、そのため彼の影響が英米世界に感じられるようになったのは一九七〇年代後半だった。この時間差自体がヨーロッパと英米の理論において興味深い相違を生み出した——ヨーロッパでは、ポストモダニズムとポスト構造主義は一般的に（つねにではないが）コインの表裏と考えられたが、英国や北アメリカでは、ポストモダニズムはポスト構造主義の影響より先行し、後者は前者に対する批判だと見なされた。これは特に建築界の中で顕著に見られる傾向だった。

だが同時に、一九八〇年代初期の議論を複雑化させた問題はほかにもあった。例えば、アドルノのかつての助手であったドイツの哲学者ユルゲン・ハーバーマスが、一九八〇年にフランクフルトで「アドルノ賞」を受賞した際の公式講演を、同年のヴェネツィア・ビエンナーレで披露された「ポストモダン」建築に対する攻撃から始め、「後ろ向きの前衛」というレッテルを貼った[15]。彼はその講演の締めくくりに「保守主義者」のいくつかの陣営を攻撃したが、その中には「ジョルジュ・バタイユからミシェル・フーコーを経由してジャック・デリダに至る」フランスの「若手の保守主義者」が含まれていた。その一方でハーバーマスはモダニズムとフランクフルト学派を擁護する議論を展開した。第一に、モダニズムは失敗しそのユートピアへの衝動は放棄すべきだという主張を公然と非難し、第二に、「モダニティの企図はまだ完遂されてない」と唱えた[16]。

しかしながら、フランスのポスト構造主義とポストモダニズムを同等に見なすのは、必ずしも標準ではなかった。アドルノとフランクフルト学派に強い関係をもつもう一人の歴史家アンドレアス・ヒュイッセンは、ハーバーマスによるモダニティの擁護を概ね受け入れながらも、実は一九七〇年代の知的潮流がその一〇年間に根本的に変化してしまったことも認めた。一方で、彼はポストモダニズムを受け入れるなかで、ポスト構造主義はそれとは違うもので、その批判的戦略はポストモダニズムよりむしろモダニズムに近いと主張した。彼はポスト構造主義を「理論を纏《まと》ったモダニズムの蘇り」であるとまで評し、分析の結果としてアドルノに従って二つを結合し「抵抗のポストモダニズム」とすることを要請した。[17]

ヒュイッセンの分析は一九八〇年代のほかの重要な問題を浮き彫りにする——それは多くの政治的左翼が、一九八〇年代のポストモダニズム美学をフランクフルト学派の教えに適合させたいと願っていたことだ。多くの論者にはすぐわかったことだが、大きな物語に対するリオタールの懐疑主義は、マルクス主義理論と批判理論に対する真っ向からの攻撃だった。ハル・フォスターはベストセラーとなった彼によるアンソロジー『反美学』（一九八三）の序文でこの問題を前面に出し、「モダニズムをデコンストラクションし既存体制に抵抗しようとするポストモダニズムと、モダニズムを否認し既存体制を讃えようとするポストモダニズム。つまり抵抗のポストモダニズムと反動のポストモダニズム」の違いを引き出した。[18]前者のポストモダニズムはそれがブルジョワ文化に闘争を続けるという意味で善であり、後者は実際には（しばしばヴェンチューリとスコット・ブラウンのポピュリズムと結びつけられて）既成文化を支持し模倣しているとした。

この問題に真剣に取り組んでいた一人がフレデリック・ジェイムソンで、彼の小論「ポストモダニズムと消費者社会」はフォスターのアンソロジーに掲載された一つだった。アドルノの美学とともにドゥボールやボードリヤールの考察を受け入れながら、ジェイムソンはポストモダニズムが大事件になった事実を認め、そしてその美学は「模倣《パスティーシュ》と分裂的性格」という双子の戦略によって説明できるとした。[19]ただ同時に、ジェイムソンはポストモダニズムが、盛期モダニズムほど「既存秩序の内部にありながら危険かつ破壊力があり転覆的」ではないという事実に懸念を感じていた。それにもかかわらず、ジェイムソンは、奇妙なことにヴェンチューリとスコット・ブラウンさえ含むポストモダニズムの作り出すイメージに魅せられたようで、実際にそのようなポストモダンの戦略が資本主義の論理に抵抗できる道があるはずだと示唆していた。[20]

K・マイケル・ヘイズは一九八五年の重要な評論「批判的建築——文化と形態の間で」において、この問題を最重要課題とし、その中で建築は、自律性と完全な社会参加《アンガージュマン》の中間に位置づけられるとした。彼が前提とした新しい「批判的建築」は「支配的文化の自己承認的で懐柔的な働きかけに抵抗しつつ、場所や時間の偶発性とは関係のない単なる純粋形態構造にまでは還元されないもの」であった。彼にとってこの批判的建築の先導的実践者は、ほかならぬ究極のモダニスト、ミース・ファン・デル・ローエであり、ミースの《フリードリヒ・シュトラッセのオフィスビル》（一九一九）における反射するガラス面は、戦後ベルリンの落胆と混沌に対して「抵抗的かつ対立的」であると同時に「形態分析による解読は困難」と論じた。ヘイズはまたミースのイリノイ工科大学新キャンパスの第二期計画を批判的方法で読み取り、「シカゴのサウスサイドの混沌の上に、代替しうるリアリティを巧妙に移植するもの」だと評価した。[21]

いずれにせよ一九八〇年代の中頃までにはポスト構造主義の批判的議論は、明らかにポストモダニズムより優勢になった——ただしその政治的矛先だけは失ったが。当時そのような立場を主張していた理論家の一人はイタリアの哲学者ジャンニ・ヴァッティモで、彼は(ピエル・アルド・ロヴァッティと共に)『弱い思考』(一九八三)と題する一連の評論を編集した。[22] 伝統的形而上学の「強い思考」を批判し、ヴァッティモは解釈学あるいは解釈的分析の方式を代表して、いかなる過度な合理性や「デカルト的参照点」も付与しないように努め、そうすることでハイデガー的徳目である「Verwindung《フェアヴィンドゥング》(癒し、回復、忍従、容認)」と「Andenken《アンデンケン》(記憶、回想、再考)」を奉じて前進することを論じた。もし、例えばヘーゲル的思考やマルクス主義がともに強い弁証法的対立項による「Überwindung《ユーバーヴィンドゥング》(超克)」を要請したとすれば、ヴァッティモは、(例えば病気を)緩やかに和らげて回復させるという意味の、若干弱いニュアンスの名詞「Verwindung《フェルヴィンドゥング》(克服)」が、過去の伝統に対して、それを他のメタ物語で置き替えるのではなく、結果的に温厚な敬意を表することを示唆した。

この思想が建築の言説に移植されるのに、さほど時間はかからなかった。一九八七年スペインの理論家イグナシ・デ・ソラ゠モラレスは「弱い建築」という影響力ある評論を世に出した。その中で新しい抵抗の建築(それは今では「確固たる参照点」や認識論的基盤の喪失により弱められた表現になった)は、かつてもっていた主張も放棄しなければならないと述べた。ソラ゠モラレスにとって弱い建築とは「イベント」、偶然性、(いかなる美学的体系ももたない)「装飾性」、そして「記念碑性」の建築となったのである。[23] このような方策を見ると、わずか二〇年弱の間に、時代の傾向がいかに大きく深く変化したかを示していて興味深い。その変化とは、一九六八年の暴動荒れ狂う街の騒々しい要求から、もっと不透明で不確かな世界への過酷にして急速な転落であった。

アイゼンマンとチュミ

ポスト構造主義の思想から建築の言説を導き出した最大の責任者は、ピーター・アイゼンマンとベルナール・チュミの二人だった。スイス生まれのチュミはスイス連邦工科大学チューリッヒ校（ETHチューリッヒ）を卒業後、一九六八年にはパリに住んでいたため、ポスト構造主義の初期の議論、マルクス主義、そして彼が特別な親近感をもっていたシチュアシオニストの「スペクタクル」に直接よく通じていた。アイゼンマンはもっと間接的なルートを辿り、少なくとも部分的には一九六〇年代パリに留学していたマリオ・ガンデルソナスやダイアナ・アグレストとの友人関係を通じてポスト構造主義について学んだ。実のところ、『オポジションズ』誌の六号（一九七六）に登場したアグレストの小論「デザイン対ノン・デザイン」は、英米の記号論（建築の意味を分析する基礎として記号論を用いようとする試み）をポスト構造主義の立場から批判した。彼女は「ノン・デザイン」を標榜し、相互作用する文化的システム（イデオロギー）の流動的関係を通じて建築を読み解こうとした。もし（ル・コルビュジエからチームXに至る）モダニズムが、文化的な営みの中で許容されるメタファー〔隠喩〕を一定範囲に限って選別することで、イデオロギー的還元主義の形を実践していたのであれば、建築をもっと拡張的に読解することとは、建築の図像を（例えば、海洋航路船を住宅のメタファーとするような）選別されたメタファーによる支配的なシステムを介して見るのではなく、むしろ一連の「社会的テクスト」――

演劇的断片と言うこともできる――として見ることだと彼女は論じた。そうすれば建築は、互いに競い合う文化的テクスト（カフェ・ライフ、凝視する視線、ジェスチャー、ストリート、儀式、そして「装飾としての人々」）からなる開かれたノード〔nodes〕の中で作用することになり「意味の密度」を確実に獲得できると論じた。[24]

アグレストの小論はアイゼンマンにとって重要であった。なぜなら当時（一九七五年から一九七六年）彼は、MoMAにおける「ボザール」展のようなイベントに対応して自らの思考の転換期を迎えていたためだ。例えば彼は『オポジションズ』誌の論説「ポスト機能主義」（一九七六）を、二つのデザイン戦略を概説して締めくくった。その第一は、形態を「既成の幾何学やプラトン的立体に、それとわかる変形を与えたもの」とすること。そして第二は、形態を「非時間的、非構成的モード」の視点から、あるいは中心組織的権威に関係なく、一連の断片として見ることであった。[25] もしアイゼンマンの初期時代における「生成的な」住宅が前者の戦略を代表していたとすれば、一九七六年に設計依頼された《ハウスX》は後者を反映していた。

しかし興味深いのは、アイゼンマンは一九八〇年代初めに至るまで――つまりデリダの思想が広く誰にも知られるようになるまで――《ハウスX》の原理的説明をしなかったことだ。そして後日彼の行った説明によると、デザイン・コンセプトの鍵は中心のヴォイドにあり、それは実存的虚無であり、「非組織的」であり、暖炉でも階段でもなく、いかなる人間的中心でもない――従ってそれは「いかなる特定の価値に基づく起源をも否認するもの」であった。[26] その空間構成の周辺をなす部分的要素も「廃墟、荒廃、崩壊を示す隠喩的印象」を呼び起こすと指摘しながら、アイゼンマンは彼の住宅は「もはや自らの

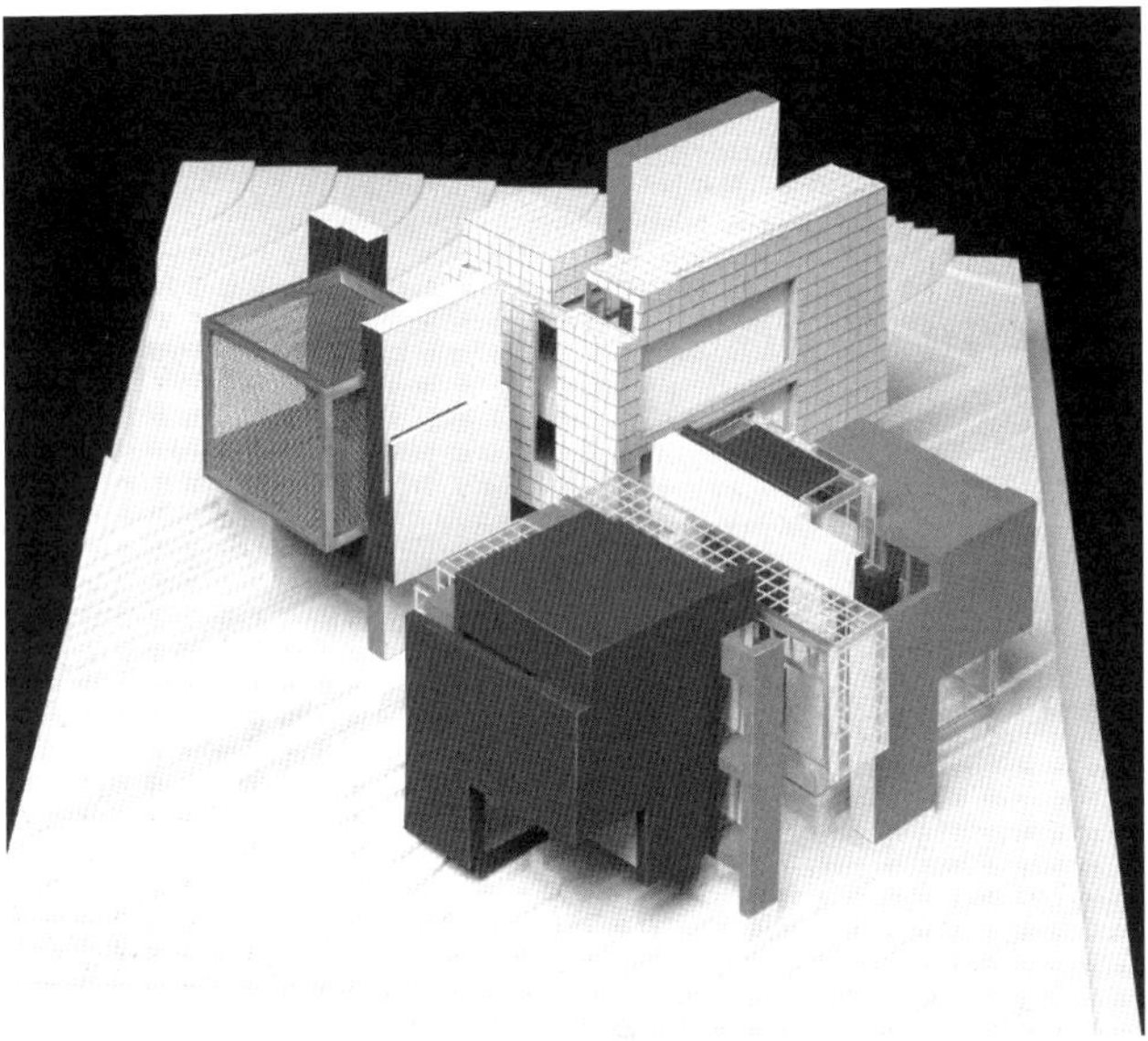

図7.1　ピーター・アイゼンマン《ハウスX》のアクソノメトリックモデル、ブルームフィールドヒール、ミシガン、1975

合理性や完璧な遂行性を信じられなくなった」現代人に宛てたものであり、それゆえ建築家としての主要なデザイン戦略は「非構成」あるいは「文学批評で〝デコンストラクション〟と呼ばれるものに似た行為」だと述べた。[27] 彼はまた、以前行っていた幾何学的立体の面や線を操作するプロセスを主とする戦略は今や過去のものになったことを認めたが、しかしその結果として、あらゆるシステムやコードの放棄に至ったわけではないと述べた。アイゼンマンに残されたデザインとは、デリダが「痕跡」と呼んだもの、つまり表立って表出されなかった意味の形跡を扱う発見的作業であると述べた。

アイゼンマンの思考におけるもう一つの大きな転換点は一九七八年の《ヴェネツィア・プロジェクト》に見られる。こ

図7.2　ピーター・アイゼンマン《カンナレージョプロジェクト》のモデル、ベネツィア、1978　撮影：ディック・フランク／提供：アイゼンマンアーキテクツ

のプロジェクトは設計競技から生まれたものであり、アイゼンマンのほかに五名の建築家が参加した。設計競技の目的はヴェネツィアのカンナレージョ地域に新たな都市解決案を提示することだった。この地域は鉄道駅のすぐ北東にあり、二本の運河およびヴェネツィア本島とイタリア本土を分けるラグーンによって規定されていた。敷地は一九世紀には主に工業地域であったが、その北西の角は一九六〇年代にル・コルビュジエが（建設には至らなかったが）病院を計画した敷地として、モダニストの間では広く言い伝えられてきた場所だった。アイゼンマンはこの課題に対して高度に概念化された三つのテクストにより応え、それによって、彼が建築の懐古的な三つの「イズム」と呼ぶもの、すなわちモダニズム（未来への懐古）、歴史主義的ポストモ

ダニズム（過去への懐古）、コンテクスチュアリズム（現在への懐古）を批判した。[28] 第一のテクストで、彼はル・コルビュジエが病院の設計で用いた建物のグリッドをカンナレージョ地域のほぼ全域に拡張し、そこに一八個の穴またはヴォイドをつくり、それらを「合理性の空虚」を意味する「将来の住宅敷地または墓地の潜在的敷地」と名づけた。[29] その敷地の上に（前述のヴォイドの近くあるいは隣接して）第二のテクストを重ね合わせ、それは異なるスケールからなる一連の「ソリッドで生気のないブロック」で構成され、いかなるコンテクスチュアルな関係も拒否する。第三のテクストは敷地を斜めに横切る一本の線、「シンメトリーのトポロジカルな軸」であり、それが示唆するのは「何かが噴出しそうで、静まりそうにない、いわば無意識や記憶の影」だとした。[30] この三つのテクストとともに見逃してはならないのは、アイゼンマンは、またしても大風呂敷を広げながらも、実はこの敷地に何一つ住居群を提案していないことだ。すべてはコンセプチュアルな試みだった。

もしカンナレージョの計画がアイゼンマンの「フィクション」に対する新たな嗜好を表していたとするなら、彼がジャクリン・ロバートソンとパートナーを組んで一九八一年に提出したベルリンの《「人工的発掘の都市」プロジェクト》は、このテーマをさらに推進するものだった。ベルリンのフリードリッヒシュタット地区の敷地に、彼は既存の街区グリッドとは微妙にずれたメルカトルグリッドを置いたが、それは彼の言葉によれば「反記憶」を意味した。このグリッドは、石灰石でできた高さ三・三メートルの壁（基礎）と街路のネットワークを規定していた。その高さは当時敷地の境界にあったベルリンの壁と正確に同じ高さだった。彼の見解によれば、それは「歴史的な壁の物理的象徴的存在を消去する」方法だった。外縁のいくつかの建物（そのうちひとつは実際に建てられた）を除いて敷地の内側は、偽りの「考古学的跡地《サイト》」としてそのまま残された。

これらの提案のもつ難解な、あるいは(アイゼンマンの精神分析学への強い関心と無関係ではない)高度に象徴的な性格は別として、それらは競合するいくつかのデザイン戦略への批判でもあった。その矛先の一つはポストモダニズム現象であり、彼はそれを「フェティッシュ・オブジェクト〔モノへの病的な執着〕」に対する渇望にすぎないと非難した。[31]もう一つはコーリン・ロウによる「図と地」によるコンテクスチュアリズム〔文脈主義〕であり、それもまた「古典的構成法のゲシュタルト」を再び強調しているだけだと断じた。[32]これらの提案には、設計実務において規模と射程を拡大したいというアイゼンマン自身の願望も一つの要因として働いていた。ベルリンの設計競技はヴェネツィアの計画とは違って現実のプロジェクトであり、彼はそこで初めて大規模な建物を完成した。続いて彼は《オハイオ州立大学ウェクスナーセンターの設計競技》を勝ち取り、この時点で彼の建築家としての軌道は最高潮に達していた。一九八〇年代の彼のデザイン戦略(スケールの操作、反復性、自己類似性、非連続性)は、すべて建築の古典的伝統を破壊するためとされ、あるいはポスト構造主義の用語で換言すれば、「根源の価値を揺るがし、人間中心主義と美的オブジェクトを揺るがす」ためだったと説明した。[33]スケールの操作、つまり異なるスケールで類似した平面や素材を重ね合わせる操作は、幾何学的細分化(反復性)、隠喩的変化(自己類似性)、そして形態の破片化(非連続性)によって、その目的を達成するとされた。

これらすべての用語は、一九八五年の彼の小論「古典的なものの終わり――始まりの終わり、終わりの終わり」のテーマである「ディシミュレーション〔偽装〕」という考え方によって最もよく要約できるかもしれない。今回はボードリヤールに依拠して、アイゼンマンは「シミュレーション〔模倣〕」という用語を振りかざし――ルネサンス以来の建築的展開を性格づけているのは、表象、理性、歴史の「シミュレーション」だとした。私たちの「非古典的」時代に特徴的なことは、いかなる（例えばポストモダニズムで見られたような）シミュレートされた基盤や形而上学的裏づけを得ることも不可能であるとともに「あからさまな虚構の未来を捏造し、現実だと思わせることも可能である点」である。アイゼンマンにとってデザインに残されたのは「イメージ」に対抗して「書く」というアイディアだった――ここで「書く」とは言葉や記号によってではなく、むしろデリダの言う「痕跡」、つまり曖昧な意味をもつ断片的な言葉によって書くことである。[34] 例えばベルリンのプロジェクトにおいて、彼が持ち込んだ街路を支える基礎は、本物の基礎ではなく「虚構の現実」であり、それゆえに創造的であった。[35] 同じく、ウェクスナーセンターは旧兵器工場の既存の基礎が残る敷地に建てられたが、もちろんアイゼンマンは、それらを再活用することはしなかった。

一九八〇年代におけるアイゼンマンの思考に見られるテクスト性は、チュミの作品にも違う形で見られるが、チュミは同じくポスト構造主義の思想に引き寄せられながらも、いささか異なるアプローチをとった。[36] 一九六〇年代後半をパリで過ごした後、チュミはロンドンに移って、当時アルヴィン・ボヤースキーの傘下にあったAAスクールの講師陣に加わった。AAではまだレイナー・バンハムやアーキグラムの影響が依然として強かったが、当時の若き講師陣や学生たちの中には、紛れもない未来の「スター」の殿堂を築く人物たちがいた。そこには、レオン・クリエ、レム・コールハース、ザハ・ハディド、ダニエル・リベスキンド、ウィル・オルソップ、そしてナイジェル・コーツがいた。チュミは「都市政治学」や「空間の政治学」の講義を担当し、パリで十分に学んできた政治的積極行動主義を続けた。

この初期段階の二つの重要な小論は「環境的誘因」と「空間の問い」であり、どちらも一九七五年に執筆された。多くの英国の建築家たちがポストモダニズムかレオン・クリエの合理主義的立場のどちらかを向いていた時、チュミはそれに代わる道を探していた。事実彼が後に述べているように、最初の小論は彼のあからさまな政治的積極行動主義に「幕を閉じる」ものであり、そこで彼は「革命的性格をもつ唯一可能な建築的行動は修辞的なものだ」と結論づけている。[37] これは闘争をすべて放棄するという意味ではなく、ドゥボールの「デトゥルネ〔流用〕」の戦略を取り入れ、「修辞的な例示的行動」（シットイン、ストリートデモンストレーション）や「カウンターデザイン」（在来の建築的文化の破壊）あるいは「転覆的分析」（攻撃的ゲリラ工作）によって、現状の都市的状況の行き先を変えることだった。[38]

「空間の問い――ピラミッドとラビリンス（あるいは建築的パラドックス）」において、彼はジョルジュ・バタイユの著作に対するデニス・ホリアーの解釈を基にテーマを立てた、その中で「ピラミッド」（理性）と「ラビリンス」（感覚的経験）は「観念的」空間と「現実的」空間に関する彼の議論を導くメタファーとして用いられた。[39] 建築の「パラドックス」とは、建築という媒体は他のなによりも空間的でありながら、現実の空間は感覚的観点から経験できるのに、概念的レベルでは空間の本性を問うことができない、ということである。こうしてチュミにとって感覚的空間とは、建築的抵抗を実践するための新たなアドルノ的手段となる。この目的を詳述するにあたって、彼はアーキズームのような過激な建築家たちやロッシスクールのような合理的な建築家たちの概念的な空間へのアプローチとともに、ドイツの感情移入やゲシュタルトの理論家たちの感覚に対する省察を概説している。チュミは明らかに概念的よりも感覚的アプローチを好んでいて、現代の社会的危機に対して彼が提供した解決策――「エロティ

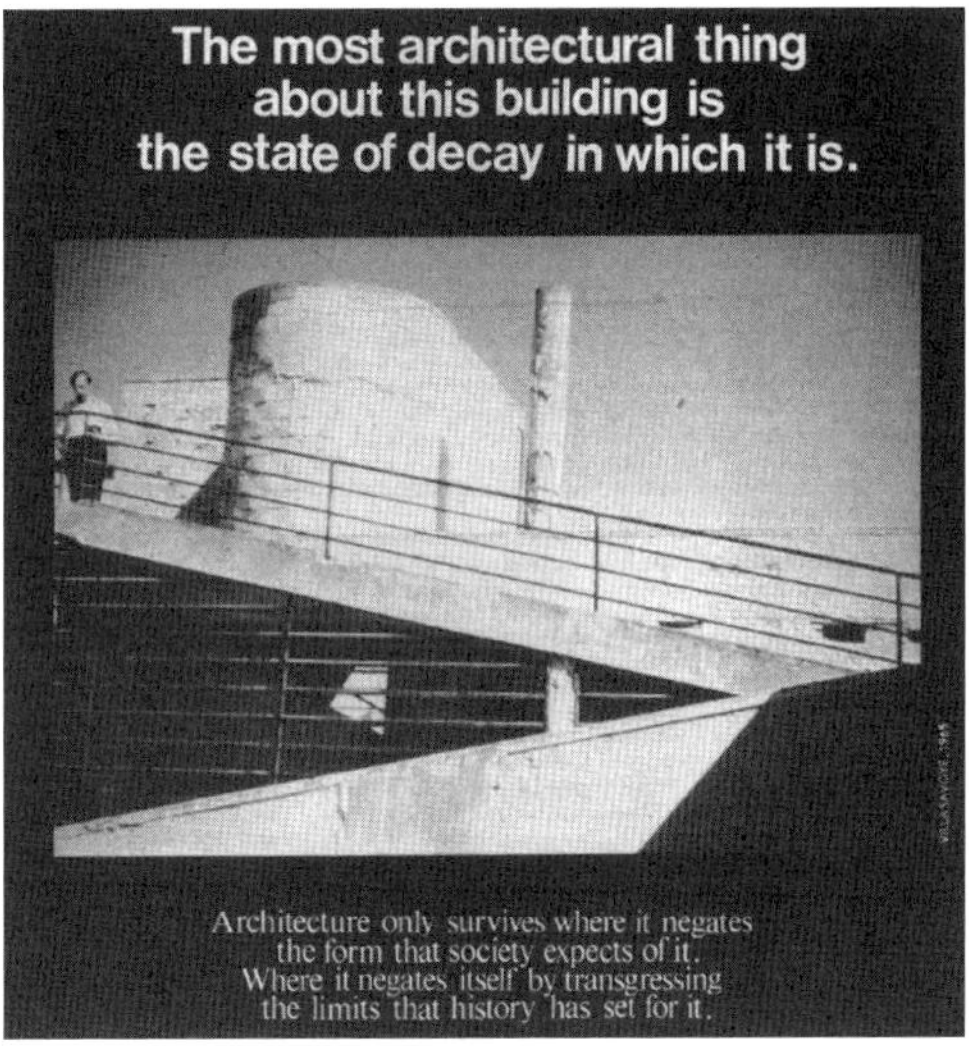

図7.3　ベルナール・チュミ《Advertisements》（1977）より「サヴォア邸」　提供：ベルナール・チュミアーキテクツ

シズムのように、建築にはシステムと過剰さの両方が必要である」——は、その穏健さゆえに意外である。[40] そしてエロティックな空間デザインとは（バルトやデリダの導きに従うと）予期されることの転覆、換言すれば、「過剰」の喜びであるはずだ。

喜びと衝撃は、実際に一九七〇年後期における彼の作品で繰り返されるテーマとなり、それは一連の展覧会、著作、設計を通じて繰り広げられた。[41] 一九七六年から一九七七年にかけて、彼はプリンストン大学とIAUSの客員教授となり、そのことは『オポジションズ』誌に登場する評論「建築と侵犯」につながる。そこで彼は「エロティシズム〔eROTicism〕」の転覆的概念を繰り返し述べ、さらにそのテクストは一九六五年時点で放置され荒廃していた《サヴォア邸》を描写した二つの建築「広告」で枠取られていた。落書きとともに建物が発する尿と排泄物の臭いを仄めかしながら、チュミは二つのポスターの見出しに「この建物の最も建築的なるものは、今これが置かれている腐朽の状態にある」と「官能性は建物の最も理性的なものにさえ打ち勝つと知られている」という宣言を掲げた。[42]

このスイス人建築家は、評論「建築における暴力」でも似たような論調で訴えた。彼は暴力という言葉を、物理的あるいは感情的蛮行ではなく、むしろ「個人とその周囲を取り巻く空間との間の関係性の強度を示すメタファー」を意図するものとして用いた。[43]人と空間は再び、彼の最も重要な理論的作品である《マンハッタン・トランスクリプト》のテーマとなる。それは「読む機械」であり（「エイゼンシュテインの映画台本」や「モホリ＝ナジの舞台演出」に近い）、一九七六年から一九八一年の一連の展覧会を通して彼が編み出したものだった。[44]この場面展開による小説は、公園、街路、タワー、街区のエピソードに分けられ、いかにもそれらしく殺人の場面で始まる。それは（ジョバンニ・ダミアーニが指摘したように）ミケランジェロ・アントニオーニの一九六六年の映画『Blow Up』〔邦題『欲望』〕のシュルレアリスムを暗に仄めかしている。[45]四つの連続する（が描写的ではない）台本は、愛の行為、次なる殺人、タワーからの墜落、軍人とアクロバットなどで満たされ、その表現手段として前衛映画のスチール写真に平面、ダイアグラム、アクソノメトリック図面が散りばめられていた——それは、用途、形態、社会的価値相互間の断絶を目立たせるだけではなく、空間、動き、イベント相互間の関係性を強調するためのチュミによる〈間テクスト性〉の試みとなっている。一九七八年にマンハッタンのギャラリーで最初の二つのエピソードが公開されたが、建築家はほとんど誰も足を運ばなかった。

しかし、ほどなくチュミは他の建築家からも理解されるようになった。一九八一年『アーキテクチュラ

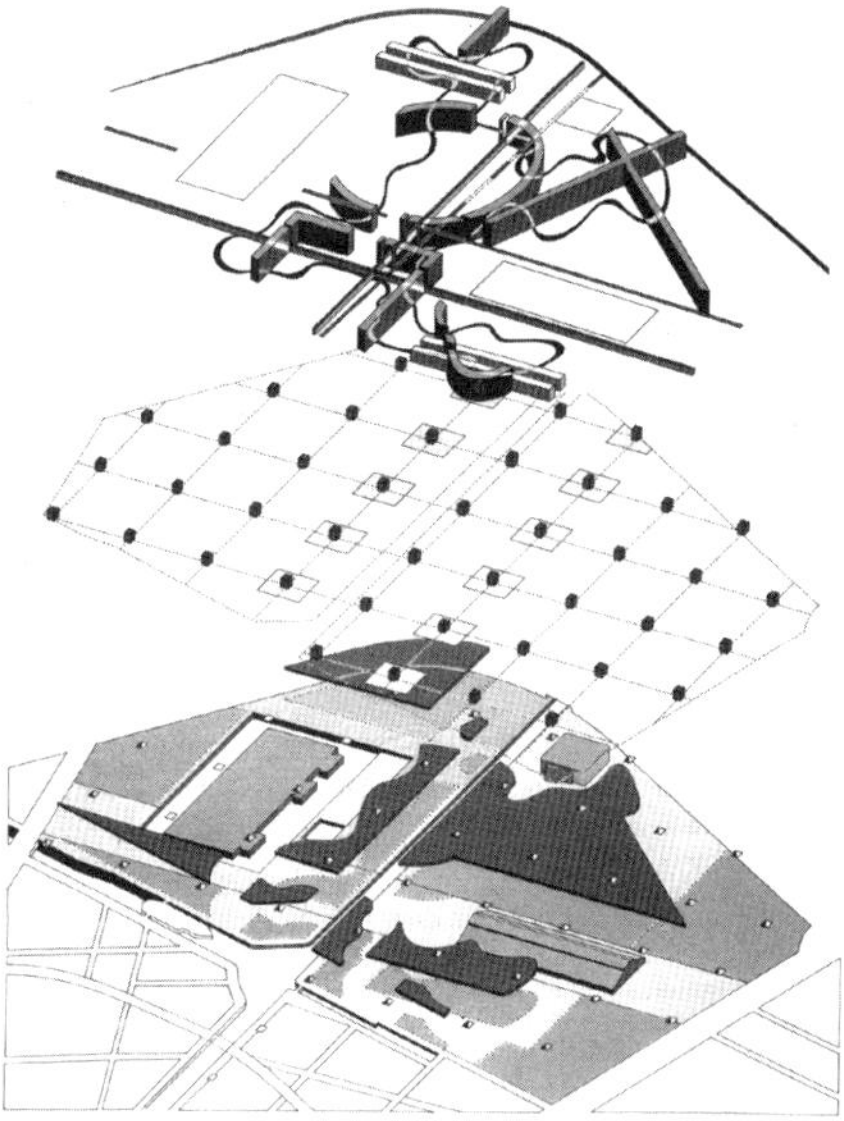

図7.4　ベルナール・チュミ《ラ・ヴィレット公園》のプランニンググリッド、パリ、1983　提供：ベルナール・チュミアーキテクツ

ル・デザイン』誌の特別号に《マンハッタン・トランスクリプト》が登場した直後に、この理論家は彼のグラフィック手法をパリの《ラヴィレット公園国際設計競技》に応用した。このアーティスト・革命家を標榜する、実務経験のない建築家が、（レオン・クリエやレム・コールハースを破り）一九八三年初めに勝者として発表された時、彼はたちどころに建築界の有名人となった。審査員団の決定は、おとぎ話以上のものであったかもしれない。なぜならそれ以来チュミは、自身の勝利は（ザハ・ハディドの《香港ピーク・クラブの設計競技》勝利案とともに）「歴史主義的ポストモダニズムの支配に抗して、それまでは少数派でしかなかった作品が台頭する転換点」になったと主張するようになった。[46]

純粋に視覚的レベルでは、《ラヴィレット公園》でチュミが採用した重ね合わせや並置の手法は、アイゼンマンの手法とさほど違いを感じない。ただ彼らの理論的根拠はかなり違っていた[47]。アイゼンマンが意図的に難解なテーマや、タフーリが「形態的テロリズム」となぞらえた極端な形態的操作を用いる代わりに、チュミはプログラムをもたない空間に焦点を当てた、というより《ラヴィレット公園》では、一二五エーカーの公園敷地の上にレイヤーとして重ね合わされた線、点、面の、暴力的であるがゆえにエロティックな衝突に集中した[48]。線は、線形の歩行者通路と、「フォリー」の中と周囲にランダムに織り込まれた曲線形の「テーマ・ガーデンの通路」を形成した。点は、二六個の赤いフォリー〔デコンストラクションされたキューブ〕として、デカルト座標グリッドの交点に、互いに一二〇メートル離して配置された。面は、多目的用途として敷地のあちこちに配置され、そのなかには博物館とホール、芝生と庭、劇場、レストラン、カフェ、アートギャラリー、スタジオ、遊び場が含まれ、それらすべては「二一世紀の公園」のための公式プログラムで指定されたものだった。

チュミはこのイベントのモンタージュを、「一連のシネグラム〔映画のシーンをつなぎ合わせたもの〕」と呼び、それは彼が初期の理論的プロジェクトですでに案出していた連続的システムであった[49]。そしてこれこそが、彼のアプローチがアイゼンマンのそれと根本的に異なるところである。アイゼンマンが自身の作品を物語的な意味でテクスト的と規定していたとすれば、チュミは「間テクスト性」という概念――それは、あらゆるテクストは実質的に他のテクストの断片からでき上がっているというバルト的な考え方――をより好んだ。《ラヴィレット公園》の場合、テクストのモンタージュ〔異質物混成〕は、映画、文学批評、精神分析学、さらに〔赤いフォリーに見られる〕構成主義の図面からさえも引用する身振りを寄せ合わせている。[50] 彼がデザインを主導するモティーフとして「フォリー」という言葉を選んだこと自体が（ある程度フーコーを仄めかしているが）、テーマ全体に意味論的ドラマを負わせている。フランス語の「フォリー」は、かつて貴族の遊びのために作られたガーデン・パヴィリオンを意味するだけでなく「狂気」を意味する。[51] この言葉の選定において、都市アナーキストであるチュミは、建築の理念を偶発的もしくは反デザイン的な「イベント」と対等に位置づけたかったのだ。グリッドが衝突するところでは、いかに狂気が合理的であろうと、非合理的空間それ自体が行為の源となる。

このような作り話の偶発的性質はまた、《ラヴィレット公園》においてチュミとアイゼンマンのアプローチの違いを顕著にした。一九八五年アイゼンマンはプロジェクトマネージャーのフランソワ・バレから、《ラヴィレット公園》のガーデンの一つを、今や高名な哲学者デリダと協力してデザインすることを依頼された。[52] その後二年間にわたって二人は《コーラルワークス〔Chora L Works〕》に取り組み、この作品は様々な意味でアイゼンマンの最も興味深いデザインとなった。デリダは当初、自身の関与を限定して、プラトンの『ティマイオス』に関連する「コーラ〔chora〕」（容器）のアイディアを提案するだけだったが、建築家に宛てた手紙の中でスケッチを一枚提供した。[53] アイゼンマンはデザインを完成するのに苦闘したが、その中で彼は歴史的敷地の換喩的要素とチュミのデザインを、デリダの原稿や自身のヴェネツィア・カンナレージョ・プロジェクトのメタファーと結合させ、敷地の小さな一角に手際よく規模を縮小して、すべてを収めた。

にもかかわらず、デリダが最後に（そして最初に）祝福したのは、アイゼンマンではなくチュミであった。一九八六年、ロンドンのＡＡスクールで開かれた《ラヴィレット》に関する展覧会で、デリダは赤いフォリーについて、いわば哲学的な言葉で誉めたのだ——秩序の混乱、不安定性、意味の崩壊について。彼は問いかけた。「あのフォリーたちは建築の荒野へ戻ろうとしていないのか？　それは零度の建築的文書であり、そこではこの文書さえ意味を失う。さらには、終着点、美的アウラ、原理、階層的原則、象徴的意味も失われ、いわば、抽象的で、曖昧な、非人間的で、無用の、住むこともできない、無意味な塊の散文に帰してしまわないのか？」　しかしデリダはこうした解釈を否定する。その理由を彼はこう主張する。フォリーはむしろ「肯定し、その肯定を、この形而上的建築の、究極的に壊滅的で密かに虚無的な繰り返しの彼方に保証しているからだ。フォリーは私が言うところの〝今〟に入る。それらは建築を維持し更新し再確立する。それらはおそらく、共同墓地か墓の追憶の中に永遠に麻酔をかけられ壁に閉じ込められ埋められていたエネルギーを復活させる」[54]。歴史を通して、若い建築家がその地の哲学者や名士からこれほど深遠な承認を授けられたことはほとんどない。しかしながら、これほどまでに建築理論が難解になったことも、かつてなかったのではないか。

第8章

デコンストラクション

一九八〇年代のポストモダニズムとポスト構造主義は、その哲学的基盤を明らかに異にしていたにもかかわらず、この二流派の理論がそれぞれ著しく異なるデザインとして実現されたかどうかは、歴史的には未だ十分に解明されていない。そもそも八〇年代前半の「歴史主義」的潮流とは何を意味するのか——歴史主義そのものも——正確に定義することは一筋縄ではいかない。例えば、単純な歴史的な引喩が、架空の隠喩や物語あるいはテクストの顕現のような微妙な陰影を伴う戦略に、いつ道を譲ったのか？ そして、いつそれらがデザインにおいて認識されるようになったのか？（一九二〇年代のロシア構成主義者《コンストラクティヴィスト》の前衛戦略や一九八〇年代に「デコンストラクティヴィスト」たちが推進した）形態の解体と、一九八〇年代にほとんどどこでも見られた形態の複雑性の高まりとの間に、どこで正確な線引きができるだろうか？ 一方で欧米における多くの人文学系の教授たちが、ポスト構造主義をめぐって様々な手練手管や用語に関する知的気取りに耽っていた一方で、時流に遅れまいと望んだ建築家たちは、新しい形態的方向性を支える堅固な理論的基盤を探すのに必死であった。しかし、ここで明確にしておく必要があるのは、彼らもまた、変わりゆく流行の新奇さや、かつて存在しなかったものを創造しているという信条に、興味がなかったわけではなかったということだ。そして誰がポスト構造主義的で、誰がポストモダン的かという問いは、理論的な差がそれほど大きくないだけに、とりわけ曖昧さが残る。その意味で、一九八〇年代後期の建築理論は、アイゼンマンが一〇年前に述べていた思春期のぎこちない時期になぞらえることができるかもしれない。明瞭さではなく混迷が、時代の基調であった。

輪郭定まらぬポストモダニズム

例えば、かつてポストモダニズムの先駆者と呼ばれたハンス・ホラインとジェームズ・スターリングの作品も、彼らが一九五〇年代と一九六〇年代の美学的気運に基礎を置いていたため、そのような曖昧さを大いに示すことになった。ホラインはウィーン美術アカデミーを卒業し、一九五〇年代後半にＩＩＴとバークレーの大学院で学んだ。そのため、彼がウィーンに戻った時には、シカゴとカリフォルニアでの出来事にもよく通じており、ルドルフ・シンドラーやリチャード・ノイトラら、ウィーンからアメリカへ移住した先達の仕事も深く理解していた。ホラインは一九六〇年代に数々の展覧会に参加したが、なかでも最も注目すべきは、一九六二年に聖ステファノ・ギャラリーにおいて自身のフォトモンタージュを集めて展示した「変容〔Transformation〕」という展覧会であった。彼の美術インスタレーションは、すぐさまプロダクトデザイン、家具、舞台美術など、ほとんどあらゆるデザインの領域に進出していった。彼の初期の建築を特徴づける二つの作品——《レッティ蠟燭店》（一九六四－一九六五）と《シュリン宝石店》（一九七二－一九七四）——は、彼の芸術的才能をさらに顕示することになった。前者は、磨かれたアルミを用いてファサードとインテリアを構成しているが、そのディテールには高度な洗練さを披露している。後者では、カラフルな花崗岩でできたファサードの中央に真鍮で縁取られた裂け目が穿たれていて、アドルフ・ロースやヨーゼフ・ホフマンへのオマージュを捧げており、数年後には多くの出版物で「ポストモダン」の先駆的な表れであると取りざたされた。一九七〇年代後半には、《オーストリア旅行代理店のオフィス》（全部で四箇所ある）で、金色の椰子の木や、東洋的なパヴィリオン、ロー

図8.1　ハンス・ホライン《アブタイベルク美術館》メンヘングラッドバッハ　撮影：マルリース・ダルソー／提供：ホラインアトリエ

ルスロイスの窓を使ったことにより、ホラインはポストモダン運動の先頭を走る位置に押し上げられた。

しかし見かけはしばしば偽るものである。この時期の彼の他の主要作品であるメンヘングラッドバッハの《アプタイベルク美術館》（一九七二―一九八二）が、それを実証している。この美術館のデザインはいろいろな意味で複合的である。オランダ国境に近いドイツの小都市の歴史的街区に位置しており、美術のための記念碑的な殿堂というよりも、異質な部分的要素からなる都市的なランドスケープのように見える。部分部分もそれぞれ興味をそそる。例えば、管理部門の折れ曲がったタワー、石貼りの講堂、白い大理石のエントランス・パヴィリオン、北側採光に方向づけられた亜鉛葺きの七つのギャラリー、この複合体のほぼ全体の上に広がる都市的な広場、そして曲線的なカスケード状の一つながりの庭の壁（それは《グエル公園》を思わせる）、人々はその壁に沿って芝生の公園へと下っていく。しかし、このデザインの主要なテーマは他にある。それは異なる部屋部屋の華麗なインテリアが作り出す、遠近法的に次々に変わりゆく光景であり、フリードリヒ・アクライトナーがウィーンの「現実を美学的に誇張する伝統」と特徴づけ、ケネス・フランプトンがエピソード風の「見せ場」になぞらえた劇場的な様式である。その意味ではこの作品を〈ポストモダン〉と見なすことは難しい。[1]

ホラインは何にもましてメタファー〔隠喩〕を好み、間接的に物語る人であるが、ポストモダン的な意味で建築に「意味」を呼び戻すことを狙っていたのではない。彼はウィーンの東洋との歴史的つながりを想起させる華やかな精神をもって、いわば舞台上演のための作品を書き上げ、（彼の初期の講演から引用すると）そこでは「誰もが建築家であり、すべてが建築なのだ」。[2] 特に素材とテクトニクス〔構築術〕の選択において、彼はコミュニケーションよりもレトリックを好んだ。彼はまたフィッシャー・フォン・エルラッハからリチャード・ノイトラまで続くウィーンの建築的伝統を心中に抱いている。この見方について彼は初期の講演でこう述べている。

たとえ建築が精神の創造物であるとしても、それは同時に物質である。それは単に理念ではなく形態であり、何もない空間ではなく満たされた空間である。それはそこにある。私たちは建築をまず目で見る。と同時に建築を感じ、聴き、匂いを嗅ぐ。建築は身体にだけ語りかけるのではなく、精神に語りかける。建物それ自身が一つの魂、一つのパーソナリティ、一つのキャラクターをもっている。それは感情も欲望ももっている。[3]

ホラインの性格のもう一面は、彼がオットー・ヴァーグナーについて一九七八年に書いた小文に現れている。そこで彼は、ヴァーグナーがフィッシャー・フォン・エルラッハのバロック的伝統と密接な関係にあることを強調している。ホラインもそのイコノグラフィーの豊かな多面性において、ヴァーグナーと全く同じルーツを共有している。彼は故意に「異質の要素からなる風変わりな」象徴主義を公然と実践していたが、しかし彼のウィーン的なパフォーマンスの才能は、ヴァーグナーやロースのような先輩同様、滅亡したハプスブルグ帝国のアイロニックな華麗さや模倣による歴史的な色合いを帯びている。[4] 実を言えば、本質的に彼の仕事は、当時の世間一般が抱いていたポストモダニズムの概念とは異質であった。

スターリングのルーツはそれほど特異なものではないものの、同じくらい謎めいている。彼はリバプールに生まれ、一九四九年にリバプール大学建築学部を卒業し、コーリン・ロウの下で卒業設計を完成した。彼とコーリン・ロウは、戦時中のパラシュート訓練学校で出会っていた。一九五〇年代初期の多くの英国の建築家と同じく、彼にとってのヒーローはル・コルビュジエであり、ル・コルビュジエの《ジャウル邸》（一九五二）は、スターリングが五〇年代半ばにニュー・ブルータリズムを受け入れた時に模範とした作品だった。

一九五九年の《レスター大学工学部》におけるスターリングのデザイン（ジェームズ・ゴーワンと共同）がすべてを変えた。後年この英国の建築家は自身のプロとしての成長を、初期はモダニズムの「抽象〔abstraction〕」から始め、後に「表象〔representation〕」を次第に受容するように歩んできたと明言している。この大学の建物は構成としては抽象的だが、盛期モダニズムに対して彼が初めて行った真摯な批判を提示している。そもそもそれは、どこか不格好なヴォリュームの集合体だった。そのヴォリュームとは、エレベーターと階段の垂直なシャフト、メルニコフの《労働者クラブ》のようにキャンティレバーで突き出した講堂の上に立つ管理部門のタワーと、大きな水平面として広がる実験室の組み合わせである。実験室の矩形プランには四五度傾けた工場風のスカイライトが設置されたため、その端部は実験室の外周でダイヤモンド形のヴォリュームを突き出す格好になっている。煉瓦とタイルは異なるパターンで貼り分けられていて、コンセプチュアルな遊び心が表れている。互いにずらして配置された象徴的な形態が（それは当時大いに称賛された）モダニストの合理的な幾何学から決別したことで評価を高めたのだが、同時にそのディテール上の問題で、建物の機能性に対する使用者の不満を生むこととなった。同様に斬新な《ケンブリッジ大学》（一九六四－一九六七）と《オックスフォード大学》（一九六六－一九七一）の建物も、とりわけ使い勝手とディテールの問題において似たような運命に悩まされた。

一九七〇年頃、スターリングのデザイン・アプローチは新たな展開を辿っていた。それはしばしば一九六九年から一九七二年まで事務所に在籍したレオン・クリエの存在に帰せられる。つまり、テンデンツァの幾何学的単純化（の影響）が明白になってくるとともに、歴史的な新古典主義的タイポロジーがスターリングのデザインに取り込まれるようになった。それは、一九七〇年代中期の三つのドイツの美術館のデザインに顕著に表れている。そこでは部分的に、美術館の箱型を分解するホラインのアイディアも参考にしている。例えば、実現されなかったデュッセルドルフの《ノルドハイム・ヴェストファーレン美術館計画》では、スターリングは戦災を受けた既存の廃墟を活用（その中に講堂を配置）しつつ、美術館自体は四角い形態をとり、その中から円筒形の中庭をえぐり出している。その横にはエントランスとして古

図8.2　ジェイムス・スターリング《新シュトゥットガルト州立美術館》シュトゥットガルト、1977-1984　提供：ティム・ブラウン

典主義的なパヴィリオンを少し離して配置し、彼はそれを「美術館全体」を象徴するものだと述べた。[6]

同じモティーフ「円形の中庭」は、《シュトゥットガルト州立美術館》の中心要素にもなっている。この作品は既存の美術館の増築であり、一九七七年－一九八四年の間に建てられた。ここでも、知的な遊び心が溢れており、彫刻の中庭の円形ヴォイドを壁で囲むことから始まり、それを高い基壇の上に据え、次にその周りを美術館のU形のプランで囲んでいる。こうした操作は、グンナー・アスプルンドの《ストックホルム図書館》や、シンケルのベルリンの《アルテス・ムゼウム》を、デュッセルドルフのプロジェクト以上に忠実に想起させる。しかしこの構成は、「偶然性」が全体を支配する「多様なエピソードの数々」

とモネオが呼んだうちの、ある一面にすぎない。[7] この構成に織り込まれている歴史主義的ファンタジーの中には、半分地面に埋められた円柱、エジプト風とロマネスク風の窓、ル・コルビュジエ風のプランの形態、いくつもの斜路と「ロシア構成主義的キャノピー」などがあり、それらが交錯し、歩行者の味わう経験に入り込んでいる。意図的なスケール感の欠如、奇抜な色彩の選択、随所に見られる装われた誇張は、一見すると単純なアイロニーに見えるが、知的な操作を極限まで推し進めたものと解釈することもできる。ここにこそ、この複合的作品のディレンマがある。一九八〇年代初期の視点から見ると、数々の歴史的寓意が、ポストモダンの傑作という印象を強く生み出している。今この時期を顧みると、おそらくマイケル・グレイヴスのポートランドの建物を除けば、この作品以上に世間の注目を浴びた作品はなかった。しかし一方で、その対角線の使い方、傾いた壁、大きな切石があたかも壁から「ずり落ちた」かのように見せる手法などは、明白な理論的意図は全くないにもかかわらず、実のところ、デコンストラクション〔脱構築〕の初期の試みを示しているとも言えるのだ。

ゲーリー

フランク・O・ゲーリーの作品にも、同じように視覚的な複雑さの重ね合わせが明確に見てとれる。ただし、作品集を繙けばわかるように、初期には全般に全く異なる傾向の作品から彼は出発している。トロント生まれのゲーリーは、一〇代で家族とロサンジェルスに移住し、南カリフォルニア大学で学んだ。彼はヴィクター・グルーエンの事務所で二回短期間の勤務を経て、ハーヴァード大学で一学期、パリで一年過ごした後、一九六二年にグレッグ・ウォルシュとパートナーシップを組んだ。ゲーリーの初期作品には、いくつかの面で彼の後期の展開を予見するものがある。《スティーブズ邸》(一九五八―一九五九)では、その軽快さと空間の感覚とともに、ライト風のモティーフ(十字型のオープンプラン、フラットルーフ、高窓の使用、面的な拡張)と、さらにこの土地由来のケーススタディハウスや日本的デザインまでも融合している。ロースに刺激された《ダンツィンガー・スタジオ・レジデンス》(一九六四―一九六五)では、二つのヴォリュームを接近させて結合し、メルローズ・アベニューの騒音や混雑を避けて内向きになるよう微妙に平行配置している。一九六〇年代と一九七〇年代のプロジェクトには、メリーランド州コロンビアにある《レセプションセンター》(一九六五―一九六七)、《メリウェザー・ポスト・パヴィリオン》(一九六六―一九六七)、《ハリウッドボールの改修》(一九七〇―一九八二)がある。

一九六〇年代後期までに、ゲーリーはすでに彼のデザイン手法――安価な材料の使用や、空間的構築を「爆発」させること――を実験していた。《サン・ファアン・キャピストラーノのオニールの納屋》(一九六八)と《マリブのデイヴィス・スタジオ》(一九六八―一九七二)の両方で、ゲーリーは直交系幾何学と決別し、傾いた台形のシェルを波形ガルバリウム鋼板や(デイヴィス・スタジオでは)未仕上げの合板で被うデザインを採用した。一九六九年に、彼は初めてカードボードの家具をデザインし、《サンタモニカ・プレイス》(一九七二―一九八〇)では車庫の南面ファサードに金網を用いた。これらの実験は、南カリフォルニアの何人もの芸術家と親交を深めるにつれて、《サンタモニカの自邸》の改修で頂点に達した。《自邸》の過激さゆえに、彼の事務所は倒産に追い込まれる事態となったが、それはいわば彼の二度目の建築界デビューでもあった。その衝突するヴォリュームの表現主義的遊戯や層状化した空間、遊び溢れた光の効果は——ダルコーはそれを「華々しい自伝的な見世物的操作」と呼んだが——その《メルツバウ☆》のような構成要素とともに、間違いなく今でもモダンであると言える。[8] ゲーリーは一九七八年以降、ロサンジェルスにある《ロヨラ・ロースクール》の一群の建物や古代ローマ風のフォーラムにおいてポストモダニズムと戯れることさえ厭わなかった。しかしこうした文化的な影響は長くは続かなかった。その最大の理由は、魚の表象に対する彼の異常な執着が復活したからだろう。

もちろん、ゲーリーが一九八〇年代を通じて繰り返し魚のモティーフを使用した個人的理由は、私たちには知る由もない。しかしその使用は、まだ発展途上にあった彼の建築的前途にとって、段階を一つ先に進めたことは間違いない。実はゲーリーは、魚の形に魅了された最初の建築家ではない。一八五九年の古代ギリシャの投石器の弾に関する評論で、ドイツの建築家ゴットフリート・ゼンパーは「自然と芸術におけるいくつかの形態の動的な起源」と名づけた考察の中で、魚の独特な形はその生態学的環境に対する進化的反応であるとし、そして古代ギリシア人は建築的形態における弾力的な曲線の多くを有機的世界から借用していたと述べた。例えば、ギリシア語のechinus（エキヌス☆☆）は「ムール貝」を意味するギリシア語と同じ語源をもつとゼンパーは指摘した。[9] しかしゲーリーの魚に対する熱中は、その象徴的意味と鱗のある形に基づいていたようだ。それは一九八一年に《スミス邸》のスケッチにおいて初めて出現し、同年ニューヨーク建築連盟のためにリチャード・セラと設計した《フィッシュ・パイロン

訳注☆　ドイツ人美術家クルト・シュヴィッタースが起こしたダダイズムの芸術運動。
訳注☆☆　ドーリア式オーダー柱頭の卵形刳形のこと。

橋》で公にされる。一九八三年、フォーミカ株式会社がゲーリーに「カラーコア」の可能性を追求する仕事を委嘱した時、ゲーリーは魚の形を〔蛇とともに〕ランプに変身させた。そして数年のうちにその魚は、世間の大きな喝采を浴びて世界中のショールームや彫刻的インスタレーションに登場した。

一九八五年のヴェネツィア・ビエンナーレで上演された『ナイフの針路〔Il corso del coltello〕』でも、魚が隠喩的に潜在していた。この演劇は一九八〇年代の非常に興味深い建築的イベントの一つであり、おそらくゲーリーの芸術家としての最も決定的な意見表明であった。ゲーリーがコーシャ・ヴァン・ブリュッゲンやクレス・オルデンバーグとともに構想・共作したこの作品は、まるで食い違った出来事の衝突で構成されていた。そしてありえないほどのキャストが配役された。その中には、画家を夢見る無許可の記念品商人役コルテルロ博士〔オルデンバーグ〕、引退した旅行エージェントでジョルジュ・サンドやカラミティ・ジェーンのように文学を追求しようとするジョージア・サンドバッグ〔ヴァン・ブリュッゲン〕、そしてすべてを知る貧乏な博打打ちバスタ・カランボラ〔ジェルマーノ・チェラント〕がいた。ゲーリーはフランキー・P・トロントという、理髪師にして偉大な建築家に憧れる講師を演じた。ドラマの主要な大道具はゴンドラを兼ねる巨大なスイス・アーミーナイフだった。その大きなほうの刃は魚のような形をし、コルクスクリューはとぐろを巻く蛇を象徴していた。序盤でゲーリーは、建築の断片でできたスーツを身に纏《まと》い、魚と建物の帽子をかぶり、落書きの書き散らされた古典的な寺院からスイス・アーミーナイフのような刃を使って脱出する。その後に続く「レクチャー」で彼は三つの建築の原則を取り上げる。第一原則は古典主義の「〔サド・マゾヒズムならぬ〕サド・マッチョ的・軍隊的秩序」に反して「本当の秩序は無秩序である」。第二原則は、建築とは根本的に「切断し薄切りにし、切断し薄切

図8.3　フランク・ゲーリー《オリンピック村のための魚の彫刻》バルセロナ、1992　提供：マット・ミゼンコ

りにする」行為である。そして彼がアカデミーにもポストモダニズムにも共感していないことを明言した後、ゲーリーは彼の第三原理である変身について説明した。「なぜ変身なのか？　世はつねに変化している。人は建物になり、建物は人になるのだ。人の前には他の生き物がいた、他の美しい生き物がいた」。なかでも魚は最も美しい。[10]

この台詞はポストモダニズムの歴史的気取りに対する反論であるだけではなく、どのようにしてゲーリーが彼自身のデザイン傾向の変化に気づき始めていたかということを明示している。すなわち、ゲーリーの進化において魚は非常に具体的な役割を果たしていたのだ。一九八九年、《バルセロナのオリンピック村のための巨大な魚の彫刻》を提案するにあたって、ゲーリーの事務所は、簡単に製造し組み立てることができる方法で、いかに非線形的形態の大きさを詳細に図面化するかという問題に直面した。解決策はミラージュ戦闘機を設計する際に用いる航空工学的ソフトウェアを採用することであり、それによって曲面パネルの寸法を測り建造することができた。この新たなソフトウェアはゲーリー事務所の他のプロジェクトにも応用された。その二年前に設計競技で勝ったばかりで、まだ最終デザインを準備していた《ディズニーホール》がそれである。こうしてコンピュータ・ソフトウェアの新たなツールは（《ディズニーコンサートホール》とその直後の《ビルバオ・グッゲンハイム美術館》の両方で）彼の実務にとって新しい段階の扉を開き、それは一九九〇年代において奥深い意味をもっていた。そして《ディズニーホール》と《グッゲンハイム美術館》の両方において、彼は魚の鱗に至るまで正確に位置づけることができたのだった。

六八年世代の登場

ゲーリーの建築的変形の大部分が、一九八〇年代の哲学への心酔に動機づけられたものでなかったとすれば、その逆を行くのが、この時期に登場してきた若い建築家の一群であった。そのグループの先頭に立っていたのはレム・コールハースとOMAである。コールハースはもともとジャーナリストで（一時は）脚本家だったが、一九六八年から一九七二年というあの重要な時期にAAスクールで学んだ。在学中から彼は様々な物議を醸した。作品講評会の審査員に不信感を抱かれたプロジェクトの一つは《建築としてのベルリンの壁》と題されたものだった。これは、まだその当時荒廃した都市を二つに分断していた「既存の建物」あるいは心理的な無人地帯《ノーマンズランド》としてのベルリンの壁を考察するというものだった。[11]

もう一つは、彼の将来のパートナーであるエリア・ゼンゲリスと行った《エクソダス〔大量出国〕、あるいは建築の自発的囚人たち》（一九七二）という、同様に拘禁感の漂うタイトルのものだった。[12] イワン・レオニドフの《ウラル山脈の線形都市プロジェクト》（一九三〇）に着想の源を得て、二人の学生はロンドン中央の大きな一範囲を取り除き、その跡に二つの壁を挿入してその内側にもう一つの都市を囲い込むことを提案した。そこに住む居住者たち、つまりその建築を熱烈に愛するほど強靭な人々が、この新たな都市の自発的囚人となり、厳しく統制された生活に耐えることを選択できるというのだ。そこでは「ラジオが不思議なことに故障していて」「ニュース」というコンセプトが馬鹿にされているという事実があり、それを少なくともいくらか相殺するために浴場のようなアメニティが設けられ、そこでは個人も、カップルも、グループも、いかなる「個人的、公共的な幻想」にも自由に耽ることが許されていた。[13] このプロジェクトの背景には、コールハースがロンドンでアドルフォ・ナタリーニに会い、同様のアイロニックな傾向にあったスーパースタジオの様々なプロジェクトに親しむようになったという事実があった。[14]

コールハースは一九七三年を、コーネル大学とニューヨークのIAUS（フランプトンが彼を客員フェローとして招いた）の二箇所で過ごした。この年、彼はイワン・レオニドフの一九三三年の《三つのタワープロジェクト》に関する小論を、ヘリット・オオソイスとともに執筆した。[15] ゼンゲリスとのもう一つのペーパープロジェクト《囚われた地球の都市》では、花崗岩でできた低層の基壇的固まりの上に、対立するイデオロギーが一つ一つ抽象的な建築造形の形をとって搭載された都市センターなるものを提示した。こうすると、この都市のスカイラインの変化は、それぞれのイデオロギーの崩壊的失敗や

「投機的突出」によって決まる。[16] しかしどちらの仕事も、コールハースが同じくＩＡＵＳ滞在中に書いた著書『デリリアス・ニューヨーク』（一九七八）の考古学的労苦に比べると、単なる準備行為にすぎなかった。

この「マンハッタンの遡及的マニフェスト」（著書のサブタイトル）は非常に洒落ていただけでなく、その「マンハッタニズム」綱領のもつそっけない語り口が注目を浴びた。学術的職能的理論の長年の定説に逆らって、コールハースは（ジャン＝ルイ・コーエンはかつて彼を「穏やかな挑発者」と評した）驚くほど単純な逆説を提示したのだ。それは、過剰密集こそが近代生活を非常に前向きに動かしている、というものだ。[17] もしヨーロッパの理論が、二〇世紀を通じてマニフェストに満ちていながらその証拠を示さなかったとすれば、マンハッタンは正しくその反対であった。ニューヨークは「マニフェストなき証拠の山々［建物］」を有するだけではなく、「見る者の中に建築へのエクスタシーを抱かせる」[18]。この最後の愉悦について、マンハッタニズムの教訓は従来、学術界や博物館そして職業的歴史家によって、軽蔑されないまでも抑圧され無視されていたとコールハースは強調した。

欠落していた記録を埋め合わせたコールハースの方法は、コニーアイランド、摩天楼、ロックフェラーセンター、サルバドール・ダリ、ル・コルビュジエを歴史的に記述した章に見られるように、とりわけ想像力に富んでいる。しかし遊園地や飛行船に関する細かい記述の中で見落とせないのは、その博学ぶりである。例えば、摩天楼に関する章でマンハッタンの建築文化のルーツを巧みに利用する手法は、かつていかなる歴史的研究も成しえなかったものと言ってよい。私たちはカタログ化された数々の建物について相当細部まで学べるだけではなく、一九二〇年代と一九三〇年代初期に虚勢や騒乱をもたらした人物たち（ヒュー・フェリス、ハーベイ・ワイリー・コルベット、レイモンド・フッドら）に関しても多くを学べる。ウォルドーフ・アストリアやエンパイア・ステート・ビル（前者が後者に変貌するというアイディア）に関する章はコールハースの巧みな文才を表している。再建され大増築されたウォルドーフ・アストリアはまだ摩天楼ですらなく「いわば一つの筋書き《プロット》だった。つまり、他では決して出会うことのなかった人々の間に、偶発的で思いもかけない衝突を発生させる、それ自身の法則をもつサイバネテック世界だった」[19]。そこには多数の厨房が垂直方向に何層も積み重ねられ、世界の多くの料理文化が楽しめるようになっていた。

ル・コルビュジエもまた厳しい再評価を受けた。特に「機械文明の要求と潜在的栄光に釣り合う新たな都市」を建設するという彼の強迫観念が批判された。それは一つの夢想であったが、マンハッタンでは「そのような都市はすでに存在するという悲劇的不運」に直面することを運命づけられていたのだ[20]。誰にも引き止められないまま、ル・コルビュジエはまずアメリカの摩天楼をあざ笑うキャンペーンを遂行し、そして次に、彼は「反摩天楼と反マンハッタン」を「輝く都市」の形によってデザインした。この計画で彼は、ニューヨークの摩天楼を（身ぐるみ剝いで、頂部と基壇を切断したうえで）クリエが必須的都市要素と信じていた密集を避けて、互いに十分離して（四〇〇メートル）配置した。この案によってル・コルビュジエは、とりわけ一九三五年のニューヨークへの旅で屈辱を味わうことを余儀なくされた。旅のスポンサーだったＭｏＭＡ（過去三年間、同様の反マンハッタン・キャンペーンを行っていた）さえも彼を救うことはできなかった。なぜなら「永続的危機にあるはずの首都」は、彼の計画に、ほとんど目もくれなかったからだ。

一九七八年に『デリリアス・ニューヨーク』が登場した時、コールハースと彼のチームはまだ無名だった。その三年前、彼は妻のマデロン・フリーセンドルフ、エリア・ゼンゲリス、ゾエ・ゼンゲリスとともにＯＭＡを形成したが、当初仕事の依頼はほとんどなかった。一九八一年にＯＭＡは《ハーグのオランダ議会増築設計競技》で勝利したが実現しなかった。一九八二－一九八三年の《ラヴィレット公園設計競技》で一次選考一〇名に残ったが、これも実現に至らなかった。ただ後者はＯＭＡにとって非常に重要であり、そこでは密集というテーマを喚起する最初の試みが行われた。彼らは水平の帯で敷地を層状に分け、「四〇または五〇の異なるアクティビティを、上下階ではなく水平方向に、公園敷地全面に展開し」目録化した。そしてその水平帯の上にキオスク、バーそしてレストランなどの「コンフェッティ〔砂糖菓子〕」を散りばめた。[21]このプロジェクトが進行する間に、ＯＭＡは初めての大きな仕事である《ハーグのナショナル・ダンス・シアター》（一九八〇－一九八七）にすでに取りかかっていた。この建物が竣工した時、ＯＭＡはヨーロッパで最大にして最も忙しい事務所の一つとなり、一九九〇年代におけるオランダ建築ルネサンスのリーダーになっていた。

友人関係や興味分野においてコールハースと類似していたのはザハ・ハディドである。このイラク生まれの建築家はレバノンのアメリカ大学で修学した後、一九七二年から一九七七年の間、ＡＡスクールで学んだ。コールハースとゼンゲリスのスタジオで学んでいた時に、彼女はデ・ステイルとロシア構成主義に関する興味を深めた。それにカジミール・マレビッチのシュプレマティスムにも傾倒し、彼の《アルファ・アーキテクトン》（一九二〇）の三次元模型（それはテムズ川にかかる橋として再造形された）は彼女の卒業設計の基礎となった。彼女はマレビッチの白い石膏の形態を構成としてはほぼ変更せず、赤、黒、白、青灰色の色調を用いたアクソノメトリック図として描いた。それは建築的プレゼンテーションと言うより、いわば一枚の抽象画と言えるものだった。平面図の輪郭線は本当に絵の表面に刻印された装飾のように見えた。

卒業とともに、コールハースとゼンゲリスはハディドをOMAのパートナーとして招き、彼女は二年ほどそこで勤務した。彼女の初期作品――《アイルランド首相官邸》(一九七九－一九八〇)、《59イートン・プレイス》(一九八一－一九八二)、そして彼女の《ラヴィレット設計競技案》(一九八二－一九八三)――は引き続き絵画のように構成された。それらはスケール感もなく、宙に浮いていて、斜めに傾いて描かれ、しばしば部分的断片に粉砕されていて、後からそれを建築として組み立て直すのが当然だと思っているかのようだった。彼女の表現力の力量を見せつけたのは、《香港・ピーククラブの設計競技勝利案》(一九八二－一九八三)のデザインだった。その勝利の発表はチュミの《ラヴィレット公園》勝利案の発表とほぼ同時だった。この贅沢なプライベートクラブは、当時まだ英国植民地だった香港のヴィトリアピーク頂上に配置されることになっていた。一連の絵画を通じて、ハディドは自らの手法を「シュプレマティスト地質学」と名づけていた。それによると、掘削した岩を「磨いた花崗岩でできた人工の山」に造り直す一方で「水平な梁のような建物を、層状に一つずつ積み重ねた形をとって一連のプログラムを構成する」[22]。デザインの形態の鋭さは、層状化された複数の軸をわずかにずらし、尖った形を使うことでもたらされている。それは「ネオ・モダン」であるが、決して一九八〇年代初期の歴史主義者的な意味においてではなかった。ハディドはシュプレマティスムをさらに推し進め、いかなる血統・由来も定かではない形態を探求し始めたが、構成と表現における彼女の絵画的アプローチは変わらなかった。

彼女の斬新さは、一九八三年にAAスクールで開かれた展覧会「惑星建築2」の図録でも明白だった。それは彼女の才能を披露する印象的な冊子であり、六つのプロジェクトを収めた大判のポートフォリオに、フランプトンの序文とボヤースキーによるインタビューが掲載されていた。タイトルはコールハースによる学生評価書に由来するもので、彼はハディドを「誰にも真似できない自分自身の軌道をもつ惑星」と表現し、彼女がありきたりの経歴を辿ることは「ありえない」と評した。ハディドは短い小論「八九度」において自身の課題を「モダニティの再探索」であると謙虚に定め、それは必然的に「新しい領土」への侵犯と征服を伴うと述べた。[23]

ダニエル・リベスキンドも同じような経歴を辿って登場した。彼は才能ある音楽家でもあり、ポーランドで生まれ、両親とともに初めはイスラエルに、その後一九六〇年にニューヨーク市に移住した。五年後、彼はピアニストとして有望な経歴を積んだ後、クーパーユニオンスクールの建築プログラムに入学し、ジョン・ヘイダックのもとで学んだ。リベスキンドはまたエセックス大学大学院で、ジョセフ・リクワートとダリボア・ヴェセリーの下で学んだ。またオンタリオ教育高等研究所の大学院でも学び、そこで彼は現象学への興味を探求した。一九七八年には、クランブルック美術アカデミー建築学科の学科長となった。そこはエリエールとエーロ・サーリネン父子が一九三〇年に建築教育のために創立した学校だった。

リベスキンドのこの時期における芸術的作業のポートフォリオは探検的で抽象的神秘性に満ちている。彼の《マイクロメガス》(一九七九)と題された線画のシリーズは、非常に感動的であったため、それを見た一人のアートギャラリーのオーナー（ジェフリー・キプニス）が美術品取引をやめて建築に転向したほどだった。[24] リベスキンドはこれらの線画を「物理学でも空間の詩学でもなく」むしろ「形態について我々が前提としている理解の根本的な問い直し」を夢中になって希求した人物の作業だと述べた。彼はさらに続けて、それはエトムント・フッサールの小論『幾何学の起源』に触発された探求であると注釈した。[25] 一九八三年にAAスクールで初めて展示されたリベスキンドの《チェンバーワークス》（一九八三）も同じくらい難解である。ただ、ここでリベスキンドは、建築の永続的な構造、不変の形態、普遍的な定型を探し出すのではないとして、残るのは「空間と時間における象形文字の痕跡を捉えること」だけだと認めている。もう少しわかりやすい作品としては、一九八五年のヴェネツィア・ビエンナーレのために準備した《建築における三つの教訓》と題する彫刻的機械が挙げられる。内容と製作は中世的でありながら、（ウィトルウィウスとアルベルティの指示に従った）これらの機械は、アートの世界全般の中でも稀な構想の豊かさと洗練された出来映えを見せている。そのうち（ペトラルカに捧げられた）機械は、修道士の「読む機械」を彼自身が解釈し直したものである。この機械には、二つの回転する輪が八つの棚によって結合され、その各々の棚に一冊の手作りの本が載せてあった。フレーム内に固定された円形のドラムは、手彫りの九二個の歯車が精妙に連鎖することによって駆動し、着席した読者がその制御を行う。この機械は、リベスキンドにとって「建築的テクストの同語反復的現実」に言及するものであり、彼の師匠のヘイダックへの親近性はもちろん、職人技への高度な感覚を表した。[26]

言うまでもなく、リベスキンドは一九八九年《ベルリンのユダヤ博物館》の設計競技に勝利することによって劇的に実務的歩みを始めた。二〇〇一年にようやく完成したチタン亜鉛合金板に覆われた鋭い角度をもつ建築についてここでは論じない。固い決意をもった建築家でなければ、数々のお役所仕事の障害を乗り越えて完成に至ることはできなかっただろうし、この建築が日の目を見ることもなかったであろう。シェーンベルクのオペラ『モーゼとアロン』からヴァルター・ベンヤミンの『この道、一方通行』に至る精巧に作り上げられた象徴的体系は、生半可な解読を許さないが、(設計競技のための説明文全体が五線紙に印刷されていた)この作品の純然たる情熱と情動は、そうしたあらゆる知的世界の分析を統合している。[27]《ユダヤ博物館》が、建築を建てた経験のない四二歳の建築家の頭から生まれたという事実は、もし彼の哲学的習練とかつて学んだ作曲の能力がそれを予言していなかったとすれば、それ自体二〇世紀におけるエレウシスの密儀の一つと見ることができるかもしれない。

「……倒錯の建築……」

一九八〇年代の終わり頃、二つのことが明らかになってきた。第一は、ほんの一〇年前に桁外れの出来事として喧伝されたポストモダニズム現象が美学的流行として新鮮味を失い始めたこと。第二は、ポストモダニズムに置き換わるものが、政治的性格を帯びた一九二〇年代様式のモダニズムというあの革命の内側におけるさらなる一段階なのか、あるいは根本的にモダニズムと対立するものなのか、という混乱であった。これは少なくともアメリカの建築界全般に存在した。例えば、マイケル・ヘイズはカート・W・フォースターとマーク・ラカタンスキーとともに、一九八六年『アッサンブラージュ』という雑誌を創刊した。彼は創刊号の巻頭論説で、「受動的にすべてを受け入れる多元主義」に反対して「歴史、文学批評、哲学、政治」を取り込むとともに「異種混交、衝突、不完全性」を示唆するような「対立的な識見」を求めた。[28] しかし、そのような知的抽象性を、どのようにして文化産業の求める整然とした分類化や納得のいく価値説明に適合させることができるのだろうか？　もし建築が永続的に過激な対立の立場をとることを託されているとすれば、あらゆる価値あるいは意味さえも、デリダのテクストのように摑まえどころのないものになりはしないのか？

この第二のポイントは一九八〇年代後期に「デコンストラクション」を改めて定義しようとする試みの中で非常に明瞭になってきた。その第一は、一九八八年四月上旬にロンドンのテート・ギャラリーで、このテーマに関して行われた一日のシンポジウムだった。第二は、その数か月後ＭｏＭＡで行われた「デコンストラクティヴィスト建築」と題した展覧会だった。この二つのイベントのうち、前者のほうが知的にはより意欲的であったが、おそらくそれはその後のニューヨークの展覧会を念頭において企画されていたからだろう。[29] シンポジウムの主催者であるアンドレア・パパダキスは出版社アカデミー・エディションズの編集者だった。一九七〇年代後期、彼はその時々の話題のテーマに関する「デザインプロファイル」のシリーズを出すことで、『アーキテクチュラル・デザイン』誌を刷新した。それ以上に、この雑誌は図版を惜しみなく使い、理論的内容に重点を置き、急速な変化の最前線に居続けたいと目標を定めていた。パパダキスはイベントの正当性を立証するために、ほかならぬデリダ自身を権威として呼び寄せることを企画した。[30] しかしデリダは土壇場で参加受諾を取り消したため、このパリの有名人へのインタビューを、聴衆は不満足ながら録画を見ることで受け入れる他なかった。[31] 午後の部は哲学、美術、彫刻における「デコンストラクション」のテーマに捧げられたが、午前の部はもっぱら建築に割り当てられ、実際にアイゼンマン、チュミ、ハディドそしてマーク・ウィグリーによる選抜された討論者たちに与えられた。司会を務めたのはチャールズ・ジェンクスだった。

ジェンクスのポストモダニズムとデコンストラクションに関する見解は、彼がこの問題に以前は躊躇を示していただけに興味深いものだった。四年前の著書『ポストモダニズムとは何か?』の中で、彼はポストモダン運動を定義するにあたって、ゲーリー、コールハース、アイゼンマンのような建築家は中に含めるが、一方でチュミやハディドらは除外した。ところが彼は一九八八年前半に出た『アーキテクチュラル・デザイン』誌の特集号で、それらすべての建築家は事実上「後期モダニスト〔Late-Modernists〕」であり、それゆえモダニズムともポストモダニズムとも異なる方向性を代表していると結論づけていた。と同時に彼はミッドタウン・マンハッタン辺りで起きていた「虚無〔nihil〕」および「空虚と不在」を新たな様式の基礎に置こうとする動きに対しては、かなり冷笑的な予測を示していた。[32]

しかしアイゼンマンとチュミは、長い間ポストモダニズムが意味論に集中していたことに公然と反論していた。そのため、テート・ギャラリーで彼らとジェンクスが一戦を交える可能性はきわめて濃厚だった。ジェンクスは「デコンストラクション/隻心笑声」☆と題する開会の辞で先制攻撃を仕掛けた。ジェンクスの次に登壇したアイゼンマンは、伝えられるところによれば、そっけなく彼の主張を退けて述べた。「私はチャールズのことはかなり好きだが、しかしさすがにもううんざりだ。次回は自分が何を話しているかわかっている司会者に交代してもらえないか?」[33] そしてアイゼンマンはデコンストラクションの建築の理論的基盤を展開してみせた。ある編集者がまとめたその所感の要旨は次のようなものだ。

アイゼンマンによれば、デコンストラクションは、つかみどころなく、思索的で難解だ。四〇〇年間、建築は自然を克服することを目指していたが、今は知の克服を象徴化することを試みている。デコンストラクションは「間にあるもの〔the between〕」――美の中にある醜さ、合理性の中にある非合理性――を探し求めている。抑圧されていたもの、真の抵抗を発見し、テクスト性に切り込んで、システムを置換する。そうすることで初めて真のデコンストラクショニストの作品が生まれ出るであろう。それは「間にあるもの」に取り組み、不安をひき起こし、エドヴァルド・ムンクが絵に描いたように、疎外された人間の建築を創り出すことができる。[34]

アイゼンマンはさらに建築のデコンストラクションのカテゴリーから、彼の目には大きなシステム全体を転覆していないと見られるゲーリーやジェイムズ・ワインズのような建築家の作品を除外した。アイゼンマンに次いでチュミとハディドが登壇した。前者は《ラヴィレット公園》について論じ、建築のデコンストラクションを、デザインの伝統的論理からの決別であると同時に、意味を拾い上げようとするポストモダニズムの絶望的な試みに取って代わるものだと定義した。フィリップ・ジョンソンとともにニューヨークの展覧会の共同キュレーターだったウィグリーだけが、哲学に関する集中砲火に立ち向

訳注　原文は"The Sound of One Mind Laughing."これは有名な禅の公案「隻手音声」の英訳"the sound of one hand clapping."（「両手を打つと音が響くが、片手ではどんな音がするか？」）を言い換えたパロディ。数行前にあるようにジェンクスはデコンストラクションの建築はミッドタウン・マンハッタン（アイゼンマン事務所の所在地）に見られる「空虚」に由来するとして、アイゼンマンの「心」を禅の「空」の思想と重ね合わせて痛烈に揶揄したのである。

かい、建築におけるこの新たな現象はデリダの哲学とはほとんど関係ないと主張した。ここで皮肉なのは、ウィグリーはその二年前に「ジャック・デリダと建築――建築的言説の構成的可能性」と題する博士学位論文を完成した後であり、チュミやアイゼンマンとともに、その場に居合わせた建築家の中でデリダの理論に深く通じた数少ない一人であったことだ。[35] また同時に彼は次に来たるべきニューヨークの展覧会の内実を知っていた、聴衆の中の数少ない人物の一人でもあった。

ところがウィグリーは少なくともロンドンではその日の勝者にはなれなかった。パパダキスがその後シンポジウムを引き継ぎ、ジェンクスの小論も含まれるデザインプロファイル『建築のデコンストラクション』を紹介した。その号は、いくつかの小論で、エミリオ・アンバース、コープ・ヒンメルブラウ、SITE、OMA、ゲーリー、モーフォシスの作品に見られるデリダ的理論基盤を強調している。また彼はさらに、デコンストラクションのテーマに捧げられた自ら編集の『選集』を簡単に紹介した。それは哲学と建築を一致させようとするさらに意欲的な試みとされた。そして『デコンストラクション――学生のためのガイド』という、プラトンから現在に至る哲学的領域の中で建築を位置づけようとする本も紹介した。

そうこうするうちに一九八八年の初夏、「デコンストラクティヴィスト建築」展がニューヨークで開催された。それはフィリップ・ジョンソンの発案だったようだが、おそらく長年親密な関係にあったアイゼンマンとの会話の中で生まれたものだろう。この展覧会は、すでにMoMA理事会の名誉会長であったジョンソンにとって、キュレーターとしての劇的な復帰を意味していた。それは、一九四七年の「ミース・ファン・デル・ローエ」展とともに一九三二年の「インターナショナル・スタイル」展をも想起させる出来事であった。ジョンソンは、一九八〇年代初期に世評を集めたAT&Tビルの「チッペンデール風」頂部によって、モダンからポストモダンに乗り換えた後、それ以来名誉会長にまで昇進していた。彼にとってこの新しい展覧会は、MoMAを大幅に刷新する絶好の機会であった。そこでジョンソンはウィグリーの助けを得て、一九八七年に展示内容に関する議論に参加した。ロンドンでの発言どおりに、ウィグリーは展示者を選定する過程で分野分けする際に、運動をイデオロギーというよりは流派的な特徴によって特定したと説明した。[36]

その目論見が成功したことは、展覧会が盛況だったことから理解できる。展覧会に出展した建築家たちは、ゲーリー、リベスキンド、コールハース、アイゼンマン、ハディド、コープ・ヒンメルブラウ、チュミであった。そして彼らは全員この選定のお陰で大きな名声を得ることになった。ゲーリーは《自邸》を、ハディドは《ピーククラブ》を、チュミは《ラヴィレット公園》を、そしてリベスキンドはユダヤ博物館に先立つ《ベルリンの「シティ・エッジ」プロジェクト》(一九八七)を展示した。OMAは《ロッテルダムのアパートメントビル》(一九八二)を、アイゼンマンは《フランクフルト大学のバイオセンター》(一九八七)を展示した。ヴォルフガング・プリックスとヘルムート・シュヴィツィンスキーが率いるコープ・ヒンメルブラウのウィーン事務所は三つのプロジェクトを展示した。そのうち最も興味深いものは《ハンブルクの超高層プロジェクト》(一九八五)だった。一九六八年に設立されたこの事務所のデザイン的感性は、公然としたアナーキスト的性格において他の参加者から際立っていた。

展覧会の図録は、ロンドンのシンポジウムのような、理論に重点を置いたものではなかった。ジョンソンは巻頭言で、いかなる新たな様式も実現されておらず、いかなる新たな運動も進行しておらず、「デコンストラクティヴィスト」という渾名は、単に一九二〇年代ソヴィエトのコンストラクティヴィスト〔構成主義者〕との形態的類似性から選ばれたにすぎないと断言した。それゆえ、これら幾人かの建築家の作品に見られる共通のモティーフは「長方形または台形の帯状形態が斜めに重なり合うこと」だと述べた[37]。

ウィグリーは序文でロンドンでの議論を引き継いで論じた。一九二〇年代の主流モダニストたちの「純粋形態」（調和、統合そして安定の価値）と初期の構成主義者《コンストラクティヴィスト》の「過激な幾何学」とを対比してみれば、ここに展示された七人の建築家の作品は何らかの調停の作業、つまり「前衛的に激しく対立する形態」に「インターナショナル・スタイルのクールなうわべの装い」を加えたものだとウィグリーは解釈した[38]。しかしながら、これはポストモダニストたちが狙っていたような意識的な復興《リバイバル》運動ではなかった。理論は別として形態の効果的な実験として見れば、これらの作品は、例えば〈囲い《エンクロージャー》の理念〉のような由緒ある建築的信条に対して「脱文脈化」か「脱慣習化」によって対応するという立場を表明していた。それらは新しいものでもなく、新たな前衛的宣言でもなく、いわば衝撃を与え、意図的に不安感を呼び起こすために意図された形態であった。しかし伝統的な形態の考え方に対するこれらの「攪乱〔disturbance〕☆」は、知覚ではなく文化に関わるものであった。つまり「彼らが創り出したものは、一種の倒錯の建築であり、慣れ親しんだものから見慣れないものへ制御できずに滑り落ちてしまう摑まえどころのない建築であり、それ自身矛盾する性質を不気味に露わにするものだ。それは、最終的には形態を刷新するために形態自体を歪めるような建築である」[39]。興味深いことにウィグリーは、この「エピソード」は短命に終わることを運命づけられている、なぜなら各々の建築家はまもなく自分自身の道を歩むことになるだろうから、と予言して序文を結んでいる。

確かに一九九〇年代は彼のこの予言を証明することになったが、同時にニューヨークの展覧会は多くの意味で建築界の恥さらしになった。それも実に深刻なものだった。それは、様式から理論を切り離すことで、当時の多くのイデオロギー的純粋主義者たちの感情を害したこともさることながら、展覧会を取り巻く見苦しい「ショー」のためだった。その開催直前に『ニューヨーク・タイムズ』紙の批評家ジョセフ・ジョバンニーニは日曜版に一つの記事を書き、その中でこの新しい動きをジョン・ケージの音楽（「強烈で意図的に〝偶発的な〟」）と「倫理的、政治的、経済的システムに衝突を起こすことを条件にした手に負えない世界」になぞらえた。同時にその一年前、編集者に対する出版企画を出した際に、彼自身すでに「デコンストラクション」と「コンストラクティヴィズム」の言葉を合成して「デコンストラクティヴィズム」という言葉を考案していたと述べたのだ。[40]

キャサリン・イングラハムはその後『インランド・アーキテクト』誌に寄稿したこの展覧会の論評で、そうした自画自賛に異議を唱えている。つまりそれは「ジョンソンやジョヴァンニーニが〝運動の創始者〟になりたいという欲望」を意味し、展覧会そのものの哀れな光景を示していると述べた。つまり「現代美術／現代建築界での自らのイメージを刷新したいとするMoMAの欲望や、永遠に〝新しいもの〟が命名され公開される場所でありたいと願うニューヨークの欲望や、お墨つきを得たいとする建築家の欲望など」[41]が露わになったのである。実際イングラハムの指摘は、「デコン」建築の大いに喧伝さ

訳注　原文は〝a devious architecture〟。マルグレイヴ自身の解説によれば、〝devious〟とは「既成の文化的価値の転覆」を意味する。例えばアイゼンマンは、床や壁のようなモティーフを普通ではない方法で用い、住宅の主寝室の二つのベッドの間の床に下階に抜ける穴をあけ、床の理念と結婚の理念を転覆させようとしたことを例に挙げている。

れたこの新段階が、理論的にはどれほど奇妙な幕間の出来事であったかということを強調している。それが（社会的・経済的・建設的な関心は放棄するという新・前衛主義的立場によって）まさにアドルノとドゥボールの最悪の悪夢を現実のものとし、それを生み出したはずの革命的精神を欺いてしまう過程にあったことだけを見ても、そのことは明らかだ。一九八〇年代後期に、とりわけ北東部の「エリート」校から発せられたアメリカの建築理論は、知的な承認欲求という強迫観念に取り憑かれていた。一九三〇年代初期のMoMAの例が示すように、ヨーロッパ発の最新の「イズム」はいかなる源泉（フロイト、バタイユからデリダまで）から生まれたものであろうともすべて輸入するという好ましからざるパターンを踏襲してきた。厄介なことに、美術館も、すぐに調子を合わせるメディアも、大学学術界の大部分も、みな同じようにそのような流れに共謀し、この上なく熱心に追随したのだった。

第III部

一九九〇年代および現在

第9章——嵐の航跡

一九八〇年代後期にデコンストラクティヴィストと呼ばれた人々は、単に作品の大まかな形態的類似性だけで一括りにされていたのだが、一九九〇年代に入ると彼らは様々な方向へ分岐していった。建築家の中には幾何学的操作や純粋な効果作成に集中した者もいた。また社会的政治的な関心に対応して変形の技術に向かう者もいれば、おそらく初期モダニストたちがそうであったように技術決定論的な立場をとって新たなデジタルテクノロジーの威力に夢中になった者もいた。しかしこれらすべての試みが共有していたのは、表に出して言うか言わないかは別として、変形、歪み、形態の複雑性こそは、ミレニアムの転換に対応するために相応しい技術だという確信であった。そのような戦略を代弁する言説は数限りなくあった。その一つは、新たなコンピュータ・ソフトウェアの加速する洗練化と非線形的幾何学こそが、ポスト冷戦時代における複雑性や矛盾を最もよく表象するという信念であった。また、このような幾何学を、消費者資本主義における経済市場の威力に対抗する方法だと見なす者もいた。またある者は、それを前例のない表現力のある空間的形態と見て、新たな時代精神を体現するか、あるいは、否応なく新しい時代精神を創り出すものだと想定していた。

破片の破片

しかしながら、ここで一つ明らかになってきたのは、一九八〇年代後半に〈デコンストラクション〉や〈デコンストラクティヴィズム〉の旗印の下に定義されていた試みが、今後はその名を使えなくなったことである。少なくともジェフリー・キプニスは一九九〇年の小論「不抗争の答弁☆」でこの点を指摘した。それは不特定の犯罪に対する次のような法的訴訟で始まる。「すべての罪状に対して、私・デコンストラクションは不抗争の申し立てをする」。[1] しかしキプニスはデコンストラクションを葬り去ろうとしたのではなく、むしろ称賛しようとしたのだ。デコンストラクションは罪の抗弁をしなかった。デコンストラクションという呼称はもはや賞味期限切れだが、その根本的な原理の継続は許されるという司法取引だと考えれば、この小論の意味はわかりやすい。その目的のためにキプニスは、デコンストラクショニストの建築の外観ではなく、代わりにそれが何を達成しようとしていたかに注目した。彼は、デコンストラクションには二つの主要な関心事があると論じた。第一は、過去の建築作品の意味の安定性に動揺を与えること、第二は、明白な意味や断定的な意味をもたない新たなプロジェクトを作ることである。第一の例としてキプニスは、デコンストラクションは「作品の内に抑圧されていた多くの意味の糸筋を起動させ」それによって「抑圧のメカニズムとそれが奉仕する行動計画を暴露すること」を意図したと指摘した。第二の例としてキプニスは、デコンストラクションは「無意味ではないが、単に意味に没頭するだけではない作品」を作ることを目指したと述べる。こうしてキプニスは、一つには作品を、闘争と社会参加《アンガージュマン》の枠組みにおいて議論すること、二つにはプロジェクトは「抵抗し、実行を延ばし、意味を動揺させる」べきだと主張する観点から、デコンストラクションのもともとの目標は引き続き重要であると示唆した。[2]

訳注　原文の"nolo contendere"とは、ラテン語で"I do not wish to contest."（「私は抗争することを欲しない」）の意。刑事訴訟で、被告が有罪を認めないが検事の主張を争わないという答弁のこと。

率直に言って驚かざるをえないのは、キプニスがデコンストラクションの動機を、明白に政治的で社会的・精神分析学的ですらある目標に起因すると述べたことである。「抑圧のメカニズム」を暴露するというフロイト的思考は、建築作品のささやかな任務としては過大であり、社会性を求めるキプニスの忠言は、六八年世代が自身の怒りを発散しているにすぎない論評だと解釈したくなる。だが実際には、一九八〇年代後期から一九九〇年代において『ANY（アーキテクチャー・ニューヨーク）』や『アッサンブラージュ』（『オポジションズ』を引き継いだアメリカの批評雑誌）の紙面は、建築以外の専門分野を取り扱う記事で埋められていた。例えば、建築とジェンダー、建築とセクシュアリティ、建築と権力のより幅広い関係性などである。[3] 建築は再び社会的問題に関わるとともに自律的であるべきだという考え方は、テオドール・アドルノの著作を反映していた。アドルノは、芸術は内側に向かい、その専門分野特有の技術に専念するとともに、消費主義に直面して挑戦することによってのみ、商品文化に対して自らを防衛できる、と主張していた。

こうして一九九〇年には「デコンストラクション」という用語を躊躇しながら使っていたキプニスは、一九九三年にはこの用語を拒否するまでに変化した。それは『アーキテクチュラル・デザイン』誌の特別号に掲載された彼の小論「新しい建築へ向けて」に見られる。この間、キプニスの個人的状況も変化していた。一九九二年に彼はロンドンのAAスクールに新設された大学院プログラムのディレクターに任命され、さらに（正式な教育を受けた建築家ではなかったものの）バーラム・シャーデルとアンドリュー・ザゴと協同して、モントリオールとスコットランドの国立博物館の設計競技に参加した。一九九三年の小論において、キプニスはこの二つのプロジェクトをフランク・ゲーリーとピーター・アイゼンマンの最新作と並べて、ある独特な種類の建築的斬新さの出現であると説明した。それは形態的イノベーションと敷地との生産的な関与に基づいていた。彼は「デコンストラクションのようなポストモダンの実践の場では、新規のプロジェクトは忌避される。新たな知的、美的、制度的な形態も、新たな社会的配置の形態も、〔新規の〕発案からではなく、既存の形態を恒常的に不安定にさせることから創り出される」と述べた。[4] こうしてキプニスはデコンストラクションを「ポモ〔PoMo〕☆」の戦略とその歴史的模倣に結びつけたのだ。どちらも、異質の要素からなる建築を創り出し、古い形態の組み合わせから新しい意味を創り出す方法としてコラージュの技法に基づいていたが、もはやコラージュは賞味期限切れで役に立たない。つまり「ロウからヴェンチューリ、アイゼンマンまで、さらにポモからデコンストラクティヴィストまで、コラージュは建築的接ぎ木の最有力手法の役割を果たしてきた。しかしコラージュは、もはや建築が達成しようと熱望する異種多様性を担うことはできないことを示唆する徴候がある」[5]と主張した。

　キプニスはこの議論を拡張して、断片化やコラージュの技法を超える、対抗しながらも互いに連携する二つの建築的潮流を説明した。それは「イン・フォーメーション〔InFormation〕」と「ディ・フォーメーション〔DeFormation〕」である。彼は前者を「収集する接ぎ技」であり、多様なプログラムと形態を「中立的なモダニストのモノリス」の中に融合するものだと説明した。[6] キプニスは、ベルナール・チュミによる《ル・フレノワの現代アートセンター》や、ＯＭＡによる《カールスルーエのアート・メディアセンター》をこのカテゴリーに位置づけた。一方で「ディ・フォーメーション」から、小論のタイトルである

訳注　「PoMo」は「Post-Modernism（ポストモダニズム）」の俗称。

「新しい建築」が生まれるとした。もし「イン・フォーメーション」がプログラムの斬新な組み合わせを真っさらな方眼紙の中に包み込むことを表すとすれば、「ディ・フォーメーション」は全く新奇な形態の生成を表し、それ自体が新たなプログラムへ導き、最終的に政治的社会的変化に影響を及ぼすという。そして、デコンストラクションの断片化されコラージュされた景色とは違って、「ディ・フォーメーション」が導く先にあるのは、滑らかさ、連続性、折りたたみであり、キプニスの言葉によれば、「参照性も類似性も持ち出さない、新たな抽象的なモノリシシティ（一体化されたもの）」であった。[7]

彼のテクストに添えられたコンピュータ・レンダリングやモデリングにざっと目を通しても、形態的イノベーション（漠然と生物に似た一連の屈曲した形が、神秘的な鮮やかさをもってコンピュータの永遠の闇の中で描き出されている）は目に見えるが、これらの形が政治的に有効かどうかは俄にはわからない。この建築が社会的変革に有力だとするキプニスの主張を理解するには、私たちは一歩下がって、この主張が生まれた建築的言説がどのような大きな文脈の中にあったかを論じる必要がある。

デリダからドゥルーズへ

ジル・ドゥルーズの『襞《ひだ》』は一九八八年にフランス語で出版され、一九九三年に英訳が出版された。その登場は、ポスト・デコンストラクションの議論の基盤を構築する枠組みを提供した点において、時宜を得たものだった。この著書は一八世紀の哲学者ゴットフリート・ライプニッツの仕事を取り扱っていて、ドゥルーズはライプニッツに倣って思考し、彼をバロック時代の最も重要な哲学者だと位置づけた。しかしドゥルーズは、バロックをある特定の歴史的時代としてではなく、いかなる特定の時期とも無関係な「作用機能」と見なした。彼によれば、バロック的思考方法は、襞、折り目、表面のねじれを作り出し、それが永遠に延長されていく。したがってライプニッツにとって、マッスは襞に襞を終わりなく重ねることを通じて創造されるのだから、襞こそが宇宙を組み立てる基本単位を構成することになる。

ドゥルーズはここから襞の技法を通じて、あらゆる矛盾や「発散〔divergences〕」が内包的全体として統合しうると結論づけた。つまりバロック的襞が「古典的理性」の純粋さをその対立物と統合しているというのだ。その結果は古典の破壊ではなく屈曲であった。つまりバロックにおいて、古典主義様式の教会のファサードは湾曲しているが、しかしその正統性は失われていない。[8] ドゥルーズは襞という語を、文字どおりの意味と形而上的意味の両方で用いている。バロックの衣装の中に「着用者と一体になる数千もの衣服の襞」として見出される時、それは文字どおりの意味である。一方それが、マッスと物質による外部世界と魂の内的世界を仲立ちする時、形而上的な意味をもつ。[9] 驚くほどのことではないが、建築家は文字どおりの物理的な襞〔折り目〕――形態的連続性のアイディア――にもっぱら取り組む傾向があった。

グレッグ・リンは一九九三年に「建築における襞」と題する『アーキテクチュラル・デザイン』誌特別号の編集者を務め、この理念に飛びついて彼の理論的基本方針の中心に据えた。アイゼンマンの学生で助手でもあったリンは、幾何学を新しい形の生成の鍵と見なした。彼にとって幾何学は、複雑な形態の精緻な表現と計算、さらにはデジタル図面から直接製作に結びつける能力までも有する新たなデジタルソフトウェアと密接に結びついていた。『ANY』誌の創刊号でも、リンは新たなコンピュータ技術が建築家に提供する能力は、とりわけ「明確な形のないもの、まだ定まらない状態にあるものを測定する」ことにあると述べた。デニス・ホリアーが、建築を統合的で精密な専門分野と定義したことに対抗して、リンはそれに替わる戦略として、いわば文書を書くように建築を作ることを提案した。幾何学的モデリングの新技術は「ランダム応答解析」のように、建築家にとって、純粋なあるいは「実在のものを見るように鮮明な」形態ではなく、複雑で「厳密でない」形態を表現することを可能にする。[10] リンにとっての目標は、不確かさと非決定性を許容する文書のような形をとる建築という概念であった。

　こうした意見の根底には、すでに述べた技術決定論がある。新しい道具が存在し、それは使うべきであり、そうすることでその道具は新しい建築を伝える手段となり同時に主題となる。初期モダニストたちと同じく、リンは新興の技術に形態の先導者としての役割を期待していた。そうなれば、コンピュータによる図面作成がそのまま建物に変換されうるかもしれない。もしル・コルビュジエが遠洋定期船、自動車そして飛行機を、デザインの他の領域において採用できる新しい技術の例として挙げたように、リンは自動車や軍事産業において開発された新しいコンピュータ技術、すなわち複雑な幾何学形の表現や製造を可能にするソフトウェアを挙げた。さらに、このロサンジェルスを拠点とする建築家は、新精神に対する彼の視点を補強するものとしてハリウッド映画に言及し、映画『ターミネーター2』に現れる液状で姿を変える悪役や、マイケル・ジャクソンが「ブラック・オア・ホワイト」のミュージックヴィデオで見せる身体の変形を例として挙げた。後者のヴィデオの場合、複数のジェンダー、民族性、人種性が、映像のデジタル変形によって一つのとぎれない連続の中に混合されている。マイケル・ジャクソンが黒人か白人のどちらでもなく、黒人であるとともに白人であり、また男性か女性のどちらでもなく、男性であるとともに女性であることが重要だ、とリンは指摘する。彼のもつ両義性の特徴は、異種混合でありながら連続性をもち、滑らかさを求める欲望を表している。[11]

この混合と統合の概念はきわめて重要であり、おそらくポスト・デコンストラクティヴィストの作品の根本的な理論的基礎となった。『アーキテクチュラル・デザイン』誌の特別号に書いた小論で、リンはもし「襞によって建築にある一つの効果が生まれるとすれば、それは無関係の要素を一つの新たな連続性のある混合に統合する能力である」と論じた。ケネス・パウェルはこの特別号の巻頭評論において、デコンストラクションはモダニストの正統性とポストモダニズムの模倣の両方がもたらした建築的光景を揺るがすことに成功したが、目下の課題は「人工世界と自然世界に調和した包括的で有機的なデザイン手法」を創り上げることだと結論している。[12]

あるレベルでは、この「人工世界と自然世界」のつながりはネオ・ライト風有機主義建築の一形式だと理解できるかもしれない。なぜなら、多くのポスト・デコンストラクティヴィストの作品の背後には明らかに生物の形を連想させる美学があり、彼らの言説は、しばしば人間の進化やダーシー・トムソンの『生長と形について』にまで熱心に言及する。パウェルが示唆しているのは、自然物体や自然現象に形態を類似させること、あるいは自然のプロセス（進化や細胞分裂など）に類似したデザインプロセスを適用することは、真実や普遍性を求める一定の資格があるということだ。建築の専門分野の外側にある、より上位の権威に訴えることは新しいことではないが、この件における一九八〇年代ポスト構造主義からの方向転換は注目に値する。ダーウィンがデリダとドゥルーズの両方に置き換わってしまったのだ。

しかしこれらの作品の多くは、形態的で隠喩的な有機主義とは相当かけ離れていて、建物の周辺環境との統合を目指していた。そこでは、敷地に現れた決定的な力が、もともとあったニュートラルと思われる原形を、押す、引く、曲げる、あるいは変形させる様子が見られる。この技法は、個別の建物を超えた世界との〈アフィリエーションズ〔affiliations、連携・帰属〕〉を強調するか、あるいはリンの《ストランディド・シアーズ・タワー》のように「外部の力によって内部に起きる影響」を強調する。それはいずれにしてもピーター・アイゼンマンのアプローチを思い起こさせる。アイゼンマンこそ『アーキテクチュラル・デザイン』誌の特別号に協力して重要な作品を掲載した建築家の一人だった。[13]一九八〇年代後期に《ウェクスナーセンター》が完成した頃、アイゼンマンは数々のプロジェクトに関わっていたが、そこでは敷地条件が——偶然見つけられたもの、再構成されたもの、時には歴史から隠喩として発掘されたものなど——重要な役割を担っていた。例えば《ベルリンのマックス・ラインハルト摩天楼のプロジェクト》（一九九二）では、多様な用途を三四階建てのメビウスの帯の中に濃縮した。ねじ曲がった形態は屈曲し膨張し、スケールの曖昧な凱旋門の形を作り出した。アイゼンマンにとって、切子面でできたタワーの形態は「敷地《サイト》が数多くの場所《プレイス》からなることをその敷地の上に表象する」ことになり、「都市に散らばった不安定な断片を、万華鏡のような装いの中に」寄せ集めることだった。[14]一九九三年に完成した《グレイター・コロンバス・コンベンションセンター》では、アイゼンマンはニュートラルと思える組立工場のヴォリュームの上に、いくつもの帯を重ね合わせた。その帯はかつて敷地に存在していた列車軌道の放射状ネットワークをトレースしたものであり、縁がギザギザで色とりどりの棒状ヴォリュームが何本も平行に並ぶ形を作っていた。アイゼンマンは、建物を細かい部分に分解することで、主要なショッピングストリートに沿って並ぶ建物のリズムと調和させ、同時に歩行者に魅力的な経験を提供できると

図9.1　ピーター・アイゼンマン《マックス・ラインハルト摩天楼のプロジェクト》の1:200スケールモデル、ベルリン、1992　撮影：ディック・フランク／提供：アイゼンマンアーキテクツ

主張した。この種の操作は《ウェクスナーセンター》を継承するものであり、（既存あるいはその他の）土地固有の条件を上から重ね合わせる点や、プログラムに関わる事項にそれまで以上に留意する点によって、彼の初期作品における高度に規則化された形態的操作からの離脱を表していた。

こうした変容を伴う敷地への介入をキプニスは「アフィリエーションズ」と呼んだが、これがおそらくアイゼンマンの思考を最もよく表現しているだろう。彼は、建築家が単純に既存の条件に反応するという伝統的な文脈的アプローチとは違い、これらの変容は「デザインに本来備わっている形態的、地形的、空間的性格」から生まれるとし、それゆえ敷地に見出される付随的な特徴に対しては「暫定的でその場限りのつながり」を創ることができると主張する。さらに、このアプローチは、与えられた敷地の「支配的な建築的様式を強化」するのではなく、代わりに敷地に見出される「抑圧された、あるいはマイナーな組織を拡大」できるとした。[15] 実際、アフィリエイトされた要素は、かつては無視されていた付随的要素を強調するために文脈を屈曲し再成形するのだ。

幾何学と自律性

アイゼンマンのもう一人の教え子、プレストン・スコット・コーエンはこれらのアイディアを、アイゼンマンの初期住宅における規則的な幾何学の枠組みと操作に応用した。コーエンの建築言語は歴史から発掘、造作するのではなく、建築的操作——プログラムに関わる事項に反応して建築形態を、スライスする、引っ張る、折り曲げる、歪める——に由来する。コーエンはハーヴァード大学デザイン大学院において、リベスキンドの指導するスタジオでも学び、彼の手法をルネサンスとバロックの言語学的操作になぞらえた。つまりそこでは、建築様式自体がわかりやすさを保証するとともに、技量のある建築家には、様式を伝授された者たちにわかる変形や微妙な歪みを創り出すことを許容する。このような変形は（ジュリオ・ロマーノがパラッツォ・デル・テで行ったように）様式の主題から生まれることもあれば、あるいは、規則性に逆らう建物に対して何らかの言語を適用することから生まれることもある。

コーエンの《シエスタキーの住宅》と《ロングボートキーの住宅》は一九九〇年の『アッサンブラージュ』誌に、ジェシー・ライザーと梅本奈々子による明らかに政治性を帯びたシュルレアリスト的なコラージュと、ベン・ニコルソンの《クレプトマン・セル、器具のような住宅》の物語的ファンタジーとともに掲載された。これらのプロジェクトを並べて見ると、「住宅と家庭生活を新たに読み替える分析のためのメカニズムや文脈を造り出そうとする」彼らの願望とコーエンの住宅はあまり歩調が合っていないように見える。[16] 彼は自身の作品を表現するのに、シナノキで作った至極まっとうな模型と、普通の正射影による図面と透視図を用いた。彼のデザインはある部分では（ルドルフ・ウィットカウアーやコーリン・ロウの読みに倣って）ファサードの構成と〔古典的〕造形作法を採用し、またある部分ではヴェンチューリの得意とする歪みや曖昧な読み取りを採用している。例えば《ロングボートキーの住宅》では、引き伸ばした切妻の正面（コーエンの指摘によれば、それは角を斜めから透視図的に見た像とも、ペディメントとも読み取れる）を水平に伸びたプリズム的なヴォリュームに重ね合わせることで、勾配屋根と上げ床に関する現実世界の建築法規制に対応した。これらの形は全体の中での優位性を求めて互いに競い合うため、ペディメントともコーニスとも、あるいはその両方とも読み取れる。彼はまた住宅のエントランスを、平面の幾何学的中心に正面ファサードと直交する方向で置き、そこに至るシークエンスを作ることで上げ床に対応した。結果はアイゼンマンやヴェンチューリの両者を連想させる血統をもつ、アメリカ郊外住宅を歪みによって再解釈したものとなっている。

《シエスタキーの住宅》でもコーエンは住宅プロトタイプの変形や変容を継続した。ここでは、コーエンは北イタリアのルネサンス期のヴィラの分析から始め、平面と断面のずれを用いて少しずつ原型のプロトタイプを変容させた。この出発点は多くを物語っている。それは単にロウやウィットカウアーを思い出させるだけではなく、ルネサンスのファサードが（コーエンの読みによると）作法に適った左右対称のファサードを作るための視覚的な要求と、その要求を妨げる非対称的な内部配置の間に緊張を創り出していたからだ。コーエンにとって、ルネサンス建築は、強く意図された歪みの事例を示すカタログとなっており、それらは故意に創られたのではなく、古典主義言語が断固として譲らない左右対称性と、平面計画の求めによる避けられない非対称性を調停しようとする、しばしば無益な試みから創られたのだ。コーエンはこの問題を「苦境」と呼び、これを解決する努力をするなかで、建築家は「動機づけられた不思議さ」つまり、妥協を許さない問題への回答として前例のない形の建築に達することができると述べた。[17]

ここに、コーエンの建築観の悲しむべき側面がある。なぜなら、極端な手段に頼るよりほかに、建築は専門分野として「生き続ける」ことができないということだ。それはある程度まで、消費社会の嵐から専門分野の完全無欠性を守ろうとする努力でもある。一九九〇年代中頃の《石切法の並べ替え》と題されたプロジェクトで、彼の複雑な幾何学の裏には、教えを伝授された者たち以外には不可解なものがあった。図面は読み取るのが困難であり、投影線と主要な頂点の印づけが、変化に富む密集した網の中に埋め尽くされていた。コーエンの作品にはコンピュータの使用は副次的であり、おそらく必要でない。これらの投影図は手書きで考案され完成されているが、コンピュータを使えばもっと簡単に(ただし美しさではかなわないが)解決できただろうが、言語と形態の変形を可能にしているのはデジタル技術ではなく幾何学そのものである。

しかし一九九〇年代の終わりには、コーエンの巧みな形態操作手法はより滑らかになり、もっとコンピュータに依存するようになった。その例は一九九九年にＭｏＭＡの「アン・プライベート・ハウス〔Un-Private House〕」展に取り上げられた《モンターギュ・ハウス》(一九九七)と《トーラス・ハウス》(一九九九

図9.2　プレストン・スコット・コーエン《トーラス・ハウス》1998　提供：プレストン・スコット・コーエン社

八）に見られる。後者の住宅で、見かけはニュートラルなネオ・コルビュジエ風のヴォリュームが地上から持ち上げられ、その中心を地上から屋根に至る螺旋階段が貫通している。この階段はもともとのブロックに変形をもたらし、その曲面の輪郭が壁や床にうねりを作っている。波打つ表面をもつこの住宅の誘惑的イメージは、MoMAの永久コレクションに追加され、その意図的に謎めいた性格にもかかわらず、ミレニアム転換点のアメリカ前衛の象徴となった。グレッグ・リンと同様、コーエンは一九九〇年代にはあまり実際に建てる機会に恵まれなかったが、MoMAに展示されたことで、すぐに大きな仕事に結びつき成果を上げた。

スリランカ生まれの構造エンジニア、セシル・バルモンドは、ロンドンのアラップ事務所を拠点に、幾何学の重要な探求と新しい形態を生み出す能力を切り拓いた。バルモンドはコールハースとしばしば共同作業を行い、ロッテルダムの《クンストホル》、リールの《コングレクスポ》、そして《カールスルーエのアート・メディアセンター》プロジェクトに貢献した。構造エンジニアリングにおける第一人者というバルモンドの名声は、おそらくこれらの斬新な仕事への協同によって確立されたが、しかし一九九〇年代後期に彼が開発した「インフォーマル」な構造的ロジックの探求は、次の一〇年において彼をエンジニアリング界と建築界の両方で卓越した知的人物に押し上げた。バルモンドは、建築家には部分的にしか制御できないレスポンシブで順応性のある形態を開発するために、作者の望みや制御に基づかず、アルゴリズムと幾何学的モデルの無制限の応用に基づいて、複雑で斬新な形態を探求する人々のリーダーと見なされている。

バルモンドは「インフォーマル」な構造を、あらかじめ知りうる静的な骨組み構造というものを無効にするものだと定義する。それとは対照的に彼が指し示すのは、出発点では想像もできないような形態と構造的スキームである。実際、バルモンドの構造的アプローチが与条件として唯一捉えるのは、確実性ではなく複雑性と不確実性である。なぜなら彼が探求したいとする幾何学は、途中で発見や解が生まれることを見込むものであり、確実性より不明確さを創り出すものだからだ。[18] バルモンドにとってこの視点は、ニュートン物理学の再概念化にほかならない。「ニュートンの古典的決定論は、力を矢印で、直線の真実として描いた。それは、堅固な論理の連鎖による不動の連結体として、確固とした線形性で虚空に橋を架けた。今日私たちは力を異なる視線で見る。つまり力を、潜在性の場を貫く最小限の経路として見る」。[19]

バルモンドにとって、インフォーマルな構造の解は、ある限定された媒体の中を通る力の解釈による多くの選択肢の一つとして生まれる。最終形は決定的でなく、不確かで、ある意味で作者をもたない。なぜなら真の発明は「潜在性の場」とその場を通して伝達される力を定義することだからだ。この意味で、バルモンドの仕事は「パラメトリック」や「アルゴリズミック」な建築の同時代的探求と密接に関連しており、そこでは、システムや構造について詳細な適応性のあるデジタルモデルが構築され動的に修正される。[20]一つの変数（例えば表面のプロファイル）が変わることで、個別の構造要素のプロファイルのような他のすべての変数も、確立されたアルゴリズムに従って即時に再計算される。

この科学技術は、最も実践的なレベルで、複雑なプロジェクトのマネジメントや建設に直接応用されるだろう。なぜなら相互に関連するシステムと材料の動的モデルが、やむを得ないデザインの変更の過程で、三次元上で即時に切れ目なく更新できるからだ。一度アルゴリズムが定義されると、例えば、構造要素のスケールもそれに応じて更新される。しかし、パラメトリックによる作業には、それとともに副次的に起こるもう一つの傾向が見られる。それはすなわち、作者としての建築家の役割を曖昧にし、極端な場合は消去してしまうことである。パラメトリック・デザインは不可知の最終結果を用意する。その精神は根本的に実験的であり、限度を設定しないこのアプローチに自由があるとすれば、建築家は単なる媒介者ということもありえる。もちろん、ある段階で建築家は中に介入し、アルゴリズムを指揮すべきであり、あるいは少なくともそれが無限に作動することを止めなければならない。その時点にこそ、必然的に主観性と作家性が再登場するだろう。

形の終わり――操作された地面

一九九〇年代初期のアメリカの建築理論に多く見られる高度な概念化に対して、ヨーロッパの一連のプロジェクトには、個々の建物と敷地の完全な融合を目指すものが、まもなく登場してきた。これらのプロジェクトは図と地の境界を曖昧にし、それ自身が地表面となり、その地表面を再構成し、折り曲げ、小さな窪みで被うものになるような試みを行った。この種の思考はドゥルーズに辿ることができる。なぜならこれらのプロジェクトでは、ライプニッツ的な宇宙の構想のように、地表面が連続して折り曲がり、無限ではないとしても少なくとも敷地境界線まで続いていく。ここで建物のとどまることのない拡張を止められるものは、ただ一つ敷地境界線という冷厳な論理だということが推測できる。今では彼らの意図は、敷地に潜むと考えられてきた隠された歴史的な力を現すことではなく、むしろ建築とランドスケープの専門分野的な境界を曖昧にすることだった。

スペインの建築家で理論家であるマヌエル・ガウサがその例に当てはまる。一九九〇年代に、彼は非常に成功を収めた建築出版社「アクター」を共同設立し、カタロニアの雑誌『クァデルンス・ダルキテクトゥーラ・イ・ウルバニスム』の編集者を務めた。そして建築とランドスケープの新たな関係を「ハイブリッド・コンタクト」と称しながら、ランドスケープと建築の相互介入は、自然に対する態度の変化に起因すると彼は主張した。つまり、自然についてのロマンティックなあるいは「牧歌的」な理解から、「雑多で荒々しい」アプローチへの変化である。[21] 換言すれば、新しい世代の建築家とランドスケープ・アーキテクトは、感傷的な思いはもたずにその土地の地形学にアプローチを始め、地形は操作可能であるうえに、こうした介入が結果として建築作品を再定義しうると理解していた。ガウサはこのプロセスを説明するのに、ランドスケープ・アーキテクトニック（ランドスケープをモデリングし、トリミングし、折り曲げる）を作り出すものだとも、新たな地形学的形態（浮き彫り、波形、襞、切りぬき）を創造す

図9.3　FOA（エフ・オー・アーキテクツ）《横浜港大さん橋国際客船ターミナル》国際設計競技　提供：ファン・イ・リン

るものだとも、自然との多義的な相乗効果《シナジー》によって建築を飾り、包み、覆い隠すものだとも言っている。ガウサが建築を「トリミング」や「折り曲げる」という動作を表す動詞で描写したことは興味深い。なぜならほとんどそれは、自然を人工的なプロセスに服従させる行為に基づくからだ。ここでの目標は自然を上手に利用することであり、保存することではない。

　地面を操作したプロジェクトの中でおそらく最も影響力があったのは、一九九五年の《横浜港大さん橋国際客船ターミナル》国際設計競技を勝ち取った、イラン生まれのファシッド・ムサヴィとスペイン人のアレハンドロ・ザエラ＝ポロによるデザインである。彼らはこのプロジェクトをロンドンから「FOA（エフ・オー・アーキテクツ）」という事務所名で実施した。両者はともにハーヴァード大学の卒業生であり、後にロッテルダムのOMAで働いた経験をもつ。二〇〇二年に完成した彼らのプロジェクトは、ターミナルの周りの地表面を建物自体の上まで上げ、さらにそれを超えて拡張し、屋根を公園に変形することを目指した。この波打つ公園のような地表面の内部と上部に、彼らはいくつもの絡み合ったループ状の通路を設け、それが桟橋の非線形的な動線システムを創り出している。そのため、従来なら地面から二次元的平面を積み重ねてターミナル内を上昇し船の待合室へ至ると見なされていたものが、ここではなだらかに起伏する織物のようなものに変身している。屋根の襞や折り曲げは、多様でありながら連続的な空間によるランドスケープを創り上げる一方で、同時に地震荷重に特別な注意を払った構造システムを形成した。

ここでFOAは非連続性やコラージュより、連続性と滑らかさに関心を示した。ターミナルの建築そのものは、長手方向に沿って微妙に窪み、折り曲がり、たわみ、それはまるで人体のCTスキャンイメージをつなげたように見える。ただ、ムサヴィとザエラ＝ポロは明らかに形態的探究に興味をもっていたが、一方で彼らは、用途と近接性、それに連続的表面によって前例のないプログラム的統合を創り出す可能性という、コールハースが最も関心を寄せていたことをも共有していた。横浜プロジェクトの連続的に変形された断面と、その幅の狭い螺旋状に斜路が連続する床は、どちらも明らかに一九九三年のOMAによる《ジュシュー図書館プロジェクト》に由来している。また同じくコールハースによる《横浜の都市デザインプロポーザル》も参照していて、それは既存の駐車場や市場のエリアを「ある時は高速道路、ある時は斜路、ある時は駐車場、そしてある時は屋根になるような、一つのねじ曲がった面」にプログラミングし直し変形する、というものであった。[22]

ＦＯＡは地表面の再構成というアイディアを探求し続け、この「新たな地面」を〈プラットフォーム〉と定義した。つまりそれは、その上にモニュメンタルな形を載せるための台座や基壇という伝統的な意味ではなく、「根本的に動的で、作用する」表面であり、「現代の〝オペレイティング・システム〔ＯＳ〕〟における〈プラットフォーム〉の意味に近い」ものだと主張した。一九九七年サンタンデールの国際会議における論文で、彼らは「新たな地面」の概念を、人工的で、中空であり、対角線状に構造化され、前景にも背景にもならない、そして「その上で我々が遂行するオペレーションと切り離せない」ものだと要約した。[23] 彼らはこのオペレーションを非常に体系的な方法で定義したために、彼らがたまたま採用していたデザイン戦略のみならず、建築デザイン全般についての戦略を提案しているようにも見える。たとえこの思考の多くがコールハースに端を発するとしても、それは驚くべき説得力をもって実行に移されている。

このようなアプローチはザハ・ハディドのそれと対照的かもしれない。一九九〇年代初期から活動を開始したハディドは、自身の初期の絵画や図面が予見していた力動的なネオ・シュプレマティズムを、ついに実作に適用する機会を手に入れることになる。それらのプロジェクトの中でも重要なものは、ドイツのヴァイル・アム・ラインにある《ヴィトラ・ファクトリー・キャンパス内の消防署》（一九九三）である。そこでは複数の斜めに傾いた壁が建物を超えてランドスケープへと延長し、敷地である産業公園の中で大きな範囲を占有し、この小さな建物を実際より大きく見せている。ハディドは、こうして将来の増築を継ぎ足せるような枠組みを提供することで、建物が「敷地の、将来予想される変容のシナリオを組み立てる」と主張した。[24] しかし将来計画や配置計画に関する実質的な議論とは別に、ハディドの実施作品にはある願望があった。それは、ランドスケープの中に延びる屈曲する曲線や壁の軌跡によるか、敷地外の離れたものに磁石のように引き寄せられることを示す力動的な形態のアプローチによるかは別として、いずれにせよ建物による影響範囲を建物自体の境界を超えるところまで拡張したいという願望であった。こうしたテクニックは一〇年以上前に図面上で始まった探求の第二段階を表していた。今回の挑戦は、本来静的である建物の中に、図面に描いた誇張された透視図法やエアブラシによる蒸気の痕跡が約束していたあのダイナミズムをいかにして表現できるかにあった。

もし《ヴィトラ消防署》のような周囲から自立する建物において、ハディドが建物をランドスケープに延長することでそのダイナミズムを創造できるとしても、都市内の空地を埋めるような敷地では、問題は相当困難になるはずである。例えば、《シンシナティの現代美術センター》（二〇〇三）においてコンクリートの「アーバン・カーペット」はロビーの床として始まり、垂直に折り曲げられて敷地境界壁となり、それが垂直方向に組み立てられた美術館のどこからでも見える。上階では、来訪者はこのコンクリートの垂直面と向き合って、明らかにそれが数階下の地上階から立ち上がっていることを思い起こすことが目論まれている。ここで折り曲げられた面は、本当のプログラム上の連続性よりは、むしろ視覚的表象としての連続性を与える。要するに、建物のプログラム間の流動的関係性を創造するための手段として始まったものが、視覚的・象徴的なモティーフに変わり、それが垂直的な空間構成では不可能な流動性のアイディアやイメージを表象しているのだ。

図9.4　ミラージェスとピノス《イグアラダ墓地》バルセロナ近郊、1984-1994　提供：著者

修辞的技巧なき形態

カタロニアの建築家エンリック・ミラージェスとカルメ・ピノスの非常に個性的な作品は、どのような思考の流派に分類することも難しい。しかし一九九〇年代の形態的革新を総覧しようとすれば、あの当時彼らが実現した一連の驚くべきプロジェクトの考察に取り組まざるをえない。バルセロナの《ヘブロン・ヴァレイ・アーチェリー場》や《イグアラダ墓地》プロジェクトを、前述したハイブリッド・ランドスケープ・プロジェクトとゆるく関連づけることはできるかもしれないが、そうすると彼らの作品の中で、断片化や囲い込み《エンクロージャー》、構造的表現主義が果たしている役割を読み違えることになる。また彼らの作品をデコンストラクションの視点で見ることもできるかもしれ

ないが、それもまた、非常に詩的で直截的である彼らの屈曲した曲線の形態が、ポスト構造主義理論などより、カタロニアの先達であるガウディやジョアン・ミロの作品により関係が深いかもしれないということを見逃してしまうかもしれない。それにもし彼らの作品を、四〇年近いフランコ体制後のカタロニア文化と言語の復興の中に位置づけてみれば、そこに政治的な理論はほとんど存在しない[25]。新しいアイデンティティは修辞的技巧なしに形成されたのだ。

それゆえ彼らの作品に対しては、プロジェクトの基本的要求に対する個人的で表現主義的な反応としてアプローチするのが有効だと思われる。つまりそれは、日常から生まれた詩学なのだ。ミラージェスとピノスは、上述の二つのプロジェクトに見られる曲線的な彫り込みについて、最も月並みな解説をしていて、それは土を入れる必要のためにそうなったのだと説明した[26]。とすれば、擁壁はこの二つのプロジェクトでは必然的な要素ではなかったものの、土を保持する役割を果たしつつ、地面を彫り込む切断面に沿った微妙な動きを探求するための原動力になったと言える。《イグアラダ墓地》において、地下への降下は、埋葬や生のサイクルを間違いなく示唆している。ほかにも暗示は豊富にあり、コンクリートの舗装に組み込まれた木片は川の流れに停滞した丸太群を暗示しており、平面形の幾何学はそれ自体が子宮のような形をしている。それにしてもこの詩学は謎めいている。「我々は言葉に発して説明するのがもどかしい」とミラージェスは言う。「我々が理由を挙げようとすれば、一つのフレーズにたくさんの理由が押し寄せてしまい、衝動的に話すと途端に消え去っていく」[27]。それゆえ、作ること、建てること、描くことが、言葉に取って代わる。彼らの作品自体が、そこにマッスとテクスチャーがあるにせよ、しばしばフリーハンドスケッチの自発性と感性に基づいて地面の上に引かれた数々の線の素晴らしさに依存している。したがって、《アリカンテの新体操トレーニングセンター》のねじられたような構造的表現主義や、バルセロナの《イカリア・プロムナード》の曲げ木のようなキャノピーは、図を描くという身体的行為に近い建設方法においてのみ可能な即時性と直接性を表している。

ミラージェスとピノスは一九九〇年初期に彼らのパートナーシップに終止符を打ち、それぞれ別々の事務所を設立した。二人とも彼らが共同作業の中で取り組んできたテーマを引き続き探求することになるが、ミラージェスの《スコットランド国立議事堂》(新たなパートナーとの共同による)における過剰な形態と物質は、元のパートナーシップの解消とともに何かが失われてしまったことを示している。短命ではあったが並外れて生産的だったミラージェスとピノスの共同作業は、若い建築家たちに霊感を与え、宗教的とも言えるほどの礼賛を生んだ。そしてミラージェスの早すぎた死の後に、その神話はさらに大きなものになった。もし彼らの作品がたやすい分類化を拒むとすれば、その理由はおそらく、それが建築そのもののもつ力への興味から立ち現れているからだろう。そして、もしここにも理論の断片が存在するとすれば、それは、建築を物理的に造るということは一つの変容の行為であり、そこにはいかなる修辞的技巧も必要ないという、言葉にされなかった理念である。

第10章

プラグマティズムとポスト・クリティカリティ

一九六〇年代と一九七〇年代に政治や建築専門外の理論から出発した主要な建築理論のいくつかは、一九九〇年代中頃には疑わしいものとされ、さらには的外れとさえ見られるようになっていた。この反動は様々な方面から起きたのだが、その様相を本章と次章で示していきたい。それとは対照的に、批判的地域主義への関心とテクトニクス〔構築術〕を重視する傾向は、一九九〇年代にさらに高まっていった。そうした動きは都市的地域的文脈においてさらに強調され、ディテール術への関心を呼び覚ましながら展開していくことになる。デコンストラクションの形態的複雑性に対抗して、よりシンプルでもっと静謐な形態が、テクスチャーと材質感の探究と相まって新たに評価されてきた。もう一つ加わったことは、建築の職能に関わる人々の統計的変化であり、社会階層、ジェンダー、人種においてますます多様になってきた。最後に、一九九〇年代中期には環境問題の深刻さが新たに認識されてきた。それは一九七〇年代初期から徐々に理解されてはいたが表面化していなかったものの、ここに来て地球温暖化、リサイクル、生態学的持続可能性などをめぐって国際的な論議を駆り立てるようになってきた。全体として一九九〇年代中期は過渡的な時代であり、いくつかの前線において同時に動きが起きていた。

OMA

一九九〇年代の新しい展開の中で重要なものの一つは、いささか唐突で、誰も予想していなかった「プラグマティズム」への着目であり、この戦略の最高責任者はレム・コールハースである。矢継ぎ早に発表した挑発的な建築、プロジェクト、出版を通じて、コールハースと彼の事務所ＯＭＡは、アイゼンマンの議論の核心にあった〈形態の自律性〉という聖域に打撃を与えた。コールハースの議論の要点は、建築家は、資本主義の力にあらがって格闘や抵抗をせず、むしろ資本主義を収奪し搾取すべきだ、というものだった。ロバート・ソモルとサラー・ホワイティングはこのアプローチを評して、一種の「パフォーマンスあるいはプラクティス」だと述べている。つまり建築はある先見性をもとに行動する専門分野なのだから、市場への関与こそが建築に活力を与え、現状打破の可能性の源になるということである。[1] コールハースはこの一〇年間に、瞬く間に大学と建築職能両方の世界を制圧してしまったため、一九九六年にはジェフリー・キプニスまでもが〈彼自身三年前に〈襞〔折り目〕〉を基本にする「新しい建築」を宣言したばかりだというのに〉空々しい称賛の声とともにこう公言した。「これをほかに表現する方法はない。コールハースはわれらが時代のル・コルビュジエである」。[2]

ル・コルビュジエを引き合いに出したのは、キプニスが当初意図していた以上に適切だったかもしれない。なぜなら、二人とも時として大雑把で無頓着なディテールを批判される一方、コールハースもル・コルビュジエのように、建築家としての才能と同じくらい、プロパガンディスト〔宣伝者／伝道者〕としての技量にその成功を負っていたからだ。コールハースの歯切れ良く挑発的で、機知のある警句と修辞的な問いかけに彩られた文体もまた、ル・コルビュジエの『レスプリ・ヌーヴォー』の簡潔な宣言を思い起こさせるが、そこにはル・コルビュジエの真剣で革命的な熱意はなく、代わりにどこか思いに耽ったような口調がある。ここにこそ、デリダやドゥルーズを苦労して読み解くほどの忍耐力も気質もない人々、とりわけ大きな仕事が現実に待ち受けている人々のための理論があったのである。

理論から距離を置き、現実に関与する方向へ転換することは、一九九〇年代中期の「根拠なき熱狂

〔株価バブル〕」と切り離せない。[3] この熱狂は九〇年代初めの世界的不況から巧みに回復できたことから起きた。それは「ドット・コム」ブーム、マーストリヒト条約後の欧州の好景気、アジアと中東の急速な経済的勃興のお陰であった。ある日突然、取締役会に仕事が飛び込み、建築家にも需要が起きた。建築家はその機会に飛びつき、しばしば「ニュー・エコノミー」などという企業の仲間言葉を熱心に使おうとさえした。背教者マイケル・スピークスは、マルクス主義理論家フレデリック・ジェイムソンの下で博士号を取得しておきながら、一九九七年のベルラーヘ・インスティテュートでの演説で、「新しい都市生活の創出」のための手がかりは、「活気ある実務の形態に集中することにあり、活気ある形態に集中することではない」と述べた。[4] さらに彼は、OMAのようなオランダの事務所は、都市の活力と流通を上手に活用することで都市を変えていこうとしているのであり、「形態に突き動かされた」アメリカのアヴァンギャルドのように、その流れを視覚的に描き出すとか模倣するのではない、と続けた。この最後の部分はピーター・アイゼンマンやグレッグ・リンの仕事を仄めかしており、その含意は『アッサンブラージュ』誌の編集局にも向けられていた。

「建築のビジネスは」、後日スピークスは——今や行動を伴わぬ思索は無意味だと言わんばかりに「ビジネス」という言葉を恥ずかしげもなく使いながら——「シリコンバレー流の経営的イノベーションを必要としている」と主張するようになった。教育機関の役割は、芸術的表現や形態の作り方を教えることではなく、実務に役立つ研究を行うべきだとした。二〇〇〇年のフランスでの会議では「建築はもはや堕落したビジネス界や企業の思考にひるむべきではない。その反対に、建築は積極的かつ精力的に、研究に基づくビジネスへと変身するように努めるべきだ」と彼は述べた。[5] その結果は大学と実業界の境界を次第になくすことだった。コールハースの「ハーヴァード・プロジェクト・オン・ザ・シティ」のようなシンクタンクの仕事は、大学での研究の一つのモデルを創ろうとしたものだった。そこでは学生個人個人が考えてデザインプロジェクトを制作する代わりに、学生たちがチームを組んで、コールハースの指導のもとで評論やダイアグラムや統計を作る。学生たちはそこで、ラゴスの膨張するメトロポリス、中国の珠江デルタ、ローマ帝国、ショッピングなど様々な現象を調べる。中には、ソヴィエト共産主義の計画経済を、その内側に隠されていると思われる潜在的な建築的教訓を得るために調べたものもあった。ここでのプロセスは、様々な条件をありのままに調査し、その評価判断はできるだけ長く保留し、そこで見つけたものが、経済的、社会的、科学技術的な洞察を利用して、都市形成の新手法を示唆するものとなるように導いていくというものだった。[6]

そのようなアプローチは、OMAとともに彼らから派生した多くのオランダの事務所の仕事を後押しし、そのための評論や考察の出版が、建築実務活動の基礎をなす部分となった。実際、OMAでは建築事務所自体の仕組みや役割が研究とイノベーションの対象になった。例えば一九九〇年代中頃、OMAはオランダのエンジニアリング事務所と業務提携を行い、そこでOMAは経営を担ってもらうために所有権の一部をその事務所に売却した。コールハースはこの提携の目的は、新たな市場へのアクセスを得るためというより（それもまた大いにありそうな目的ではあるが）、むしろ建築プロジェクトを拡大し、建築事務所が通常単独で取り組める規模を超えるようにするための方法だと説明した。彼は一九九六年のアレハンドロ・ザエラ＝ポロとのインタビューで次のような見解を述べている。

この新しい状況で興味深いことは、双方に明らかな利点があることだ。この業務提携によって、我々は建築からインフラストラクチャーまですべての領域をカバーできるようになる。これはアジアで今起こりつつあるいくつかの事業の見通しにとって、とりわけ魅力的だ。ふつう建築家一人で都市計画家や土木エンジニアと共同して仕事をするのは難しい。そこにはつねに対立が生じる。我々の協同作業が一種のシームレスな条件になりうる方法だということは信じられないほど魅力的だ。[7]

このように挑発的に経済市場の力を受容することは、コールハースの『デリリアス・ニューヨーク』に馴染みのある者には驚くにあたらないはずだ。しかし、ここでもコールハースは自らを決して理論家ではなく、むしろ「理論に興味をもちつつも、職能が置かれている状況と可能性を正確に分析する必要性を感じている建築家」と見なしていたのだ。[8] しかしながら、彼はそうした立場にたやすく急速に到達したわけではなかった。一九八〇年代中頃、コールハースは、ル・コルビュジエの初期のヴィラから遠くないパリ郊外のサン・クルーにヴィラを設計した。そのデザインは実質的には歴史的作品の模倣であり、ル・コルビュジエの「五つの要点」を再構成したものに、モリス・ラピダス風の色合いを加えたものだった。ここで《サヴォワ邸》は二つに分解され、ピンクとシルバーの波形金属板で被われている。二つのヴォリュームは互いに衝突し、さらにコンクリート製耐力壁にも衝突している。一九八六年にスタンリー・タイガーマンが主催した建築シンポジウムでこのデザインが発表された時、パネリストとして臨んだ著名な建築家たちは当惑と不満を表明した。マイケル・グレイブスは作品の「ノスタルジックな」内容にあまり感心せず、ピーター・アイゼンマンはコールハースが、真面目を装いながら同時にシュルレアリストたろうとしていることを非難した。コールハースの曖昧さと、モダニストの正典と認められた形態の借用に対して最も手厳しく反応したのはラファエル・モネオであり、彼はこう言った。「あなたは今ここで、たぶん少し傲慢に、たった一人で、モダニティの一部分、それもたぶん擁護に値する一部分を、擁護しようとしている。しかしそれならもっと熱心に擁護すべきだ」。これに対してコールハースは、自分の作品をモダニズムの擁護だとは考えていないこと、むしろ「一種の集合的意識の中に取り残された残物をいくつか収穫しただけだ」と反論した。しかしモネオはこう結論づけた。コールハースは、才能があるにもかかわらず、建築を深く学んだ者たちへの仲間受けの難解なジョークへ引きこもることで、自分自身を歴史の余白に葬ろうとしている。ならば彼は「たった一人で、どこまでも孤独でいる」状態に身を任せることを学ぶべきだ、と。[9]

コールハースは歴史の余白で苦労するだろうというモネオの予言は、もちろん、あの時点では正しかったと言わざるをえない。しかしコールハースは一九八〇年代後期、歴史的引用から一転して「プログラム」へと方向転換した——それは二つの新しい戦術によって明らかになった。一つは、まだ未熟な状態の、ぎっしり中身の詰め込まれた摩天楼であり、それはカールスルーエの《アート・メディアセンター（ZKM）》と《ゼーブルージェ・フェリー・ターミナル》のコンペ案に見られ、どちらも一九八九年に手がけられた。二つ目の戦術は、マンハッタンのような都市的密度のミクロコスモスを、巨大な単一の建物内に作り出すことであり、それは《ハーグ市庁舎のコンペ》で最初に示され、また一九九二年に竣工したロッテルダムの《クンストホル》にも、それほど明瞭ではないが見られる。どちらの戦術も『デリリアス・ニューヨーク』の出発点に戻るもので、特に第一の戦術は《ダウンタウン・アスレティック・クラブ》に関する有名な章を想起させる。彼はこのクラブを多種多様なアクティビティを収容する「三八の平面《プラットフォーム》を重ね合わせて」垂直方向に重ねたプログラムのコラージュであると描写し、またそれは「ロシア構成主義者《コンストラクティビスト》の社会的コンデンサー――人間の交流の望ましい形態を生み出し強化する機械」でもあると評していた。もしこの男性専用クラブの九階で、独身者たちが「ボクシング・グローブを手に裸で牡蠣を食べて」いたとしたら、それは彼らが「反自然的な」プログラムによって、新種の都市居住者「メトロポリタナイト」に変身してしまったことの証だ。[10] マンハッタンの《アスレティック・クラブ》はコールハースにとって、摩天楼の中に拡散した失われたエデンの園の一部であり、一九八〇年代後期と一九九〇年代の彼の作品の多くは、それを再現するための試みだった。換言すれば、コールハースは二〇年前に『デリリアス・ニューヨーク』で表明した「マンハッタニズム」の、人に解放感を与える可能性を、ついに自身の作品において実現しようとしていた。後日彼は、初期に自分が書いたアイディアにここで戻ってきたことを「同じ構想の二度目の懐妊」と呼んだ。[11] そしてそれは、個別の建築と都市計画の両面において、彼が二〇世紀初期のマンハッタンの中から詳細に記録した創造的な過密戦略を追求する方向に導くことになる。

《ZKM》は《ダウンタウン・アスレティック・クラブ》の先例に従って、異種のプログラムと空間タイプを、単一のシンプルな容器の内部に積層する「フリー・セクション」で構成されている。実際のところ、この二つのプロジェクトの断面を並べて比較すると、コールハースは初期の研究をそのまま翻訳し、同じアイディアとテクニックを引き継いで直接応用しただけだ。しかし同時にこの引用には、多様なパフォーマンスや展示に必要なサーバント空間を追求するため、長いスパンの構造とより構築的な方法が

図10.1　OMA《アート・メディアセンター（ZKM）》カールスルーエ、1992　提供：OMA

持ち込まれている。建物の両サイド間を架け渡す（その中に人が入ることのできる高さをもつ）フィーレンディール・トラスを採用し、天井の高い無柱空間の階と、深いトラスの内側に押し込められた階とが交互に重ねられ、垂直方向にリズムが創り出されている。トラス階の内側に入るとフィーレンディール・トラスの垂直部材が柱のように感じられただろう。コンパクトな角柱形ヴォリュームの外装は、巨大な投影スクリーンと不規則に開けられた開口群に被われていて、それは再び《ダウンタウン・アスレティック・クラブ》における、外装の端正さと多様な内部構成表現との明白な対比を思い起こさせる。

《ゼーブルージェ・フェリー・ターミナル》のコンペ案でも、この戦略の探求が続けられたが、ここでモデルにされたのはダウンタウン・アスレティック・クラブではなく、コニー・アイラン

図10.2　OMA《ゼーブルージェ・フェリー・ターミナル》ベルギー、1989　提供：OMA

ドの伝説的な《グローブ・タワー》プロジェクトだったように思える。この想像上のプロジェクトはタワーと球体を形態的に融合させ、そこに享楽的なプログラムを積層させて盛り込み、交通インフラの台座の上に載せられていた。OMAの《ゼーブルージェ・ターミナル》も、円錐と球体を混合させて北海の岸辺に謎めいた標識のように建ち、似たような通俗的で享楽的なプログラム（カジノ、水泳プール、シネマ、ホテル）が、交通の接続地点を土台にそこからスパイラル状に立ち上がって展開する。もし建設されていれば、このプロジェクトはOMAの最もユニークな形態探求の一つになっていただろう。そこでコールハースが提案したのは、滑らかな謎めいたオブジェであり、そのコンパクトな形態と滑らかな表面は、デコンストラクションの断片化の戦術よりも、むしろフィリップ・スタルクのプロダクト・デザインを想起させる。[12] そのことから思い起こすのは、一九八八年の「デコンストラクティヴィスト建築」展に彼が含まれたことに対して、一九九三年に彼が述べた痛烈な発言である。そこで彼は、自身がその仲間の一人とされた人々の形態主義的な企図を明白に拒絶し、彼らが、断片化された社会と断片化された形態でできた建築の間に「ナイーヴ」で「陳腐な」類似性を見ていることを厳しく非難した。コールハースはさらに、建築家になすべき仕事があるのであれば、「建築家の知的地位」に引きこもるのは心得違いだと論じている。「現在我々が享受している条件の一つは、我々の職能に対してしかるべき需要があることだ。そのような期待を組織的に裏切ることは私には危険に思える」[13]。

一九八八年の展覧会における彼と他の建築家のデザイン手法の違いは、実は、一九八六年に行われた《ハーグ市庁舎のコンペ》で受賞したOMA案にすでに明白に見られる。この案では、一つの建物の中でプログラムを三つの平行な帯に分け、それらを異なる高さに突き出して凝縮された都市的スカイラインを作り出している。同様に一九九二年に竣工したロッテルダムの《クンストホル》のデザインでは、OMAは多様な空間タイプとプログラムを、一つの連続した内部プロムナードに沿って配列している。建物は高いレベルにある大通りと〔低いレベルの〕公園との間に配置され、副次的な道路が〔低いレベルで〕敷地を横切っている。そこでOMAは、大通りと公園をパブリックな斜路によってつなぎ、その斜路は建物を貫通しつつその中間にメイン・エントランスを配置し、一方で横断する副次的道路はそのまま残している。それぞれのブロックは複数の展示ホールとレストランを収容し、それらはスパイラル状の循環動線によって全体的につなげられており、それをコールハースは「両立しえない経験のシークエンス」と呼んだ[14]。またここには、モダニストの模倣というコールハース初期の手法の面影を感じることもできる。大通りに面するネオ・ミース風な立面は、その黒いスティールの横帯がベルリン新国立ギャラリーを思い起こさせるが、すぐ後ろには屋根を載せたトラスがもう一つ控えている。このトラスは、道路工事用カラーコーンのオレンジ色に塗られていて、その上にはラクダと丈の長い服を着て歩く人物像が載せられている。これが暗示しているのは、おそらく一九二七年の《ヴァイゼンホーフ・ジードルング》において、建てられた建物群が外国風に見えると抗議するために配られたあの悪名高き「アラブ・ヴィレッジ」の絵葉書であろう。

一九九〇年の《モロッコ・アガディールのホテル・会議場プロジェクト》で、コールハースはこうしたミース風の常套手段をやめ、その代わりに、ところどころでとぎれた一群の柱のグリッドと大きな円形のボリュームによって、ル・コルビュジエのチャンディガールの大会議場に漠然と似た手法を使った。ここでコールハースは、海辺に面して内部に巨大な波打つ床でできた広場を創り、その外部空間にエスカレーター、寄りつき道路、様々な直径の柱を点在させた。プラザの下には会議場が、上にはホテルの階があり、ホテルは中庭型のアパートメントで構成され、各々が海を眺望する小さな塔を備えていた。プログラムを三つの明確な領域に分け、それぞれが固有の空間的性格をもっていて、アガディール・プロジェクトは再び、大都市に見られる様々な経験を一つの建物の中に投入することを目指していた。OMAの都市計画作品においてマンハッタンへの参照は、一九九一年の《「グランダクス」〔パリの歴史軸〕開発設計競技案》のように、時として参照元を非常に忠実に再現する形になりうる。このプロジェクトでコールハースは、デファンス地区周辺の広大な範囲を徐々に壊して、マンハッタンのグリッドを移植していくことを提案した。この戦略は二〇〇八年の《ドバイ・ウォーターフロント・シティ》のプロジェクトでも登場し、人工島の上にコールハースは、彼が長年追求してきた理想化されたグリッド状のマンハッタンをゼロから創り上げることをついに許可されることになる。

一九九〇年代の中頃になると、OMAには仕事が溢れるほど舞い込むようになり、一九九五年には『S,M,L,XL』と題する、コールハースの著作とプロジェクトをまとめた分厚いカタログが出版された。この本は、グラフィック・デザイナーのブルース・マウの協力を得た力業であり、とりわけ裁ち切り図版や異なる書体とグラフィック言語を混在させ、映画のようなストーリー展開のテンポとリズムをもっている——これらすべてが、建築のテクストはこのように見せるべしという新たな標準を示した。一四〇〇ページ近い分厚い一冊の構成は、そのタイトルのとおり、プロジェクトや小論が年代順でも建物種別でもなく、その物理的な大きさごとに紹介されている。またプロジェクトの間にも小論や無関係なグラフィックが差し挟まれ、ページの余白には用語の「辞書」が書き込まれている。この百科事典的な一巻に収められた小論の範囲は、アトランタへの現状調査任務の報告から、シンガポールのアーバニズムの包括的歴史（コールハースはこれを「ポチョムキン・メトロポリス」と名づけている）に及び、さらにグローバリゼーションと「ジェネリック・シティ」についての考察まで含んでいる。

この不規則に範囲を広げた書物の中に、中心的あるいは主導的な論文を見出すのは難しいが、「ビッグネス、あるいはラージの問題」という小論は、OMAがこの一〇年余り追求してきたことを、マニフェストに近い形で手際よく要約している。再び『デリリアス・ニューヨーク』に発する議論を繰り返しながら、コールハースは二〇世紀初期の科学技術革命（電気、エレベーター、構造的鉄鋼、冷暖房）が建物の規模をますます拡大し、コンポジション、シークエンス、建物のファサードと内部構成の関係などの伝統的な建築的概念を少しずつ弱体化させることで、「ビッグネス」の条件を創り上げたと主張している。最も重要なことは、建物はある一定の規模を超えるとそれが置かれている都市的組織との関係を絶つ、と彼が述べていることだ。通常建築家はこうした状況に対応する時、「分解と分離」の手法を使うか、あるいは大規模なプログラムを断片化やモンタージュの手法によって「互換性のない、固有のフラクタル群」に分解するのだが、コールハースはそれとは異なる対応策を提案する。彼の提案は「全体とリアル」だ。それは、異質な出来事を単一の容器の中に圧縮し、それらの出来事に自由に相互作用させるという、いわば「プログラムの錬金術」のような手法だ。こうしてできた建物は、その内的な豊かさと多様性において、それ自体が都市的で、内部に様々なものを取り込みながら、おそらくついには「古典的」都市に取って代わるだろうとコールハースは論じている。コールハースは、「ビッグネス」は「タブラ・ラサという今日の世界的な条件」で生き残れる唯一の建築であり、このような建築の最先端が「ポスト・アーキテクチャー的ランドスケープにおけるランドマーク」になるだろうと、どこか黙示論的に結論づけている。[15]

最終的にコールハースの「ビッグネス」の建築を代表する宣言は、市場の創造的破壊力を冷ややかに受け入れること——「古典的」な都市は今やほとんど死に絶えている——と同時に、壊滅的な現代化に直面しても、建築は引き続きそれに適切に関与することを求められている。わずか一〇年前であれば政治的異端と見なされたはずの考え方をもち、コールハースは、新たに見出された建築の「手段性〔instrumentality〕」☆に依拠すれば、建築は、モダニズムと形態主義両方の「消耗した芸術的／イデオロギー的運動」から決別できるだろうという展望にきわめて満足している。この〈アイデアリズムと諦めの念〉を併せもって☆☆、彼は、過去の美学的なプロジェクトにも基づかず、デジタルとヴァーチュアルへもっぱら舵を切れば約束されるはずの完全な解放にも基づかず、前へ進む道を提示したのである。

オレンジ革命

『S,M,L,XL』の出版と時を同じくして一九九〇年代中頃、オランダでは建築設計実務が再興してきた。それとほとんど同時に、OMA出身者が大勢含まれる若手の事務所が、幅広く建築と出版に携わることになる。その多くは、形態主義的戦術には疑いをもち、与えられた条件下で喜んで仕事に取り組むという点で、コールハースを範としていた。一九九九年、ニューヨークの「ストアフロント」で行われた建築と美術の展覧会において、マイケル・スピークスはこのオランダの台頭勢力を「ビッグ・ソフト・オレンジ」と呼んだ。その理由は、彼らが大きなプロジェクトの現実的条件を受け入れ、市場からの要求に直面して柔軟に対処し、そしてスピークスに言わせれば、人工的なことや商業的なことにオランダ人特

訳注☆　マルグレイヴ自身によれば、“instrumentality”とは、建築が大企業や国家機関の「代理人」つまり「手段・道具」となることの意。建築は芸術的あるいはイデオロギー的に社会を主導することを放棄し、芸術的制作をも一手に引き受ける大資本や巨大政府の代理人として、与えられた仕事を果たす、という意。

訳注☆☆　原文は“this mix of idealism and resignation”。マルグレイヴ自身によれば、この“idealism”は、現状からでも何かが創造できるだろうと敢えて考える立場を言う。訳語としては「理想主義」「観念主義」ともに適切ではないと訳者は判断し、「(強いられた)アイデアリズム」とした。また“resignation(諦め)”とは、建築家にはもはや制御できないという事実を認める意。

有の共感をもっていたからだ。[16] 実際オランダの存在そのものが、大部分は運河の発展と干拓地の埋め立てによって海の上にできた国であるため、長年人工物に依存しており、オランダ経済のモデルは古くから貿易と起業家精神を評価してきた。この組み合わせが、ヨーロッパで人口密度の最も高い国の一つであることと相まって、オランダを二〇世紀初頭と一九二〇年代にモダニズム揺籃の地とさせ、実験こそがこの土地特有の様式の表看板になったのだ。

ランドスケープアーキテクトのアドリアーン・グーズと彼の事務所「ウエスト8」は、この人工性の考え方を受け入れ、それを利用して一連の公園、広場、都市計画を、遊び心のある、感傷抜きで自然を見る視点によって創り上げた。例えば、《アムステルダムのスキポール空港》におけるグーズのランドスケープ作品では、舗装面と植栽をきわめてグラフィカルな方法で扱った。空港周辺の残りの空間をすべて樺の木で覆い尽くし、大ぶりの半球形のプランター（そこには季節を示す植物が盛られていた）が歩道部分に数多く据えられている。グーズの《シューブルグプレイン》――ロッテルダムの劇場地区の中心にある広場――では、唯一の植栽である「樹木」は、クレーンのような首を持つ可動式照明装置一組で、それはロッテルダムの活気ある港を明らかに暗示している。おそらくウエスト8の仕事で最も影響力があったのは、アムステルダムの波止場地域の《ボルネオ・スポーレンブルグ半島のマスタープラン》だろう。ここでグーズは、基本的なアムステルダムの都市的タイポロジー――運河に面する幅の狭い住宅と一九世紀の細長い街区〔perimeter blocks〕――を再解釈し、それを高密度のグリッドによる幅の狭い中庭付き住居群に変容させ、そこに、もっと大きな彫刻的住居ブロックを、基本グリッドを尊重しながら角度を振って割り込ませている。基本グリッドを対角線状に貫通して細長い切片のような公園の帯が入り込み、低層高密度住宅の壁の連続に休止を与えている。
ウィニー・マース、ヤコブ・ファン・ライスとナタリー・デ・フリースの事務所（MVRDV）の作品も、同様に一九九〇年代のOMAの態度と形態的アプローチの両方を踏襲している。特に彼らの初期作品にはそのことが当てはまり、OMAが《エデュカトリウム》や《クンストホル》で追求した床スラブを露出し折り曲げるというボキャブラリーを繰り返し使っていた。MVRDVのプロジェクトはデータのマッピングとこの経験的な情報を建築に翻訳することに基づいて、時として入手したデータを直接的に絵にしたような建築を導いた。ウィニー・マースはこうした情報の物理的な表示を「データスケープ」と呼び、彼の事務所はしばしば大学と協同して、人口密度やそれに関連する現象の研究を行う。一連の出版がそれに伴い、一九九九年の『FARMAX: Excursions on Density』もその一つだ。この著作では、都市地区の外にオープンスペースを残すために、すでに高密度に分散しているオランダの人口をさらに集中させる提案をしている。[17]
この事務所の〈データの建築への翻訳〉という手法は、アムステルダム郊外の《WoZoCo高齢者住宅》で見られるように、時として統計的ダイアグラムを、冗談のようなほとんど漫画のように直訳した建築形態を導く。ここではゾーニング規制によって建築面積《フットプリント》が制限され、それによれば要求されていた一〇〇戸分のうち八七戸分しか収容できない。そこで残りの一三戸をどこか他所に移設せず、それらを圧縮していくつかの巨大なヴォリュームをキャンティレバーで——不可能に見えるが——本体ヴォリュームから突出させた。この決定によって彼らは、隣接したオープンスペースを確保しつつ、ゾーニング規制条例にも準拠することができた。この作品の容赦なき「論理」——何が何でもオープンスペー

図10.3　MVRDV《WoZoCo高齢者住宅》アムステルダム、1994－1997　提供：ダニエル・デ・フランシスコ

スは確保する——を見ると、一見馬鹿げたことが合理的でほとんど不可避的にさえ見えてくる。
二〇〇〇年の《ハノーヴァー万博のオランダ・パヴィリオン》のデザインでもこの事務所はこの戦略を引き続き用いて、オランダのエコシステムのミクロコスモス〔縮図〕を創った。それはコールハースが『デリリアス・ニューヨーク』で例示した積層する地面でできた「一九〇九年公理」を文字どおり再現した階を、一つずつ上に積み上げていったものだ。それらの階は「森」「雨」「農業」などに割り当てられ、ダイアグラムを直接的に何も手を加えず建築に翻訳したものだ。それはコールハースが自分の作品ではできなかったか、あるいは採用しようとは望まなかった手法だったろう。実のところオランダの若い世代の事務所の作品は、MVRDVのように、形態主義に反対するコールハースの異議申し立てを、おそらくコールハース自身よりもっと強く意識していた。しかしMVRDVの仕事は、刺激的である場合と、単にダイアグラムにすぎない場合とがあり、作品によって差がある。

一九九〇年代に台頭してきたもう一つの若いオランダの事務所は、ベン・ファン・ベルケルとカロリン・ボッシュによって設立されたUNスタジオである。彼らはOMAの『S,M,L,XL』に対抗して、ほとんど間を置かず自分たちの分厚いモノグラフ/マニフェストである『ムーブ』を出版した。それは三巻で構成され、それぞれ想像力、技法、効果、という建築の三つの「永続的な構成要素」の題目に当てられている。[18] 著者らはこれらの要素を用いて、どのように建築家がその実務の組織構造を改革できるか、また、彼らの使える新しいメディアがどのように「今日の建築的効果」を導くかを示している。第一の目標である実務の改革を追求するため、ファン・ベルケルとボスは「ネットワーク・プラクティス」という映画制作に非常に近いモデルを提案した。そこでは国際的な専門家のチームが短期間、あるプロジェクトのためにヴァーチュアルなネットワーク内で協力するために集められ、そして〔仕事が終われば〕解散する。UNスタジオは実際この方法で、ロッテルダムの《エラスムス橋》のような大規模なインフラストラクチャーのプロジェクトやアムステルダムの《ピエト・ハイン・トンネル》のような設備施設(どちらも一九九六年竣工)で協同した。

UNスタジオにとって、このような協同プロジェクトは建築家を「日常的なパブリック・インフォメーションの専門家」――つまり、チームの中で様々な入力データを調査分析し、それを「パブリックライフを秩序づけるためのアイディアやイメージ」に変換する人物――として再定義する。彼らの主張によれば、この戦略の最終結果は最新の流行に即して調査研究することで、建築をファッション業界にもっと近づける。「カルヴァン・クラインに学んで、建築家も未来を身に纏《まと》うことや、先の出来事を推測し予想すること、世界を映す鏡を掲げることに興味をもつことになるだろう」と彼らは書いている。[19] そしてもし協同作業による実務のモデルが、具体的には建築家を「未来を身に纏う」ための中心人物にするなら、究極的には、建築家の新しいメディアの探求によって、彼らがこの新しい流行の内容を先導できるようになる、と述べている。

この試みの主要な技法の一つは、昔ながらのダイアグラム以外の何ものでもない。ファン・ベルケルとボスの主張によれば、それは現実のプロジェクトの外にある発想源だが、安定していて、それでいてプロジェクトを展開するには十分に多義的な図式を提供してくれる。OMAやMVRDVもこのツール〔ダイアグラム〕を受け入れ、実際しばしばそれを文字どおり建物へ置き換えているが、UNスタジオは、新しさや魅力的な形態を発生させるものとして、ダイアグラムをより集中的に探究する。こうしてファン・ベルケルとボスの見方によれば、ダイアグラムによって建築家は既成のタイポロジーに対抗し、他の方法では生まれなかったかもしれない解釈や解法を見出すことができるというのだ。UNスタジオの《メビウス・ハウス》（一九九八）はこの手法の例証となる。この住宅のダイアグラム上のモデルは、連続的に組み合わさったメビウスの帯の形をとり、それが住宅のプログラムの様々な要素をとぎれのないループによってつないでいる。コンクリートとガラスでできた住宅は、たたみ込まれ、裏返され、さらに元に戻され——圧縮された帯が平面からヴォリュームへ変換されている。

この手法はUNスタジオのデザインでは、シュトゥットガルトの《メルセデス・ベンツ博物館》（二〇〇一－二〇〇六）で最も野心的に試された。この企業展示館では二つのフロアが、DNAの二重螺旋に

図10.4　UNスタジオ《メルセデス・ベンツ博物館》シュトゥットガルト、2001－2006　提供：ティム・ブラウン

基づいて、中心のアトリウムの周りで連続的に徐々に拡大するように、側面の興味深い変化をともないながら螺旋状に上昇していく。訪問者はまずエレベーターで最上階に昇り、そこから下へ向けて、自動車とトラックが年代順に展示されている選択可能な二つの動線に沿って歩みを進める。このコンクリートの建物がフランク・ロイド・ライトの《グッゲンハイム美術館》と違うのは、シュトゥットガルトでは、上下の斜路が並走する個所がどこにもないことだ。この作品は、ワーナー・ソベックのエンジニアとしての才能と、コンピュータ・コンサルタントのアーノルド・ヴァルツによる幾何学の解析図解がなければ、全く不可能であった。我々はこの非凡でエレガントなデザインを、この一〇年間で最も優れた建物の一つだとも、ファッション作りを象徴す

る究極の試みだとも見ることができる。

ファン・ベルケルとボスと同じく、チューリッヒを拠点とするスペインの建築家・エンジニアのサンティアゴ・カラトラヴァも、彼の仕事の大部分を交通インフラ要素——橋梁、高架橋、インターチェンジ、鉄道駅——の設計に焦点を定めた。それは与えられた直接的な機能的要求に対応するだけでなく、何かもっと多くのものの触媒となるものだ。ファン・ベルケルとボスが自らを、幅広い専門分野の専門家を集めたチームのコーディネーターとして位置づけたのに対して、カラトラヴァのモデルは、天賦の才にあふれた眼識ある「作家」であり、彼自身がチームを率いて自らの構造的そしてしばしば高度に彫刻的なヴィジョンを達成させていく。アプローチが異なれば意図も異なることを示している。オランダのインフラストラクチャーの探求は主として、様々なプログラムの混合によって生まれる活力を組織し演出することに関心をもっていたが、その代わりにカラトラヴァが焦点を当てるのは、自身のプロジェクトが直近の周辺環境に与えるきめ細かい効果や、構造的表現主義を紛れもなくモニュメンタルで公共的な性格に結びつける美学である。

ヴァレンシアで建築家としての教育を受けたカラトラヴァは、その後ETHチューリッヒで土木工学を学び、一九八一年に博士号を取得した。このハイブリッドな教育が、カラトラヴァがコンペで獲得したチューリッヒの《スターデルホーフェン鉄道駅》(一九八三)を特徴づけている。この作品は、その曲がりくねったリブ状のコンクリートの形態と、優美に先細りさせたスティールの骨組みのキャノピーの形態によって、カラトラヴァの作品の形態と素材の手法としてやがて十分に練り上げられていくボキャブラリーを確立している。それはしばしば、人体や動物の形を基に展開し、構造的解決へ変換していく水彩のスケッチによって探求される。バルセロナの冴えない場末の地域に、掘り下げられた鉄道を跨いで架けられた《バック・ド・ローダ橋》(一九八七)は、カラトラヴァ作品のもう一つの主要な特性を示している。それは、公共的な啓発と現代化の象徴という議論を呼ぶ特性だ。《バック・ド・ローダ橋》の白く雄々しく湾曲した構造は、必要とされた控えめなスパンには過度に大きいように見えるし、その場所のパッとしない都市的文脈には堂々としすぎているように見える。しかしまさにこの過剰さ、この公共的な壮大さのジェスチャーゆえに、このきらめく白い橋が、セビリア、ブエノスアイレス、マンチェスター、ミルウォーキーでの都市再開発プロジェクトにおいても、絶対必須条件になっているのだ。

これらの橋で見られる、生物学的な着想を得た形態は、四肢や収縮筋への寓意とともに、やがて構造表現主義的なネオ・ゴシックへ転換していくことになる。それはトロントの《BCEプレイス》のガラスで被われたガレリアや、ニューヨークの《セイント・ジョン・ザ・ディヴァイン・カテドラル》(一九九二)、《リスボンのオリエント鉄道・バスターミナル》(一九九八)に見られる。生物学を基本にしたジョイントの構造的表現と、尖頭リブヴォールトとその間を充塡するガラスというゴシックの感受性との結合は、かけ離れた構造的直観をゴシックの論理と概念的に結合させるというヴィオレ・ド・デュクの理想を、遅ればせながら実現したものとも見てとれる。

しかしカラトラヴァの作品にはまたもう一つ別の対照的な傾向が見られ、それはジャン・ジャック・ルクーやクロード・ニコラ・ルドゥーの「語る建築」に近いものだ。ビルバオ郊外の《ソンディカ空港》(一九九〇)や《リヨン空港TGV駅》(一九九四)、《ヴァレンシアのプラネタリウムとIMAXシアター》(一九九八)のような作品でカラトラヴァは生物学に着想を得た形態によって構造的な負荷の分

図10.5　サンティアゴ・カラトラヴァ《ミルウォーキー美術館》ミルウォーキー、ウィスコンシン州、1994－2001　提供：筆者

配を示すだけでなく、これらの形態を用いることで建物のプログラムや敷地を暗示する（時としてかなりあからさまに）非常にわかりやすいメタファーを確立している。例えばヴァレンシアの劇場では、潜望鏡のようにプールの水面から顔を出して、眼球の形をもつモーター起動のガラス製まぶたを装備している。同様に《ミルウォーキー美術館》（一九九四－二〇〇一）の鳥のような形をした屋根構造は、巣作りをする鳥のようにミシガン湖の湖畔に留まり、変わりゆく光の条件やおそらく獲物を見つけるのに合わせて広げた翼を羽ばたかせる。こうした非常にメタファーに富んだ構造的アプローチは、人体や鳥や樹木を建築に置き換える。それに魅力的で優美な曲線をなす先進的な光景が相まって、カラトラヴァはミレニアムの転換点で稀少種の建築家に

なった——建築家は自ら作品を構想する者だというまさにその条件においても、その作品が広く大衆に理解され評価される真にポピュラーな建築家になった。その意味で、カラトラヴァの実世界における重要性は、公共領域の主要な要素としてインフラストラクチャーに着目したことだけでなく、彼がユーザーに直接アピールしたことにもあったのだ。

ポスト・クリティカリティ

いずれにせよオランダの「プラグマティズム」現象が、一九九〇年代を通じて建築実務の再構築に大きな役割を果たしたことに異論を唱える者はいないだろう。変化を遂げたこの活動範囲の全体が、一九九六年にコールハースがプラダのために一連の高級ブティックと販売戦略研究を行うなかで「AMO（建築メディアオフィス）」という系列「シンクタンク」を設立した時、再びオランダへ戻ってきた。AMOが専念するのは、デザイン・コンサルティング、ブランディング、メディア、政治、アート、展覧会、出版、グラフィックデザインであり、「研究《リサーチ》」については漠然と関わることとされていた。したがってこの異色のシンクタンクでは、建築の「ビジネス」の関わる範囲は、建物を実際に建てることから切り離した建築的思考方法までも含むように拡大された。コールハースは後日その任務をこう説明した。

建築はあまりにも速度が遅い。しかし「建築」という言葉は（その職能の外では）まだある種の敬意をもって発せられる。その言葉には希望——あるいは希望のぼんやりとした記憶——がまだ残っている。日々我々に押し寄せる情報の荒々しい波の上に、形や形態や統一性を押しつけることができるという希望が……。もしかすると建築は必ずしもそれほど愚かではないのかもしれない。建てなければならないという義務から解放されれば、建築はどんなことでも考えることのできる方法——あらゆるものの関係性、割合、つながり、効果、ダイアグラムを表現する学問分野——になりうるかもしれない。[20]

ここでコールハースは〔建築〕理論には今後も引き続き価値があると強く主張している。「あらゆるもののダイアグラム」全般と、実務から「解放された」建築的思考の価値という意味で。つまり、プラグマティズムへの転向は、少なくともコールハースにとって〔建築〕理論への攻撃を意図したものではなかったことがわかる。むしろ理論を「ポスト・クリティカル〔post-critical、批評以降〕」の方法で再定義する動きだったということだ。それは建築について哲学や言語学や社会科学のコード化された体系を通じて思索をめぐらすのではなく、あるがままの世界〔world as found〕について思索することへの方向転換である。

もちろん建築に関わるすべての批評家が、この「ポスト・クリティカル」の世界への提案に満足していたわけではない。一九九九年アイゼンマン陣営と親しかったサンフォード・クウィンターは、それをジュリアン・バンダの『知識人の裏切り』になぞらえた。それはつまり「信頼違反」あるいは、伝統的な意味において知的な価値を裏切ることである。彼はこう記している。

オランダでの新しい仕事が代表する「プラグマティズム」は、その可能性は豊かではあるが、その表現は今のところ貧弱であり、最悪の部類のプラグマティズムと言える。それはコールハース主義を消化し損なったものにすぎず、それに加えて、彼または彼女の無能性を歴史的美学的な理想にまで自己膨張させることで、不能を正当化しようとする（「都市計画など不可能だ。支配するのは市場だ！」）小官僚的な欲望がある。[21]

デイヴ・ヒッキーも同様に、「ポスト・クリティカル」の世界とは、ポスト理論的、ポスト知的な世界になるのではないかと恐れる。「もしこれが起きれば、我々は道を見失ってしまう。我々は単なる学者と単なるビジネスマンになるだけで、今後そこにはもはや建築と呼べるものは何一つ存在する理由がなくなるだろう」と彼は嘆く。[22]

このパラダイム・シフトをそれほど破壊的な状況とは見ていない人々もいた。例えば、ロバート・ソモルとサラー・ホワイティングは、この「ポスト・クリティカル」の世界を、そこでは（「批評的」な建築ではなく）「プロジェクティブ」な建築が、また社会の価値に抵抗する「熱い」建築ではなく、批評的に見れば「クール」でわかりやすい建築が隆盛するだろうと見ていた。[23] ただしソモルとホワイティングは、プロジェクティブな建築とは「必ずしも市場状況への降伏を必然的に伴うものではなく」、ポスト・クリティカリティは、すでに多くの場面で、建築家を、かつては彼らを市場から遠ざけていた多くのタブーから解き放ち始めている、とつけ加えることを忘れなかった。見たところ、多方面でコールハースが、建築家たちに新しいグローバル経済の中で活動し、利益を上げ、関与し、学ぶことを許可してきたという事実への高揚感があった。そこでは建築家は、深遠で自律的な形態を創造するために苦悩することからついに解放されたかのように見えた。つまり、もはや建築家は資本主義の圧力に対して何も作らないことで勇敢に抵抗するとか、作品に途方もない政治的イデオロギーや批評的言辞を散りばめることを求められることはなくなるように見えた。もはや建築家は、誰にも本当には理解できないような流行の哲学理論の中から取捨選択して、自分の作品に知的に応用できる理論を見つけてくる必要もなくなるのだ。実際、K・マイケル・ヘイズの批評的アンソロジー〔評論選集〕『一九六八年以降の建築理論』の出版（一九九八）は、理論の金箔時代の終焉を公式に印す一里塚だった——今明らかに退潮にある動きを総括する時が、まさに到来したことを確認するものだった。しかしこの消去法で規定された自由——歴史的、理論的、形態的、政治的義務からの自由——の内側には、まだ疑念や不満が名状しがたく残っていた。一九九九年の春「ドット・コム・バブル」が破裂し、それはまさに、新しい経済とはいかに気まぐれなものであるかを世に示した。そしてその二年後、ワールド・トレード・センターの崩壊によって、建築家たちは改めて社会全体の構造がいかに脆弱であるかを思い知らされた。直前の一九九〇年代の建築出版物にあった上機嫌な気分は、今や一転して新しいリアリティに向き合わざるを得なくなったのである。

第11章——ミニマリズム

コールハースとその同志たちの作品は、形態づくりに傾倒することにも、建築以外の専門分野からの主張にも反対するという立場を代表するものだったが、時を同じくして一九九〇年代に現れたもう一つの作品群の傾向は、よりいっそう静寂な方向へ向かうものだった。その方向性やアプローチは、もっと根本的な関心に焦点を合わせていた――それは新しい素材とその感覚的な効果の開発、盛期モダニズムから譲り受けた建設的形態をシンプルなディテールでまとめる術、建築経験そのものの現象学的性質への興味である。これらの同時進行していた探求を分類するには、「ミニマリズム」という範疇名を用いて緩やかにまとめるほかにないかもしれない。なぜなら、一般的に一九六〇年代半ばから後半にかけてアメリカで起きた彫刻と絵画における特定の動きを指す用語である「ミニマリズム」を用いながら、その許容範囲を広げて定義することになるからである。実際、美術批評家のロザリンド・クラウスはミニマリズムという用語を形態主義的なアートや建築に適用するのは「全く不適切」だと述べた。なぜならこの用語は、作品を見る者がある特定のコンテクスト内でどのような経験をして、作品をどのように受けとめるかに焦点を当てたアートの手法のために専ら用いるべきだというわけだ。[1]

しかし私たちは、一九九〇年代を語るうえでこの用語が有用であると感じる。それは、多くの側面において、形態の大幅な単純化を確認することができるからである。つまり、形態より表面やディテール術への興味へ、プログラムの革新を目指す建築よりニュートラルな容れ物のような建築へ、作者の意図より利用者によって体験される作品への転換である。総じて言うならば、これらミニマリズムのプロジェクトは一般に自己完結型であり、それ以前の建築よりも主張は控えめで、多くは絶妙かつ念入りに作られている。いくつかの点でそれらの作品は、意味論と統語論的規則に関わっていたポストモダンやポスト構造主義から概して低く評価されてきたモダニストの特徴や形態の単純さを喚起させる。

この新たな方向性を知らせる一つの声高な呼びかけは、ケネス・フランプトンが一九九〇年に行った断固たる声明『警告――テクトニクス擁護論』である。この手短な「警告」という題は、一九二〇年代初頭のル・コルビュジエの「ピュリスト」宣言をもう一度思い起こさせるものだが、それは多くの点で、長年にわたってポストモダン歴史主義の商品至上主義文化に反対してきたフランプトンの議論と、その代替案である彼の批判的地域主義の延長線上にあると捉えることができる。このひるむことなき「後衛」の議論は一九八〇年代には明らかに少数派の意見であったが、今ではより多くの人々の心に響く。

私たちは、アヴァンギャルド〔前衛〕派の常套手段の繰り返しに荷担したり、歴史主義者の模倣や、彫刻的な身振りの過度な増殖に陥ったりすべきではない。なぜならそれらはすべて、構造にも建設技法にも全く基づかないほど恣意性が大きいからだ。そうではなく、私たちは、建築的形態に不可欠な本質としての構造的単位へと回帰すべきではないか。[2]

建築のグラウンド・ゼロであるテクトニクス〔構築術〕とディテール術への回帰を、彼はこの論考において、カール・ビュッティヒャーやゴットフリード・ゼンパーなど一九世紀の建築家の理論をもって裏づけた。もちろんこの主張は、より野心的な彼の著作『テクトニック・カルチャーの研究』（一九九五）において拡充された。この著作においてフランプトンは、彼のテーマをより広範な歴史的展望の中に投げかけている。[3] フランク・ロイド・ライト、ミース・ファン・デル・ローエ、ルイ・カーン、カルロ・スカルパのような「常連の」建築家の章でフランプトンは、多くの理論誌で見られる視点とは異なる鮮明な代替案を提示した。第一章に掲載されたアテネのディミトリス・ピキオニスの舗装石や、日本の神道の鍬入れ式で使われる儀式用道具のイメージは、今までいい加減に扱われてきた知的抽象化への説得力ある挑戦を示している。新たな真面目さは、はっきり目に見えるようになっていた。それは一九九五年、近年の作品に見られる「新しい建築的感性」に注目したMoMAの展覧会『ライト・コンストラクション』にさえ見出すことができた。かつて熱烈に歓迎されたあの「デコンストラクティヴィズム〔脱構築〕」宣言の七年後のことだ。[4] テレンス・ライリーはこの新しい感性の出所は、厳密な正統性の不在、新たな寡黙さ、そして工芸の重要視に帰するとした。さらにその上に、基本への回帰、形態的・修辞的な過剰さの忌避をつけ加えてもよいかもしれない。

素材感と効果

スイスの建築家ジャック・ヘルツォークとピエール・ド・ムロンはこうしたミニマリズムの風潮を象徴する。二人はしばしば、彼らの建築を訪れた人たちが感じる素材感と感覚的な衝撃に特別な喜びを抱く——その建物はふだんはずっと日常生活の多様な活動のニュートラルな背景として後退しているのだが。一九九七年のインタビューでヘルツォークは次のように述べている。「私たちの建物の強さは、訪れる人の内臓を直接刺激することである。私たちにとって、それだけが建築で大切なことだ。私たちは五官を刺激する建物を作りたい。あれやこれやの理念を表現したいのではない」。[5] ベルリンのティアガーデンに隣接した四棟の巨大で寡黙な住宅ブロックの計画案を説明する際に、ヘルツォークは、彼とデ・ムロンが「その内側で行われる生活が、外側の建築的表現であってほしかった」[6]と語った。彼らの作品には断片化への激しい抵抗と、いずれのプロジェクトも唯一無二のものであるという主張がある。様々な形態的要素や素材のコラージュではなく、本質的、閉鎖的、多くは整った直方体状の単一の形態をとり、均質なファサード処理が施されている。

これらの主導的概念の根源は、ヘルツォーク&デ・ムロンの最初期の構成や共同の中に見つけることができる。幼馴染で同級生である二人はともに一九七〇年代初頭に、一九六八年以後無政府状態にあったETHチューリッヒに進学した。そこで、都市計画的・政治的イデオロギーに染まった教育を受けた――ただそれは一九七一年にアルド・ロッシがETHに赴任するまでのことだ。

ヘルツォークはこう回想する。――当時学生であった私たちはこのカリスマ的な人物に魅了された。彼が私たちに語ってくれたのは、「建築は、単なる建築でしかなく、つねに建築でしかない。社会的、心理学的な専門分野がそれに取って代わることはできない」と。マルクス主義的学生運動の厳格な守護者たちによって、ドローイングや建築に対する「芸術的アプローチ」を長年にわたって実質的に禁止されていた私たちにとって、これは衝撃であった。[7]

彼らは初期に受けた社会学的教育によって、設計実務からほぼ消滅しつつあった観点を学んでいた一方で、ロッシを通じて建物のタイポロジーの基礎と永続性に対する理解を少しずつ深めていった。またこの理解に加えて、一九七八年のヨーゼフ・ボイスとの短い共同作業と、スイスのミニマリスト画家レミー・ツァウグとの長年にわたる交流によって、彼らは素材に対する感覚論的関心とともに知覚のニュアンスへの関心を抱くようになった。ツァウグの、文章で語りかける絵画は、見るものと見られるものを動的な関係に巻き込むような、見るものに直接呼びかける力がある。例えば、二〇〇二年のツァウグの《盲目であること〔On Being Blind〕》というタイトルのシリーズでは、見るものを、それぞれ同じように「私は、あなたが見える〔Moi, je te vois〕」と描かれたエナメル塗りの複数の絵と直面させる。このようにして、本当は誰が誰を見ていたのかと問いかける。ボイスもまた、フェルト、脂肪、ワックス、血液など型破りの素材を好む実験的な態度を強く示し、それが、ヘルツォーク&デ・ムロンの作品を大きく特徴づけることになる。[8]

ヘルツォーク&デ・ムロンの最初期の仕事からも、この素材感の強調を見てとることができる。それは滅多に書籍で紹介されることのない、スイスのオーバーヴィールで一九八〇年に完成した《ブルー・ハウス》である。この住宅が単一の急勾配の切妻屋根の下に置かれているという手法からロッシの影響は即座に見てとれる。切妻屋根の下の壁は安価なコンクリート・ブロックを積んでできていて、そこにイヴ・クライン風のウルトラマリンが不揃いに塗られている。全体として見るとごく普通の切妻屋根に見えるが、北側の壁を緩やかな曲面にすることで、切妻の片側で微妙な非対称を創り出しているため、見る者を躊躇させる。似た戦略は《プライウッド・ハウス》(一九八五)と《アートコレクター・ハウス》(一九八六)にも用いられている。どちらも、穏やかな切妻型が、粗くほとんど攻撃的と言える素材感によって強調されている。

図11.1　ヘルツォーク&デ・ムロン《リコラ貯蔵庫》ラウフェン、スイス、1986－1987　提供：イヴァン・カクロフ

しかし主としてヘルツォーク&デ・ムロンの国際的なキャリアは、無言でスケール感のない《リコラ貯蔵庫》（一九八六－一九八七）によって始まったと言える。二人の建築家はこのシンプルな機能要求（ハーブを乾燥させるための貯蔵庫）に、同様にシンプルなヴォリュームで応えた。片側に小さな搬入口がついた四角い整った直方体である。ここで重要なのは、水平なレイヤーを一つずつ上に重ねるように、繊維セメントパネルを木造の骨組みに取りつけたファサードのデザインだ。これらのパネルは、一枚一枚の間に水平に突き出した帯を挟みながら建物の上にいくにつれて幅広になっていく。そして最上部の帯は建物ヴォリュームから切り離され、木の格子細工のエンタブラチュアで支えられ突き出したコーニスとなっている。ドアや搬入用ドックなど事務的に割り込んでくるほんのわずかな場所でのみ、物体のスケールが明確になる。かといって、それぞれの留め金とボードは明確に表され完全に露出しているので、ディテールが抑制されているというわけではない。それよりむしろ、窓が

ない抽象的な建物のその上部に向かって繊維セメント板の幅が徐々に広がることにより、建物が実際よりずっと高いかのように見える錯覚を生む。そして、水平の帯を執拗に強調することで、通常の構成手法（窓、ドアなどを巧みに配置する）を捨て去り、圧倒的な素材効果をもつファサードを創り出している。この奇妙なファサードは、ル・コルビュジエのトラセ・レギュラトゥールや（ただし一部の板は黄金比に従って裁断されている）、ヴェンチューリの「装飾された小屋」や、コールハースの同時期の一部の作品に見られる内部機能の直接的表現などよりも、ゲルハルト・リヒターの絵の具を擦りつけたキャンバスに、より多くの共通点をもっている。

同様の戦略は、一九九五年にバーゼルで竣工した《アウフ・デム・ヴォルフ・シグナルボックス4》でも継続された。この六階建ての建物は、主に鉄道機関区のための電子的な信号装置で満たされ、コンクリートの外壁が細長い銅片で被覆されている。銅片は外装を一様に覆う皮膜の役割を果たすだけでなく、外部からの静電荷を遮断している。《リコラ貯蔵庫》と同様、これらの銅片の帯は密閉された建物ヴォリュームを保護する副次的な骨組みの上に取りつけられているが、その帯は、太陽光を取り込む場所で少しずつねじれている。こうして、銅の覆いの裏に隠れた窓は、ぼやけた半透明な領域をつくる——これは建物の本当のスケールを示唆することなく、光を内部に取り込む巧妙な手段だ。この不気味な銅の仕上げは、錆びた工業地帯的なコンテクストに馴染むと同時に、図体の大きな侵入者のような印象を与える。

このような素材的効果は、一九九七年に完成したナパ・バレーの《ドミナス・ワイナリー》において（表面から物質へと）目覚ましい頂点に到達する。ここでもまた、単純な直方体のヴォリューム（長さ

図11.2　ヘルツォーク&デ・ムロン《ドミナス・ワイナリー》ヨントヴィル・カルフォルニア州、アメリカ、1995－1997　提供：筆者

四四五フィート、幅八〇フィート、高さ二六フィート）が、この多分に実用的な施設を収容する。しかしここでは外装材は完全に外された、中空の壁のシステムが選択された。その壁は、全体が亜鉛メッキ加工処理された鋼鉄の蛇籠から構成されて、中は近くの採石場から切り出された変成玄武岩で満たされている。ここでの意図はワイナリーの姿を雄大なブドウ畑と山岳の景観の中に、文字どおり消すことであった。実際、曇った日にナパの南北幹線道路に沿って車を走らせていると、あの大きな建物に全く気がつかないこともある。ここでも設計のロジックと洗練はディテールに宿る。温度制御が重要な場所（ワイン樽のセラー、倉庫、発酵を行う場所）では、小さな岩石（より密集して詰まったもの）が使用された。一方で、建物の他の部分（内側に隠されたガラス張りのオフィスの周りなど）で用

いられる大きな岩石は、自然換気を可能にすることで空調を最小限に抑える。このギザギザに尖った岩の粗い素材感は、平面の長方形の幾何学やワイナリーの中心軸をまたぐ、古典的と言っても過言ではないフォーマルな配置とは対照的だ。

ヘルツォーク&デ・ムロンは、一九九〇年代末までにはロンドンの《テート・モダン》、東京の《プラダ・ストア》、サンフランシスコの《デ・ヤング美術館》、そしてなかでも最も有名な二〇〇八年の《北京オリンピック・スタジアム「鳥の巣」》の設計に任命され、おそらく世界で最も忙しい事務所の一つとなった。新世紀における彼らの仕事は、豊穣な、とまではいかなくとも、より柔軟な設計戦略をとる傾向がある。これは、多面的にカットされた東京の《プラダ・ストア》の小規模なタワー、または一九二二年のミース・ファン・デル・ローエのガラスの摩天楼プロジェクトを想起させる《ブランデンブルク工科大学図書館》の湾曲した形に見られる。このミースの参照は、意図的であるかどうかにかかわらず、それ自体が示唆に富む。なぜなら、このモダンの巨匠の作品は一九九〇年代には、K・マイケル・ヘイズ、ホセ・ケトグラス、イグナシ・デ・ソラ゠モラレスの執筆を通じて、その幾何学的な純度や古典的な普遍性のためではなく、むしろ、変化する光の効果を捉える技量ゆえに称賛されるようになっていたからである。[9] 要するにミースは、新古典主義者ではなく、むしろソル・レヴィットやリチャード・セラのようなミニマリストとして理解されるようになった。

フランスの建築家ジャン・ヌーヴェルの作品もまた、知覚と視覚効果の課題を探求していると見られる。ヌーヴェルほど多様で多作の建築家を適切に分類することは難しい。しかし、彼のプロジェクトの多くは——滑らかで光沢のある表面、複層に重ね合わされたガラスファサードとその複雑な視覚効果によって――その遊び心とともに明らかに現象学的である。一九九一年の《終わりなき塔》――パリのラ・デファンス地区に提案された高さ三五〇メートルの円筒形超高層ビル――は、ルーヴル宮の中央中庭から発するパリの歴史軸の終着点を印づけるヨハン・オットー・フォン・スプレッケルセンの設計した《グランデ・アルシュ》の立方体的なマッスに対して、対位法的な要素となることを意図していた。ヌーヴェルは提案したヴォリュームが「終わりなき」塔に見えると説明する。それは、手の込んだトリックを使って、雲の中にタワーが消えていくような錯覚である。

パリの空の下で、この塔を見分けることはほとんどできないだろう。西からは逆光となり、まるで幻影のように儚く、実体なく見えるだろう。テュイルリーからは見えるだろうが、そこからはとりわけ〔コンコルド広場の〕オベリスクと共鳴して見えるだろう。シンプルでスリムな形状は、力強い黒の花崗岩から徐々に灰色の花崗岩へと色調が変化していって、より軽くなり、グリッドの微妙な変化を伴いつつ次にアルミニウムに変わり、その光沢を増していって最後は数層のシルクスクリーンを施したガラスとなり、頂部は完全に透明になる。[10]

この「幻影」建築のアイディアは実現しなかったが、ヌーヴェルは二〇〇五年に完成したバルセロナの《トーレ・アグバル》においても、おおよそこの戦略に立ち戻ることになる。ここでは円錐状のコンクリート構造のタワーは、色とりどりの波型金属パネルと、浮遊するように取りつけられた半透明ガラスのもう一つのファサードにより被覆されている。タワーの頂部では、コンクリートの下部構造がガラスドームに置き換えられている。こうすることで、建物が空に最も近づくところでは、自らの物質性を消し去ることを暗示している。夜になると、二重ファサードに挟まれた中間の層が、ずらりと並んだ色鮮やかな照明によって飾られ、ガウディの《サグラダ・ファミリア》の放物線状の塔への敬意を表しながらも、象徴的なバルセロナのスカイラインに、鮮やかで見紛うことなき目印をつくり出している。

ヌーヴェルはパリの《カルティエ財団》(一九九四)の設計では、より抑制された効果を追求した。ここでは、繊細なガラス・スクリーンが建物ヴォリュームの外側に張り出した足場のような支持材によって自立している。美術館と財団のオフィスを含む建物本体は、既存樹の木立の中に配置されており、張り出したガラス面ファサードと建物本体のファサードの間にも、その木立がすべり込んでいる。そのため、建物が内包する空調された内部空間と、張り出したガラス面と建物のファサードの間に取り残された外部空間との間に、視覚的な曖昧さが生じる。その結果、光の状況変化に応じて建物のヴォリュームがぼやけ、時として建物がどこで始まりどこで終わるのかが不明瞭に見える。ここでヌーヴェルは、見る者とその周囲の変化する光が重要な役割を果たすことを想定した、反射と錯覚のゲームを確立したのだ。

一九七〇年代にテクトニクス〔構築術〕、儚さ、感覚的効果の操作を開拓し始めた日本の建築家、伊東豊雄の作品にも、同様の軽さと透明性への探求が見られる。一九九二年、伊東は自身の建築を「現象論的」であり、それは「空気、風、光と音の流れの中に渦を生み出す行為」だと説明した[11]。彼はこの時すでに、多彩色に照明された《風の塔》と《風の卵》によって称賛されていた。前者は横浜の地下ショッピングモールの設備塔を隠すために設けられた、ライトアップされた構造体であった。それは鏡面スクリーンとアルミニウムパネルで包まれ、この二層の間に配置された電球によって裏から照明されていた。

図11.3　伊東豊雄《せんだいメディアテーク》仙台市、1995－2001　提供：六反田千恵

この塔は、日中は沈黙している。その姿はまるで騒々しい交差点の中に立つ冴えない灰色のサイロに見える。しかし夜になると、コンピュータでプログラムされた照明によって、風と周囲の騒音が高度に繊細な楽器のように照明システムを「演奏」しているかのようだ。同様の戦略は《風の卵》で再び試された。この浮遊する卵形は、夜間には近隣住民のためのデジタル・メッセージボードとなる。

この二つのプロジェクトは、一九九〇年代半ばの設計競技で提案されて二〇〇〇年に竣工した異彩を放つマルチメディアセンター《せんだいメディアテーク》のための、いわば実物大の実験としての役割を果たした。ここで、伊東と構造設計者の佐々木睦朗は新しい「原型」を追求するためにジョイント、梁、壁、部屋、さらには〈建築〉

〈とふつう呼ばれるもの〉は創らないと言明した。その代わりに、単にプレート（合成スラブと天井パネル）とチューブ（柱）を複層の高透過ガラスで覆うところまで〈建築〉を還元した。建築家自身が指摘しているように、その概念の最も重要なメタファーは水族館である。ここで生まれる渦とは、人の動きや活動が引き起こす「魚の流れ」を透明に見せるだけでなく、一三本の中空で非直線的な一群の「柱」の周囲でも起きている。これらの柱を構成する鋼管は、層ごとに異なる角度で傾けられている（地震対策のため）。伊東はこの抑揚を「空間性を差異化する」探求の一つと定義し、一九九九年の展覧会では「ぼかす建築」（のちに「透層する建築」）と呼んでいた――それは「互いに異なるプログラム間の相互侵入性」という意味でぼかしていた。[12] この建物は、夜になると照明計画と色彩が層ごとに劇的に変化し、素晴らしく生き生きと見える。伊東はこの光の投射に精巧なディテールを加えている。

SANAA（妹島和世と西沢立衛）の共同プロジェクトも、空気のように軽やかな金属やガラスのヴォリュームを、極端に薄い洗練されたディテールと組み合わせることで、伊東と同様の目標を追求している。確かに、妹島もかつて伊東のもとで働いていた。そして妹島と西沢は、透明な空間の包みを、さらにガラスの包みの内に置くことで伊東の現象学的哲学をもはや極端な域まで拡張した。それは、長野県の《飯田市小笠原資料館》（一九九九）、石川県にある円形の《金沢21世紀美術館》（二〇〇四）、《トレド美術館のガラスパヴィリオン》（二〇〇六）などのプロジェクトで見ることができる。トレド美術館では個々の曲面ガラスのあいだにできた形の隙間は、一種の透明なポシェとして空白のまま残され、訪問者は建物の一端から、いくつかの囲まれた空間を通して建物のもう一方の端まで見通すことができる。ガラスの反射と歪みは、遠くにいるほかの訪問者がガラスの間に閉じ込められたかのように見え、

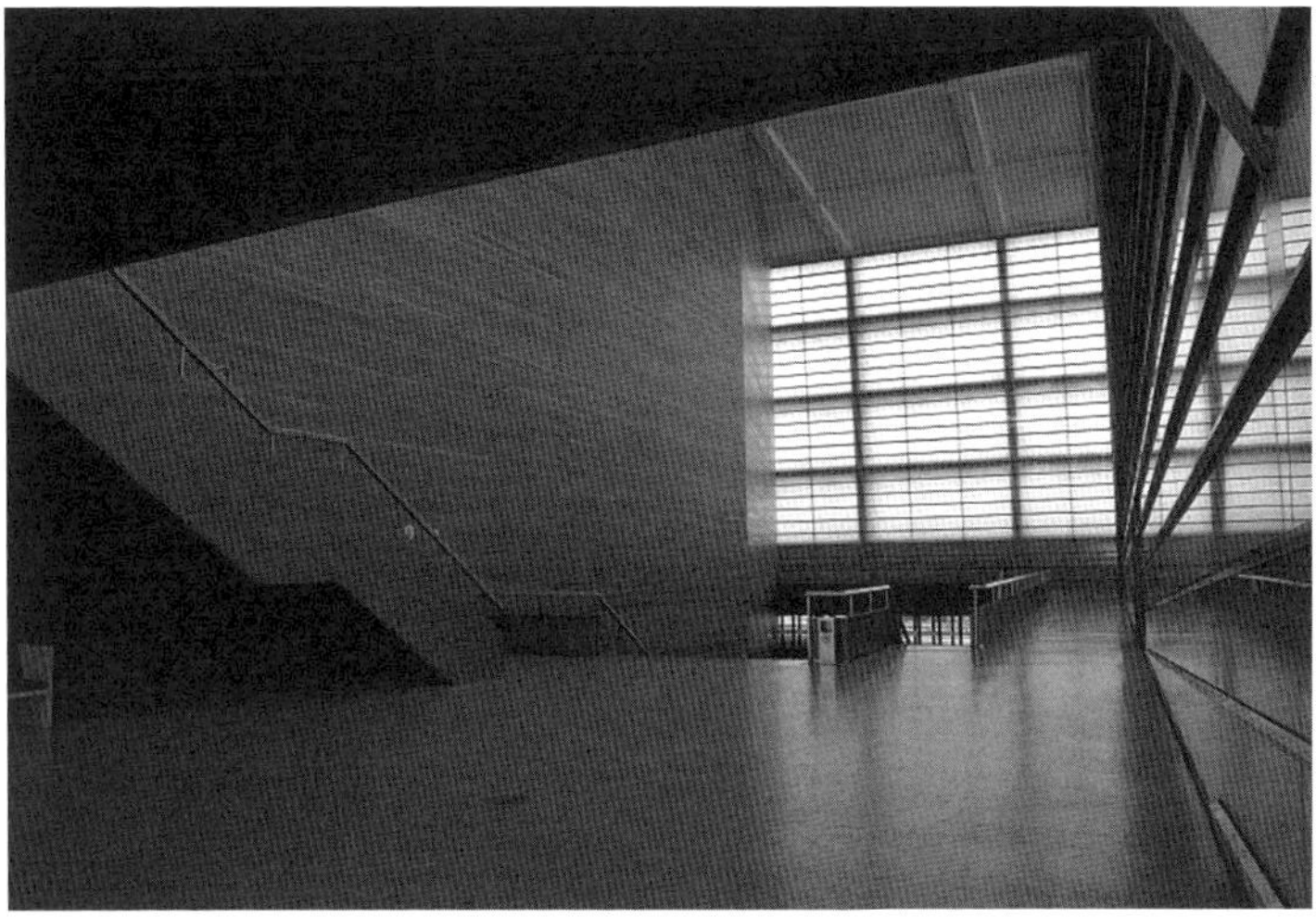

図11.4　ラファエル・モネオ《クルサール国際会議場及び公会堂》サン・セバスティアン、スペイン、1989－1999　提供：ロミーナ・カンナ

方向感覚を失わせる魅力的な感覚体験をつくり出す。これとは対照的に、バワリーの《ニューミュージアム》では、ゾーニング規制が指示するモノリス〔一塊の巨大建物〕のような形態を回避するために、六つの単純なアルミメッシュ・ボックスを非対称に積み重ねるという、これまでとは違うミニマリストの戦略を用いた。

素材感というテーマの最後には、ラファエル・モネオ設計によるサン・セバスティアンの《クルサール国際会議場および公会堂》も検討に含めてよいだろう。これは一九八九年に提案され一九九九年に竣工した、ビスケー湾に面した複合施設である。ヌーヴェルと同様、モネオの作品にも包括的な定義を与えることは困難である。なぜなら、それぞれのプロジェクトが非常に詳細な特殊性の組み合わせによって条件づけられているからだ。実際これらの特殊性こそが、彼の作品の際立った特色だと主張することもできるかもしれない。《クルサール》では、本章ですでに取り上げた他の作品に似た形態に直面する。半透明ガラスの凹面型溝入りパネルに覆われた、一対の傾いた公会堂だ。この二つの謎めいたヴォリュームは基壇の上に載せられ、基壇の表面は粗いスレートの破片を表面に埋め込んだプレキャスト・コンクリートパネルで覆われている。ケースに納められた楽器のように、ガラスの塊の内側では、木板に覆われたホールが制限を受けることなく浮遊し、ホールの内部には、宙に浮く階段とデッキのシステムを介して入り込むことができる。これらのヴォリュームは、外部の半透明な二重スキンと内部の不透明な塊に挟まれた中間領域を利用者が通り抜けるため、「建物の内の建物」のような働きをする。この内部での主要な感覚的印象は、ぼんやりとした神秘的な光であり、外の状態は薄く透き通るフィルターを通して伝わる。建物は海辺に面しているにもかかわらず、内部にいる人は、一連の小さな開口を通してしか海原を眺めることができない。その開口はそれぞれ、この表情豊かな敷地の眺めを絵葉書のように切り取るよう巧みに配置されている。

しかし、ここには効果演出以上のものがある。外から見ると大きさの異なる大小二つの神秘的なヴォリュームは、わずかに前方に傾いているので、まるで今にも海に漂い出しそうだ。この自然現象の引喩は意図的である。一九八九年のコンペ応募時に添えられた文章でモネオは、ウルメア川とビスケー湾の交差点にあるこの敷地は特別なものであり、単に都市街区の一つとして扱われるべきではないと記していた。「現在、クルサールの敷地は地理的な偶然の産物である」とモネオは綴る。「私の考えでは、この状態をそのまま残すことが絶対重要だ。敷地が都市となり、残されていた自然の特質を失っても、この状態は失われてはならない」。モネオはさらに、自身のプロジェクトが都市組織との断絶になるだろうと主張した。つまり、それは一つの建物ではなく、むしろ一つの地質学的な出来事と言うべきであり、この敷地《サイト》が都市よりもむしろ海岸の景観に属していることを示すものだ。彼はこの双子のヴォリュームを「河口に乗り上げた二つの巨大な岩」とさえ呼んだ。そして、一度そのような明白な言葉で表現されると、もはやそれ以外のものとして見なすことは難しくなる。[13]

しかし彼の作品をとりわけ興味深いものにするのは、意図されたこれらの効果を達成する彼の手法である。「岩」が埋め込まれた石の基壇（展示室や会議室、オフィスとレストランが入っている）は、都市のエッジに沿って低く連続する型どおりの明快なファサードを形成する。ところが、基壇の先端にある三角形の広場と川沿いにできた残余の空間（大ホールのヴォリュームを回転させてできた空間）によって、人は建物を、単に一対の自立したオブジェクトだと感じてしまう。したがって、この一対の抽象的でモノリシックなオブジェクトと、それらをつなぎ止めている都市的基壇の間には実りある緊張関係がある。[14] ここでも部分への分解は見られるが、それはこの緊張感ある一対のヴォリュームが主役であることを否定するものではない。実のところ、基壇の上に角度をずらした二つのオブジェクトを据えるという全体的形態戦略は、デコンストラクション的な断片化よりもむしろ、ヨーン・ウッソンの《シドニー・オペラハウス》の基本的アプローチに深い関係がある。このオペラハウスは、モネオが一九六〇年代にウッソンの事務所で働いていた頃に携わっていたプロジェクトである。シドニーに似た劇的な敷地にあるサン・セバスティアンの複合建築で、モネオは、その詩的なメタファーや基壇と角度をずらしたオブジェクトという形態戦略によって、ウッソンの基本的操作のいくつかを再現し、それを別の、ある意味ではもっと複雑な都市的状況に適応させている。《クルサール会議場・ホール》は、分類することが難しい建物ではあるが、要するに、現象学的思考を都市と詩的関心の両方に結びつけたモネオの傑作の一つであることは間違いない。

レンゾ・ピアノが頻繁に用いる船舶のメタファーは、クルサールの詩情に近いと言えるかもしれない。一九七〇年代半ば、《ポンピドゥー・センター》においてリチャード・ロジャースの共同設計者として、ピアノはすぐれて挑発的で違和感を与える建築家として世に登場したが、実はこの呼称は全く当を得ていなかった。そこで示されたディテールのセンスはまさしく彼のものだったが、次に委嘱されたヒューストンの《メニル・コレクション》(一九八二-一九八七)や、地中海に面した急斜面の中腹に設けられたガラス張りの自身の《ジェノバ・スタジオ》が示すように、実はピアノは黙想と落ち着いた環境を好む人物である。メニルでは、光と換気の両方を調節する、屋根の湾曲したルーバーとテクトニックな構造体に対して、それを引き立てるように、鈍い灰色の杉板を外壁被覆として採用している。そして言うまでもなく、光の制御は彼が手がけた数多くの美術館やその増築において繰り返し追求されるテーマである。ピアノを評して〈道具を作る人〔toolmaker〕〉というメタファーがよく使われるが、むしろ、ある特定の素材に対してミニマリスト的機能主義——船舶の軽さ——をもって取り組むストラディバリの名器と言えるかもしれない。時として彼は明白な材料主義者であり、金属、石やテラコッタなど豊かな調性の表現範囲を好んで用いる。幻想的な《ニューカレドニアのカルチャー・センター》で彼はイロコと呼ばれる地元の木材を採用し、それに薄板を重ねた斜柱、ガラス、アルミとステンレス・スティールのパネルを併用している。もし航海を敢行する者が海から近づくならば、テーマ別の一〇棟の頭飾りが、異国情緒溢れる風景の中におぼろげに姿を現してくるその堂々たる壮麗さは、二〇世紀のすべての建築の中でも比類なきものと言えるだろう。

ネオ・モダニズム

一九九〇年代に現れたミニマリスト・デザインの二つ目の軌跡は――再びポストモダン時代と対応させるならば――ネオ・モダニズムと単純に言い表せるかもしれない。これらのプロジェクトは建物の最も基礎的な要素に着目しており、その意味で、前述してきた作品よりもっと建築の伝統的規則に根ざしている。また前述してきたものと違う点は、実際一九六〇年代末のネオ・モダニストの運動を想起させるもので、何人かの建築家はモダニズムの建築語彙の中でピュリストの形態にかなり回帰していることである。このような傾向は、ポストモダニズムの形態主義的な誇張に対する理論的な反発として現れている場合もあれば、モダニストの形態の血統がまだ完全には消滅していなかったために生まれている場合もある。

スイスの親子チームであるディーナー&ディーナー（マルクスとロジャー・ディーナー）の作品は、後者の事例を表している。息子のロジャー・ディーナーはETHチューリッヒを卒業した後、一九四〇年代初期に創設された父の事務所に入所した。彼はティチーノの合理主義建築家かつ教育者であるルイージ・スノッツィから教育の一部を受け、そのスノッツィが教育に用いた「二十四戒」は、ハードエッジなモダニストの語彙を必要不可欠な類型的条件の探求と組み合わせたものだった。[15] ディーナー事務所はヴォルフガング・シェットやディーター・リゲッティなどの建築家を擁し、バーゼルでいくつものプロジェクトを生み出してきた。それらは初期モダン運動の断片と見なされたものを継ぎ合わせた都市のコラージュであった。例えば、《リーエンリングの集合住宅とオフィスの複合施設》(一九八五)では、U字形の三面に低層の連続した建物を並べ、それぞれの棟には微妙に異なる建築的表現が用いられた。一つの棟では突出したバルコニーを反復させ、他の棟では水平連続窓が採用されてエーリッヒ・メンデルゾーンを仄めかしている。[16] 船舶学を暗示するモダニズムの常套手段さえここでは顔を見せ、中庭のファサードではグリッド配置された船窓、パイプの手摺や船の屋根へつながるハシゴなどをこれ見よがしに使っている。対照的に、ベルリンのスイス大使館の新古典主義的な既存建物への増築《ベルリン・スイス大使館増築棟》(二〇〇〇)では、厳格な立方体に飾りのない窓が並び、彼らが敬愛するジュゼッペ・テラーニを思わせる沈黙への憧れが表れている。同時に、古い建物の西面に適用された一連の盲窓は、ミケランジェロが手がけた《ラウレンティアーノ図書館》の玄関ホールのニッチと凹みの創り出す不朽の簡素さを風変わりな形で連想させる。

ディーナー&ディーナーのように、スペインの建築家アルベルト・カンポ・バエザも、フランコ独裁の帝国主義に屈せずスペインに残されていた初期モダニズムの伝統を継承した。カンポ・バエザは、フリオ・カノ・ラッソのもとで修業を受けた。カノ・ラッソは、厳格なマッシングの手法と伝統的な組積造を、地域的な建築的伝統の巧妙な再解釈と組み合わせたことで知られていた。カンポ・バエザの作品も、このモノリシックな形態へ向かう傾向を続けたが、しばしば、ディテールのない漆喰塗りのヴォリュームと窓枠のない巨大なガラス面にまで単純な形に還元するようになった。例えば、カディスの近くにある《ガスパール邸》(一九九二)に近づくと、一つのファサードの中央に玄関と車庫戸がつけられただけの、窓のない白いヴォリュームしか見えない。この沈黙の外壁は完璧な正方形平面を形成し、その内部には外壁よりもわずかに背の高い長方形のヴォリュームが挿入されている。家のすべての機能はこの控えめなヴォリューム内に配置され、残余の空間は四本のレモンの木が植えられた儀式的な中庭に割り当てられた――これは、アンダルシアの伝統的なパティオ住居の再解釈である。ディテールは一貫して抽象的で、接合部や素材感を示唆するものはすべて抑制されている。パティオ、開口、水と植栽の抽象的な構成は、メキシコシティの《ルイス・バラガンの自邸》を彷彿とさせるが、そこから折衷主義と鮮やかな色が南国の太陽によって洗い流されている。

しかし、カンポ・バエザのモダニストの源泉はもっと広範囲に及んでいる。彼の広く知られた《デ・ブラス邸》（二〇〇一）は、一九五〇年代初期のフィリップ・ジョンソンの《ワイリー邸》の手法を新たに解釈し直している。プライベート空間をすべて収容した石の基壇は、粗い現場打設のコンクリートの台座に置き換わり、その上部には白い鉄とガラスのフレームが載せられ、それが小さな来客用リビングスペースの範囲を限定している。金属でできた上部構造は、ミースの《ファンズワース邸》とは異なり非構築的であり、柱と屋根、水平材と垂直材が同じ厚みをもつ単一のモノリシックなフレームになるように結合されている。実際、最終的にこの形態はミース風の外部骨組みよりもソル・レヴィットの白い幾何学的彫刻に似ている。また《グラナダ貯蓄銀行本部》（二〇〇一）においてカンポ・バエザは、幾何学的純粋さとブリーズ・ソレイユの点で、I・M・ペイとル・コルビュジエを参照しているようだ。ここでの特徴の一つはアトリウムで繰り広げられる素晴らしい光の戯れで、とても印象的なものである（カンポ・バエザはそれを「光のインプルヴィウム〔雨水を受ける水盤〕」と呼ぶ）。それは、直射光と間接光の織

図11.5　アルベルト・カンポ・バエザ《グラナダ貯蓄銀行本部》グラナダ、スペイン、1992－2001
撮影：ドゥッシオ・マラガンバ／提供：イースタジオ・アルキテクトゥーラ

りなす鮮やかなオーケストレーションがアラバスターの壁や床の上に跳ね返り、それが周囲を取り囲むオフィスに——モネオの《クルサール》のように——ぼんやりと照り返しを授けるのだ。ルイ・カーンの言葉を用いてそれを表現するならば、ここでは素材自体が光の化身に還元されていると言える。

モダニスト・ミニマリズムは、英国の建築家デイヴィッド・チッパーフィールドとジョン・ポーソンにも見られる。後者は特にドナルド・ジャッドから影響を受けている。白の上に白を重ねたブックカバーに包まれたポーソンの著書『ミニマム』（一九九六）には、自身の「ミニマリスト」建築とそのディテールの写真に、短い警句的な小論を添えてまとめてある。それは、実用的なマニフェストのレベルにまでは達してはいないが、光、構造、儀式、景観、秩序、反復と簡潔さの美徳を信奉する倫理的価値観を示している。ミニマリズムを「もはや引き算によって改善することはできない域にまで達した人工物の完璧性」と定義するポーソンにとって、それは形態の様式というより「空間を考える手法——プロポーション、表面、そして光を取り入れる方法」[17]である。いずれにせよ、彼の作品には、形態と素材についての一貫した言語が見出せることは明らかだ。それは、《ファッジオナートの集合住宅》（一九九九）、《ポーソン自邸》（一九九四、一九九九）を含む、一九八〇年代末から一九九〇年代初頭までにロンドンでつくられた一連の精妙なインテリアにも見られる。また、ポーソンが設計したニューヨーク、パリ、東京とソウルの《カルヴァン・クライン・ストア》の擬古典的、擬モダニストでありながら、どこかファッショナブルな語彙にも見られる。実際、モダニスト・ミニマリズムは一九九〇年代には、単に商業デザインの領域内にとどまらず、洗練と趣味の良さの象徴と言えるまでになったのだ。二〇〇四年に完成したチェコ共和国の《ノビー・デヴール聖母マリア・シトー会修道院》でのポーソンのミニマリスト・デザインは、単に簡素なだけでなくバロック的形態を用いながらきわめて宗教的である。このプロジェクトが明らかにするのは、ポーソンの建築言語は、それまでの表面の贅沢や装飾の快楽を放棄して、その代わりに内部空間に深く焦点を当てて実現されており、つねに修道士のように禁欲的であったということだ。

　独学で建築を学んだ日本人建築家の安藤忠雄は、一九六九年に独立して実務を始めたが、彼もポーソン同様、宗教的な領域で有名になった。それは北海道の《水の教会》（一九八八）や大阪の《光の教会》に見ることができる。この二つのプロジェクト、というより実際ほぼすべての安藤の作品には、同種の個性的表現様式が用いられている。彼は滑らかな現場打ちコンクリートとガラス、水、とりわけ光、それらを、若い頃カーンとル・コルビュジエの作品から学んだミニマリストの幾何学と、音の反響が聞こえてくるような感覚とを組み合わせた。また安藤は、ランドスケープへの感性でも著名であり、その特徴が存分に表れているのは、マサチューセッツ州ウィリアムズタウンにあるクラーク美術館の展示室増築および保存センターのための《ストーン・ヒル・センター》(二〇〇八)である。世界でも有数の印象派コレクションを収める新古典主義的な既存棟から、質素ながら慎重に設計された坂道を上ると、樹木が生い茂る丘の上に、周囲に十分配慮してこの建物が配置されている。彼の多くの建物と同様、ここでも安藤は壁を外に突き出して、エントランスへアプローチする経験を演出している。ここでこの壁はまた、それが導くロビーから見えるバークシャーの丘陵への眺めをそのまま切り取ることになる。どこを見ても素材感やディテールは見事だ。

ポルトガルの建築家アルヴァロ・シザの作品は、一見するとこれまでに紹介してきたモダニスト・ミニマリズムと非常によく似ているように見える——彼の初期作品の多くはそのように見える。しかし、シザの多様で深く個人に根ざした作品の根源を、それほど容易に特徴づけることはできない。なぜなら彼のデザインは、しばしばいくつかの伝統の混合体だからだ。そこにはポルトガル・アレンテージョ地方のヴァナキュラーな要素と、ル・コルビュジエ、ヴァルター・グロピウス、アドルフ・ロース、アルヴァ・アールトなど初期モダニストの多様な作品に対するシザ自身の長年にわたる愛着とが結びついている。この様々な影響の混合は、彼のポルト大学建築学部棟のキャンパスデザインに明らかに見てとれる。このプロジェクトにおけるシザの最初の仕事は、一九八五年の《カルロス・ラモス・パヴィリオン》であっ

図11.6　アルヴァロ・シザ《ポルト大学建築学部棟》ポルト、ポルトガル、1985－1993　提供：ロミーナ・カンナ

た。当初は大学の別館として使われた小さなU字型の建物だ。三辺からなるこの回廊は、白いスタッコで覆われた外壁と、床から天井までガラス張りの中庭との間に、明確な差異をつくりだした。

その完成直後、シザはこの大学の全く新しい複合体の設計を依頼された。そのため彼は――その後一〇年間にわたって――講堂、管理運営事務所、図書館を収容する中核的建物と個々のスタジオ・パヴィリオン群による一つのミニチュア的な都市を建てた。枘《ほぞ》穴を切られたようなヴォリュームの複合体は、地下廊下で互いにつながれ、白いスタッコのパヴィリオン群によるインフォーマルなアクロポリスを形成している。それはどこかヴァイゼンホーフを彷彿とさせる。これら独立したヴォリュームは、最初のパヴィリオンでも用いられた穴開け器で開けたような開口と眉毛のようなキャノピーという主題の変奏をそれぞれ示している。しかしそれだけではなくシザは、微妙な視覚的錯覚、傾いた窓やディテールにおける修辞的な遊びも実験している。例えば彼は、主要な移動の軸に沿って建物のヴォリュームの角度を外に向かって振ることで、強調された遠近感を念入りにつくりだした。傾斜した屋根面と長いリボン状の窓を使うことで、建物にアプローチする方向によって、建物が実際よりも大きくまたは小さく見えるという錯覚を創り出している。これらはモダニストの手法だが、そこにはつねに歴史的な撚《ひね》りがある。シザは頻繁に歴史的先例ともっと個人的な（時には知覚的な）探求とを混ぜ合わせることで、単に趣味が良いとか血統が良いだけのミニマリズムを超えようと熱望している。またある時は、彼の作品は一見初期モダニズムの整った白い美しい衣装を纏《まと》いながらも、その裏には地域主義者やシュルレアリストの顔さえ隠れている。どちらにしてもその根底にあるのは、より安定した形態とより単純化された理論的（あるいはプログラム的）基本方針へ向かう傾向である。「私は保守主義者であり伝統主義者である」と、かつてシザは自らの仕事を振り返って注釈した。「言い換えれば、私は、対立、妥協、雑種形成、変容の間で動くのです」[18]。このような観点は、まさにプラグマティックな理論そのものである。

現象学的建築

この章で取り上げてきた建築の多くは、時折〈現象学的〉と記述されてきたが、この用語の意味を明らかにしておく必要がある。前述の章で、ケネス・フランプトン、クリスチャン・ノルベルグ＝シュルツ、ユハニ・パルラスマといった建築家たちが現象学について言及していることを論じてきた。だがその議論は、他のもっとポピュラーな理論の数々の中で、やや散発的に発せられてきた。しかしこの状況は一九九〇年代に変わり始めた。この頃、現象学は次第に影響力を増し、当時の建築家に支配的であった流行に対して強い批判を示した。哲学の分野では、現象学は人間の意識や経験の「現象」を考察するための手法として明確に定義されている。最近では脳の研究のために開発された新しいスキャン技術によって、神経現象学といった深遠な領域に至るまで進化を遂げた——それは生物科学における洞察と専門的知見によって大きく強化されてきたものだ。一方、建築においてこの用語は、かつてそれほど正確に定義されたことはないが、にもかかわらず建築家に対して一つの批評的視点として、今までとは何か違うものを示している。二〇世紀末の最後の四半世紀の建築理論の大部分が、政治、意味、そして形態主義的な建物の構成に焦点を当てていたとすれば、翻って現象学は、人間の経験、すなわち、どのように私たちは建築的環境を知覚し理解するのか、ということに焦点を戻している。そうすると設計の手法としては、建築表現に翻訳可能な経験者の視点に自然とつながってくる。

スティーヴン・ホールの作品は興味深い代表例だ。『アンカリング』（一九八九）という初期のモノグラフでは、彼は具体的な言葉を用いずに現象学的な表現言語を想起させた。彼は、建物の素材感とその敷地の相互作用について強く訴えた。建築家は、現地の日射条件、歴史的記憶や敷地の特性と関連した素材を選択するための検討をする必要がある、と。[19]一九九六年に出版された二番目のモノグラフで、ホールは（モーリス・メルロ゠ポンティに従って）建築を「構造、素材、空間、色彩、光と影」が「絡み合ったもの〔intertwining〕」として隠喩的に表現することで、明確に現象学的表現を用いた。その中で最も示唆的な小論は、おそらく「光の形而上学」であろう。[20]これら二つのモノグラフの間、一九九四年にホールは、ユハニ・パルラスマとアルベルト・ペレス＝ゴメスとともに、日本の建築誌『a＋u（エー・アンド・ユー）』の別冊『知覚の問題――建築の現象学』を編集した。[21]

後に書籍として再出版されたこの雑誌別冊は、多くの点において、現象学をこれまで以上に普及させるための転換点となった。ペレス・ゴメスの思索に富む小論「現前と表象としての意味」で始まり、建築が本質的にもつ隠喩的な価値を強調した。それに続いてホールが「現象的領域」に関する一連の思索、それはデザインにおいて空間性、色、光、時間、水、音、触覚、プロポーション、スケールや知覚などがもつ芸術的な効果についての思索を載せている。「七つの感覚による建築」と題する小論でパルラスマは、現代建築家が他の感覚を差し置いて視覚に特権を与えた結果として、最近の建築には可塑性が喪失していることを強く訴えた。

建築が人の心を動かす体験はすべて多感覚によるものだ。物質、空間、およびスケールの質は、目、耳、鼻、皮膚、舌、骨、および筋肉によって等しく測定されている。建築は七つの感覚的体験の領域に関わり、それらは相互に作用し合い、溶け合う。[22]

パルラスマは、人は自分の住む空間に触れ、嗅ぎ、聞き、本能的に体感するという事実だけではなく、人は自らの身体を通じてそれらを読み取るという事実を強調する。彼はそれを、筋肉と骨のイメージ、身体による識別と呼ぶ。その後の著述で明らかになるが、パルラスマにとって建物やその職人的な制作行為は、私たちと世界、私たちと集合的過去とを結びつける奥深い文化の儀式である。そして、その結びつきの伝達手段は、主として私たちの知覚的経験とそれが神経学的に作用して再び呼び起こす記憶である。私たちは身体を使って、想像している以上に多くの方法で建物を測定している。彼が指摘しているように（そして現在、脳のスキャンが示すように）視覚的知覚と触覚的感触を分けることはできない。また、彼はいかにして――本能的かつ身体的に――私たちの感情や情緒が知覚的経験と相互作用し、知覚に正負の評価をもたらすかを明確に示している。この観点において、知覚は単なる一つの思考の形式ではなく、思考という行為そのものである。最終的にパルラスマはリチャード・ノイトラとスティーン・アイリー・ラスムッセンの過去の成果を基にした建築設計のための心理学的、生理学的体系を展開した。[23]

ホールは、一九九七年に完成したシアトル大学キャンパスの《聖イグナチオ礼拝堂》で見られるように、現象学的な視点を実務の中で探った最初の建築家の一人でもあった。このプロジェクトのために描かれた彼の初期スケッチでは、ル・コルビュジエの《ロンシャンの礼拝堂》の影響が明白な、彩色されねじられた一連の「ボトル」が、組積造の枠組みの中に置かれており、それぞれのボトルがカトリックの礼拝の一側面を表象している。このアイディアは実際に実現され、一連の屋根に彩色された高窓が開けられ、そこから時折、色のついた光が室内の壁に散りばめられる。礼拝堂では一つの空間が明確に分節された肌触りのある天井面によって小さなエリアに細分されている。またこの天井面は異なる幅の空間の上に緩やかに弧を描いている。

《クランブルック科学研究所》（一九九八）の増築において、ホールは建物のエントランスを、彼が「光の実験室」と呼ぶもので特徴づけた。言うなれば、様々な種類の窓ガラス（透明、高反射、屈曲や半透明）の見本帳である。これら多様な窓ガラスは、ここでも内部空間の表面に一日を通して様々な反射、影、テクスチャーを映し出す。つまり、この作品が本章で前述した建築家たちと明らかに共有していることは、感覚的な効果を探求しようとする試みである。――ほとんどの場合ホールは、初めに巧みな水彩スケッチによってその効果を暗示している。

また、彼は空間体験を主題に扱うことを好む。彼の最近の作品、ヘルシンキの《キアズマ現代美術館》（一九九八）では、二本の既存の都市軸を建物の内で「絡み合わせよう」としていた――一つの軸は、この敷地と近傍にあるアルヴァ・アールト設計の《フィンランディア・ホール》とを結ぶ軸。他方は近くのトーロ湾と敷地の関係によって決められた軸――ホールはこれらの仮想の軸を用いて、劇的に照らされた一連の内部空間を構成し、その中に湾曲した金属屋根を部分的に切り開き、地理的に浅い入射角で入ってくる北欧の弱い太陽光を取り込んでいる。彼のスケッチが予言していた、建物の上にその建物を折り重ねるというアイディアは、肌触りのある壁面と曲線を描くスロープのある、天井採光した中央ロビーに見出すことができる。

その作品がしばしば現象学的だと評されるもう一人の建築家は、ペーター・ツムトァだ。彼は一九九〇年代半ばに二つの劇的な作品によって国際的に有名になった。非常に精巧なディテールを施された《ブレゲンツ美術館》と、素材と人の感覚に対する素晴らしい讃歌と言える《テルメ・ヴァルス》である。ツムトァはしばしば自身の作品を語る際に、幼少期の記憶の中に残る感覚、匂い、手触りや音まで含む基本的感覚を用いて説明する。

私は設計する時、求めている建築と関係づけられそうな、自分の記憶の中のイメージやムードに身を任せて導いてもらう。思い浮かぶイメージのほとんどは個人的な経験から生まれたものだが、その建築についての具体的な説明はほとんど記憶にない。設計している間、私はそれらのイメージが何を意味するのかを探し出し、豊かな視覚的形態とアトモスフェアをどのようにして創り出すことができるかをそこから学ぼうとする。[24]

つまり、ツムトァの仕事の方法は、記憶の中に消えずに残っている強烈な感覚や「ムード」をつくり出すための建築的手段を探し当てることにある。さらに、これらの感覚やそれを生み出す建物は、つかのまの経験を意図したものではない。ツムトァは、「時間の経過とともに自然に成長し、その場所の形と歴史の一部になる建物」[25]をつくることを追求する。彼はその目的のために、選ばれた素材の処理を非常に重要視するだけでなく、その場所に、時間を超越するもの、根をおろすもの、愛着をもつものを探し出す。

一九九六年に完成したヴァルスの温泉浴場《テルメ・ヴァルス》は、このアプローチを象徴するものだ。ここでツムトァは「山、岩、水」[26]について省察することから設計をはじめた。この土地の片麻岩を精密に切り出した水平な平板でつくられた厳格な直方体の建物の塊は、傾斜した敷地からまるで自然の岩の露頭のように飛び出している。ところが一方で、植栽の施された屋根を上から見下ろすと、その眼前に広がる牧歌的な景観と調和する。そうした状況の中で用いられた素材と要素の種類はミニマルだ。薄い層状の岩、水と光。建物を通り抜ける道行きは、人を明るいところから暗いところへ、熱いところ

図11.7　ペーター・ツムトァ《テルメ・ヴァルス》ヴァルス、スイス、1990－1996　提供：ティム・ブラン

から冷たいところへ、守られたところから屋外へと導く。有色の照明で照らされた洞窟のような一連の部屋は、強烈な感覚体験の連続を生む。暗い部屋にある最も冷たい浴槽には、冷たい青い光が入り込み、入浴客が癒しの水を飲むために金属製のカップが用意されている。他の部屋には、温度の高い浴槽やジャスミンの香りの水が仕込まれていて、入浴客は人間存在の始原的状態とでも呼ぶべきものに思いを馳せることができる。建物全体を通して、天井は細かく分節され、その隙間から入る自然光が石の壁を照らし、その繊細なテクスチャーと色の変化を強調している。隅々まで行き渡った職人技は精密かつ控えめであり、全体的な印象は、穏やかな一つの石のマッスだ。

ツムトァは、二〇〇〇年のハノーヴァー万博の《スイス・パヴィリオン》などのプロジェクトで、積層するという基本的な操作の探求を続けていくことになる。ここで彼は、木の厚板をスティールでつなぎ留めて――製材されたばかりの木材が乾燥棚に置かれた状態を思わせる――仮設のパヴィリオンを形作った。ツムトァの作品は――グレン・マーカット、トッド・ウィリアムズとビリー・ツィン、パトリカとジョン・パトカウの綿密な探求と同様に――感覚の優位性だけでなく、時代を超越したシンプルな職人技の感覚を強調している。これらの建築家たちは過去の建築言語を参照しない。なぜなら、すぐれた感受性をもつ使い手が、彼らの作品から暗黙に受ける意味は、シェルターや避難所がもつ根源的な暗示を引き出すため、過去の建築言語よりさらに昔へと遡るように思えるからだ。効果とは、意識的でも鮮明でもなく、むしろ曖昧で本能的なものである。そしてこの特性によってこそ、彼らの作品を他の多くの同時代人たちの作品から明確に峻別することができるのである。

第12章——持続可能性とその先へ

私たちが一九九〇年代に注目したプラグマティックな関心への転換は、ポスト構造主義理論の抽象性やポストモダン的感性の崩壊に対する反動を示していただけではない。また、グローバルな建設ラッシュにつながる経済状況の改善を単に反映していただけとも言えない。そうした状況を突き動かしていたものは、言わば、一九六〇年代の活動期以来――建築職能は自律性をもつべきだという以前からの主張とともに――総じて見過ごされてきた社会的文化的問題に対して建築職能が改めて示した反応であった。しかしこれらの問題が再登場した背景は、六〇年代とは全く異質のものだったことに留意することが重要である。

例えば、貧困のようなグローバルな問題に対する建築界の反応は、一九六〇年代とほぼ変わることなく二一世紀の課題として残っている。ただ二〇一〇年代の世界はかつてに比べるとずっと豊かである点で大きく異なる。一九八〇年代の共産主義の崩壊と広範囲にわたる市場経済と世界貿易の自由化によってアジア、南米、アラブ半島と東ヨーロッパの多くの国々が著しい経済成長を経験し始めた。実際、多くの国が旧来の経済先進国に比肩しうる生活水準を達成することができた。一方、先進科学技術もこの経済動向に追随したにもかかわらず、貧困が完全に消滅することはなかった。それは問題が形を変えたにすぎない。つまり増加しつつある世界の人口にどのように食糧を供給するかというかつての深刻な問題から、地方部から都市部への移住者を（物理的かつ経済的に）どのように住まわせるかという課題に変貌したのだ。一面ではこの傾向は、多くの世界の首都における爆発的な人口増加、建設ラッシュと都市の異常拡大という結果を招き、それはしばしば汚染や生活水準の面で深刻な結果をもたらしてしまった。別の面では、政府は、地方から流入する移住者を住まわせるために全く新しい都市と経済を創るというような、居住問題に対する劇的な措置を講ぜざるを得なくなった。ミレニアムの転換以降、オリンピックなどの国際的イベント規模の大幅な拡大によって、選ばれた国におけるインフラへの支出は大きく増加し、大規模な建築・都市計画事業を増大させてきた。

言うまでもなく私たちがここで論じているのはグローバリゼーションの現象であり、その波及効果はきわめて多面的であり、そこには多くの建築的な意味合いが含まれている。現在の私たちは、冷戦時代の政治的経済的に分断された世界の住民ではない。世界経済だけでなくその文化もますます緊密に相互連携されてきた。そして、インターネットがもたらした人々が相互に交信できる簡便さによって、芸術的な嗜好やファッションが一種のグローバルな同一化へ導かれる潮流がある限り、建築界も変化を余儀なくされる。要するに二一世紀の建築は、文化的かつ国家的な制約の比較的少ない状態で、国境を越えて実践されるグローバルな活動となった。この潮流は間違いなく続くであろうし、多くの建築事務所はすでに必要な再・最適化を行っている。レム・コールハースが数年前に示唆したように、「ビッグネス」は新たな「標準」となり、二、三の異なる大陸の専門家たちが協同して建物を建設するという考えは、もはや珍しいことではない。今日多くの学生が少なくとも教育の一部を海外で受けているという事実も、言うまでもなくグローバルな文化的統一の感覚を養っている。

さらに近年もう一つの重要な社会的要因が建築実務を変えた。それは職能そのものの人口動態であり、ことに建築実務に従事するマイノリティと女性の人数である。マイノリティに関しては、ダレル・フィールズ、ミルトン・カリー、ケヴィン・フラーが一九九三年に設立した先駆的な雑誌『APPEND-X』にまで遡ることができる。この雑誌はアフリカ系アメリカ人のアイデンティティと建築の問題を主として扱ってきたが、その公式目標は専門領域内での意見や関心の幅を広げることにあり、単に人種に関する意見を扱うだけではなかった。

フェミニストの声も一九九〇年代初めから顕著になり、ビアトリス・コロミーナの『セクシュアリティとスペース』(一九九二)と『プライバシーとパブリシティ』(一九九六)が端緒となった。同様に注目されたのは一九九六年に登場したダイアナ・アグレスト、パトリシア・コンウェイ、レスリー・ケーンズ・ワイズマンによる『建築のセックス』だった。運動としてのフェミニズムは、もちろん二〇世紀の間に何度も浮上し、おそらく一九六〇年代の路上デモンストレーションで特に注目されるようになったが、ミレニアムの転換前後に見られた前進は非常に劇的であった。一九六〇年代の建築の学校では女性の割合は五パーセント未満であったのに対し、二〇一〇年には多くの国でほぼ男女同数にまで達している。しかしこの変化の十分な影響は、女性が職場で幹部クラスに昇格する近い将来に初めて現実化するだろう。もしかすると新しいまたは異なる視点からの設計が出現してくるかもしれない。

グリーン・ムーブメント

二一世紀の初めに建築の専門家が目にした最も重要な変化の一つは、環境問題の再浮上とそれに伴うクリーンエネルギーの効率的活用を求める声であった。[1] 確かにこの問題——地球資源とその賢明な有効利用の相互関係——は、一九六〇年代に主流の意識になって以来、完全に消えたことはなかった。そしてその当時の懸念に対して、特にアメリカとヨーロッパの多くの政府が一連の法令改正に着手し、それが設計実務を少しずつ変え始めた。たとえ変化の速度が時として人を落胆させるほど緩慢であっても、それでも世界の多くの先進国で大きな進展が見られた。二〇一〇年にはヨーロッパと北アメリカのほとんどの都心部で大気汚染が数年前より劇的に改善したが、それでも世界の他の地域では問題は悪化している。

いくつもの国際機関がその原因を取りざたしてきたが、その成果の度合いは様々である。国連は一九八七年に環境と開発に関する世界委員会「ブルントラント委員会」を立ち上げて報告書の作成を委ねた。『地球の未来を守るために』（一九八七）という書籍として刊行されたこの報告書は、自然環境を保護するための国際的な協調を広範囲に呼びかけ、その中で持続可能《サステイナブル》な開発を「将来の世代が彼らのニーズを満たす能力を損なうことなく、現今の我々のニーズを満たす」活動として定義した。また本書は今後数十年が人類にとって決定的な過程になると主張している。「過去のパターンから抜け出す時が来た。開発や環境保護のために旧来のアプローチによって社会的・生態学的安定性を維持しようとする試みは、不安定さを増大させるだろう。安全性を求めるには変化が必要だ」[2]。

ブルントラント委員会は、解決策を検討するためのいくつもの国際会議を、主に国連から資金提供を受けて開催した。一九九二年にリオデジャネイロで開催された「環境と開発に関する会議」は最初の「地球サミット」であり、『アジェンダ21』と呼ばれるかなり広範な問題を扱う文書が作成された。その後、一九九七年の京都サミット、二〇〇二年のヨハネスブルグサミット、二〇〇七年のバリ会議でこのプロセスを継続したが、いずれもさほど大きな成功にはつながらなかった。理由はたくさんある。例えば、京都議定書では工業先進国が四つの温室効果ガスについて一九九〇年比で五・二パーセント削減することを義務づけた。しかしこの目標を二〇一〇年までに達成できた、あるいは近い将来実現する見込みのある国はほとんどない。そのうえ議定書は、大気汚染の問題が非常に深刻な発展途上国の多くを除外した。またアメリカなどいくつかの国では、批准を遅らせるか阻止しようとする現実の政治的状況があった。これらの困難な問題だけではなく、さらにこれらの研究の科学的な前提のいくつかが疑問視されることになった——それは、気候変動とその影響は誇張されているという非難を生んだのだ。

生態学的《エコロジカル》な将来像よりも遙かに効果的だったのは、グリーン・アーキテクチャー・アンド・プランニングに向けて、国と地方の建築規制のネットワークが拡張されたことである。二〇〇三年欧州連合〔EU〕は建物のエネルギー性能指針（EPBD）を可決し、それはグリーン・ビルディング・プログラム〔GBP〕へとつながった。これらの成果に、英国のBREEAM、オーストラリアのGreen Star、日本のCASBEE、およびアメリカのLEEDなど多くの国々の行動指針が合致していたかまたは先行していた。政治的主導権も絡んで、これらの努力についても問題の両面から多くの批判がある。異論の一つはエネルギー消費や室内の空気質など、個々の建物について細かく定義された基準によって制限する一方で、より大きな体系的、都市計画的、地域的な問題を無視しているというものだ。それでも、このような規則やガイドラインは建築家、クライアントや一般の人々に対して、建築が環境に与える影響の問題を提起するうえで非常に効果的であった。多くの大規模建築事務所ではここ数年、建物の「グリーンネス〔greenness、環境性能〕」を評価する独自のシステムを作成している。この点で注目すべきは、オーヴ・アラップ&パートナーズの四分割円からなる持続可能性プロジェクト評価手順マトリックス（SPeAR）である。これは個々の建物から都市全体の計画に至るまで、プロジェクトの環境性能を評価するためにアラップ内部で使用される基準である。

マクダナーとイェン

一九九〇年代には環境へのこのような国際的懸念が再浮上したため、多くの個人建築家、ランドスケープデザイナー、都市計画家も最前線に立った。例えば一九九五年、生態学的デザインや貧困とその社会変化との関わりに長年関心をもっていたヴィクター・パパネックは、『グリーン・インペラティヴ』を出版して彼のそれまでの原則を更新した。それはデザイナーの任務をかなり厳しい言葉で再構築する（かつ過去二〇年間の理論的傾向を激しく攻撃する）ものだった。

この愕然とするほどあからさまな汚染は、新しい美学の出現が差し迫っていることを示す合図である。ほとんどのデザイナーと建築家は、モダニズム、メンフィス、ポストモダニズム、デコンストラクティヴィズム、新古典主義、記号論、ポスト・デコンストラクティヴィズムの後に続く新しい方向性──一時的な流行やトレンド、ファッショナブルな様式などを超越した方向性──をとっくの昔に見据えておくべきだったことに同意するだろう。デザインや建築の新しい方向性は偶然に生まれることはなく、つねに社会、文化、概念の現実的変化から生まれるものだ。[3]

この書が登場した年には、ノーマン・フォスターがフランクフルトに設計した五三階の《コメルツバンク》（一九九一－一九九七）の建設が進んでいた。フォスターは、中央アトリウム、自然採光と自然換気および酸素を発生させる一〇箇所の空中庭園を活かして、ハイテク建築を通じて、たとえ企業規模であっても持続可能性《サスティナビリティ》という概念によってエネルギー効率化や環境配慮を達成できることを証明してみせた。またこの一〇年間でランドスケープデザインの分野でも全く新しい革命が起きた。それはこの分野の関心が美学から生態学へ焦点を移し始めたことである。例えば一九九〇年代半ばにはマリオ・シェトナンと彼が率いる学際的な事務所グルポ・デ・ディセノ・ウルバノが、メキシコシティで非常に先駆的な《ソチミルコ生態公園》を完成させた。低予算の中で簡素な素材を用いながら、彼はランドスケープ・アーキテクチャーと都市計画が都市生態系バランスの回復に貢献できることを非常に鮮明な方法で立証してみせた——彼はこれを「メトロポリタン・エコロジー」と名づける。

　近年の生態学的な問題に対するより雄弁な闘士の一人は、間違いなくウィリアム・マクダナーである。彼は「揺りかごから揺りかごへ〔Cradle to Cradle〕」というデザインの一貫した提唱者であるだけでなく、持続可能性の考え方は単に環境破壊に限定するよりも包括的なアプローチとして取り込むべきだと主張してきた。この議論は、人間の活動が生産的かつシームレスに自然のプロセスに統合できるという彼の信念を反映している。すなわち、自然と人工の理想的な関係は自然そのものと同様に、単に持続可能であるだけでなく生産的で相互補完的だということだ。

　一九九二年、マクダナーは「ハノーヴァー原則」を作成した。これは短期的には二〇〇〇年に開催されるハノーヴァー万博での持続可能な開発のための一連の運営ガイドラインを示す文書だった。これらの原則は、「人類と自然が共存する権利」、および自然と工業化された世界の「相互依存」という概念、そして物質的生産と精神的幸福の関係に言及していた。この簡潔な七つの原則のリストには、以下の項目を取り扱う実践方法の詳細な説明が添付されていた。それは、地球、大気、水、エネルギー、そしておそらく最も主観的ではあるが、人間の精神の五項目だった。この最後の項目の説明で、マクダナーは持続可能性の精神的側面――「最も表現しやすい要素」――を、地球における私たちの居場所への深い理解と同等に並べている。「持続可能性への関心は、産業規制や環境影響分析の遵守事項以上のものであり、それはデザインという仕事を時間と場所のより大きな文脈の一部と捉えることを責務とすることも含む」と述べている。[4]

マクダナーは一九九六年にMITのシンポジウムで発表した論文「相互依存の宣言」でこの論法をさらに展開した。ここで彼は、持続可能性とはこれまで「持続を示す当たり障りのない語句」にすぎなかったと論じた。そして今必要なことは、建築とアーバニズムのための真の「過去に遡る行動計画」であり、そこには、人工環境が実際に土壌や水を浄化し、エネルギーの実質的な生産者となり、そうすることで生態系に何かを還すことが記述されるべきだと主張した。[5] この行動計画は「廃棄物とはすなわち食料である」という原則によってきわめて直接的に書かれており、建築とアーバニズムをエネルギー消費と再利用の代謝的連鎖の中に位置づけた。最終的にマクダナーは生産、消費、再利用を結合する彼のアプローチを「揺りかごから揺りかごへ」戦略と名づけ、それは化学者マイケル・ブラウンガルトと共著し、二〇〇二年のベストセラーとなった書物のタイトルにもなった。この書において著者たちは工業プロセスの放棄ではなく、むしろ人工環境と自然環境との機能的つながりを作り出す「産業のリ・イヴォリューション〔再進化〕」という創造的技術の応用を主張している。

自然のシステムは環境から何かを得たら、同様に何かを還す。桜の木は花や葉を落とす代わりに水を循環させて酸素を作り、蟻のコミュニティは土壌全体に栄養分を再分配する。私たちは、自然とのより魅力的な関わり方――パートナーシップ――を創り出すために、これらの手がかりに倣うことができるのだ。[6]

このような発言の背後にある根本的な考え方は、工業生産環境は自然生態系の論理（廃棄物すなわち食料）に倣って設計できるので、自然生態系と生産的に相互作用できる、というものだ。したがってマクダナーは、生態学的思考によって行動する建築家の役割を創造的なものだと定義する。つまり、建築家こそが、個々の生産とその物理的コンテクストとの生産的関係の両者を設計できる者なのだ。

またマクダナーはこれらの原則を、彼自身の多くの工業用製品や建築、そして都市計画のデザインで実践した。例えば、彼が設計したミシガン州ホランドにある事務所と工場《グリーン・ハウス》（一九九五）では、生物自己保存能と「系統発生論」の両方を生かしたアプローチを組み込んだ。彼は周囲の草原や湿地を復元し、建物内部に豊かな自然採光と庭や水を豊かに感じられる特徴を十分に取り入れた。また彼はこの複合施設内に初期教育や企業内の人的交流のための仕組みを創り、さらに社員の活力を再生させる機能を果たすことを意図した空間をデザインし、それは建物自体が周囲の物理的環境との関係で果たすべきとされた役割に似ている。この「健康回復に役立つ」建築という考え方をさらに前進させたのは、オーバーリン・カレッジの《アダム・ジョセフ・ルイス・センター》（二〇〇一）であり、消費エ

図12.1　W・マクダナー＋パートナーズ《ヘルマン・ミラー「グリーン・ハウス」、オフィス兼工場》オランド、ミシガン州、アメリカ、1995　提供：ヘルマン・ミラー

ネルギーのほとんどを太陽光から得て、暖房と冷却には地熱システムを使用し、排水を温室内の湿地の「生命を与える機械」を通してろ過してトイレや造園に再利用している。最近この建物は、キャンパス内の他の建物に対して正真正銘のエネルギー供給者になっている。

しかしマクダナーは、こうした機能的効率性以上に、この取り組みが保存・再生にもたらすもっと重要な利益の一つは、実は教育的価値であると主張している。その点から見るとこの建築は、限られた敷地の中で資源を保全し再生成するという二重の役割を果たす一方、どのようにしてこの役割を実践できるかについて教育的な実例を提供している。ロイヤル・メルボルン工科大学教授で建築家のレオン・ファン・シャイクも、マクダナーの作品のような建物が体現している価値について同様の見方を示しており、環境にきめ細かく配慮した戦略と科学技術を明示的に見せることが「政府や企業が、本当に実現されている何かの存在を人々に知らせたい」[7]ときに有効であると主張している。そのうえでファン・シャイクは、持続可能な建築の美学的・表現的な特徴は、エネルギー効率を高めるような建築の形態と手法そのものから有機的に生成されるか、または持続可能性の概念をさらに追求するなかでデザインが生まれてくるか、どちらかだと論じた。後者の意味でファン・シャイクは、より表情豊かな持続可能な作品が採用している戦略は、コンスタンティン・メルニコフの一九二〇年代ロシア構成主義の「感情を活性化する」建築に似ていると指摘した。それは、ソ連の工業的基盤が実はまだ弱かったにもかかわらず、ソ連の工業化への願望を象徴するために奨励された、誇張された工業的形態の様式だった。そうすることでこの修辞的アプローチは、それが例外ではなくむしろ基準になるまで、持続可能な建築のより進歩的で発展した理念の創造を刺激しつつ実践していくことになる。

マレーシアの建築家ケン・イェンもマクダナーと同様、一九七〇年代以降の持続可能性の理念構築に携わってきた。彼はペンシルベニア大学でイアン・マックハーグの下で学んだ後、ケンブリッジ大学で生態学的デザインと都市計画についての論文を発表して博士号を取得した[8]。彼は設計と著作の両面において、主に高層建築の持続可能性に力を注いできた。この領域を探求することが必要だと彼が信じたのは、超高層ビルはいたるところにあり都市の発展に不可欠なものだが、適切な機能を保証するためにより多くのエネルギーと材料が必要となるため、本質的に「非生態的」だからだ。彼の著書『エコ超高層』（一九九四）においてイェンは、多くの環境学者が高層ビルに向ける敵意に反論して、建築家の目標は超高層ビルの負の環境影響を「軽減」し、利用者に「人間的で楽しい」[9]内部空間を創造することにあると主張した。

そのため、イェンはマクダナーよりもいくぶん実用主義的であるが、彼もまた自然と人工環境の共生関係、彼の言葉によれば「優しくシームレスなバイオインテグレーション」[10]という関係を主張している。イェンにとってこの関係を実現する最良の方法は必ずしも先端技術を用いることではなく、むしろパッシブあるいは「バイオクライマティック〔生物気候学的〕」な手法を通じて達成できるのだ。その手法とは彼が赤道のすぐ北に位置するクアラルンプールの《IBMタワー》（一九九二）の設計に適用したものだ。この建物は――その透過的な外観のファサード、タワーの垂直方向に下から上まで螺旋状に展開する植栽された「スカイコート」、日差し除け、自然換気されたエレベーターロビーなどとともに――パッシブな環境戦略（太陽の向き、深い張り出しへの注目など）に回帰した環境配慮建築の教訓的な実例を示している。マレーシアの土着的な建築に対するこの敬意は、一方でハイテクの言語とも結びついている。事実、持続可能な建築への探求はその土地の気候への対応に基づいた地域的なタイポロジーを再確立することに直結している。その意味でこれは、建物の形態と性能をその特定の生態系の中で有機的に統合することを目標とする批判的地域主義の一つの進化形だ。実際、イェンは長年にわたってこのアプローチは外科的な人工器官の開発に似ていると主張してきた。建物は人工器官のようにそれが置かれた環境のシステムと「機械的かつ有機的に」統合される必要があるのだ。人工器官が人体に「混乱」や拒絶反応を引き起こす結果をもたらさないように。[11]

イェンの作品には支持者と批判者の両方がいる。彼の主な設計手引きである『エコ・デザイン』（二〇〇六）は、今でも持続可能なデザインの最も包括的な入門書の一つである。それは過度に規範的でなく、教育的かつ有益である点で、パターン・ランゲージの考え方のグリーンデザインへの知的な（貴重な）翻訳であると言える。一方で、彼の最近の研究『エコ・マスタープランニング』（二〇〇九）は、彼のデザインが示唆している都市空間の社会的活力という点で説得力に欠ける。この点は、近年特徴づけられた「グリーン・アーキテクチャー」が、真に持続可能な人工環境における人間の成長発展能力に対してあまりにも注意を払ってこなかった、という最近生まれつつある大多数の意見を反映している。簡単に言えば、生態学《エコロジー》は人間に対するもっと幅広い観点から再構築する必要があるのだ。

グリーン・アーバニズム

都市計画家たちは建築家やランドスケープ・アーキテクトと同様に一九八〇年代以降、彼らの職能に革命的変化が起きたのを目にしてきた。特にヨーロッパの都市は、歴史的中心市街地の保存と、いくつかの模範的な「エコロジカル」プロジェクトを都市再活性化の活動の一環として始動させることとの両面で、この歩みをリードしてきた。例えば、ヘルシンキやコペンハーゲンなどの都市では、歴史的に中心市街地まで深く入り込んだ森林地帯を保存するだけでなく、多くの場合それを拡大し将来成長させることを、保存とアクセス性を考慮して計画した。コペンハーゲンの場合、一九七〇年代に最初に提案された市の「五本指」マスタープランによって、すべての郊外開発を、都市中心部から放射状に延び、公共交通の動脈に沿って組織された五本の〈指〉に制限している。〈指〉と〈指〉の間の土地の状態は保全され、そこは田舎の風景としてだけでなく、都市住民が余暇に利用できるような、都市に隣接する森林地となっている。同様にヘルシンキでは、一九七八年と二〇〇二年に制定された二つのマスタープランによって、単にセントラルパークの領域境界を守るだけではなく、その地理的領域をさらに拡大させ、それを公園や水路とつなげることで、今ではトーロ湾全体を取り囲んでいる。[12]これが重要なのは、一九八〇年代以来、都市計画理論家や心理学者たちは、都市住民に近接した自然環境が彼らのストレスを軽減させ活力を回復させる効果をもつことの証拠を集めてきたからだ。それとともにこの観点から、多くの都市計画者が語る「グリーン・スペース」の概念は、より壮大でより文字どおりの解釈をとるようになった。

　ヨーロッパでの実験的な住宅プロジェクトの多くは、しばしば持続可能なテーマを立ててきた。その中でもドイツのハノーヴァー郊外にあるクロンスベルクの新しいコミュニティは特に優れている。この計画は二〇〇〇年の万博に向けた開発で、厳しい土地管理計画、生態系農場、緑の学校、自動車の使用を最小限に抑える街路システムなどの特色を織り込みながら、一二〇〇ヘクタールの敷地の中に一万五〇〇〇人が住む集合住宅街が想定された。この町は主に風力タービン、広範囲の太陽光パネル・システム、およびいくつかの熱回収方式によってエネルギー供給されている。町のプランでは周囲の農村的な田園と森林地域を取り入れ、家庭雑排水は一連の埋立地と風致の池でリサイクルされる。住宅ユニットは、スケールと様式の面では一九二〇年代のジードルングを想起させるものだが、自然光、パッシブ・デザイン、エネルギー効率に関する厳しい基準に基づいて設計されている。

　ドイツと並んでオランダと英国も大規模な持続可能なデザインの設計と実験の最前線に立ってきた。

オランダに数多くある新しい実験的コミュニティの一つは、統合型太陽光発電システムによって大量の電力を生成しているアメルスフォールトの新しい郊外住宅街である。コミュニティのためのアメニティはすべて徒歩圏内にあり、点在する池が再び中心的な役割を果たしている。英国でもまた、ロンドンの《グリニッジ・ミレニアム・ヴィレッジ》や《ベディットン・ゼロ・エナジー開発》など、いくつものエコロジカル・コミュニティを建設している。後者は、ビル・ダンスター・アーキテクツによって設計された富裕層向けコミュニティだ。その特色は色鮮やかな屋上の風換気塔を使用してユニットごとに換気を行うこと、電気駆動以外の自動車利用の自粛要請、ゼロ炭素開発のために建設材料の多くを地元で調達した事実など、である。

より大きな地域のレベルでは、自然に恵まれたブリティッシュ・コロンビア州のバンクーバーが持続可能な政策の模範となっている。ここでは農地を保護し、緑地の大部分を大都市圏に統合し、すべての建物の開発をコンパクトな近隣地域（市の人口の六二パーセント）へと導き、また都市の活力を高めるために住宅の正面を道路に向けるといった土地利用条例が施行されている。このようにして二〇〇万人の都市は高架式の鉄道システムによって互いに結ばれたいくつもの小さな町によって構成されている。道路や駐車場の不浸透性表面材などの設計要素さえも注意深く制限されている。また、ウォーキング、サイクリング、公共交通の利用が盛んである。

このような政策は、国際的にも少しずつではあるが地球規模の大きな影響をもたらしつつある。当初は既存および新興の拡大する中心都市の動力を石炭燃料プラントに頼ってきた中国が、一九九〇年代後半、崇明島〔上海郊外の河口の島〕の東灘〔Dongtan〕において最初のエコ・シティを構想した。アラップによって設計された五〇万人の都市では、地元の農業地帯、野生生物の生息地や生物多様性の保護、炭素排出ゼロ、水のリサイクルなど、最善の目標を示した。アラップは、この長江河口の街のために電気自動車まで設計した。今ではこの都市が原形のまま建設され続けることはなさそうだが、この計画が集めた世界からの関心は、国の官僚制度を通じて知れ渡り、将来の都市計画に大きな影響を与えることは間違いない。同様に、深刻な大気汚染問題に悩まされている首都北京で開催された二〇〇八年のオリンピック大会では、国民と政府関係者に、許容できない不健康さのレベルにある大気汚染を最も痛烈な形で切実に自覚させた。

持続可能な都市の試みの最高水準は、現在アブダビの中心街の外れに建設されているマスダールという新しい都市だ。フォスター＋パートナーズが設計したこの壁に囲まれた自己完結型の都市は、史上初のゼロ炭素およびゼロ廃棄物の都市になるという野心的な目標をもっている。しかし異色なのはそれを達成するために設計者が採用した手法だ。これは大学とエネルギー開発のリサーチパークに直結した高密度で複合用途をもつ五万人の都市だが、同時に著しくローテクな特徴を多くもっている。主に太陽光発電により電力供給され、ペルシャ湾から淡水化された水を得ながら、地元の農業によって支えられている。しかも建設規模（六階建て以上の建物はない）と住区を形成する際に考慮された文化的繊細さを合わせてみると、創り出された都市は、歴史的なアラブの町のアップデート版にしか見えない。自動車は都市から完全に排除され、路面電車線と個人用高速輸送システムに置き換えられる。歩行者用の道は細く、日中最も暑い時間帯でも影に入ったままである。そして大きめの都市広場は、ルーバーのスクリーンによって砂漠の太陽から部分的に遮蔽されている。水とその蒸発冷却効果は顕著な特徴となって

図12.2　フォスター＋パートナーズ、マスダールで提案された居住街路　提供：フォスター＋パートナーズ／マスダール

いる。空気移動パターンが注意深く考慮され、北西の壁を破る二つの緑の道によって近くの湾から風を取り入れている。その風を個々の建物がすくい取り、中庭がそれを単純な対流によってユニット内に注ぎ込む。都市の密集度は、今でも自動車のない町の生きたモデルであるヴェネツィアに近い。要するにマスダールは新旧の見事な調和を実現していて、今後幅広く研究されることは間違いない。

バイオフィリック・デザイン

環境運動に対して近年高まっている批判の一つは、持続可能なデザインの考え方の許容範囲が狭すぎるということだ。確かに建築家には、資源を賢く使い、将来の世代が依存することになる惑星の生態系を傷つけないようにする責任がある。しかし、健全なエコロジカル・デザインの議論に多くの場合欠けているのは、人々が人工環境にどのように反応するかという問題だ。より明確に言えば、それは人工環境が人類の健康と幸福に寄与しているのか、それとも損ねているのかという論点である。この論点に向き合おうとしない理由は過去の建築理論の思考様式にある。なぜなら私たちが見てきたように、一九六〇年代後半に起きた後期モダニストの世界観の凋落とともに、建築家は何らかの有意義な方法で人間の状況を改善できるのだという信念が崩壊した。この点に関しては、建築家だけに責任があるわけではない。一九六〇年代の建築家教育の中で、社会学、人類学、心理学の授業がかなりの部分を占めていたとすれば、そうした社会科学の基底にあった前提の多くに、正しい科学的根拠が欠けていたのだ。この一〇年間に世界中で起きた都市再生プログラムの巨大な失敗を導いてしまった原因はその社会学的前提にあった、ということが説得力をもって明らかにしているのは、都市計画と建築的決定が誤った不完全な前提に基づいていると、後には悲惨な状況が待ち受けているということだ。

しかし多くの建築家が認識し始めているように、二一世紀の私たちの科学的背景はかつてとは大きく異なる。現在の建築家は、人体の心理的および生理学的性質への新しい知見の恩恵を思いのままに操ることができる——私たちの遺伝情報の生物学的および微生物学的な理解にはじまり、一九八〇年代以降の認知科学における計り知れない進歩に至るまで。現在、進化心理学や神経科学などの全く新しい分野では、人が世界をどのように知覚し経験しているかについて、証拠に基づいた説得力のあるモデルが作成されている。そして、建築家にとってその示唆は多岐にわたっている。ラースロー・モホリ＝ナジ、リチャード・ノイトラ、クリストファー・アレグザンダーといった過去のデザイナーが一巡して再び興味の対象となり、今度は新しい生物学的基礎から見直されている。

ミレニアムの転換以来、勢いづいてきた新しい領域の一つはバイオフィリック・デザイン〔biophilic、生物自己保存能〕だが、これもエビデンス・ベースト〔証拠に基づいた〕デザインと関連している。それは進化心理学者と生物学者の知見から成長してきた分野である――私たち人間が世界に対して反応する遺伝子的構造は、過去一万年間に人間が造り上げてきた構築環境よりも実は数百万年以上も古いという事実だ。[13]要するに人間の行動は単に意志や文化的訓練の現象であるだけではなく、私たちヒト科の先祖が長い時間をかけて蓄積してきた遺伝的な気質や行動の現象でもあるのだ。一九六〇年代に多くの社会科学が基礎としていた前提のように、私たちは「白紙状態の心」をもって生まれてきたのではなく、世界をどのように構築したいのかについて明白な好みをもって生まれてきたのだ。

この理解と並行して生まれてきたのが、いくつもの生息地選択理論だ。それはつまり、私たちは進化的な意味合いにおいて私たちの生物的生存に好都合であった環境条件を特に好むという理論だ。[14]現在知られているように、私たちが東部・南部アフリカのサバンナで繁栄したある特定のヒト科の系統から何百万年もの月日をかけて進化を遂げてきたとするならば、私たちにはそのような景観に対する遺伝的な好みはないのだろうか？　それではサバンナの景観の特徴は何だろうか？　一つは、「見晴らし」（ハンターに有利な、保護された可視性）と「避難」（追跡後の安全の保障）を与えることだ。また、アフリカのサバンナは空間的な開放性、目に見える地面のテクスチャー、成熟した木々の群生や水などの特徴もある――それは、ピクチャレスク・ガーデン、都市公園、または郊外によくある裏庭に見出すことができる。

一九八〇年代に始まったこれらの仮説は観察に基づく実験を重ねたが、その結果は、それ以降かなり決定的なものとなった。たとえ短時間であっても自然に触れることが、ストレスの軽減、血圧の低下、集中力の改善に役立ち、生に対する明るい展望を与えるなど様々な顕著な健康上の利点を与えてくれることがわかった。[15] 一九八四年、社会生物学者のエドワード・O・ウィルソンはこの生物学的な構成要素を「バイオフィリア〔biophilia〕」と定義した。[16] そして一九八〇年代半ばには心理学者のロジャー・S・ウルリッヒが、ある優れた研究の中でバイオフィリアが建築に与える意味を強調した。彼はこの研究で胆嚢手術を受けた四六名の患者の記録を調査した。そして、窓から付近の煉瓦壁しか見えない病室で治療を受けた患者に比べて、少しでも樹木が見える部屋にいた患者は苦情を述べることが少なく、かつ投薬量も少ないことに加え、平均して一日早く退院できたことが判明した。[17] この発見以降、病院設計の分野ではエビデンス・ベースド・デザインの活用をこれまで以上に専門に扱うようになった。

都市スケールにおいては、ヘルシンキやニューヨークのセントラルパークが都市にとっての「肺」以上の役割を果たしていることがバイオフィリアによって示されている。それらの公園は、そこで人々がリラクゼーションを見つけ、都市生活の精神的圧迫感を和らげるための身近な逃げ場所を提供しているのだ。また、ティモシー・ビートレイが指摘しているように、持続可能性への関心からより高密度な都市を提唱するのであれば、その密度に比例してアクセスできる緑地や森林景観を増やさなければならない。[18] そして、世界中の多くの都市に初期産業時代の「錆びた工業地帯」の残骸が残っていることを考慮すると、バイオフィリアはそれをより人間的な方法で再活用し、森林を再生する機会と戦略の両方を指し示している。

ここ数年で、バイオフィリック・デザインの理念は建築の領域にも到達した。それは水、新鮮な空気、日光、植物、自然の景観などの特徴をより重視した——文字どおりのグリーン・アーキテクチャーである。医療施設、学校や職場の設計は、そのような戦略を明らかに適用できる領域である。しかし、これらの原則は実際には新しいものではないし、建築がその歴史の中で繰り返し立証してきたように、あらゆる分野のデザインに応用できるものだ。さらに明らかになってきたことは、バイオフィリック・デザインの考え方が拡張されて、建築のスケール、プロポーション、素材、装飾、あるいはもっと全般的に人工環境に対する人間の反応などを考慮するまでになってきたことだ。[19] ここでバイオフィリック・デザインは、これもまだ初期形成段階にあるもう一つの新しい分野とつながるのだ。

神経美学

近年、我々がヒトゲノムの配列と分子の理解において非常に大きな進歩を遂げたとすれば、その進歩の多くは人の脳の神経学的な理解と結びついてきた。fMRIs、PETs、EEGs、MEGsなどの新しいスキャン技術により、脳の働きをリアルタイムイメージとして見ることができ、それはさらに洗練されたものになりつつある。そして脳がどのように働いているかに関する知識は、一九八〇年代以降、人類史上かつて類を見ないほどの発展を遂げてきた。その中で、人間の進化を遂げた驚異的な神経の複雑さを解読することに加え、脳が積極的に世界と関係を構築し受け入れるプロセスが明らかになった。私たちは記憶の形成や意識など、以前は捉えどころのなかった現象だけでなく、人が創造的にものを考え、芸術的に世界を評価する際の方法についても理解できるようになってきた。[20]

後者の分野は「神経美学〔neuroaesthetics〕」と呼ばれ、「人間の芸術行動に関わる神経プロセス」の神経学的研究と定義できる。[21] この分野は個人が経験した視覚訓練、性別、対象の意味、感情の変化、そしてもちろん文化や流行の変動など、審美的判断に影響を及ぼす変数が多様なために非常に複雑である。したがって、まだ新しい研究分野ではあるが、すでにいくつもの異なる流派を芽生えさせている。研究者の中には審美的な経験の神経科学的な段階——つまり我々がどのように記憶を知覚し、その意味を悟り、統合するか、そして芸術作品や建物を分類し、認識として習得し、評価するかを明確にしようとしている者もいる。[22] 他の研究者は、私たちが審美性を判断する際に脳内のどの位置でどの経路を辿って活動が起きるのかを明らかにしようとしている。[23] さらに他の流派では動物行動学の観点から研究を行い、芸術的作品を特別な美学的活動とは見なさず、それを、必ずしも美に焦点を当てたとは限らない、遺伝子構造に基づく本能として扱う者もいる。つまり、それは我々の感情的な反応から生ずるのであり、共同体内の緊密な結びつきや儀礼などにも通じる。[24]

もちろん、これらの活動が私たちをどこへ導くのかという問いに現時点で答えるのは難しい。神経生物学者の中にはセミール・ゼキのように、「神経生物学に基づかない美学理論に満足できるものはない」と主張する者もいる。その意味するところは、もしダーウィンの言うように脳が私たちの生存を保証するための知識を習得する任務をもつとすれば、芸術もまたこの任務を支えなければならない、ということだ。[25] そしてもし脳の役割が、物体、表面などの永続的で特徴的な特質を見つけ出すために進化したとするなら、芸術はこれらの神経過程の延長であるはずだ。すなわち彼の言葉によれば、芸術は「脳のもつ並列処理できる知覚システムという特性」をうまく利用しているのだ。[26] この観点から見れば、芸術は主題の複雑さや曖昧さのようなことによって豊かになっているのだ。曖昧さとは複数の解釈の可能性があり、それらすべてが等しく魅力的である場合のことと定義できる。

これらの方向性がこの先どこへ向かうとしても、これらのモデルを通じて一つのことが明らかになりつつある。建築は——建築理論が、しばしばそうあるべきだとしてきたような高度に概念的な営みとは程遠く——おそらく際立って感情と多感覚に基づく経験であり、組織化された生命体が自らに刺激を与える周辺世界に対して示す反応であると考えられる。音楽と同様、建築には感情的な反応を即座に引き出す能力があり、設計者がこのプロセスを深く理解できていればいるほど、より優れた（長く維持される）デザインとなる。神経科学者が、視覚的な複雑さや秩序、スケール、リズム、装飾といった建築の伝統的な課題や、そもそも神経学的に好ましい建築の比率があるのかという永遠の課題にも光を当てられるかどうかは現時点ではまだ定かではない。[27] しかしいま非常に明らかなことは、私たちがこの分野の知識を深めていくと、この先一〇年、二〇年後のデザインの基礎は、今日とは全く異なるものになる可能性が高いということだ。間違いなく私たちは、いま全く新しい建築理論の段階に入りつつある。

謝辞

本書の執筆にあたって、さまざまな助言を賜った多くの方々に感謝を申し上げたい。原稿の段階で目を通し、あるいは本文で記述した出来事に証言をいただいたフランチェスコ・ダル・コー、ケネス・フランプトン、ジュリア・ブルームフィールド、スタンリー・タイガーマン、マーク・ウィグリー、ジョージ・シッポレイト、ドナ・ロバートソン、プレストン・スコット・コーエン、K・マイケル・ヘイズの各氏に謝意を表したい。本書のために画像の提供と掲載を快く許可していただいたクリストファー・アレグサンダーの環境構造センター、アイゼンマン・アーキテクツ、タイガーマン・マッカリー・アーキテクツ、レオン・クリエ、エドワード・ウィンドホース、黒川紀章建築都市設計事務所、プリンス・オブ・ウェールズ・チャールズ事務所、ドゥアニー&プラター=ザイバーグ社、カルソープ・アソシエイツ、ベルナール・チュミ・アーキテクツ、アトリエ・ホライン、ティム・ブラウン、プレストン・スコット・コーエン、OMA、ハーマン・ミラー社、フォスター+パートナーズに御礼を申し上げる。フェシリティ・マーシュは、つねに変わらぬ聡明さと思慮深さをもって、困難な草稿の整理を引き受けてくれた。ワイリー・ブラックウェル社モールデン事務所のジェーン・ファルノリはこの出版計画を当初から力強く支援してくれ、彼女の優秀なスタッフであるマーゴ・モースとマシュー・バスキンが協力してくれた。オックスフォード事務所のリザ・イートンは、その感性をもって装丁を監修してくれた。イリノイ工科大学グラハム資料センターでは、マット・クック、キム・ソス、リッチ・ホーキン、スチュアート・マクレイおよびガルヴァン図書館の有能なスタッフに協力を得た。そして、スーザン・マルグレイブとロミーナ・カンナにも心から謝意を表したい。

最後に、私たちが生きている時代についての初めての歴史研究を執筆するにあたって、若干の見落としや事実誤認は避けられないと考えている。本書で取り上げた出来事については、つとめて偏らず公平に史実を叙述したつもりだが、軽視されたと感じられたり、その考え方や行動についての記述が間違っていると思われる方々すべてに対し、お詫びを申し上げたい。

監訳者あとがき

本書は、Harry Francis Mallgrave and David Goodman, *An Introduction to Architectural Theory: 1968 to the Present*, John Wiley & Sons Ltd., 2011の全訳である。底本として二〇一一年ペーパーバック版を用いた。

マルグレイヴの著書はすでに*Modern Architectural Theory: A Historical Survey, 1673-1968*が日本語訳されている（『近代建築理論全史 1673-1968』加藤耕一監訳、丸善出版、二〇一六）。この著書では近代建築理論を一七世紀のクロード・ペローまで遡り一九六八年までを通史として語っており、本書はいわばそれを引き継ぐ位置にあると考えられる。一九六八年で時代を分ける理由について、マルグレイヴ自身は前書の「はしがき」や本書の「前奏曲」で、一九六八年を何より破壊的な政治的社会的事件が続発した激動の年と捉え、それが既成の建築理論に対して疑念を深める契機を作り、その後の建築理論の展開における文脈を根底から変化させたからだと述べている。

言うまでもなく一九六八年は、パリの五月革命（危機）が示すように、欧米諸国において既成の秩序・体制や価値観への異議申立てを象徴する年であり、思想界でもフーコーやバルトら新たな立役者が登場してきた時期と重なる。また建築においても、一九九〇年代に書かれた著名な二つの建築理論のアンソロジー（ジョーン・オックマン編『アーキテクチャー・カルチャー』〔Joan Ockman(ed.), *Architecture Culture; 1943-1968*,

Rizzoli, 1993〕とK・マイケル・ヘイズ編『一九六八年以降の建築理論』〔K. Michael Hays(ed.), *Architecture Theory since 1968*, MIT Press, 1998〕）が、いずれも一九六八年で期を分けていることは示唆深い。

そのような背景のもとに、本書は一九六〇年代におけるモダニズムの状況から説き起こし、一九七〇年代から二〇〇〇年代まで時代を追いながら、多岐にわたる理論流派を丹念に跡づけて解説している。その方法は、当事者の著書・論文および記録された言葉を丁寧に拾い上げ、裏づけながら叙述している点で実証的であり、その姿勢はなにより原注の豊富さに表れている。そして全体を通して、マルグレイヴ独自の視点から、多様な理論流派の相互関係を整理し系譜的に位置づけることで、過去半世紀の建築理論を新鮮なパースペクティヴのもとに提示している。またいくつかの主要な建築作品においては、具体的な作品分析にまで及んで建築家の設計意図を解説し、理論と実践の関係を照射している点で、単なる理論史にとどまらない近過去の建築史として読むこともできる。全体が一つの「大きな物語」として語られ、近過去がもはや歴史の一コマとして語られる時が到来したことを印象づけている。

翻訳にあたっては、監訳者のたびたびの質問に丁寧に答えてくださった著者ハリー・F・マルグレイヴ教授にまず感謝したい。その返信は「訳注」に「マルグレイヴ自身の解説によれば」として加えた。また本書を最初に紹介してくださったジェリー・アドラー英国ケント大学教授、微妙な英語表現のニュアンスについて御教示いただいたトム・ヘネガン東京藝術大学教授、フランス現代思想に関して訳者の浅学を補完してくださった石井洋二郎東京大学名誉教授にこの場を借りて深く感謝を申し上げたい。また鹿島出版会の川嶋勝さんには、こちらの要望に辛抱強く応えていただいた。改めてここで感謝したい。訳者の担当個所は巻末に記したとおりだが、訳業は各自分担して行ったあと、監訳者が全体にわたって加筆訂正を行っており、最終的な責任は監訳者にある。

本書は、今後日本でもモダニズムの消長を議論する上で必須の基本的文献になると思われる。その訳書を一九六八年のちょうど五〇年後にあたる二〇一八年に刊行できることを、偶然とはいえ、訳者として大いに喜びたい。

二〇一八年三月

澤岡清秀

New Series, 224 (4647) (April 27, 1984), pp. 420–421. また Terry Hartig, "Healing Gardens – Places for Nature in Health Care," *Medicine and Creativity*, 368 (December 2006), pp. 536–537; Tina Bringslimark, Terry Hartig, and Grete Grindal Patil, "Psychological Benefits of Indoor Plants in Workplaces: Putting Experimental Results in Context," *HortScience*, 42 (3) (June 2007), pp. 581–587 を参照.

18 特に Timothy Beatley, "Toward Biophilic Cities: Strategies for Integrating Nature into Urban Design," in Stephen R. Keller, Judith H. Heerwagen, and Martin L. Mador, *Biophilic Design: The Theory, Science, and Practice of Bringing Buildings to Life* (New York: John Wiley & Sons, 2008), pp. 277–296 を参照.

19 Stephen S. Kellert, *Building for Life: Designing and Understanding the Human–Nature Connection* (Washington, DC: Island Press, 2005) と，ケラーによる数多くの小論 Heerwagen, and Mador, *Biophilic Design* (note 17) を参照.

20 脳神経科学の建築への応用に関する二つの概略的な研究については下記を参照. John P. Eberhard, *Brain Landscape: The Coexistence of Neuroscience and Architecture* (Oxford: Oxford University Press, 2008) and Harry Francis Mallgrave, *The Architect's Brain: Neuroscience, Creativity, and Architecture* (New York: Wiley-Blackwell, 2010).

21 Martin Skov and Oshin Vartanian, *Neuroaesthetics* (Amityville, NY: Baywood Publishing, 2009), p. 11.

22 ヘルムート・レーダー（Helmut Leder）の研究，特にレーダー及びその他の者による "A Model of Aesthetic Appreciation and Aesthetic Judgments," *British Journal of Psychology*, 95 (2004), pp. 489–508.

23 おそらく神経美学の大部分がこの方向性を追求している．そのような三つの研究の発見を統合する試みについては，Marcos Nadal *et al.*, "Towards a Framework for the Study of the Neural Correlates of Aesthetic Preference, *Spatial Vision*, 21 (3–5) (2008), pp. 379–396 を参照.

24 この学派の先導者はエレン・ディッサナヤック（Ellen Dissanayake）である. *Art and Intimacy: How the Arts Began* (Seattle: University of Washington Press, 2000), and Steven Brown and Ellen Dissanayake, "The Arts Are More than Aesthetics: Neuroaesthetics as Narrow Aesthetics," in Skov and Vartanian, *Neuroaesthetics* (note 21), pp. 43–58 を参照.

25 Semir Zeki, "Artistic Creativity and the Brain," *Science*, 293 (5527) (July 6, 2001), p. 52, and *Inner Vision: An Exploration of Art and the Brain* (Oxford: Oxford University Press, 1999) を参照. ［邦訳『脳は美をいかに感じるか――ピカソやモネが見た世界』河内十郎訳，日本経済新聞社，2002］ ゼキは「神経美学」という言葉を採用した最初の科学者である.

26 Semir Zeki, "Art and the Brain," *Journal of Consciousness Studies: Controversies in Science and the Humanities* (June/July 1999), 6 (6–7), p. 77.

27 プロポーションに関する興味深い研究については，Cinzia Di Dio, Emiliano Macaluso, and Giacomo Rizzolatti, "The Golden Beauty: Brain Response to Classical and Renaissance Sculptures," *PLoS ONE*, 2 (11) を参照．より一般的な芸術的，建築的経験に関する見解については，David Freedberg and Vittorio Gallese, "Motion, Emotion and Empathy in Esthetic Experience," *Trends in Cognitive Sciences*, 11 (5) (May 2005), pp. 197–203 を参照.

http://www.mcdonough.com/principles.pdf (accessed October 2, 2010) を参照.

5 William McDonough, "Declaration of Interdependence," in Andrew Scott (ed.), *Dimensions of Sustainability* (London: E & FN Spon, 1998), pp. 61–75 を参照.

6 William McDonough and Michael Braungart, *Cradle to Cradle: Remaking the Way We Make Things* (New York: North Point Press, 2002) p. 156.［邦訳『サステイナブルなものづくり——ゆりかごからゆりかごへ』吉村英子監修，山本聡・山崎正人・岡山慶子訳，人間と歴史社，2009］

7 Leon van Schaik, "The Aesthetics of Sustainability" in Kristin Feiress and Lukas Feiress (eds), *Architecture of Change: Sustainability and Humanity in the Built Environment* (Berlin: Gestalten, 2008), p. 133.

8 Ken Yeang, "A Theoretical Framework for the Ecological Design and Planning of the Built Environment," PhD dissertation, University of Cambridge, 1975.

9 Ken Yeang, *Eco Skyscrapers* (Victoria, Australia: Images Publishing Group, 2007), p. 20.

10 Ken Yeang, *Ecodesign: A Manual for Ecological Design* (London: Wiley-Academy, 2006) p. 23.

11 Ken Yeang, "Green Design," *Architecture of Change* (note 7), p. 229.

12 市の方針に関する文書はオンライン上で閲覧することもできる．ティモシー・ビートレイの *Green Urbanism: Learning from European Cities* (Washington: Island Press, 2000) と Stephen M. Wheeler and Timothy Beatley, *Sustainable Urban Development Reader* (New York: Routledge, 2008) の両計画における議論を参照.

13 新しい分野を切り開いた二つの主要な文章は次のとおり．Edward O. Wilson, *Sociobiology: The New Synthesis* (Cambridge, MA: Harvard University Press, 1975) and Jerome H. Barkow, Leda Cosmides, and John Tooby (eds), *The Adapted Mind: Evolutionary Psychology and the Generation of Culture* (New York: Oxford University Press, 1992).

14 これに関連する二つの影響力ある研究は次のとおり．Jay Appleton, *The Experience of Landscape* (London: New York, 1975)［邦訳『風景の経験——景観の美について』菅野弘久訳，法政大学出版局，2005］and Gordon H. Orians, "Habitat Selection: General Theory and Theory and Applications to Human Behavior," in Joan S. Lockard (ed.), *The Evolution of Human Social Behavior* (New York: Elsevier, 1980), pp. 49–66.

15 生息地の選択と自然との接触の利点，その両方に関する文献は膨大である．例えば後述を参照．Gordon H. Orians, "An Ecological and Evolutionary Approach to Landscape Aesthetics," in Edmund C. Penning- Rowsell and David Lowenthal (eds), *Landscape Meanings and Values* (London: Allen and Unwin, 1986); Stephen Kaplan and Rachel Kaplan, *Cognition and Environment: Functioning in an Uncertain World* (New York: Praeger, 1982); Stephen R. Kellert and Edward O. Wilson, *The Biophilia Hypothesis* (Washington, DC: Island Press, 1993); Gordon H. Orians and Judith H. Heerwagen, "Evolved Responses to Landscapes," in Barkow, Cosmides, and Tooby *The Adapted Mind* (note 13); Roger S. Ulrich, "Biophilia, Biophobia, and Natural Landscapes," in Kellert and Wilson, *The Biophilia Hypothesis*; Stephen Kaplan, "The Restorative Benefits of Nature: Toward an Integrative Framework," *Journal of Environmental Psychology*, 15 (1995), pp. 169–182; Rachel Kaplan, Stephen Kaplan, and Robert Ryan, *With People in Mind: Design and Management of Everyday Nature* (Washington: Island Press, 1998); Rachel Kaplan, "The Nature of the View from Home: Psychological Benefits," *Environment and Behavior*, 33, (507) (2001), pp. 507–542; Agnes E. van den Berg, Terry Hartig, and Henk Staats, "Preference for Nature in Urbanized Societies: Stress, Restoration, and the Pursuit of Sustainability," *Journal of Social Issues*, 63 (1) (2007), p. 91

16 Edward O. Wilson, *Biophilia: The Human Bond with Other Species* (Cambridge, MA: Harvard University Press, 1984) を参照.

17 Roger S. Ulrich, "View through a Window May Influence Recovery from Surgery," *Science*,

Jean Nouvel, www.jeannouvel.com (accessed October 5, 2010).

11 Toyo Ito, "Vortex and Current: On Architecture as Phenomenalism," in *Architectural Design*, 62 (9/10) (September/October 1992), p. 22–23.

12 Toyo Ito, *Sendai Mediatheque* (Barcelona: Actar, 2003), pp. 15, 25 を参照．またロン・ヴィッテ編集による有益な評論 *Toyo Ito: Sendai Mediatheque* (Munich: Prestel Verlag, 2002) も参照．

13 Rafael Moneo, *Rafael Moneo 1967–2004*. "El Escorial," *El Croquis* editorial (2004) p. 350.

14 例えば，ロドルフォ・マチャドとロドルフ・アル＝フーリー（Rodolfo Machado and Rodolphe el-Khoury）はこの作品をそのモノリシックな性格の観点から説明する．彼らの著作 *Monolithic Architecture* (Munich: Prestel, 1995) を参照．

15 See, Luigi Snozzi, *Costruzione e progetti 1958–1993* (Lugano: ADV Publishing House, 1995).

16 Ulrike Jehle-Schulte Strathaus, "Modernism of a Most Intelligent Kind: A Commentary on the Work of Diener & Diener," in *Assemblage*, 3 (July 1987) pp. 72–75.

17 John Pawson, *Minimum* (London: Phaidon Press, 1996), p. 7［邦訳『minimum』安藤宗一郎・西森陸雄訳，デザインエクスチェンジ，2001］and John Pawson, "La Expresion Sencilla del Pensamiento Complejo," *El Croquis*, 127 (2005) p. 6.

18 Álvaro Siza, "On my work," in Kenneth Frampton (ed.), *Álvaro Siza: Complete Works* (London: Phaidon Press, 2000), p. 72.

19 Steven Holl, *Anchoring: Selected Projects 1975–1988* (New York: Princeton Architectural Press, 1989).

20 Steven Holl, *Intertwining* (New York: Princeton Architectural Press, 1996), p. 11.

21 Steven Holl, Juhani Pallasmaa, and Alberto Pérez-Gómez (eds), "Questions of Perception: Phenomenology of Architecture." Special issue, *a+u* (July 1994). 本稿は同じタイトルで再掲載された（San Francisco: William Stout, 2006）.

22 Juhani Pallasmaa, "An Architecture of the Seven Sense." Special issue, *a+u* (note 21), p. 30. これらの主題に関する彼の展開については，*The Eyes of the Skin: Architecture and the Senses* (Chichester: Wiley-Academy, 1996/2005)も参照．

23 Richard Neutra, *Survival through Design* (London: Oxford University Press, 1954); Steen Eiler Rasmussen, *Experiencing Architecture* (Cambridge, MA: MIT Press, 1959)　を参照．

24 Peter Zumthor, *Thinking Architecture* (Basel: Birkhaüser, 2006), p. 26.［邦訳『建築を考える』鈴木仁子訳，みすず書房，2012］

25 Zumthor, *Thinking Architecture* (note 24), p. 17.［邦訳『建築を考える』］

26 Zumthor, *Thinking Architecture* (note 24), pp. 31–32.［邦訳『建築を考える』］

第 12 章　持続可能性とその先へ

1 我々はこの議論の目的のために「持続性（sustainability）」という用語を，優先順位の転換を特徴づけるためにしばしば用いられる下記の一群の言葉を包含するものとして用いる．グリーン，環境に優しい（eco-friendly），環境に配慮したデザイン（eco-designed），バイオフィリック・デザイン，エビデンス・ベースド・デザインと高い性能．

2 United Nations Document A//42/427, "Our Common Future: Report of the World Commission on Environment and Development," http://www.un-documents.net/ocf-02.htm (accessed October 2, 2010) を参照．

3 Victor Papanek, *The Green Imperative: Natural Design for the Real World* (New York: Thames & Hudson, 1995), p. 236.［邦訳『地球のためのデザイン——建築とデザインにおける生態学と倫理学』大島俊三訳，鹿島出版会，1998］この主題に関する彼の初期の名著は，*Design for the Real World: Human Ecology and Social Change* (New York: Pantheon Books, 1971) である．

4 "The Hannover Principles: Design for Sustainability," William McDonough Architects, 1992.

Jeffrey Inaba, Rem Koolhaas, and Sze Tsung Leong, *The Harvard Design School Guide to Shopping* (Cologne: Taschen, 2002) を参照.
7　ザエラ＝ポロとコールハースのインタビュー, "The Day After," *El Croquis*, 79 (1996), p. 12.
8　ザエラ＝ポロとコールハースのインタビュー, "Finding Freedoms," *El Croquis*, 53 (1993), p. 31.
9　Stanley Tigerman (ed.), *The Chicago Tapes* (New York: Rizzoli, 1987), pp. 168–173.
10　Rem Koolhaas, *Delirious New York* (New York: Monacelli, 1994), pp. 152–158.
11　ザエラ＝ポロとコールハースのインタビュー, "Finding Freedoms," *El Croquis*, 53 (1993), p. 8.
12　ロバート・ソモルは後日 "form"（アイゼンマンと読める）と "shape" を区別するようになる. ゼーブルージェのような "shape" のプロジェクトは, 難解なテクスト性の高いものではなく, 直接的でグラフィックであると論じた. Robert Somol, "12 Reasons to Get Back into Shape," in Rem Koolhaas, *Content* (Cologne: Taschen, 2004), pp. 86–87 を参照.
13　ザエラ＝ポロとコールハースのインタビュー, "Finding Freedoms," *El Croquis*, 53 (1993), pp. 29–30.
14　Rem Koolhaas, *El Croquis*, 79 (1996), p. 74.
15　O.M.A., Rem Koolhhaas, and Bruce Mau, *S,M,L,XL* (New York: Monacelli, 1995), pp. 502–515.
16　Michael Speaks, *Big Soft Orange* (New York City: Storefront for Art and Architecture, 1999).
17　Winy Maas and Jacob van Rijs with Richard Koek (eds), *FARMAX: Excursions on Density* (Rotterdam: 010 Publishers, 1998). pp. 100–103.
18　Ben van Berkel and Caroline Bos, *Move: Imagination* (Amsterdam: UN Studio and Goose Press, 1999), vol. 1, p. 15.
19　Van Berkel and Bos, *Move* (note 18), vol. 1, p. 27.
20　Rem Koolhaas, *Content* (Cologne: Taschen, 2004), p. 20.
21　Sanford Kwinter, "FFE: Le Trahison des Clercs (and other Travesties of the Modern)," *ANY*, 24 (1999), p. 62.
22　Dave Hickey, "On Not Being Governed," in *The New Architectural Pragmatism: A Harvard Design Magazine Reader* (Minneapolis: University of Minnesota Press, 2007), p. 100.
23　Somol and Whiting, "Notes Around the Doppler Effect" (note 1), pp. 73–77.

第 11 章　ミニマリズム

1　Rosalind Krauss, "The Grid, the /Cloud/, and the Detail," in Detlef Mertins (ed.), The *Presence of Mies* (New York: Princeton Architectural Press, 1994), p. 133.［邦訳「グリッド，/雲/，ディテール」『建築文化』第 615 号，彰国社，1998］
2　Kenneth Frampton, "*Rappel à l'ordre*: The Case for the Tectonic," in *Architectural Design*, 60 (1990), p. 19.
3　Kenneth Framption, *Studies in Tectonic Culture: Poetics of Construction in Nineteenth and Twentieth Century Architecture* (Cambridge, MA: MIT Press, 1995).［邦訳『テクトニック・カルチャー―― 19-20 世紀建築の構法の詩学』松畑強・山本想太郎訳，TOTO 出版，2002］
4　Terrence Riley, *Light Construction* (New York: Museum of Modern Art, 1995), p. 9 を参照.
5　Jefffrey Kipnis and Jacques Herzog, "A Conversation." Special issue, *El Croquis*, 60+84 (2000) p. 35.
6　Alejandro Zaera-Polo and Jacques Herzog, "Continuities." Special issue, *El Croquis*, 60+84 (2000), p. 16.
7　Zaera-Polo and Herzog, "Continuities" (note 6), p. 18.
8　Kipnis and Herzog, "A Conversation," *El Croquis* (note 5), p. 33.
9　例えば K. Michael Hays, "Critical Architecture: Between Culture and Form," in *Perspecta*, 21 (1984), pp. 14–29; Josep Quetglas, *Fear of Glass* (Basel: Birkhaüser, 2001). あるいは Ignasi de Solà-Morales, "Mies van der Rohe and Minimalism," in Mertins, *The Presence of Mies* (note 1), pp. 149–155 を参照.
10　Jean Nouvel, project description from Ateliers

Architectural Design, 102 (March/April 1993) pp. 45–46.

16 以下を参照．Preston Scott Cohen, "Two Houses," *Assemblage*, 13 (December 1990), pp. 72–87; Jesse Reiser and Nanako Umemoto, "Aktion Polophile: Hypnerotomachia → Ero/machia/hypniahouse," pp. 88–105. ベン・ニコルソンによる引用は以下を参照．"The Kleptoman Cell, Appliance House," p. 106.

17 プレストン・スコット・コーエンによるこれらの議論は以下を参照．*Contested Symmetries and Other Predicaments in Architecture*. (New York: Princeton Architectural Press. 2001), pp. 12–15.

18 以下を参照．Cecil Balmond, *Informal* (Munich: Prestel, 2002).

19 Cecil Balmond "New Structure and the Informal," in *Assemblage*, 33 (August 1997), p. 55.

20 「パラメトリック」デザインと「アルゴリズミック」デザインの発展に関する議論は以下を参照．Kostas Terzidis, *Algorithmic Architecture* (Oxford: Architectural Press, 2006), Michael Meredith, *From Control to Design: Parametric/Algorithmic Architecture* (Barcelona: Actar, 2008).

21 Manuel Gausa, "Land Arch: Landscape and Architecture, Fresh Shoots," in *Quaderns d'arquitectura i* urbanisme, 217 (1997), p. 52.

22 Rem Koolhaas and Bruce Mau, *S,M,L,XL* (Monacelli, 1995) p. 1223.［邦訳『S,M,L,XL+――現代都市をめぐるエッセイ』太田佳代子・渡辺佐智江訳，筑摩書房，2015］

23 以下を参照．Farshid Moussavi and Alejandro Zaera-Polo, "Operative Topographies" and "Graftings: Peripheral Thought," in *Quaderns d'arquitectura i urbanisme*, 220 (1998), pp. 34–41.

24 Zaha Hadid, "Vitra" in *El Croquis*, 52 (January 1992) p. 110.

25 ウィリアム・J・R・カーティスは，ミラージェスとピノスによる流動的，連続的また互いに重なり合う社会的空間は，絶対性やフランコ独裁と関連づけられた新合理主義的古典主義に対する暗に意味された拒否であると示唆したが，ミラージェスとピノスは直接そのような主張はしなかった．以下を参照．William J. R. Curtis, "Mental Maps and Social Landscapes," *El Croquis*, 49–50 (September 1991), pp. 6–20.

26 Enric Miralles, "Eyebrows," in *El Croquis* 49–50 (Sept. 1991) p.110.

27 Enric Miralles and Carme Pinós, "Archery Ranges," in *El Croquis*, 49–50(September 1991) p. 32.

第10章　プラグラティズムとポスト・クリティカリティ

1 Robert Somol and Sarah Whiting, "Notes Around the Doppler Effect and Other Moods of Modernism," in *Perspecta*, 33 (2002), p. 75.

2 Jeffrey Kipnis, "Recent Koolhaas," *El Croquis*, 79 (1996), p. 26.　この文中でキプニスは「ある欲求不満の批評家が，伝説的なきまり文句を使ってこう書いた．"これは他に喩えようがない．コールハースは我らが時代のル・コルビュジェである"と」．そしてその脚注には，引用元としてまさにこの記事が挙げてある．つまり循環参照である．

3 株式市場の過大評価に関しては，1996年にアラン・ゴールドスパンが行ったコメントが頻繁に引用される．

4 Michael Speaks, "It's out there ... the Formal Limits of the American Avant- Garde," in *Architectural Design*, 68 (5/6) (May–June 1998) p. 30.

5 ArchiLabの国際会議プロシーディングの注を参照．http://www.archilab.org/public/2000/catalog/ftca01en.htm (accessed October 2, 2010). "ArchiLab"という名称には，建築を情報テクノロジーの技術的革新に歩調を合わせ，建築に客観的な研究ベースの探求を持ち込もうとする動きが典型的に表れている．

6 「ハーヴァード・プロジェクト・オン・ザ・シティ」が作成した仕事は，Stefano Boeri, Harvard Project on the City, Muliplicity, and Jean Attali, *Mutations* (Barcelona: ACTAR, 2001); Chuihua Judy Chung, Jeffrey Inaba, Rem Koolhaas, and Sze Tsung Leong, *Great Leap Forward* (Cologne: Taschen, 2002); Chuihua Judy Chung,

York: Universe,2000), pp. 23–29.

29 "About Assemblage," *Assemblage* 1 (1986), p. 5.

30 テートでのシンポジウムに関しては，下記2編の簡略な記録が存在する．"Deconstruction at the TateGallery," in *Deconstruction in Architecture: An Architectural Design Profile* (London: Academy Editions, 1988), p. 7. および David Lodge, "Deconstruction: A Review of the Tate Gallery Symposium," in Andreas Papadakis, Catherine Cooke, and Andrew Benjamin (eds), *Deconstruction: Omnibus Volume* (New York: Rizzoli, 1989), pp. 88–90.

31 デリダのインタビューの完全版は以下を参照．*Deconstruction: Omnibus Volume* (note 29), pp. 71–75.

32 *Architectural Design*, Design profile *Deconstruction in Architecture*, 58 (3/4) (London: Academy Group, 1988), p. 17.

33 この発言はロッジによる記録から引用．"Deconstruction" (note 30), p. 89.

34 Andreas Papadakis, "Deconstruction at the Tate Gallery," in *Deconstruction in Architecture* (note 30), p. 7. デイビッド・ロッジによる下記のコメントを参照．"Deconstruction" (note 30), pp. 88–90.

35 ウィグリーの博士論文は改訂され下記のタイトルで出版された．*The Architecture of Deconstruction: Derrida's Haunt* (Cambridge, MA: MIT Press, 1993).

36 これはウィグリーとの会話から得られた要点である．

37 Philip Johnson, Preface, *Deconstructivist Architecture* (New York: the Museum of Modern Art, 1988), p. 7.

38 Mark Wigley, Introduction, *Deconstructivist Architecture* (note 37), p. 16.

39 Wigley, Introduction *Deconstructivist Architecture* (note 37), p. 20.

40 Joseph Giovannini, "Breaking All the Rules," *The New York Times* (June 12, 1988), Section 6, p. 40.

41 Catherine Ingraham, "Milking Deconstruction, or Cow Was the Show?"in *Inland Architect*, 32 (5) (September/October 1988), pp. 62–63.

第9章　嵐の航跡

1 Jeffrey Kipnis, "*Nolo Contendere*," in *Assemblage* 11 (April 1990), pp. 54.

2 Kipnis, "*Nolo Contendere*" (note 1), p. 57.

3 2000年の *Assemblage* 最終号 (*Assemblage*, 41 (April 2000), p. 27) において，ロドルフェ・エル＝コウリは，この雑誌のアイデンティティ政治に対する傾向をもじって、本当は出版されない次号の予告を行い、その偽りの表紙のタイトルとして下記を載せた．*The Winking Eye: Contested Occularcentrism in Postcolonial Queer Space.*

4 Jeffrey Kipnis, "Towards a New Architecture," *Architectural Design*, 102 (March/April 1993) p. 42.

5 Kipnis, "Towards a New Architecture," (note 4), p. 42.

6 Kipnis, "Towards a New Architecture," (note 4), pp. 42–45.

7 Kipnis, "Towards a New Architecture," (note 4), p. 45.

8 Gilles Deleuze, *The Fold: Leibniz and the Baroque*, trans. Tom Conley (Minneapolis: University of Minnesota Press, 1993), pp. 81–82.［邦訳『襞——ライプニッツとバロック』宇野邦一訳，河出書房新社，1998］

9 Deleuze, *The Fold* (note 8), pp. 34–35, 121.［邦訳『襞——ライプニッツとバロック』］

10 Greg Lynn, "Probable Geometries: The Architecture of Writing in Bodies", *ANY*, 0/0 (May/June1993).

11 Greg Lynn, "Architectural Curvilnearity: The Folded, the Pliant, and the Supple," in *Architectural Design*, 102 (March/April 1993) pp. 8–12.

12 Kenneth Powell, "Unfolding Folding," *Architectural Design*, 102 (March/ April 1993).

13 Greg Lynn, "Multipicitous and Inorganic Bodies," *Assemblage*, 19 (December 1992) p. 42.

14 Peter Eisenman の言葉であり下記に収録されている．Rodolfo Machado and Rodolph El-Khoury (eds), *Monolithic Architecture* (Munich: Prestel, 1995), p. 80.

15 Jeffrey Kipnis, "Towards a New Architecture,"

Stirling: Writings on Architecture (Milan: Skira, 1998), pp. 151–159.

6 James Stirling, “James Stirling: Architectural Aims and Influences,” in Maxwell, *James Stirling* (note 5), p. 137.

7 Rafael Moneo, *Theoretical Anxiety and Design Strategies in the Work of Eight Contemporary Architects* (Cambridge, MA: MIT Press, 2004), p. 41.

8 Francesco Dal Co, “The World Turned Upside-Down: The Tortoise Flies and the Hare Threatens the Lion,” In *Frank O. Gehry: The Complete Works* (New York: Monacelli Press, 1998), p. 48.

9 Gottfried Semper, *Ueber die bleiernen Schleudergeschosse der Alten und zweckmässige Gestaltung der Wurfkörpher im Allgemeinen: Ein Versch die dynamische Entstehung gewisser Formen in der Natur and in der Kunst nachzuweisen* (Frankfurt: Verlag für Kunst und Wissenschaft, 1859), subtitle, p. 8ff., 60. また以下を参照．Gottfried Semper, *Style in the Technical and Tectonic Arts, or Practical Aesthetics*, trans. H. F. Mallgrave and Michael Robinson (Los Angeles, Getty Publication Programs, 2004), pp. 94–95.

10 Frank Gehry, “The Lecture,” in Germano Celant, *Il Corso del Coltello, The Course of the Knife: Claes Oldenburg, Coosje van Bruggen, Frank O. Gehry* (New York: Rizzoli, 1987), pp. 212–213.

11 コールハースのベルリンに関するテーマについては以下を参照．Fritz Neumeyer, “OMA's Berlin: The Polemic Island in the City,” in *Assemblage*, 11 (April 1990, pp. 36–53).

12 プロジェクトは『カサベラ』誌主催の設計競技に優勝し，同誌 1973 年 6 月号の 42–46 頁において掲載された．部分的には以下に再録．*Architectural Design* 5 (47) (1977), p. 328. コールハースの以下の記述を参照．“Sixteen Years of OMA,” in Jacques Lucan (ed.), *OMA – Rem Koolhaas: Architecture 1970–1990* (New York: Princeton Architectural Press, 1991), p. 162.

13 “Rem Koolhaas and Elia Zenghelis, “Exodus or The Voluntary Prisoners of Architecture,” *Casabella*, 378 (June 1973), p. 44.

14 コールハースにとってのナタリーニの重要性に関しては以下を参照．“La Deuxième chance de l'architecture moderne … entretien avec Rem Koolhaas,” *Architecture d'Aujourd'hui*, 238 (April 1985), p. 2.

15 Rem Koolhaas and Gerrit Oorthuys, “Ivan Leonidov's Dom Narkomtjazjprom, Moscow,” *Oppositions* 2 (January 1974), pp. 95–103. この小論はまた下記の展示会につながった．Vieri Quilici, *Ivan Leonidov: Catalogue 8* (New York: Institute for Architecture and Urban Studies, 1981).

16 Rem Koolhaas, “The City of the Captive Globe, 1972,” in *Delirious New York*(New York: Monticello Press, 1994), p. 294.

17 以下を参照．Jean-Louis Cohen, “The Rational Rebel, or the Urban Agenda of OMA,”in Lucan, *OMA – Rem Koolhaas* (note 12).

18 Koolhaas, *Delirious New York* (note 16), pp. 9–10.［邦訳『錯乱のニューヨーク』鈴木圭介訳，筑摩書房，1999］

19 Koolhaas, *Delirious New York* (note 16), p. 148.［邦訳『錯乱のニューヨーク』］

20 Koolhaas, *Delirious New York* (note 16), p. 251.［邦訳『錯乱のニューヨーク』］

21 Rem Koolhaas, *Rem Koolhaas: Conversations with Students*, ed. Sanford Kwinter (Houston: Rice School of Architecture, 1996), p. 14.

22 Zaha Hadid, “The Peak, Hong Kong,” in *AA Files*, 4 (July 1983), p. 84.

23 Zaha Hadid, *Planetary Architecture Two* (London: Architectural Association, 1983), n.p.

24 以下を参照．Jeffrey Kipnis, Preface in Daniel Libeskind, *The Space of Encounter* (New York: Universe, 2000), p. 10.

25 以下を参照．Libeskind, “Endspace,” in *Micomegas*. また下記に再録．Daniel Libeskind, *Countersign*, Architectural Monograph No. 16 (London: Academy Editions,1991), p. 15.

26 Daniel Libeskind, “Three Lessens in Architecture,” in *Countersign* (note 25), p. 47.

27 Daniel Libeskind, “The Maledicta of Style,” *Precis*, 5 (Fall 1984), p. 25.

28 リベスキンドによる二つのテキストに関する説明は下記を参照．“Between the Lines,” in Daniel Libeskind, *The Space of Encounter* (New

Pyramid and the Labyrinth (or the Architectural Paradox)," in *Studio International*, 190 (977) (September/ October 1975), p. 142.

41 以下を参照. Bernard Tschumi, " Le Jardin de Don Juan ou la ville masquée," *L'Architecture d'aujourd'hui*, 187 (October/November 1975), pp. 82–83; "The Pleasure of Architecture," *Architectural Design*, 47 (March 1977), pp. 214–218; "Architecture and its Double," *Architectural Design*, 50 (11–12) (1978); *Architectural Manifestoes*, exhibition catalogue published by Artists' Space (New York 1978); "Joyce's Garden in London: A Polemic on the Written Word and the City," *Architectural Design*, 50 (11–12) (1980), p. 22; "Architecture and Limits I," *Artforum*, 19 (4) (December 1980), p. 36; "Architecture and Limits II," *Artforum*, 19 (7) (March 1981), p. 45; "Architecture and Limits III, *Artforum*, 20 (1) (September 1981), p. 40; "Episodes in Geometry and Lust," *Architectural Design*, 51, (1/2) (1981), pp. 26–28.

42 Bernard Tschumi, "Architecture and Transgression," in *Oppositions*, 7 (Winter 1976). これは下記に転載された. K. Michael Hays (ed.), *Oppositions Reader* (New York: Princeton Architectural Press, 1998), pp. 356, 363.

43 Bernard Tschumi, "Violence in Architecture," *Artforum*, 20 (1) (September 1981), p. 44.

44 Bernard Tschumi, *The Manhattan Transcripts: Theoretical Projects* (New York: St. Martin's Press, 1981).

45 Damiani, "Continuity," in *Bernard Tschumi* (note 36), p. 169n.29.

46 Bernard Tschumi, in Tschumi and Walker, *Tschumi on Architecture* (note 36), p. 40.

47 チュミの議論に関しては以下を参照. *Cinegramme Folie: Le Parc de la Villette* (New York: Princeton Architectural Press, 1987).

48 以下を参照せよ. Manfredo Tschumi, "The Ashes of Jefferson," in *The Sphere and the Labyrinth* (Cambridge, MA: MIT Press, 1987), p. 300.

49 Tschumi, *Cinegramme Folie* (note 47), p. vi.

50 Tschumi, *Cinegramme Folie* (note 47), p. vii.

51 設計競技に優勝した後, チュミはフランスの関係者から folie という名前を fabrique に変えるよう要求されたが, この意味の繋がりを失うことから拒絶した. 以下を参照. "Interview between Alvan Boyarsky and Bernard Tschumi," in *La Case vide: La Villette, 1985* (London: Architectural Association, 1986), p. 25.

52 協力関係に関しては以下を参照. Jean-Louis Cohen, "The Architect in the Philosopher's Garden: Eisenman at La Villette," in Bédard, *Cities of Artificial Excavation* (note 26), pp. 219–226.

53 Bédard (ed.), *Cities of Artificial Excavation* (note 26), fig. 68. デリダの chora という用語の選択については以下を参照. Geoffrey Broadbent and Jorge Glusberg (eds), *Deconstruction: A Student Guide* (London: Academy Editions, 1991), pp. 77 – 79.

54 Jacques Derrida, "Point de folie – maintenant l'architecture," in *La Case vide* (London: Architectural Association: 1986), p. 11.

第8章 デコンストラクション

1 Friedrich Achleitner, "Viennese Positions," in *Lotus*, 29 (1981). これは下記に引用されている. Kenneth Frampton's, "Meditations on an Aircraft Carrier: Hollein's Mönchengladbach," in *Hans Hollein, A + U* (Tokyo: Yoshio Yoshida, 1985), p. 143. またこの巻に収録されたジョゼフ・リクワートによる洞察力に満ちた小論を参照. "*Irony*, Hollein's General Approach."

2 Hans Hollein, "Alles ist Architektur" (1967), オンラインアドレスは以下. www.hollein.com (accessed October 2, 2010).

3 Hans Hollein, "Zurück zur Architektur" (1962), オンラインアドレスは以下. www.hollein.com (accessed October 2, 2010).

4 Hans Hollein, "Post Office Savings Bank and Church of St. Leopold," in Yukio Futagawa (ed.), *Global Architecture* (1978). 彼はここに引用された表現をフィッシャー・フォン・エルラッハに適用した.

5 以下を参照. James Stirling, "The Monumentally Informally," in Robert Maxwell (ed.), *James*

(Durham: Duke University Press, 1991), p. 2. この小論は，当初 1984 年 *New Left Review* に出版された．

21 K. Michael Hays, "Critical Architecture: Between Culture and Form," in *Perspecta*, 21 (1985), p. 528–530.

22 Gianni Vattimo and Pier Aldo Rovatti (eds), *Il pensiero debole* (Milan: Garzanti, 1983).

23 "Arquitectura Dédil/Weak Architecture," *Quaderns d'Arquitecturi I Urbanisme*, 175 (October–December 1987). そして以下の書に再録された．Ignasi de Solà-Morales, *Differences: Topographies of Contemporary Architecture*, trans. Graham Thompson, ed. Sarah Whiting (Cambridge, MIT Press, 1997), pp. 56–70.

24 Diana Agrest, "Design versus Non-Design" は，1974 年 7 月ミラノで開催された会議 First International Congress of Semiotic Studies に提出された．その初出は *Oppositions* 6 (Fall 1976). Cited from K. Michael Hays, *Architectural Theory since 1968* (Cambridge, MA: MIT Press, 2002), pp. 209–212.

25 Peter Eisenman, "Post-Functionalism," in *Oppositions*, 6 (Fall 1976), n.p.

26 Peter Eisenman, in Cynthia Davidson (ed.), *Tracing Eisenman: Complete Works* (New York: Rizzoli, 2006), p. 73. また以下を参照．"Conversation with Peter Eisenman," in Jean-François Bédard (ed.), *Cities of Artificial Excavation: The Work of Peter Eisenman, 1978–1988* (Montreal: Centre Canadien d'Architecture, 1994), p. 121. アイゼンマンは 1975 年と 1976 年に行った 3 つの講演，および the Japanese journal *Architecture and Urbanism*, 1, January 1980 の特別号において，彼の思考を発展させた．

27 Peter Eisenman, *House X* (New York: Rizzoli, 1982), p. 34–36.

28 この文章は下記に初出．*Harvard Architectural Review*, 3 (Winter 1984), p. 146. また以下により引用された．Bédard, *Cities of Artificial Excavation* (note 26). ロッシの影響に関しては以下を参照．"Interview: Peter Eisenman," *Transition*, 3 (3–4) (April/July 1984), p. 39.

29 In Bédard,*Cities of Artificial Excavation* (note 26), p. 47.

30 In Bédard,*Cities of Artificial Excavation* (note 26), p. 78.

31 In Bédard,*Cities of Artificial Excavation* (note 26), p. 73.

32 "Conversation with Peter Eisenman," in Bédard,*Cities of Artificial Excavation* (note 26), p. 119.

33 Peter Eisenman, "The Beginning, the End and the Beginning Again," *Casabella*, 520/521 (January/February, 1986), p. 44.

34 Peter Eisenman, "The End of the Classical: The End of the Beginning, the End of the End," *Perspecta*, 21 (1985); これは下記に転載された．Robert A. M. Stern, Alan Plattus, Peggy Deamer (eds), *[Re] Perspecta: The First Fifty Years of the Yale Architectural Journal* (Cambridge, MA: MIT Press, 2004), pp. 547–548.

35 以下を参照．Lynne Breslin, "An Interview with Peter Eisenman," *The Pratt Journal of Architecture*, Vol. 2 (1988), p. 109.

36 チュミの初期キャリアに関しては以下の 3 編の短い文章によってよくまとまっている．Louis Martin, "Transpositions: On the Intellectual Origins of Tschumi's Architectural Theory," *Assemblage*, 11 (1990), pp. 23–35; Giovanni Damiani (ed.), *Bernard Tschumi* (New York: Rizzoli, 2003); Bernard Tschumi and Enrique Walker, *Tschumi on Architecture: Conversations with Enrique Walker* (New York: Monacelli Press, 2006).

37 Tschumi and Walker, *Bernard Tschumi on Architecture* (note 36), p. 19; and Bernard Tschumi, "The Environmental Trigger," in James Gowan (ed.), *A Continuing Experiment: Learning and Teaching at the Architectural Association* (London: Architectural Press, 1975), p. 93.

38 Tschumi and Walker *Bernard Tschumi on Architecture* (note 36), p. 19.

39 以下を参照．Dennis Hollier, *Against Architecture: The Writings of Georges Bataille* (Cambridge, MA: MIT Press, 1989), pp. 57–73. フランス語版は 1974 年に出版されていた．

40 Bernard Tschumi, "Question of Space: The

Benjamin, *Illuminations* (New York: Schocken Books, 1969).

3 Herbert Marcuse, *Eros and Civilization: A Philosophical Inquiry into Freud* (Boston: The Beacon Press, 1955).

4 Herbert Marcuse, *One-Dimensional Man: Studies in the Ideology of Advanced Industrial Society* (Boston: Beacon Press, 1964).

5 Max Horkheimer and Theodor W. Adorno, *Dialectic of Enlightenment* (New York: Continuum, 1989). この著書のドイツ語による初版は，1947年Querido of Amsterdamにより出版され，また1969年S. Fischer Verlagにより再版された．初の英語版は1972年Herder and Herderにより出版された．

6 T. W. Adorno, *Aesthetic Theory*, trans. C. Lenhardt, ed. Gretel Adorna and Rolf Tiedemann (London: Routledge & Kegan Paul, 1984), p. 321. 1970年ドイツで初版が出版された．

7 以下を参照．"Death of the Author," in Roland Barthes, *Image, Music, Text*, trans. Stephen Heath (New York: Noonday Press, 1998), pp. 142–148. また以下を参照． Barthes's *The Pleasure of the Text*, trans. Richard Miller (New York: Hill and Wang, 1975).

8 Michel Foucault, *The Order of Things: An Archaeology of the Human Sciences*, trans. Alan Sheridan (New York: Pantheon, 1970; 原著は，*Les Mots et les choses: un archéologie des sciences humaines*,1966)

9 *The Archaeology of Knowledge*, trans. A. M. Sheridan Smith (New York: Pantheon, 1972; 原著は，*L'Archéologie du Savoir* (1969)).

10 Jean Baudrillard, *The System of Objects* (London: Verso, 1996). この原著は，*Le Systeme des objets* (Paris: Denoel-Gonthier, 1968), および*The Consumer Society* (*La Societe de consommation*) (Paris: Gallimard, 1970).

11 以下を参照． Jean Baudrillard, *Symbolic Exchange and Death*, trans. Iain Hamilton Grant (London: Sage Publications, 1993), p. 74. フランス語版は，*L'Echange symbolique et la mort* (Paris: Editions Gallimard, 1976).

12 Jean-François Lyotard, *The Postmodern Condition: A Report on Knowledge*, trans. Geoff Bennington and Brian Massumi (Minneapolis: University of Minnesota Press, 1979), p. xxiv.

13 デリダとデコンストラクションに関するより規範的な文献のいくつかは以下を参照． Jonathan D. Culler, *On Deconstruction: Theory and Criticism after Structuralism* (London: Routledge and Kegan Paul, 1983), Rudolphe Gasché, *The Tain of the Mirror: Derrida and the Philosophy of Reflection* (Harvard: Cambridge University Press, 1986), Christopher Norris, *Derrida* (Cambridge, MA: Harvard University Press, 1987).

14 *Of Grammatology*, trans. Gayatri Chakravorty Spivak (Baltimore: Johns Hopkins, 1976), *De la Grammatologie* (Paris: Les Editions de Minuit, 1967). また以下を参照． *Writing and Difference*, trans. Alan Bass (Chicago: University of Chicago Press, 1978), *L'Ecriture et la différence* (Paris: Editions du Seuil, 1967); *"Speech and Phenomena" and Other Essays on Husserl's Theory of Signs*, trans. David B. Allison (Evanston: Northwestern University Press, 1973), *Le Voix et le phénomène, introduction au problème du signe dans la phénomenologie de Husserl* (Paris: Presses universitaires de France, 1967).

15 Jürgen Habermas, "Modernity—An Incomplete Project," in Hal Foster (ed.), *The Anti-Aesthetic: Essays on Postmodern Culture* (Seattle: Bay Press, 1983), p. 3.

16 Habermas, "Modernity" (note 15), p. 13–14.

17 Andreas Huyssen, "Mapping the Postmodern" (1984), in *After the Great Divide: Modernism, Mass Culture, Postmodernism* (Bloomington: Indiana University Press, 1986), p. 209, 220.

18 Foster, Preface, *The Anti-Aesthetic* (note 15), p. xii.

19 Frederic Jameson, "Postmodernism and Consumer Society," in *The Anti-Aesthetic* (note 15), p. 125, 113.

20 Jameson, "Postmodernism" (note 19), p. 124–125. ヴェンチューリとスコット・ブラウンに関する彼の所感は以下を参照． "The Cultural Logic of Late Capitalism," in *Postmodernism, or, The Cultural Logic of Late Capitalism*

Variation on Old Concept of a New Town," *The Washington Post* (December 6, 1986), p. E14.

32 Steve Garbarino, "Cracker: Rustic Native Style Makes a Comeback because, in this Climate, It Makes Sense," *St. Petersburg Times* (July 12, 1987), p. H1.

33 Joseph Giovannini, "The Nation: Today's Planners Want to Go Home Again; In the suburbs: Bringing Back Front Porches, Town Squares," *The New York Times* (December 13, 1987), sect. 4, p. 6.

34 Philip Langdon, "A Good Place to Live, *The Atlantic Monthly*, 261 (3) (March 1988), pp. 39–60.

35 Langdon, "A Good Place to Live (note 34), p. 39.

36 Langdon, "A Good Place to Live (note 34), p. 46.

37 Langdon, "A Good Place to Live (note 34), p. 46. ノーレンの作品については以下を参照. *New Towns for Old: Achievements in Civic Improvements in some American Small Towns and Neighborhoods*, reprint (Boston: University of Massachusetts Press, 2005); and Millard F. Rogers Jr, *John Nolen and Mariemont: Building a New Town in Ohio* (Baltimore: Johns Hopkins University Press, 2001).

38 John Nolan, "What is Needed in American City Planning?" (1909), address to the first National City Planning Conference, Washington, DC. ブルース・スティーヴンソンによる以下の興味深い小論からの引用. "The Roots of the New Urbanism: John Nolen's Garden City Ethic," *Journal of Planning History*, 1 (2) (2002), p. 104.

39 Sim Van der Ryn and Peter Calthorpe (eds), *Sustainable Communities: A New Design Synthesis for Cities, Suburbs, and Towns* (San Francisco: Sierra Club Books, 1986).

40 以下を参照. Peter Calthorpe, "Pedestrian Pockets: New Strategies for Suburban Growth," in Doug Kelbaugh (ed.), *The Pedestrian Pocket Book: A New Suburban Design Strategy* (New York: Princeton Architectural Press, 1989), p. 11.

41 Doug Kelbaugh, Preface, in *The Pedestrian Pocket Book* (note 40), p. vii.

42 Kurt Andersen, "Oldfangled New Towns," *Time Magazine* (May 20, 1991).

43 Peter Calthorpe, *The Next American Metropolis: Ecology, Community, and the American Dream* (New York: Princeton Architectural Press, 1993).

44 この論争と後書きについては以下を参照. Cynthia C. Davidson (ed.), *Architecture New York*, 1 (July/August, 1993), pp. 28–38.

45 ニューアーバニズム運動の形成の時期については以下の著者らによる二つの基礎論文によって議論されている. Stefanos Polyzoides and Elizabeth Moule in Todd W. Bressi (ed.), *The Seaside Debates: A Critique of New Urbanism* (New York: Rizzoli, 2002).

46 アワニー原則については以下の論文を参照. Peter Calthorpe, Andrés Duany, and Elizabeth Plater-Zyberk, and Elizabeth Moule and Stefanos Polyzoides, in Peter Katz, *The New Urbanism: Toward an Architecture of Community* (New York: McGraw-Hill, 1994), pp. xi–xxiv.

47 Elizabeth Moule, "The Charter of the New Urbanism," in Bressi, *The Seaside Debates* (note 45), p. 21.

48 Congress for the New Urbanism, *Charter of the New Urbanism* (New York: McGraw-Hill, 2000), p. v–vi.

49 Randall Arendt (Principle Two), Ken Greenberg (Principle Twenty-Seven), Myron Orfield (Principle Nine), in "Charter of the New Urbanism" (note 47), pp. 29–34, 173–175, and 64–69.

50 Douglas Kelbaugh (Principle Twenty-Four) and Mark M. Schimmenti (Principle Twenty-Seven), in "Charter of the New Urbanism" (note 47), pp. 155–159, 169–171.

51 Vincent Scully, Afterword, "The Architecture of Community," in Peter Katz, *The New Urbanism* (note 51), p. 230.

第 7 章　理論の金箔時代

1 フランクフルト学派に関しては以下を参照. Rolf Wiggershaus, *The Frankfurt School: Its History, Theories, and Political Significance*, trans. Michael Robertson (Cambridge, MA: MIT Press, 1995).

2 以下を参照. Hanah Arendt (ed.), Walter

1984). ジェンクスによる以下の文章からの引用. Jencks, *The Prince, the Architects* (note 2), p. 52.

8 Richard Rogers, Letter to *The Times* (June 9, 1984).

9 Speech to the Institute of Directors, February 26, 1985. ジェンクスによる以下の文章からの引用. Charles Jencks, *The Prince, the Architects* (note 2), p. 44.

10 Speech on the occasion of The Times/RIBA awards for Community Architecture, June 13, 1986. ジェンクスによる以下の文章からの引用. Charles Jencks, *The Prince, the Architects* (note 2), p. 45.

11 Speech given to the Building Communities Conference, November 27, 1986. ジェンクスによる以下の文章からの引用. Charles Jencks, *The Prince, the Architects* (note 2), p. 46.

12 この土地の歴史と, 初期の論争については下記に掲載されたさまざまな記事を参照. Andreas C. Papadakis, "Paternoster Square and the New Classical Tradition," *Architectural Design*, 62 (5/6), May–June 1992.

13 1956年のマスタープランの設計者は建築家・都市計画家のハルフォード卿 (Lord Holford) であった.

14 6つの非実現案については フランシス・デュフィが紹介している. Francis Duffy, "Power to the City: Paternoster," in *The Architectural Review*, 183 (1091) (January 1988).

15 以下のウェブサイトを参照せよ. The official website for the Prince of Wales, "Speeches and Articles," May 30, 1984, "A speech by HRH The Prince of Wales at the Corporation of London Planning and Communication Committee's Annual Dinner, Mansion House, London, 1 December 1987." See also Jencks, *The Prince, the Architects* (note 2), pp. 47–49.

16 Jencks, *The Prince, the Architects* (note 2), pp. 47–49.

17 以下を参照. Charles Jencks, "Ethics and Prince Charles," in Papadakis, "Prince Charles and the Architectural Debate" (note 2), p. 26.

18 この計画についての一連の提案については以下を参照. "Public Design," *Architects' Journal*, 187 (27) (July 6, 1988), pp. 24–26.

19 "Public Design," (note 18), p. 24.

20 その後シンプソンの提案は新しいバージョンになった. 以下を参照. "Paternoster Square and the New Classical Tradition," *Architectural Design* (May–June 1992). 1966年にこの修正案は, ウィリアム・ウィットフィールドのマスタープランに置き換えられ, それが実現案の基となった.

21 この計画の最初の提案については以下を参照. Léon Krier, "Master Plan for Poundbury Development in Dorchester," in Papadakis, "Prince Charles and the Architectural Debate," (note 2), pp. 46–55.

22 チャールズ王子の立場に関するチャールズ・ジェンクスの所感は以下の二つを比較せよ. Jencks, *The Prince, The Architects* (note 2) および, 同じくジェンクスの "Ethics and Prince Charles," in Papadakis, "Prince Charles and the Architectural Debate" (note 2), pp. 24–29.

23 Richard Rogers, "Pulling down the Prince," *The Times* (July 3, 1989). パパダキスによる以下の文章からの引用. Papadakis, "Prince Charles and the Architectural Debate" (note 2), p. 67.

24 Norman Foster, "The Force for Good but the Wrong Target," *The Sunday Times* (December 6, 1987). ジェンクスによる以下の文章からの引用. Jencks, *The Prince, The Architects* (note 2), p. 54.

25 編集者に宛てたカンタクツィーノの手紙を参照. *The Times* (June 6, 1984).

26 Introduction to Charles, Prince of Wales, *A Vision of Britain: A Personal View of Architecture* (London: Doubleday, 1989), p. 9.

27 Charles, Prince of Wales, *A Vision of Britain* (note 26), pp. 10–11.

28 Charles, Prince of Wales, *A Vision of Britain* (note 26), p. 77.

29 当該書全体を通してチャールズ王子の歴史と伝統への愛がお題目のように唱えられる.

30 Charles, Prince of Wales, *A Vision of Britain* (note 26), p. 143.

31 Roger K. Lewis, "Florida Developer Tries a

――抵抗の建築に関する六つの考察」吉岡洋訳，ハル・フォスター編『反美学』勁草書房，1987 所収]

40 Frampton, "Towards a Critical Regionalism" (note 39), p. 28.

41 これはフランプトンが "Ten Points on an Architecture of Regionalism: A Provisional Polemic," in *Center 3: New Regionalism* (Austin: Center for American Architecture and Design, 1987), pp. 20–27 にて指摘している．また Kenneth Frampton, "*Rappel à l'ordre*: The Case for the Tectonic," in *Architectural Design*, 60, (1990), pp. 19–21 を参照．

42 Juhani Pallasmaa, "Tradition & Modernity: The Feasibility of Regional Architecture in Post-Modern Society," *Architectural Review*, 188, (1095) (May 1988), pp. 27.

43 Juhani Pallasmaa, "The Geometry of Feeling," *Encounters: Architectural Essays* (Helsinki: Rakennusieto Oy, 2005), pp. 90, 96.

44 Pallasmaa, "Tradition & Modernity" (note 42), p. 34.

45 Rafael Moneo, "Aldo Rossi: the Idea of Architecture and the Modena Cemetery," trans. Angela Giral, *Oppositions*, 5 (1976), cited from K. Michael Hays (ed.), *Oppositions Reader* (New York: Princeton University Press, 1998), p. 122; "Aldo Rossi," *Theoretical Anxiety and Design Strategies in the Work of Eight Architects* (Barcelona: ACTAR, 2004), p. 142.

46 Rafael Moneo, "The Idea of Lasting: A Conversation with Rafael Monel, *Perspecta*, 24 (1988), pp. 148–149.

47 Moneo, "The Idea of Lasting" (note 46), p. 155.

48 Francesco Dal Co and Giuseppe Mazzariol, *Carlo Scarpa: Opera completa* (Milan: Electa, 1984); *Carlo Scarpa: The Complete Works* (New York: Rizzoli, 1984).

49 "Azure block" はスカルパが空を言及する際に使った言いまわしである．Carlo Bertelli, "Light and Design," in Dal Co and Mazzariol, *Carlo Scarpa* (note48), p. 191　を参照．

50 Francesco Dal Co, "The Architecture of Carlo Scarpa," in Dal Co and Mazzariol, *Carlo Scarpa* (note 48), p. 42.

51 Marco Frascari, "The Tell-the-Tale Detail," *VIA 7* (Cambridge, MA: MIT Press, 1984), p. 30.

第6章　伝統主義とニューアーバニズム

1 不首尾に終わったこの介入についてはチャールズ・ネヴィット [Charles Knevitt] による以下の報告を参照．"Architects Challenge Prince to Think Modern," *The Times* (June 1,1984). またこの「運命の日」については マイケル・マンサーの以下の報告も参照. Michael Manser, "The Prince and Architects," in *Architectural Design*, 59, (5/6) (1989), p. 17.

2 以下のウェブサイトを参照. The official website for the Prince of Wales, "Speeches and Articles," May 30, 1984, "A Speech by HRH The Prince of Wales at the 150th anniver- sary of the Royal Institute of British Architects (RIBA), Royal Gala Evening at Hampton Court Palace." 手軽なのは 王子のスピーチ等が収められたジェンクスによる以下の簡略版である. *The Prince, the Architects and the New Wave Monarchy* (London: Academy Editions, 1988), pp. 43–50. ここではジェンクスによって初期に調査された多くの脚注がある．以下も参照. Andreas C. Papadakis, "Prince Charles and the Architectural Debate," *Architectural Design*, 59, (5/6) (1989).

3 "Prince among Architects," *The Times* (June 1, 1984).

4 Quoted in Charles Knevitt, "Architects Challenge Prince to Think Modern," *The Times* (June 1, 1984).

5 Simon Jenkins, *The Sunday Times* (June 3, 1984). ジェンクスによる以下の文章からの引用．Jencks, *The Prince, the Architects* (note 2), p. 55.

6 Jencks, *The Prince, the Architects* (note 2), p. 56.

7 Michael Manser, "The Art of Building the Perfect Marriage," *The Sunday Times* (June 10,

House and Garden (March 1941), pp. 35–37.

21 Lewis Mumford, Sky Line, "Status Quo," *The New Yorker* (October 11, 1947), pp. 108–109 を参照．また "What is Happening to Modern Architecture?" *Museum of Modern Art Bulletin* 15 (Spring 1948) を参照．いずれもヴィンセント・B・カニサロ（Vincent B. Canizaro）の論集 *Architectural Regionalism: Collected Writings on Place, Identity, Modernity, and Tradition* (New York: Princeton University Press, 2007) にて再版された．また Mallgrave, *Modern Architectural Theory* (note 18), pp. 336–340 を参照．［邦訳『近代建築理論全史 1673-1968』］

22 論説は無数にあるが，特に Elizabeth Gordon, "The Threat to Next America" *House Beautiful* (April 1953), 126–127; and Joseph Barry, "Report on the American Battle between Good and Bad Modern Houses," *House Beautiful* (May 1953), pp. 172–73, 266–73 を参照．

23 Harwell Hamilton Harris, "Regionalism and Nationalism," in *Harwell Hamilton Harris: A Collection of His Writings and Buildings*, 14 (5) (School of Design, North Carolina State University, 1965); カニサロによる *Architectural Regionalism* (note 21), pp. 56–65 でも再版された．

24 J. M. Richards, "The New Empiricism: Sweden's Latest Style," *Architectural Review* (101) (June 1947), pp. 199–204.

25 Bruno Zevi, "A Message to the International Congress of ModernArchitecture," in Andrea Oppenheimer Dean's *Bruno Zevi on Modern Architecture* (New York: Rizzoli, 1958), pp. 127–132 を参照．

26 Sigfried Giedion, "The State of Contemporary Architecture I: The Regional Approach" in Canizaro, *Architectural Regionalism* (note 21), pp. 311–319.

27 Alexander Tzonis, Liane Lefaivre, Anthony Alofsin, "Das Frage des Regionalismus," in M. Andritzky, L. Burchardt, and O. Hoffmann (eds), *Für eine andere Architektur*, Vol. 1 (Frankfurt: Fischer, 1981), pp. 121–134.

28 Alexander Tzonis and Liane Lefaivre, "The Grid and the Pathway: An Introduction to the Work of Dimitris and Susana Antonakakis. With Prolegomena to a History of the Culture of Modern Greek Architecture," *Architecture in Greece*, Vol. 15 (1981), p. 176.

29 Tzonis and Lefaivre, "The Grid and the Pathway" (note 28), p. 178.

30 Kenneth Frampton, "On Reading Heidegger," *Oppositions*, 4 (October 1974), n.p.

31 Martin Heidegger, "Building Dwelling Thinking," trans. Albert Hofstadter, in *Poetry, Language, Thought* (New York: Harper & Rowe, 1971), pp. 145–161; Martin Heidegger, Basic Writings (New York: Harper & Rowe, 1977), pp. 323–339 において少し改訂がされた．

32 これはハイデガーが早くから自身の小論で主張している．"The Origin of the Work of Art," *Basic Writings* (note 31), pp. 153–154.

33 Frampton, "On Reading Heidegger" (note 30), n.p.

34 Frampton, "On Reading Heidegger" (note 30), n.p.

35 Christian Norberg-Schulz, *Existence, Space & Architecture* (New York: Praeger Publishers, 1971), p. 7.［邦訳『実存・空間・建築』加藤邦男訳，SD 選書 78, 1973］彼のヴェンチューリの著書に対する批評については，Mallgrave, *Modern Architectural Theory* (note 18), p. 403 を参照．

36 Norberg-Schulz, *Existence, Space & Architecture*, pp. 39–69.［邦訳『実存・空間・建築』］

37 Norberg-Schulz, *Existence, Space & Architecture*, p. 114.［邦訳『実存・空間・建築』］

38 Christian Norberg Schulz, *Meaning in Western Architecture* (New York: Praeger Publishers, 1975)［邦訳『西洋の建築――空間と意味の歴史』前川道郎訳，本の友社，1998］; *Genius Loci: Towards a Phenomenology of Architecture* (New York: Rizzoli, 1980).［邦訳『ゲニウス・ロキ――建築の現象学をめざして』加藤邦男・田崎祐生訳，住まいの図書館出版局，1994］

39 Kenneth Frampton, "Towards a Critical Regionalism: Six Points for an Architecture of Resistance," in Hal Foster (ed.), *The Anti-Aesthetic: Essays on Postmodern Culture* (Seattle: Bay Press, 1983), p. 19.［邦訳「批判的地域主義に向けて

(1986), in *An Aesthetics* (note 51), pp. 12

53 Maki, "City, Image, Materiality" (1986), in *An Aesthetics* (note 51), p. 11, 15.

54 Christopher Alexander, Murray Silverstein, Shlomo Angel, Sara Ishikawa, and Denny Abrams, *The Oregon Experiment* (New York: Oxford University Press, 1975); Christopher Alexander, Sara Ishikawa, Murray Silverstein with Max Jacobson, Ingrid Fiksdahl-King, and Shlomo Angel, *A Pattern Language: Towns, Buildings, Construction* (New York: Oxford University Press, 1977); Christopher Alexander, *The Timeless Way of Building* (New York: Oxford University Press, 1979).

55 Alexander, *The Timeless Way* (note 54), p. 229

56 Herman Hertzberger, "Homework for More Hospitable Form," *Forum*, XXIV (33) (1973)

57 *Gourna: A Tale of Two Villages* (Cairo: Ministry of Culture, 1969) の初版は，あまり広く出回っていない．*Architecture for the Poor* (Chicago: University of Chicago Press, 1973) を参照．

第5章　ポストモダニズムと批判的地域主義

1 Emilio Ambasz (ed.), *Precursors of Post-Modernism: Milan 1920s–30s* (New York: The Architectural League, 1982) を参照．

2 Editorial, *The Harvard Architecture Review*, 1 (Spring, 1980), p. 6.

3 Robert A. M. Stern, "The Doubles of Post-Modern," *The Harvard Architecture Review*, 1 (Spring 1980), pp. 84–86.

4 Michael Graves, "A Case for Figurative Architecture," in *Michael Graves, Buildings and Projects: 1966–1981* (New York: Rizzoli, 1982), p. 13.［邦訳『マイケル・グレイヴス作品集 1966-1981』植田実＋菊池秦子，A.D.A.Edita Tokyo，1982］

5 Charles Jencks, *What is Postmodernism?* (London: Academy Editions, 1986), 1987 年に改訂された第 2 版，p. 14 より引用．

6 Jencks, *What is Postmodernism?* (note 5), p. 28.

7 Jencks, *What is Postmodernism?* (note 5), pp. 20–22.

8 Jencks, *What is Postmodernism?* (note 5), p. 32.

9 Charles Jencks, *What is Postmodernism?* (London, Academy Editions, revised 3rd edition, 1989), p. 58.

10 Heinrich Klotz, The History of Postmodern Architecture, trans. Radka Donnel (Cambridge, MA: MIT Press, 1988), p. 425.

11 Klotz, *Postmodern Architecture* (note 10), p. 434.

12 Aldo van Eyck, "Rats Posts and Pests," *RIBA Journal*, vol. 88, #4 (April 1981), p. 47.

13 ファン・アイクは準備中の本『なぜイギリスの建築はこんなに醜いのか（*Why is British Architecture so Lousy?*)』の編集者から受け取った手紙から引用している．この出版計画は変更もしくは断念されたようだ．クリエの主張の正確さは検証できない．

14 Van Eyck, "Rats Posts and Pests" (note 12), p. 48.

15 Geoffrey Broadbent, "The Pests Strike Back!" *RIBA Journal*, 88 (11) (November 1981), pp. 34.

16 Vittorio Gregotti, editorial "The Obsession with History," *Casabella*, 478 (March 1982), p. 41.

17 Josef-Paul Kleihues, "1984: The Berlin Exhibition, Architectural Dream of Reality?" *Architectural Association Quarterly*, 13 (23) (January–June 1982), p.38.　IBA 計画に対する批判的な分析については，Diane Ghirardo, *Architecture after Modernism* (London: Thames and Hudson, 1996), pp. 108–130 を参照．

18 Richard Streiter, "Aus München" (1896), in Richard Streiter, *Ausgewählte Schriften zu Aesthetik und Kunst-Geschichte* (Munich: Delphin, 1913).　シュトライターの議論については，Harry Francis Mallgrave, *Modern Architectural Theory: A Historical Survey 1673–1968* (New York: Cambridge University Press, 2005), pp. 208–211 を参照．［邦訳『近代建築理論全史 1673-1968』加藤耕一監訳，丸善出版，2016］

19 James Ford and Katherine Morrow Ford, *The Modern House in America* (New York: Architectural Book Publishing Co., 1940).

20 Katherine Morrow Ford, "Modern is Regional,"

(Cambridge, MA: MIT Press, 1985), pp. 112, 114

28 Kenneth Powell, *Lloyd's Building: Richard Rogers Partnership* (London: Phaidon Press, 1994), pp. 6, 29. ロジャーズはまたエネルギー効率性について下記で論じている. *Cities for a Small Planet* (Boulder: Westview Press, 1998), pp. 96–97

29 Norman Foster, "Design for Living," *BP Shield* (March 1969); cited from *Foster Associates: Recent Works* (London: Academy Editions/ St. Martin's Press, 1992), p. 25

30 Ian Lambot, *Norman Foster, Foster Associates: Buildings and Projects*, Vol. 2, 1971–1978 (Hong Kong: Watermark, 1989), pp. 58–59 を参照.

31 Kisho Kurokawa, *Metabolism in Architecture* (London: Studio Vista, 1977), p. 25.

32 Kiyonori Kikutake *et al.*, Preface, *METABOLISM 1960: The Proposals for New Urbanism* (Tokyo: Bijutu Syuppan Sha, 1960).

33 Kurokawa, *Metabolism in Architecture* (note 31), pp. 92–94

34 Kurokawa, *Metabolism in Architecture* (note 31), p. 87

35 Kurokawa, *Metabolism in Architecture* (note 31), pp. 67–74

36 Kurokawa, *Metabolism in Architecture* (note 31), pp. 75–85

37 Kisho Kurokawa, "Media Space, or En-Space, in *Metabolism in Architecture* (note 33), pp. 171–179; "The Philosophy of Coexistence," *Japan Architect*, 247 (October–November 1977), pp. 30–31; "The Philosophy of Symbiosis: From Internationalism to Interculturalism," *Process: Architecture*, 66 (March 1986), pp. 48–55; "Le Poétique in Architecture: Beyond Semiotics," *Process: Architecture*, 66 (March 1986), pp. 153–159; "The Architecture of Symbiosis," in *Kisho Kurokawa: The Architecture of Symbiosis* (New York: Rizzoli, 1988), pp. 11–19 を参照.［日本語版『共生の思想』徳間書店, 1987］

38 Kisho Kurokawa, "The Philosophy of Symbiosis: From Internationalism to Interculturalism," in *Process* (note 37), p. 52. 「欲望機械」は, Gilles Deleuze and Félix Guattari's *Anti-Oedipus: Capitalism and Schizophrenia* の第一章である.

39 Kisho Kurakawa, "The Architecture of Symbiosis" (note 37), p. 97

40 "New Wave in Japanese Architecture" という言葉を最初に語ったのは石井和紘と鈴木博之であったようだ. *Japan Architect*, 247 (October–November, 1977), pp. 8–11. またそれはケネス・フランプトンによって下記の展覧会のためにも用いられている. *New Wave of Japanese Architecture*, Catalogue 10 (New York: Institute for Architecture and Urban Studies, 1978).

41 Botond Bognar, *Contemporary Japanese Architecture: Its Development and Challenge* (New York: Van Nostrand Reinhold, 1985), p. 183

42 Charles Jencks, "Isozaki's Paradoxical Cube," in *Japan Architect*, 229 (March 1976), p. 49

43 Arata Isozaki, "From Manner, to Rhetoric, to ...," in *Japan Architect*, 230 (April 1976), p. 64. See also "About My Method," in *Japan Architect*, 188 August 1972), pp. 22–28

44 磯崎の７つの「形態操作」に関する論考は, David B. Stewart, *The Making of a Modern Japanese Architecture: 1868 to the Present* (Tokyo: Kodansha International, 1987), pp. 240–241 を参照.

45 Isozaki,"From Manner, to Rhetoric, to ..." (note 43), p. 65

46 Fumihiko Maki, "Movement Systems in the City, *Connection* (Winter 1966), pp. 6–13.

47 Fuhihiko Maki, "An Environmental Approach to Architecture," in *Japan Architect* (March 1973), pp. 19–22

48 Fumihiko Maki, "At the Beginning of the Last Quarter of the Century: Reflections of a Japanese Architect," Japan Architect, 219 (April 1975), pp. 19–22.

49 Fumihiko Maki, "On the Possibilities of Twilight," in *Japan Architect*, 249 (January 1978), p. 5

50 Fumihiko Maki, "Reflections on the Design," in *Japan Architect*, 219 (April 1975), p. 30.

51 Fumihiko Maki, *An Aesthetics of Fragmentation* (New York: Rizzoli, 1988), p. 51.

52 Fumihiko Maki, "City, Image, Materiality"

7　実際に近くのミースのタワーにあるフィリス・ランバート在住の最上階ユニットを用いて実験を行った．ランバートは，Canadian Centre for Architecture の現所長であり，当時は IIT の学生だった．

8　A. G. Krishna Menon, "A Ninety Story Apartment Building Using an Optimized Concrete Structure" (thesis project, Illinois Institute of Technology, 1966).　このプロジェクトは下記にも掲載されている. Windhorst, *High-Rise and Long-Span Research* (note 2), pp. 26–27.

9　Yasmin Sabina Khan, *Engineering Architecture* (note 1), p. 225 を参照.

10　Khan, *Engineering Architecture* (note 1), pp. 222–225.

11　オットーと彼の作品に関する最も包括的な論考は，Winfried Nerdinger (ed.), *Frei Otto Complete Works: Lightweight Construction Natural Design* (Basel: Birkhäuser, 2005) を参照.

12　Frei Otto, *Das hängende Dach: Gestalt und Struktur* (Berlin: Bauwelt-Verlag, 1954).

13　Frei Otto, *Zugbeanspruchte Konstruktionen: Gestalt, Struktur und Berechnung von Bauten aus Seilen, Netzen und Membranen* (Frankfurt/M: Verlag Ullstein, 1962).　第 2 巻は 1966 年刊行.

14　Dietmar M. Steiner, "New German Architecture in the International Context," in Ullrich Schwarz (ed.), *New German Architecture: A Reflexive Modernism* (Ostfildern-Ruit: Hatje Cantz Verlag, 2002), p. 343.

15　このプロジェクトへのオットーの貢献についての包括的論考は，Mick Eekhout, "Frei Otto and the Munich Olympic Games: From the Measuring Experimental Models to the Computer Determination of the Pattern," in *Zodiac 21* (1974), pp. 12–73 を参照.

16　特に，Christian Brensing, "Frei Otto and Ove Arup: A Case of Mutual Inspiration." および Michael Dickson, "Frei Otto and Ted Happold: 1967–1996 and Beyond," in Nerdinger, *Frei Otto Complete Works* (note 11), pp. 102–123. および "Lennart Grut, Ted Happold and Peter Rice Discuss Frei Otto and His Work," in *Architectural Design* (March 1971), pp. 144–155 を参照．また ピーター・ライスがオットーについて語った以下のコメントを参照. *Peter Rice: An Engineer Imagines* (London: Artemis, 1994), pp. 25, 66, 95; 及び Michael Dickson, "The Lightweight Structures Laboratory," *The Arup Journal* (March 1975), pp. 11ff を参照.

17　Frei Otto, "Biology and Building," *IL 3* (October 15, 1971), p. 7

18　Frei Otto and Bodo Rasch, *Finding Form: Towards an Architecture of the Minimal* (Munich: Edition Axel Menges, 1995), trans. Michael Robinson, p. 15.

19　Otto and Rasch, *Finding Form* (note 18), p. 17

20　Frei Otto, "Pneus in Nature and Technics," *IL 9* (September 28, 1977), p. 22

21　Otto, "Pneus in Nature" (note 20), p. 13

22　*IL 14*, "Adaptable Architecture" (December 29, 1975), p. 166

23　アラップとその事務所の歴史については，Peter Jones, *Ove Arup: Masterbuilder of the Twentieth Century* (New Haven: Yale University Press, 2006) を参照．アラップのアイディアに帰因するとしたのはピーター・ジョーンズであるが，それ以前には下記の反対意見もあった．Yuzo Mikami, in *Utzon's Sphere* (Tokyo: Shoku Kusha, 2001).

24　ロジャーズの生涯と作品の詳細は，Bryan Appleyard, *Richard Rogers: A Biography* (London: Faber and Faber, 1986) を参照.

25　フォスターの生涯と作品の詳細は，Martin Pawley, *Norman Foster: A Global Architecture* (London: Universe Publishing, 1999) および Malcolm Quantrill, *The Norman Foster Studio: Consistency through Diversity* (London: E & FN Spon, 1999) を参照.

26　Reyner Banham, *Megastructure: Urban Futures of the Recent Past* (New York: Harper & Rowe, 1976), p. 212.　また以下も参照のこと．Peter Rice, *An Engineer Imagines* (London: Artemis, 1994), pp. 25–46.　ライスはこの建物を「情報機械（information machine）」と言及している.

27　Alan Colquhoun, "Plateau Beaubourg," in Alan Colquhoun, *Essays in Architectural Criticism: Modern Architecture and Historical Change* in Borsano, *Architecture 1980*, pp. 30–37.

26 Tom Wolfe, *From Bauhaus to Our House* (New York: Farrar Straus Giroux, 1981).

27 Manfredo Tafuri, *History of Italian Architecture, 1944–1985*, trans. Jessica Levine (Cambridge, MA: MIT Press, 1989). オリジナル版は以下を参照せよ. *Storia dell'architettura italiana, 1944–1985* (Turin: Giulio Einaudi, 1986).

28 Tafuri, *Italian Architecture* (note 27), pp. 190–192.

29 Rob Krier, *Urban Space* (New York: Rizzoli, 1979). 以下の続編も参照. *On Architecture* (London: Academy Editions/St. Martin's Press, 1982).

30 Robert L. Delevoy, "Diagonal: Towards an Architecture," in *Rational Architecture: The Reconstruction of the European City* (Brussels: Archives d'Architecture Moderne, 1978), p. 15.

31 Anthony Vidler, "The Third Typology," in *Rational Architecture* (note 30), pp. 31–32. この論文は *Oppositions* 7 (Winter 1976) にも収録されている.

32 Léon Krier, "The Reconstruction of the City," in *Rational Architecture* (note 30), pp. 40–41.

33 Léon Krier, "The Blind Spot," *AD Profiles* 12, "*Urban Transformations*," 48 (4) (1978), pp. 219–221.

34 以下を参照. "The Brussels Declaration: Reconstruction of the European City," trans. Karl Kropf, in Charles Jencks and Karl Kropf, *Theories and Manifestoes of Contemporary Architecture* (Chichester: Wiley-Academy, 2006), pp. 176–177.

35 Maurice Culot and Léon Krier, "The Only Path for Architecture," trans. Christian Hubert, *Oppositions*, 14 (Fall 1978), pp. 40–43.

36 Maurice Culot, "Reconstructing the City in Stone," trans. S. Day, in Charles Jencks and Karl Kropf, *Theories and Manifestoes* (note 34), p. 178.

第4章　モダニズムは存続する

1 ファズルール・カーンの生涯と作品については, Yasmin Sabina Khan, *Engineering Architecture: The Vision of Fazlur R. Khan* (New York: W. W. Norton & Company, 2004) を参照. またブルース・グラハムの語った下記の所感も参照のこと. Betty J. Blum (Interviewer), *Oral History of Bruce John Graham*, The Art Institute of Chicago (May 25–28, 1997) p. 125.

2 マイロン・ゴールドスミスの伝記的資料は下記にある彼のオーラル・ヒストリー. Betty J. Blum (Interviewer), *Oral History of Myron Goldsmith*, The Art Institute of Chicago (July 25–26, September 7, October 5, 1986) を参照. および Edward Windhorst, *High-Rise and Long-Span Research at Illinois Institute of Technology: The Legacy of Myron Goldsmith and David C. Sharpe* (Chicago: Illinois Institute of Technology, 2010) を参照.

3 「チューブ」のコンセプトに関する議論は, Inaki Abalos and Juan Herreros, *Tower and Office: From Modernist Theory to Contemporary Practice* (Cambridge, MA: MIT Press, 2003), pp. 54–70. Myron Goldsmith, David C. Sharpe, and Mahjoub Elnimeiri, "Architectural-Structural Integration," in Paul J. Armstrong (ed.), *Architecture of Tall Buildings: Council of Tall Buildings and Urban Habitat* (New York: McGraw-Hill, 1995), pp. 102–106 を参照.

4 Myron Goldsmith, "The Tall Building: The Effects of Scale" (Thesis Project, Illinois Institute of Technology, 1953). 小論 "The Effects of Scale," は, 後日下記に増補されて再録されている. Myron Goldsmith, *Buildings and Concepts*, ed. Werner Blaser (New York: Rizzoli, 1987), pp. 8–22. ゴールドスミスは彼のオーラル・ヒストリーにおいて「あの当時私は対角線ブレースの鉄骨造建物のほうが」コンクリートのデザインよりも「重要だと考えていた」と述べている. Blum, *Oral History of Myron Goldsmith* (note 3), p. 59

5 Edward Windhorst and Kevin Harrington, *Lake Point Tower: A Design History* (Chicago: Chicago Architecture Foundation, 2009) を参照.

6 ササキのデザインは下記に掲載されている. Windhorst, *High-Rise and Long-Span Research* (note 2), pp. 20–21.

第3章　初期ポストモダニズム

1　Joseph Hudnut, "The Post-Modern House," *Architectural Record*, 97 (May 1945), pp. 70–75.

2　Nikolaus Pevsner, "Architecture in Our Time: The Anti-Pioneers," *The Listener*, 29 (12) (1966).

3　Charles Jencks, "A Genealogy of Post-Modern Architecture," *A.D. Profile*, 4 (1977), p. 269.

4　以下を参照. Joseph Rykwert, "Ornament is no Crime," in *Studio International*, 190 (October 1975), pp. 91–97. 改訂版は *The Necessity of Artifice* (New York: Rizzoli, 1982), p. 97. 1982年の論文の前置きの文章で，リクワートは「用語の不幸にして早すぎた使用」について謝意を述べたが，初版では改訂版で使われた意味と全く反対の意味で用いられていた用語がある.

5　以下を参照. Charles Jencks, "The Rise of Post Modern Architecture," *AQ: Architectural Association Quarterly*, 7 (4) (October/December 1975), pp. 3–14. また以下の著書にジェンクスによる序文がある. "Post-Modern History," *A. D. Profiles*, 1 (1978), p. 14.

6　Charles Jencks, *Modern Movements in Architecture* (Garden City, NY: Anchor Books, 1973).

7　Charles Jencks and Nathan Silver, *Adhocism: The Case for Improvisation* (New York: Doubleday, 1972).

8　Charles Jencks, "Ersatz in LA," *Architectural Design*, 43 (September 1973), pp. 596–601.

9　Jencks, "Post Modern Architecture" (note 5), p. 3.

10　Jencks, "Post Modern Architecture," (note 5) p. 10. ドナルドソンとの類似点については以下を参照. "Preliminary Discourse before the University College of London" (1842), in Harry Francis Mallgrave (ed.), *Architectural Theory: An Anthology from Vitruvius to 1870* (Oxford: Blackwell Publishing, 2006), I: 478.

11　Charles A. Jencks, *The Language of Post-Modern Architecture* (New York: Rizzoli Interrnational, 1977), p. 9.

12　以下の著書の前書きでギーディオンはこの単語を読者に提示している. *Bauen in Frankreich, Bauen in Eisen, Bauen in Eisenbeton* (Leipzig: Klinkhardt & Biermann, 1928).

13　Jencks, *Language* (note 11), p. 43.

14　Jencks, *Language* (note 11), p. 83.

15　Jencks, *Language* (note 11), p. 97.

16　Jencks, *Language* (note 11), p. 101.

17　Charles Moore, "On Post-Modernism," *A.D. Profile*, 4 (1977), p. 255.

18　Paul Goldberger, "Post-Modernism: An Introduction," *A.D. Profile*, 4 (1977), p. 260.

19　Geoffrey Broadbent, "The Language of Post-Modern Architecture: A Review," *A.D. Profile*, 4 (1977), p. 272.

20　Charles Jencks, "The 'Tradition' of Post-Modern Architecture," *Inland Architect* (November 1977), pp. 14–23, (December 1977), pp. 6–15.

21　Jencks, "'Tradition'" (note 20), pp. 19–22.

22　Jencks, " 'Tradition' " (note 20), p. 19. ジェンクスの用語等への批判的なレビューは以下のようなものがある. C. Ray Smith, *Supermannerism: New Attitudes in Post- Modern Architecture* (New York: E. P. Dutton, 1977); Michael McMordie, review of *The Language of Post-Modern Architecture, Journal of the Society of Architectural Historians*, 38 (4) (December 1979), p. 404; and *CRIT 4: The Architectural Student Journal* (Fall 1978). これは Christian K. Laine による以下の3つの小論を含む. "The Freeze of Architectural Thought"; Jeffrey M. Chusid, "The Failures of Postmodernism: Escaping into Style"; and Shelly Kappe, "Postmodernism, An Historicism Hype: A New Elitism Masquerading as Popularism." また以下を参照せよ. Conrad Jameson, "Modern Architecture as an Ideology: Being the Sociological Analysis of a Radical Traditionalist," *AAQ: Architectural Association Quarterly*, 7 (4) (October/December 1975), pp. 15–21.

23　Paolo Portoghesi, "The End of Prohibitionism," in Gabriella Borsano (ed.), *Architecture 1980: The Presence of the Past, Venice Biennale* (New York: Rizzoli, 1980), p. 9.

24　Vincent Scully, "How Things Got To Be the Way They Are Now," in Borsano, *Architecture 1980*, pp. 15–20.

25　Charles Jencks, "Toward Radical Eclecticism,"

27 Paul Goldberger, "Should Anyone Care About the 'New York Five'? … Or About Their Critics, The 'Five on Five'?" Architectural Record (February 1974), p. 113–114.

28 "White, Gray, Silver, Crimson," News Report in *Progressive Architecture* (July 1974), p. 30.

29 "White and Gray," *a+u: Architecture and Urbanism*, 4 (52) (1975), pp. 25–80.

30 Colin Rowe, "Collage City," *Architectural Review*, 158 (942) (August 1975), p. 81. このテクストの一部は注29にある *a+u: Architecture and Urbanism* にも掲載．また図版の多くは同一だが，以下に書き直されている．Rowe and Fred Koetter's book, *Collage City* (Cambridge, MA: MIT Press, 1978).

31 Arthur Drexler, Preface to (exhibition catalog) *The Architecture of the Ecole des Beaux-Arts* (New York: Museum of Modern Art, 1975), pp. 3–4.

32 Arthur Drexler (ed.), *The Architecture of the Ecole des Beaux-Arts* (New York: Museum of Modern Art, 1977), pp. 50–51.

33 Robert Middleton, "Vive l'Ecole," *Architectural Design*, 48, (11/12) (1978), p. 38.

34 Ada Louise Huxtable, "The Gospel According to Giedion and Gropius is under Attack," *New York Times*, June 27, 1976

35 George Baird, in William Ellis (ed.), "Forum: The Beaux-Arts Exhibition," *Oppositions*, 8 (Spring 1977), p. 160.

36 Ellis, "Forum" (note 35), pp. 162 & 164.

37 Ellis, "Forum" (note 35), pp. 165–166.

38 Mario Gandelsonas, Editorial, "Post-Functionalism," *Oppositions*, 5 (Summer 1976), n.p.

39 Peter Eisenman, Editorial, "Post-Functionalism," *Oppositions*, 6 (Fall 1976), n.p

40 Eisenman, Editorial, (note 39), n.p

41 Charles Jencks, "The Los Angeles Silvers," *a+u: Architecture and Urbanism*, 5 (70) (October 1976), p. 14.

42 この名は1968年にシカゴで行われた民主党大会の分裂から来る「シカゴ・セブン」という裁判への政治的な関連がある．

43 Oswald W. Grube, Peter C. Pran, and Franz Schulze, *100 Years of Architecture in Chicago: Continuity of Structure and Form*, trans. David Norris (Chicago: Follett Publications Co., 1976). この展覧会はシカゴ現代美術館にて開催された．

44 Stuart Cohen and Stanley Tigerman, *Chicago Architects* (Chicago: Swallow Press, 1976).

45 以下の展覧会カタログを参照．*Seven Chicago Architects: Beeby, Booth, Cohen, Freed, Nagle, Tigerman, Weese* (Chicago: Richard Grey Gallery, 1977). 「絶妙な死骸」展については下記を参照．*a+u: Architecture and Urbanism*, 7 (93) (June 1978), pp. 96–104. 討論会は1977年10月25-26日にグラハム財団およびIITのクラウン・ホールにて開催された．この時の録音テープは中村敏雄が会議録として出版しようとしていたが不幸にして失われた．「7人のシカゴの建築家」については以下を参照．Vance bibliography prepared by Lamia Doumato, "Chicago Seven," National Gallery of Art, Bibliography, A 792 (1982)

46 シカゴ・トリビューン・コンペについての2巻は，元々のシカゴ・タワー・コンペを記録し，その付録として一連の期限外応募案が収録されている．*Tribune Tower Competition*, appended with a series of *Late Entries* (New York: Rizzoli, 1980). 展覧会を開催したのは，スタンリー・タイガーマン，スチュアート・コーエン，ローナ・ホフマンである．

47 Robert A. M. Stern, "Gray Architecture as Post-Modernism, or, Up and Down from Orthodoxy," *L'Architecture d'aujourd'hui*, 186 (August–September 1976). この記事の英語による原文は失われたが，以下に再録されている．K. Michael Hays (ed.), *Architecture Theory since 1968* (Cambridge, MA: MIT Press, 2000), pp. 242–243.

48 Stern, "Gray Architecture" (note 47), p. 245.

49 Robert A. M. Stern, "New Directions in Modern American Architecture; Postscript at the Edge of Modernism," *AAQ*, 9, (2–3) (1977), pp. 66–71.

Koenig, *Analisi del linguaggio architettonico* (Florence: Liberia editrice Fiorentina, 1964); Renato De Fusco, *Architettura come mass medium: Note per una semiologia architettonica* (Bari: Dedalo, 1967); Umberto Eco, *La struttura assente: Introduzione alla ricerca semiologica* (Milan: Bompiani, 1968).

9 George Baird, "'La Dimension Amoureuse' in Architecture," in Charles Jencks & George Baird (eds.), *Meaning in Architecture* (London: Design Yearbook Limited, 1969), pp. 78–99.

10 Charles Jencks, "Semiology and Architecture," in Charles Jencks and George Baird (eds), *Meaning in Architecture* (London: Design Yearbook Limited, 1969), pp. 10–25.

11 この会議における論文はスペイン語で Tomás Llorens によって，下記に収録. *Arquitectura, historia y teoria de los signos: El symposium de Castelldefels* (Barcelona: La Gay Ceincia, 1974) この会議での議論に関しては下記を参照. Louis Martin, "The Search for a Theory in Architecture: Anglo-American Debates, 1957–1976" (PhD dissertation Princeton University, 2002), pp. 671–690.

12 Geoffrey Broadbent, "The Deep Structures of Architecture," in G. Broadbent, R. Bunt, and C. Jencks (eds), *Signs, Symbols, and Architecture* (Chichester: John Wiley & Sons, Ltd, 1980), pp. 119–168.

13 Juan Pablo Bonta, "Notes for a Theory of Meaning in Design," in Broadbent, Bunt, and Jencks, *Signs* (note 12), pp. 274–310; *Architecture and Its Inter- pretation: A Study of Expressive Systems in Architecture* (New York: Rizzoli, 1979). ボンタは初期の論文では「偽りのシグナル」という用語をまだ使っていない.

14 Charles Jencks, "Rhetoric in Architecture," *AAQ: Architectural Association Quarterly*, 4 (3) (Summer 1972), pp. 4–17. また下記に再録. Broadbent, Bunt, and Jencks, *Signs* (note 12), p. 17.

15 Alan Colquhoun, "Historicism and the Limits of Semiology," in *Essays in Architectural Criticism: Modern Architecture and Historical Change* (Cambridge, MA: MIT Press, 1985), pp. 129–138. この小論は当初は下記に発表された. *Op. Cit.* (September 1972).

16 Mario Gandelsonas, "Semiotics as a Tool for Theoretical Development," in Wolfgang F. E. Preiser (ed.), *Environmental Design Research: Symposia and Workshops*, Vol. 2 (Stroudsburg, PA: Dowden, Hutchinson & Ross, 1973), pp. 324–329.

17 D. Agrest and M. Gandelsonas, "Semiotics and Architecture: Ideological Consumption or Theoretical Work," *Oppositions*, 1 (1973), pp. 93–100.

18 Umberto Eco, "Function and Sign: The Semiotics of Architecture," in Broadbent, Bunt, and Jencks, Signs (note 12), pp. 11–69. The chapters first appeared in English in *VIA: The Student Publication of the Graduate School of Fine Arts* (University of Pennsylvania) 2 (1973), pp. 130–150.

19 Robert A. M. Stern and Architectural League of New York, *40 under 40: An Exhibition of Young Talent in Architecture* (New York: Architectural League of New York, 1966).

20 Robert A. M. Stern, *New Directions in American Architecture* (New York: George Braziller, 1969).

21 "Five on Five," *Architectural Forum*, 138 (4) (May 1973), pp. 46–57. 個々の小論のタイトルは下記のとおり. Robert Stern, "Stompin' at the Savoye"; Jaquelin Robertson, "Machines in the Garden"; Charles Moore, "In Similar States of Undress"; Allan Greenberg, "The Lurking American Legacy"; and Romaldo Giurgola, "The Discreet Charm of the Bourgeoisie."

22 Stern, "Stompin' at the Savoye" (note 21), pp. 46–48.

23 Greenberg, "The Lurking American Legacy" (note 21), p. 55; Giurgola, "The Discreet charm of the Bourgeoisie" (note 21), p. 57.

24 Charles Moore, "In Similar States of Undress" (note 21), p. 53.

25 Robertson, "Machines in the Garden" (note 21), p. 53

26 Editorial preface to "Five on Five" (note 21) p. 46.

推測している．それは，《ハウス II》を依頼したリチャード・フォークに教えられたものだった．Louis Martin, "Search for a Theory" (note 36), p. 549 を参照．

44 Peter Eisenman, "From Object to Relationship: The Casa del Fascio by Terragni," in *Casabella*, 344 (January 1970), p. 38.

45 このタイトルで書かれた最初の小論が（それは白紙のページの脚注だったが）出たのは，*Design Quarterly* in 1970 であり，全文が出たのは，*Casabella*, 359–360 (November-December 1971), pp. 49–57 であった．

46 初版（限定版）は，*Five Architects: Eisenman, Graves Gwathmey, Hejduk, Meier* (New York: George Wittenborn & Co., 1972). ここでは，1975 年の再版を基にしている．

47 Ken Frampton, interview with Stan Allen and Hal Foster, in *October*, 106 (Fall 2003), p. 42.

48 Kenneth Frampton, "Frontality vs. Rotation," *Five Architects* (note 46), p. 12.

49 Colin Rowe, Introduction, *Five Architects* (note 46), p. 4.

50 Rowe, Introduction (note 46), pp. 5–7.

51 この出版の経緯については，Joan Ockman, "Resurrecting the Avant- Garde: The History and Program of *Oppositions*," in Beatriz Colomina, *Architecture Reproduction* (New York: Princeton Architectural Press, 1998), pp. 180–199 を参照．

52 "Editorial Statement," *Oppositions*, 1 (1973), n.p.

53 Manfredo Tafuri, "*L'Architecture dans le boudoir*: The Language of Criticism and the Criticism of Language," trans. Victor Caliandro, *Oppositions*, 3 (May 1974) この小論はタフーリが 1974 年春にプリンストン大学で行った講義を基にしている．

第 2 章　意味の危機

1 Charles W. Morris, "Foundations of the Theory of Signs," in *International Encyclopedia of Unified Science*, vol. 1, no. 2 (Chicago: University of Chicago Press, 1939), pp. 91, 99, 108; see also C. Hartshorne and P. Weiss (eds), *The Collected Papers of Charles Sanders Peirce*, 8 vols. (Cambridge, MA: Harvard University Press, 1974).

2 Charles Morris, "Intellectual Integration," typewritten manuscript in the archives of the Institute of Design, University of Illinois at Chicago, Box 3, folder 64. ニューバウハウスとその後継機関であるインスティテュート・オブ・デザインの教育プログラムについては以下を参照。Alain Findeli, "Moholy-Nagy's Design Pedagogy in Chicago (1937–46)," in *Design Issues*, 7 (1) (Autumn 1990), pp. 4–19

3 ウルム造形学校（1968 年閉校）の歴史については以下を参照。Herbert Lindinger (ed.), *Ulm Design: The Morality of Objects, Hochschule für Gestaltung Ulm 1953–68*, trans. David Britt (Cambridge, MA: MIT Press, 1991), and René Spitz, *hfg ulm: The View Behind the Foreground* (Stuttgart: Axel Menges, 2002).

4 Tomás Maldonado, "Notes on Communication," *Uppercase*, 5 (1962), p. 5.

5 マルドナードとジウ・ボンシエペによる 5 編の小論が掲載されたのは，*Uppercase*, 5, edited by Theo Crosby. Maldonado had earlier published his essay "Communication and Semiotics in the trilingual publication *Ulm* 5 (1959).

6 Joseph Rykwert, "Meaning and Building," *Zodiac 6: Internationa10l Magazine of Contemporary Architecture* (1960), pp. 193–196. *The Necessity of Artifice* (1982) に所収されたこの小論のリプリント版でリクワートは，「意味論的研究」とは，「チャールズ・サンダース・パースが，ロックが前提としていた記号の科学を言い換えたものを意味していた」と指摘している．

7 Christian Norberg-Schulz, *Intentions in Architecture* (London: Allen & Unwin, 1963). ここでの引用は the paperback edition (Cambridge, MA: MIT Press, 1968), pp. 99, 188, 104n.87 による．

8 以下を参照．Sergio Bettini, "Semantic Criticism; and the Historical Continuity of European Architecture," *Zodiac 2: International Magazine of Contemporary Architecture* (1958); Giovanni Klaus

Philosophy of Modern Architecture, trans. Stephen Sartarelli (New Haven: Yale University Press, 1993).

24 Manfredo Tafuri, *Progetto e utopia* (Bari: Laterza & Figli, 1973); *Architecture and Utopia: Design and Capitalist Development*, trans. Luigia La Pena (Cambridge, MA: MIT Press, 1976), p. 56.

25 Tafuri, *Progetto e utopia* (note 24), p. 182.

26 Manfredo Tafuri, *History of Italian Architecture, 1944–1985*, trans. Jessica Levine (Cambridge: Cambridge University Press, 1989), p. 136; "*L'Architecture dans le Boudoir*: The Language of Criticism and the Criticism of Language," trans. Victor Caliandro, *Oppositions* 3, in *Oppositions Reader* (New York: Princeton Architectural Press, 1998), p. 299.

27 Rafael Moneo, "Aldo Rossi: The Idea of Architecture and the Modena Cemetery," *Oppositions* 5, in *Oppositions Reader* (New York: Princeton Architectural Press, 1998), p. 119.

28 Aldo Rossi, Introduction to *Architettura Razionale: XV Triennale di Milano Sezione Internazionale di Architettura* (Milan: Franco Angeli, 1973), p. 17.

29 Massimo Scolari, "Avanguardia e nuova architettura," pp. 153–187. Trans. Stephen Sartarelli as "The New Architecture and the Avant-Garde," in K. Michael Hays, *Architecture Theory since 1968* (Cambridge, MA: MIT Press, 2000), pp.133–134.

30 Scolari, "Avanguardia," (note 29), pp. 136–137.

31 これらの枠組を支えるものとしてスコラーリは下記を引用している．Gregotti's *Orientamenti nuovi nell'architettura italiana* (*New Directions in Italian Architecture*), which appeared in 1969.

32 Joseph Rykwert, "15a Triennale," in *Domus*, 530 (January 1974), p. 4.

33 Colin Rowe, "The Mathematics of the Ideal Villa," in *Architectural Review*, 101 (March 1947), pp. 101–104. Reprinted in *The Mathematics of the Idea Villa, and Other Essays* (Cambridge, MA: MIT Press, 1976). ロウの生涯と理念については，Joan Ockman, "Form without Utopia: Contextualizing Colin Rowe" (review essay), *Journal of the Society of Architectural Historians*, 57 (December 1998), pp. 448–456, and the special issue of *Architecture New York* (ANY) devoted to Rowe, 7–8 (1994) を参照．

34 この計画の中でのハリスの役割については，Lisa Germany, *Harwell Hamilton Harris* (Berkeley: University of California Press, 2000), pp. 139–156 を参照．

35 テキサス・レンジャーズについては，Alexander Caragonne, *The Texas Rangers: Notes from the Architectural Underground* (Cambridge, MA: MIT Press, 1995) を参照．

36 Peter Eisenman, "The Formal Basis of Modern Architecture" (PhD dissertation, Cambridge University, 1963). この時期のアイゼンマンと彼の著述については下記博士論文の第 8 章を参照のこと．Louis Martin, "The Search for a Theory in Architecture: Anglo-American Debates, 1957–1976" (Ph.D. diss., Princeton University, 2002).

37 Colin Rowe and Robert Slutzky, "Transparency: Literal and Phenomenal," part one in *Perspecta*, 8 (1963), and part two in *Perspecta*, 13–14 (1971).

38 CASE と IAUS の創設に関する様々な資料は，Canadian Centre for Architecture, Montreal で閲覧可能．

39 ポール・ベナセラフ教授夫妻に依頼された《ハウス I》は，プリンストンの住宅への増築であった．現在はおもちゃ博物館として使われている．

40 Frank Lloyd Wright, "The Cardboard House," lecture delivered at Princeton University, reprinted in *Frank Lloyd Wright: Collected Writings, Volume 2, 1930–32* (New York: Rizzoli, 1992).

41 Peter Eisenman (ed.), "House I," in *Five Architects: Eisenman, Graves Gwathmey, Hejduk, Meier* (New York: Oxford University Press, 1975), p. 15.

42 Rosalind Krauss, "Death of a Hermeneutic Phantom: Materialization of the Sign in the Work of Peter Eisenman," in Peter Eisenman, *House of Cards* (New York: Oxford University Press, 1987), p. 173.

43 ルイス・マーティンはアイゼンマンが初めてチョムスキーの『文法の構造（*Syntactc Structures*）』に出会ったのは 1969 年の初めだったと

11 Scott Brown, "Learning from Pop" (note 10), p. 17.

12 Kenneth Frampton, "America 1960–1970: Notes on Urban Images and Theory," *Casabella* (note 10), p. 31.

13 Giuseppe Samonà, *L'urbanistica e l'avvenire della città* (1959), Leonardo Benevolo, *Le origini dell'urbanistica moderna* (1963), and Carlo Aymonino, *La città territorio* (1964), *La formazione del concetto di tipologia edilizia* (1965), and *Origini e sviluppo della città moderna* (1965).

14 Aldo Rossi, *A Scientific Autobiography*, trans. Lawrence Venuti (Cambridge, MA: MIT Press, 1981), p. 15.

15 Aldo Rossi, *L'architettura della città* (Padua: Marsilio Editori, 1966); *The Architecture of the City*, trans. Diane Ghirado and Joan Ockman (Cambridge, MA: MIT Press, 1982), p. 41. ロッシはカトルメール・ド・カンシーの『建築歴史事典（*Dictionnaire historique d'architecture*）』(1832) の定義を引用している.

16 Giorgio Grassi, *La costruzione logica dell'architettura* (Padua: Marsilio Editori, 1967), pp. 11, 104.

17 タフーリの初期の著作については以下を参照. Giorgio Ciucci, "The Formative Years," in *Casabella*, 619–620 (January/February 1995), pp. 13–25. また同著者の *Ludovico Quaroni e lo sviluppo dell'architettura moderna in Italia* (Milan: Edizioni di Comunità, 1964) も参照.

18 ネグリ（パドヴァ大学政治哲学教授）は, 暴力闘争・革命闘争の姿勢を説いた. これはトロンティがイタリア共産党 (PCI) の党員として活動しながら, 党の官僚的姿勢を是正しようとしたのとは対照的である. 両者の決裂は 1968 年に明白なものとなる. この時ネグリは, トロンティの『コントロピアノ（*Contropiano*）』誌における二つ目の論文「共産党の問題（Il partito come problema）」を掲載拒否した. だが, その後トロンティの論文は, 他の編集委員に採用・出版されたことで, ネグリは編集委員辞任に追い込まれた. この論争については, Alberto Asor Rosa, "Critique of Ideology and Historical Practice," in *Casabella*, 619–620 (January/February 1995), p. 29 を参照.

19 Manfredo Tafuri, *Teorie e storia dell'architettura* (Rome: Laterza, 1968); *Theories and History of Architecture*, trans. Giorgio Verrecchia (New York: Harper and Row, 1980), pp. 232–233.

20 タフーリについては以下を参照. Manfredo Tafuri, see Luisa Passerini, "History as Project: An Interview with Manfredo Tafuri," Rome, February/March 1992, trans. Denise L. Bratton, in Any, 25/26 (2000), pp. 40–41. また次を参照. Walter Benjamin, "The Destructive Character," trans. Rodney Livingstone *et al.*, in *Walter Benjamin: Selected Writings*, Vol. 2, 1927–1934 (Cambridge, MA: Harvard Belknap Press, 1999), pp. 541–542

21 Manfredo Tafuri, "Toward a Critique of Architectural Ideology," trans. Stephen Sartarelli, in K. Michael Hays (ed.), *Architecture Theory since 1968* (Cambridge, MA: MIT Press, 2002), p. 14. "Per una critica dell'ideologia architettonica" originally appeared in *Contropiano*, 1 (January–April 1969).

22 Tafuri, "Toward a Critique," (note 21), pp. 19, 28.

23 Kurt W. Forster, "No Escape from History, No Reprieve from Utopia, No Nothing: An *Addio* to the Anxious Historian Manfredo Tafuri," Any, 25/26 (2000), p. 62. タフーリの歴史観に関する他の見解については下記を参照. Tomas Llorens, "Manfredo Tafuri: Neo-Avant-Garde and History," *On the Methodology of Architectural History, Architectural Design Profile*, 51 (6/7) (1981), pp. 82–95; Fredric Jameson, "Architecture and the Critique of Ideology," in Joan Ockman *et al.* (eds), *Architecture, Criticism, Ideology* (Princeton: Princeton Architectural Press, 1985); Joan Ockman (ed.), "Postscript: Critical History and the Labors of Sisyphus," in *Architecture, Criticism, Ideology* (Princeton: Princeton Architectural Press, 1985), pp. 51–87, 182–189; and Panayotis Tournikiotis, *The Historiography of Modern Architecture* (Cambridge, MA: MIT Press, 1999). また, Patrizia Lombardo によるマッシモ・カッチャーリから始まるこの時代のヴェネチアの知的環境についての素晴らしい論述がある. Patrizia Lombardo, *Architecture and Nihilism: On the*

May 10, 1965, Washington State University, Committee on Spaces Sciences, in Kenneth E. Boulding Papers, Archives (Box 38), University of Colorado at Boulder Libraries.

17 Boulding, "Earth as a Spaceship" (note 16). See also, Kenneth Boulding, "The Economics of the Coming Spaceship Earth," in Henry Jarrett (ed.), *Environmental Quality in a Growing Economy* (Baltimore: Johns Hopkins University Press, 1966), pp. 3–14.

18 "Why a 'Modern' Architecture?" in J. M. Richards, *An Introduction to Modern Architecture* (Harmondsworth: Penguin Books Limited, 1940) の最初の章を参照.

19 Serge Chermayeff and Christopher Alexander, *Community and Privacy: Toward a New Architecture of Humanism* (Garden City, NJ: Doubleday Anchor, 1965), p. 20.

20 Christopher Alexander, "The Synthesis of Form; Some Notes on a Theory," (PhD dissertation, Harvard University, 1962), p. 3. および *Notes on the Synthesis of Form* (Cambridge, MA: Harvard University Press, 1964).

21 論争中のいくつかの所感については, Alison Smithson (ed.), *Team 10 Meetings 1953–1984* (New York: Rizzoli, 1991), pp. 68–69, 78, and Francis Strauven, *Aldo van Eyck: The Shape of Reality* (Amsterdam: Architectura & Naturi, 1998), pp. 397–398 を参照.

22 Christopher Alexander, "A City is Not a Tree," part one in *Architectural Forum* (April 1965), pp. 58–62, part two in *Architectural Forum* (May 1965), pp. 58–61.［邦訳「都市はツリーではない」押野見邦英訳,『デザイン』99, 100 号, 1967 年 7, 8 月, 美術出版社／『別冊國文学』22 号, 1984 年 5 月, 學燈社／『形の合成に関するノート／都市はツリーではない』所収, SD 選書, 2013］

23 ピーター・ランドは, PREVI 計画に関する多くの書類を筆者に開示してくれた. この場を借りて感謝する.

24 Marshall McLuhan and Quentin Fiore, *The Medium Is the Massage: An Inventory of Effects* (New York: Bantam, 1967), p. 16.［邦訳『メディアはマッサージである』門林岳史訳, 河出文庫］

第 1 章　否定的な側面 1968 年～1973 年

1 Robert Venturi, *Complexity and Contradiction in Architecture* (New York: Museum of Modern Art, 1966), pp. 48–53 を参照.［邦訳『建築の多様性と対立性』伊藤公文訳, SD 選書 174, 鹿島出版会, 1982］

2 Venturi, *Complexity and Contradiction* (note 1), p. 102.

3 Venturi, *Complexity and Contradiction* (note 1), p. 103.

4 Melvin Webber, "The Urban Place and the Nonplace Urban Realm," in M. Webber et al. (eds), *Explorations into Urban Structure* (Philadelphia: University of Pennsylvania Press, 1964), p. 147.

5 Denise Scott Brown, "The Meaningful City," *Journal of the American Institute of Architects* (January 1965), pp. 27–32. Cited from the reprint in *Connection* (Spring 1967), p. 50.

6 Robert Venturi and Denise Scott Brown, "A Significance for A&P Parking Lots, or Learning from Las Vegas," *Architectural Forum*, March 1968, pp.39–40.

7 Denise Scott Brown and Robert Venturi, "On Ducks and Decoration," *Architecture Canada*, October 1968, p. 48.

8 Robert Venturi, Denise Scott Brown, and Steven Izenour, *Learning from Las Vegas: The Forgotten Symbolism of Architectural Form* (Cambridge, MA: MIT Press, 1972/1977), pp. 137, 163.［邦訳『ラスベガス』石井和紘・伊藤公文訳, SD 選書 143, 鹿島出版会］

9 Tomás Maldonado, *Design, Nature & Revolution: Toward a Critical Ecology*, trans. Mario Domandi (New York: Harper & Row, 1972), p. 64.　この書は当初イタリア語で出版された. *La speranza progettuale. Ambiente e società* (Turin: Einaudi, 1970)（『計画的希望：環境と社会』）, そして 1971 年の言及から, スコット・ブラウンは少なくともそのことを知っていたことは明らかだ.

10 Denise Scott Brown, "Learning from Pop," *Casabella*, 359–60 (December 1971), p. 15.

原注

前奏曲　1960年代

1　ルイス・マンフォードの「ベイ・リージョン・スタイル」に関する所感が掲載されたのは，“Status Quo,” *The New Yorker*, 11 (October 1947), pp. 108–109.　近代美術館はそれに応えて，主にリージョナル・スタイルに反対する者で構成されたシンポジウムを開いた. “What is Happening to Modern Architecture?” *Museum of Modern Art Bulletin*, 15 (Spring 1948) 参照.

2　ブリッジウォーターでの質問状に対するアルド・ファン・アイクの回答は以下を参照. Sigfried Giedion (ed.), *A Decade of New Architecture* (Zurich: Editions Girsberger, 1951), p. 37. ファン・アイクは自身の所感を一連の精力的な問いかけで締めくくっている. 例えば，「CIAMは，人間環境の改善に向けて，合理的・機械的な進歩の概念を“導く”ことを意図しているのか？」

3　エクス・アン・プロヴァンスでのモロッコとアルジェリアの発表，及び英国の発表については以下を参照. Eric Mumford, *The CIAM Discourses on Urbanism*, 1928–1960 (Cambridge, MA: MIT Press, 2000) を参照.

4　CIAM '59 におけるトーレ・ヴェラスカへの批判については, Oscar Newman, *New Frontiers in Architecture: CIAM '59 in Otterlo* (New York: Universe Books, 1961), pp. 92–101 を参照. バンハムの以下の評論を参照. “Neoliberty: The Italian Retreat from Modern Architecture,” *Architectural Review*, 125 (April 1959), p. 235.

5　Reyner Banham, *Theory and Design in the First Machine Age* (New York: Praeger Publishers, 1967), p. 10.

6　Banham, *Theory and Design* (note 5), pp.329–330.

7　バンハムはこの「審理」を *Architectural Review* の1962年2月から9月まで6回の連載で行った. この時期のメガストラクチャーへの熱中を彼は後年以下のの著作にまとめている. *Megastructures: Urban Futures of the Recent Past* (New York: Harper and Row, 1976).

8　Yona Friedman, *L'Architecture mobile : Vers une cité conçue par ses habitants* (Paris: Casterman, 1970; published privately in 1959).

9　以下を参照. 川添登（編）『メタボリズム1960　未来の都市』（美術出版社, 1960）. Kisho Noriaki Kurokawa, *Metabolism in Architecture* (Boulder: Westview, 1977).

10　Peter Cook (ed.), *Archigram* (Basel: Birkhäuser, 1972) and Simon Sadler, *Archigram: Architecture without Architecture* (Cambridge, MA: MIT Press, 2005) を参照.

11　Banham, *Theory and Design* (note 5), pp. 325–326.

12　John McHale, *R. Buckminster Fuller* (New York, George Braziller, 1962); R. Buckminster Fuller and John McHale, *Inventory of World Resources: Human Trends and Needs* (Carbondale, Southern Illinois University Press, 1963).

13　R. Buckminster Fuller, *Ideas and Integrities: A Spontaneous Autobiographical Disclosure*, ed. Robert W. Marks (New York: Collier Books, 1963), p. 270.

14　「エキスティックス：人間居住学」は，ドキシアデスが，ジャクリーヌ・ティルウィット（Jacqueline Tyrwhitt）を編集者として1955年に創刊した雑誌のタイトルでもあった. ティルウィットはCIAMと長く関わり，シグフリード・ギーディオンをデロス会議に参加するよう招待した人物である. それは世界中から科学技術の専門家と思想家を招集して行われた12回のイベントの第1回であった.

15　Barbara Ward, *Spaceship Earth* (New York: Columbia University Press, 1966) を参照. この本は1965年に行われた一連の講義を基にしている.

16　Kenneth Boulding, “Earth as a Spaceship,”

ワ

ワイズマン, レスリー・ケーンズ〔Weisman, Leslie Kanes〕 350

『建築のセックス』〔The Sex of Architecture, 1996〕〔ダイアナ・アグレスト, パトリシア・コンウェイと共著〕 350

ワインズ, ジェイムズ〔Wines, James〕 251

ワックスマン, コンラッド〔Wachsmann, Konrad〕 64

a–z

『AA〔ラルシテクチュール・ドジュルデュイ〕』誌〔L'Architecture d'aujourd'hui〕 84

AMO〔建築メディアオフィス〕〔Architecture Media Office (AMO)〕 309 → コールハース, レム

『ANY〔アーキテクチャー・ニューヨーク〕』誌〔Architecture New York〕 262, 265

『APPEND-X』誌〔APPEND-X〕 349

ARAU〔都市研究行動アトリエ〕〔Atelier de Recherche et d'Action Urbaine〕 105

BBPR 8, 95 → ロジェルス, エルネスト

CASE〔環境研究建築家会議〕〔Conference of Architects for the Study of the Environment〕 52, 53, 56, 74

CIAM → 近代建築国際会議

DPZ 187, 188, 190, 193 → ドゥアニー&プラター＝ザイバーグ事務所

FOA〔エフ・オー・アーキテクツ〕〔Foreign Office Architects〕 277

— 横浜港大さん橋国際客船ターミナル〔Yokohama Port Terminal 1995-2002〕 277, 277f

IBA〔国際建築展〕〔Internationale Bauausstellung〕 155, 156f, 157

『IL』誌〔IL〕 121-123

LEED〔Leadership in Energy and Environmental Design〕 352

MoMA → ニューヨーク近代美術館

MVRDV 301-304

『FARMAX: Excursions on Density』〔FARMAX: Excursions on Density, 1998〕 301

NASA 先進構造研究チーム〔NASA, Advanced Structures Research Team〕 13

OMA〔Office for Metropolitan Architecture〕 240, 244, 245, 252, 253, 263, 278, 287-289, 293-297, 299, 301, 303, 304 → コールハース, レム

— カールスルーエのアート・メディアセンター（ZKM）〔Center for Art and Media Technology in Karlsruhe, 1992〕 263, 291, 292, 293f

— クンストホル〔Kunsthal in Rotterdam, 1992〕 273, 291, 295, 301

— コングレクスポ〔Congrexpo in Lille, 1992〕 273

— ジュシュー図書館プロジェクト〔Jussieu library project, 1993〕 278

— ロッテルダムのアパートメントビル〔Apartment building in Rotterdam (1982〕 253

RPAA〔アメリカ地域計画連合〕〔Regional Planning Association of America〕 158

SANAA〔妹島和世と西沢立衛〕 326

— 飯田市小笠原資料館〔O-Museum (Ogasawara Museum), Iida, 1999〕 326

— 金沢 21 世紀美術館〔21st Century Museum of Contemporary Art, Kanazawa, 2004〕 326

— トレド美術館のガラスパビリオン〔Glass Pavilion for the Toledo Museum of Art, Toledo, 2006〕 326

— ニューミュージアム〔New Museum, New York, 2007〕 327

SITE 252 → ワインズ, ジェイムズ

SOM〔Skidmore, Owens & Merrill〕 110-112, 114, 116, 124, 180, 181

UN スタジオ〔UN Studio〕 303, 304, 305f

『ムーブ』〔Move, 1999〕 303

— メビウス・ハウス〔Mobius House, 1998〕 304

— メルセデス・ベンツ博物館〔Mercedes Benz Museum, 2001-2006〕 304, 305f

ル

ル・コルビュジエ〔Le Corbusier〕 50, 54-56, 58, 72-74, 91, 101, 103, 154, 160, 177, 213, 216, 217, 232, 235, 242, 243, 266, 273, 287, 290, 296, 315, 320, 333, 336, 341
— ヴィラ・スタイン〔ガルシュの家〕〔Villa Stein at Garches〕 50
— サヴォア邸〔Villa Savoye, 1927〕 221, 221f
— ジャウル邸〔Maison Jaoul, 1951〕 232
— ロンシャンの礼拝堂〔Notre-Dame du Haut, Ronchamp, 1955〕 91, 341
ルイス, ロジャー・K〔Lewis, Roger K.〕 189
ルカーチ, ジェルジ〔Lukács, Georg〕 43
ルドルフ, ポール〔Rudolph, Paul〕 30, 79, 88, 124
— スタンフォード・ハーバー計画〔Project for Stafford Harbor〕 30
ルフェーヴル, リアンヌ〔Lefaivre, Lianne〕 160, 161

レ

レヴァイン, ニール〔Levine, Neil〕 77, 85
レヴィ=ストロース, クロード〔Lévi-Strauss, Claude〕 76, 204, 207
レヴィット, ソル〔LeWitt, Sol〕 322, 333
レオニドフ, イワン〔Leonidov, Ivan〕 241
— 三つのタワープロジェクト〔Three-tower project, 1933〕 241
レン, クリストファー〔Wren, Christpher〕 181
— セントポール寺院〔St Paul's Cathedral〕 179, 180, 181, 182

ロ

ロウ, コーリン〔Rowe, Colin〕 50-52, 56-59, 72, 74-76, 79, 88, 95, 103, 140, 218, 232, 263, 271
『コラージュ・シティ』〔Collage City, 1975〕〔フレッド・コッターと共著〕=『コラージュ・シティ』渡辺真理訳, SD 選書, 2009 年 75, 75f, 95
「理想的ヴィラの数学」〔"The Mathematics of the Ideal Villa," 1949〕 50
ロヴァッティ, ピエル・アルド〔Rovatti, Pier Aldo〕 212
ロージエ, マルク=アントワーヌ〔Laugier, Marc-Antoine〕 40, 44, 102, 104
ロース, アドルフ〔Loos, Adolf〕 40, 48, 229, 232, 236, 336
ローチ, ケヴィン〔Roche, Kevin〕 30 → ケヴィン・ローチ+ジョン・ディンケルー事務所
ロジャーズ, リチャード〔Rogers, Richard〕 124-128, 152, 177, 180, 182, 183
— ポンピドゥー・センター〔Pompidou Centre〕〔レンゾ・ピアノと共同〕 92, 125, 126f, 127, 330
— ロイズ保険会社本社ビル〔Lloyd's of London Building, 1986〕 127, 177
ロジェルス, エルネスト〔BBPR〕〔Rogers, Ernesto〕 8, 9, 40, 48, 124, 160
— トーレ・ヴェラスカ〔Torre Velasca, 1958〕 8, 8f, 95
ロッシ, アルド〔Rossi, Aldo〕 31, 40-42, 45-50, 59, 66, 80, 91, 96, 97, 99, 100, 103, 106, 148, 155, 156, 166, 220, 317, 318
『合理的建築』〔展覧会カタログ〕〔Archittetura razionale, 1973〕 48
『都市の建築』〔The Archietcture of the city, 1966〕=『都市の建築』大島哲蔵・福田晴虔訳, 大龍堂書店, 1991 年 40, 41
— ガラテーゼの集合住宅〔Gallaratese, 1969〕〔カルロ・アイモニーノと共同〕 47, 47f
— サン・ロッコ集合住宅計画案〔Design for San Rocco Housing in Monza, 1966〕〔ジョルジョ・グラッシと共同〕 41
— 世界劇場〔Teatro del Mondo, 1980〕 96, 100
— セグラーテの広場とパルチザン記念噴水〔Monumental Fountain for the City-square at Segrate, 1965〕 40
— ファニャーノ・オローナの小学校〔Primary School Fagnano Olona, constructed in 1974-1977〕 100
— モデナのサン・カタルド墓地拡張計画〔San Cataldo Cemetery in Modena ,1971〕 47
— モデナ墓地〔San Cataldo Cemetery in Modena, constructed in 1973-1980〕 100
— ロンキのヴィラ〔Villa ai Ronchi, 1960〕 40
ロトンディ, マイケル〔Rotondi, Michael〕 148
ロバートソン, ジャクリン〔Robertson, Jacklin〕 52, 71-73, 217
ロマーノ, ジュリオ〔Romano, Giulio〕 76, 270
ロムニー, ヘルヴァン〔Romney, Hervin〕 187

— キエティの学生寮〔Student housing in Chieti〕〔ジョルジョ・グラッシ, ラファエーレ・コンティと共同〕 101
モホリ=ナジ, ラースロー〔Moholy-Nagy, László〕 64, 222, 365
モリス, ウィリアム〔William Morris〕 23, 104
モリス, チャールズ・W〔Morris, Charles W.〕 63, 64, 66-68, 70
『記号理論の基礎』〔Foundtions of the Theory of Signs, 1938〕＝Ch・W・モリス『記号理論の基礎』内田種臣訳, 勁草書房, 1988年 63
モントリオール万博〔Expo '67〕 12, 120

ヤ・ユ・ヨ

ヤーン, ヘルムート〔Jahn, Helmut〕 148
ヤマサキ, ミノル〔Yamasaki, Minoru〕 75
— プルーイット・アイゴー計画〔Pruit-Igoe Scheme〕 75
— ワールド・トレード・センター〔World Trade Center, 1973〕 113, 312
ユエ, ベルナール〔Huet, Bernard〕 105

ラ

ライザー, ジェシーと梅本奈々子〔Reiser and Umemoto〕 270
ライシュリン, ブルーノ〔Reichlin, Bruno〕 149
ライス, ピーター〔Rice, Peter〕 121, 127
「ライト・コンストラクション」展〔MoMA〕〔"Light Construction," 1995〕 316
ライト, フランク・ロイド〔Wright, Frank Lloyd〕 16, 54, 58, 76, 91, 124, 125, 157, 159, 177, 180, 236, 305, 315
ライプニッツ, ゴットフリート〔Leibniz, Gottfried〕 264, 265, 276
ライリー, テレンス〔Riley, Terrance〕 316
ラインハート, ファビオ〔Reinhart, Fabio〕 149
ラカタンスキー, マーク〔Rakatansky, Mark〕 248
ラスキン, ジョン〔Ruskin, John〕 9, 36, 101, 174, 179, 185
ラスムッセン, スティーン・アイリー〔Rasmussen, Stein Eiler〕 341
ラッチェンス, エドウィン〔Lutyens, Edwin〕 76
ラピダス, モリス〔Lapidus, Morris〕 290
ラプソン, ラルフ〔Rapson, Ralph〕 64
ラムズデン, アンソニー〔Lumsden, Anthony〕 74, 82
ラングドン, フィリップ〔Langdon, Philip〕 189, 190
「住みやすい場所」〔"A Good Place to Live," 1988〕 189
ランド, ピーター〔Land, Peter〕 20

リ

リオタール, ジャン=フランソワ〔Lyotard, Jean-François〕 206, 207, 210
『ポストモダンの条件』〔The Postmodern Condition, 1974〕＝『ポスト・モダンの条件――知・社会・言語ゲーム』小林康夫訳, 水声社, 1989年 206
リオレンス, トマス〔Llorens, Tomás〕 68
リクワート, ジョゼフ〔Rykwert, Joseph〕 50, 65, 66, 88, 246
「意味と建物」〔"Meaning and Buildings," 1960〕 65
リゲッティ, ディーター〔Righetti, Dieter〕 331
リチャーズ, J・M〔Richards, J. M.〕 15, 16, 159
『近代建築入門』〔An Introduction to Modern Architecture, 1940〕 16
リヒター, ゲルハルト〔Richter, Gerhard〕 320
リベスキンド, ダニエル〔Libeskind, Daniel〕 219, 246, 247, 253, 270
— チェンバーワークス〔Chamberworks, 1983〕 247
— ベルリンの「シティ・エッジ」プロジェクト〔"City Edge" project for Berlin, 1987〕 253
— ベルリンのユダヤ博物館〔Jewish Museum in Berlin, 1989〕 247, 248, 253
— マイクロメガス〔Micromegas, 1979〕 246
リュベトキン, バーソルド〔Lubetkin, Berthold〕 123
— ハイポイント・フラット（コンクリート集合住宅）I & II〔Highpoint I & II, 1935 & 1938〕 123
— ロンドン動物園ペンギンプール〔Penguin Pool at the London Zoo, 1934〕 123
リン, グレッグ〔Lynn, Greg〕 265-268, 273, 288
「建築における襞」〔"Folding in Architecture," 1993〕 265
— ストランディド・シアーズ・タワー〔Stranded Sears Tower, 1992〕 268
リンダー, マーク〔Linder, Mark〕 193
リンチ, ケヴィン〔Lynch, Kevin〕 17
『都市のイメージ』〔The Image of the City, 1960〕＝『都市のイメージ』丹下健三・富田玲子訳, 岩波書店, 1968年, 〔新装版〕2007年 17

マンフォード, ルイス〔Mumford, Lewis〕 7, 17, 158, 159, 160
「ベイ・リージョン・スタイル」〔『ザ・ニューヨーカー』誌掲載〕〔"Bay Region Style," 1947〕 159

ミ

ミース・ファン・デル・ローエ, ルートヴィヒ〔Mies van der Rohe, Ludwig〕 30, 32, 36, 76, 83, 91, 111, 112, 113f, 151, 158, 175, 178, 211, 252, 296, 315, 322, 333
— バルセロナ・パヴィリオン〔Barcelona Pavilion, Barcelona, 1929〕 151
— ファンズワース邸〔Farnsworth House, Plano, 1951〕 333
— フェデラル・センター・コンプレックス〔Federal Center complex, 1974〕 111
— フリードリヒ・シュトラッセのオフィスビル〔Friedrichstrasse project , 1919〕 211
— マンションハウス・スクエア〔tower on Mansion House Square, 1964〕 175
— レイクショア・アパートメント〔Lake Shore Drive Apartments, 1949〕 112
ミケランジェロ・ブオナローティ〔Michelangelo di Lodovico Buonarroti Simoni〕 332
— ラウレンティアーノ図書館〔Laurentian Library, Firenze, 1571〕 332
ミドルトン, ロビン〔Middleton, Robin〕 78
ミラー, ジョン〔Miller, John〕 57
ミラージェス, エンリック〔Miralles, Enric〕 281-283 → ミラージェス&ピノス
— スコットランド国立議事堂〔Scottish National Parliament, 1999〕 283
ミラージェス&ピノス〔Miralles and Pinós〕 281-283
— アリカンテの新体操トレーニングセンター〔Rhythmic Gymnastics Training Center in Alicante, 1991〕 283
— イカリア・プロムナード〔Icaria Promenade in Barcelona, 1996〕 283
— イグアラダ墓地〔Igualada Cemetery, 1994〕 281, 281f, 282
— ヘブロン・ヴァレイ・アーチェリー場〔Hebron Valley Archery Range in Barcelona, 1992〕 281
未来派〔Futurism〕 9, 11-13
ミロ, ジョアン〔Miró, Joan〕 282
ミロン, ヘンリー〔Millon, Henry〕 52

ム

ムーア, チャールズ〔Moore, Charles〕 71, 73, 82, 94, 95, 148, 156, 163
ムール, エリザベス〔Moule, Elizabeth〕 194, 195
ムサヴィ, ファシッド〔Moussavi, Farshid〕 277, 278

メ

メイベック, バーナード〔Maybeck, Bernard〕 157
メイモント, ポール〔Maymont, Paul〕 11
メイン, トム〔Mayne, Thom〕 148
メタボリズム〔Metabolism〕 131, 132, 134, 137
『METABOLISM 1960 — 都市への提案』〔METABOLISM 1960: The Proposals for New Urbanism, 1960〕= 日本語版：川添登編『メタボリズム 1960 未来の都市』美術出版社, 1960 年 131
メノン, A·G·クリシュナ〔Menon, A. G. Krishna〕 116, 117
メルニコフ, コンスタンティン〔Melnikov, Konstantin〕 233, 358
— 労働者クラブ〔Rusakov Worker's Club, 1928〕 233
メルロ＝ポンティ, モーリス〔Merleau-Ponty, Maurice〕 339
メンデルゾーン, エーリッヒ〔Mendelshon, Erich〕 332

モ

モーフォシス〔Morphosis〕 252
モス, エリック・オーウェン〔Moss, Eric Owen〕 148
モダニズム〔modernism〕 7-9, 15-17, 30, 32-36, 38, 58, 59, 62, 65, 68, 69, 71, 72, 75-78, 81, 84, 85, 89-92, 95, 96, 110, 111, 136, 137, 143, 150-153, 155, 157-160, 165, 176, 177, 179, 181, 191, 203, 207-211, 213, 216, 232, 248, 250, 291, 298, 300, 314, 331, 332, 338, 353
「もっと生活しやすい形のためのホームワーク」〔『フォーラム』誌の特集〕〔"Homework for More Hospitable Form," 1973〕 142
モネオ, ラファエル〔Moneo, Rafael〕 48, 153, 166-168, 172, 235, 291, 327-330, 334
— クルサール国際会議場及び公会堂〔The Kursaal Congress Centre and Auditorium, San Sebastián, 1999〕 327-330, 327f, 334
— メリダの国立古代ローマ博物館〔National Museum of Roman Art, Merida, 1985〕 153, 166, 167f, 168
モネスティローリ, アントニオ〔Monestiroli , A.〕 101

ボンタ, ファン・パブロ〔Bonta, Juan Pablo〕 68, 69
『建築とその解釈』〔Architecture and Its Interpretation〕 69

マ

マーカット, グレン〔Murcutt, Glenn〕 345
マース, ウィニー〔Maas, Winy〕 301 → MVRDV
マーフィー, C·F〔Murphy, C. F.〕 111
— シカゴ・シビック・センター〔Chicago Civic Center, 1965〕 111
マイヤー, ハンネス〔Meyer, Hannes〕 57
マイヤー, リチャード〔Meier, Richard〕 52, 56, 58, 72, 85, 148
— ジョン・ポール・ゲッティー美術館〔John Paul Getty Museum in Malibu〕 95
— スミス邸〔Smith House〕 58, 72
— フランクフルト工芸博物館〔Museum for the Decorative Arts, Frankfurt, 1985〕 148
— ブリッジポート・センター〔Bridgeport Center, Bridgeport, 1989〕 148
槇 文彦〔Maki, Fumihiko〕 131, 132, 135, 137-140
「建築への環境的アプローチ」〔"An Environmental Approach to Architecture," 1973〕 137
「都市の運動のシステム」〔"Movement Systems in the City,"1966〕 137, 137f
— スパイラル〔Spiral, 1985〕 139
— 筑波大学体育芸術専門学群中央棟〔Tsukuba University Center for School of Arts & Physical Education, 1974〕 138
— 藤沢市秋葉台体育館〔Fujisawa Municipal Gymnasium, 1984〕 138
マクダナー, ウィリアム〔McDonough, William〕 353-359
「相互依存の宣言」〔"Declaration of Interdependence," 1996〕 355
「ハノーヴァー原則」〔"Hanover Principles," 1992〕 354
『揺りかごから揺りかごへ』〔Cradle to Cradle: Remaking the Way We Make Things, 2002〕 =『サステイナブルなものづくり──ゆりかごからゆりかごへ』吉村英子監修山本聡・山崎正人・岡山慶子訳, 人間と歴史社, 2009 年 354, 355
— アダム・ジョセフ・ルイス・センター〔Adam Joseph Lewis Center for Environmental Studies, Oberlin, 2001〕 356
— グリーン・ハウス〔"GreenHouse" office and manufacturing facility, Holland, Michigan, 1995〕 356, 357f
マクハーグ, イアン〔McHarg, Ian〕 15
『デザイン・ウィズ・ネイチャー』〔Design with Nature, 1969〕 =『デザイン・ウィズ・ネーチャー』下河辺淳・川瀬篤美訳, 集文社, 1994 年 15
マクルーハン, マーシャル〔MacLuhan, Marshall〕 22
『メディアはマッサージである』〔The Medium is the Massage: An Inventory of Effects, 1967〕〔クエンティン フィオーレと共著〕=『メディアはマッサージである』門林岳史訳, 河出文庫, 2015 年 22
マコヴェッツ, イムレ〔Makovecz, Imre〕 165
マコーマック・ジャミーソン・プリチャード・アンド・ライト〔MacCormac, Jamieson, Prichard &Wright〕 180, 181
マスダール〔都市計画〕〔Masdar〕 363, 364, 364f
マック, マーク〔Mack, Mark〕 192
マックヘイル, ジョン〔MacHale, John〕 10, 13
『世界資源目録──人間の動向と需要』〔Inventory of World Resources〕〔バックミンスター・フラーと共著〕 13
マッケイ, デヴィット〔Mackay , David〕 93
マッケイ, ベントン〔MacKaye, Benton〕 158
マッツァリオール, ジュゼッペ〔Mazzariol, Giuseppe〕 168
マルクーゼ, ヘルベルト〔Marcuse, Helbert〕 23, 39, 57, 201, 202
『一次元的人間』〔One-Dimensional Man, 1964〕 =『一次元的人間──先進産業社会におけるイデオロギーの研究』生松敬三・三沢謙一訳, 河出書房新社, 1980 年 202
『エロス的文明』〔Eros and Civilization, 1955〕 =『エロス的文明』南博訳, 紀伊國屋書店, 1958 年 202
マルクス主義〔Marxism〕 22, 23, 40, 43, 69, 74, 86, 98, 105, 200, 201, 202, 204, 205, 207, 210, 212, 213, 288, 317
マルドナード, トマス〔Maldonado, Thomas〕 32, 37, 38, 57, 64, 65
マレビッチ, カジミール〔Malevich, Kazimir〕 244
— アルファ・アーキテクトン〔Alpha Architekton, 1920〕 244
マンサー, マイケル〔Manser, Micheal〕 177
マンハイム, カール〔Cacciari, Massimo〕 45

ホークスムア, ニコラス〔Hawksmoor, Nicholas〕 76, 174
ポーソン, ジョン〔Pawson, John〕 334, 335
『ミニマム』〔Minimum, 1996〕＝『minimum』安藤宗一郎・西森陸雄訳, デザインエクスチェンジ, 2001年 334
— カルヴァン・クライン・ストア〔Calvin Klein Collections Store, New York, 1995〕 335
— ノビー・デヴール聖母マリア・シトー会修道院〔Abbey of Our Lady of Nový DvůrDvur , Toužim, 2004〕 335
— ファッジオナートの集合住宅〔Faggionato Apartment, London, 1999〕 335
— ポーソン自邸〔Pawson House, London, 1994,1999〕 335
ボードリヤール, ジャン〔Baudrillard, Jean〕 204-206, 211, 218
『消費社会の神話と構造』〔The Society of Consumption, 1970〕＝『消費社会の神話と構造』今村仁司・塚原史訳, 紀伊国屋書店, 1979年 204
『象徴交換と死』〔Symbolic Exchange and Death, 1976〕＝『象徴交換と死』今村仁司・塚原史訳, 筑摩書房, 1992年 205
『物の体系──記号の消費』〔The System of Objects, 1968〕＝『物の体系──記号の消費』宇波彰訳, 法政大学出版局, 2008年 204
ホール, エドワード·T〔Hall, Edward〕 17
ホール, スティーブン〔Holl, Steven〕 339-342
『アンカリング』〔Anchoring, 1989〕 339
『インターワイニング』〔Interwining, 1996〕 339
『知覚の問題──建築の現象学』〔Questions of Perception: Phenomenology of Architecture, 1994〕＝『a+u』1994年7月号別冊 340
「光の形而上学」〔"Metaphysics of Light," 1989〕〔上記 Interwining 所収〕 339
— キアズマ現代美術館〔Museum of Contemporary Art Kiasma, Helsinki, 1998〕 342
— クランブルック科学研究所〔Cranbrook Institute for Science, Bloomfield Hills, 1998〕 341
— 聖イグナチオ礼拝堂〔Chapel of St Ignatius, Seattle, 1997〕 341
ボグナー, ボトンド〔Bognar, Botond〕 136
ボザール展〔MOMA〕〔"The Architecture of the École des Beaux-Arts"〕 77, 79, 81, 85
ポスト構造主義〔poststructuralism〕 67, 70, 82, 135, 200, 209-213, 218, 219, 228, 267, 282, 315, 348
ポストモダニズム〔postmodernism〕 31, 76, 80, 84-86, 88, 90-92, 94, 95, 97, 98, 103, 110, 117, 140, 148-157, 160, 165, 170, 185, 200, 207, 208-212, 218-220, 223, 228, 229, 232, 237, 239, 248, 250, 251, 263, 267, 331, 353
ホッジェット, クレイグ〔Hodgetts, Craig〕 74
ホッジデン, リ〔Hodgeden, Lee〕 51
ボッシュ, カロリン〔Bos, Caroline〕 303 → UN スタジオ
ボッタ, マリオ〔Botta, Mario〕 149, 168
ボフィール, リカルド〔Bofill, Ricardo〕 68, 91, 149
— ウォールデン7〔Walden Seven〕 92
ホフマン, ヨーゼフ〔Hofmann, Josef〕 229
ボヤースキー, アルヴィン〔Boyarsky, Alvin〕 219, 246
ホライン, ハンス〔Hollein, Hans〕 97, 149, 156, 229-233
— アプタイベルク美術館（メンヘングラッドバッハ）〔City Museum at Mönchengladbach, 1982〕 230, 230f
— オーストリア旅行代理店のオフィス〔Offices of the Austrian Travel Agency〕 229
— シュリン宝石店〔Schullin Jewelry Shop, 1972–1974〕 229
— レッティ蝋燭店〔Retti Candle Shop, 1964–1965〕 229
ホリアー, デニス〔Hollier, Denis〕 220, 266
ポリゾイデス, ステファノス〔Polyzoides, Stefanos〕 194
ポリュクレイトス〔Polycleitus〕 179
ポルク, ヴィリス〔Polk, Willis〕 157
ホルクハイマー, マックス〔Horkheimer, Max〕 23, 65, 201-203
『啓蒙の弁証法』〔Dialectic of the Enlightenment, 1947〕〔テオドール・アドルノと共著〕＝『啓蒙の弁証法──哲学的断想』徳永 恂訳, 岩波書店, 2007年 202
ポルトゲージ, パオロ〔Portoghesi, Paolo〕 95, 96-99, 149, 163, 166
— バルディ邸〔Paolo Portoghesi's Casa Baldi〕 95
ポルピュリオス, ディミトリー〔Porphyrios, Dimitri〕 152
ホワイティング, サラー〔Whiting, Sarah〕 287, 311
ホワイト vs グレー〔White vs. Gray〕 74-78, 83-85
ホワイト派〔Whites〕 74, 75, 83-85, 148 → ホワイト vs グレー

ブロードベント, ジェフリー〔Broadbent, Geoffrey〕 68, 94, 95, 154
「ペストの反撃!」〔"The Pests strike Back!" 1981〕 154
フロム, エーリヒ〔Fromm, Erich〕 201

ヘ

ベアード, ジョージ〔Baird, George〕 66, 67, 79
「建築における"愛の次元"」〔"'La Dimension Amoureuse' in Architecture"〕〔下記『建築の意味』所収〕 67
『建築の意味』〔"Meaning in Architecture," 1969〕〔チャールズ・ジェンクスと共編〕 67
ペイ, I·M〔Pei, I. M.〕 91, 333
ヘイズ, K·マイケル〔Hays, K. Michael〕 211, 248, 312, 322
『1968年以降の建築理論』〔Architecture Theory Since 1968, 1998〕 312
「批判的建築―文化と形態の間で」〔"Critical Architecture: Between Culture and Form," 1985〕 211
ヘイダック, ジョン〔Hejduk, John〕 51, 52, 56, 58, 80, 82, 83, 95, 156, 246, 247
— バーンスタイン邸〔Bernstein House〕 57
— ハウス10〔House 10〕 57, 58
— ワン・ハーフ・ハウス〔One-Half House〕 57
ペヴスナー, ニコラス〔Pevsner, Nikolaus〕 9, 72, 88, 104
ヘーゲル〔Hegel, Georg Wilhelm Friedrich〕 45, 59, 152, 202, 212
ペーターハンス, ヴァルター〔Peterhans, Walter〕 64
ベーニッシュ, ギュンター〔Behnisch, Günter〕 30, 120
— ミュンヘン・オリンピックのための複合施設〔Complex Planned for the Munich Olympics of 1972〕〔フライ・オットーと共同〕 30, 120
ベッティーニ, セルジョ〔Bettini, Sergio〕 66
ベネヴォロ, レオナルド〔Benevolo, Leonardo〕 40
ペリ, シーザー〔Pelli, César〕 74, 82, 92
— パシフィック・デザイン・センター〔Pacific Design Center, 1975〕 82
— ブルーホエール〔Blue Whale〕 82, 92
ヘルツォーク, ジャック〔Herzog, Jaques〕 316-319, 322
ヘルツォーク&デ・ムロン〔Herzog and de Meuron〕 317-319, 322
— アートコレクター・ハウス〔House for an Art Collector, Therwil, 1986〕 318
— アウフ・デム・ヴォルフ・シグナルボックス4〔Auf Dem Wolf Signal Box 4, Basel, 1995〕 320
— デ・ヤング美術館〔de Young Memorial Museum, San Francisco, 2005〕 322
— テート・モダン〔Tate Modern, London, 2000〕 322
— ドミナス・ワイナリー〔Dominus Winery, Yountville, 1997〕 320, 321f
— プライウッド・ハウス〔Plywood House, Bottmingen, 1985〕 318
— プラダ・ストア〔Prada Boutique, Tokyo, 2002〕 322
— ブランデンブルク工科大学図書館〔Library at the Brandenburg Technical University, Cottbus, 2004〕 322
— ブルー・ハウス〔Blue House, Oberwil, 1980〕 318
— 北京オリンピック・スタジアム「鳥の巣」〔"Bird's Nest" stadium for the Beijing Olympics of 2008, Beijing, 2008〕 322
— ベルリン中心地計画〔大都市心臓部へのアイデア〕〔Berlin Zentrum, Berlin, 1991〕 316, 317
— リコラ貯蔵庫〔Ricola Storage Building, Laufen, 1987〕 319f
ヘルツベルハー, ヘルマン〔Hertzberger, Herman〕 91, 142, 156
ヘルムケ, ヨハン=ゲルハルト〔Helmcke, Johann-Gerhard〕 119
ペレス=ゴメス, アルベルト〔Pérez-Gómez, Alberto〕
「存在と表象としての意味」〔"Meaning as Presence and Representation"〕 340
ヘロン, ロン〔Herron, Ron〕 12
— ウォーキング・シティ〔Walking City, 1964〕 12
ベンヤミン, ヴァルター〔Benjamin, Walter〕 43, 45, 46, 201, 248
『この道, 一方通行』〔One Way Street, 1928〕=『この道, 一方通行』細見和之訳, みすず書房, 2014年 248
『複製技術時代の芸術』〔The Work of Art in the Age of Mechanical Reproduction, 1936〕=『複製技術時代の芸術』佐々木基一編, 晶文社, 1999年 201

ホ

ボイス, ヨーゼフ〔Beuys, Joseph〕 318
ボウルディング, ケネス〔Boulding, Kenneth〕 14
ホエスリ, バーナード〔Hoesli, Bernard〕 51

Faber & Dumas Insurance Headquarters, 1975〕 128
— コメルツバンク〔Commerzbank, Frankfurt, 1997〕 353
— セインズベリー視覚芸術センター〔Sainsbury Centre for Visual Arts, 1978〕 128
— 香港上海銀行〔Hongkong and Shanghai Bank Headquarters, 1986〕 127, 129, 130f
— マスダール・シティ〔City of Masdar, Abu Dahbi, 2006-〕 363, 364, 364f
フォスター, ハル〔Foster, Hal〕 210, 211
『反美学』〔The Anti-Aesthetic, 1983〕 =『反美学―ポストモダンの諸相』室井尚・吉岡洋訳, 勁草書房, 1987年 210
フォン・スプレッケルセン, ヨハン・オットー〔von Spreckelsen, Johann Otto〕 323
— グランデ・アルシュ〔Grande Arche, Paris, 1990〕 323
フッサール, エトムント〔Husserl, Edmund〕 161, 207, 247
フッド, レイモンド〔Hood, Raymond〕 243
フラー, R・バックミンスター〔Fuller, R. Buckminster〕 12-15, 64, 76, 78, 119, 120, 122, 124, 128, 191
『宇宙船地球号操縦マニュアル』〔Operating Manual for Spaceship Earth, 1969〕 15
『シナジェティクス』〔Synergetics, 1975〕 15
『世界資源目録―人間の動向と需要』〔Inventory of World Resources〕〔マックヘイルと共著〕 13
『地球株式会社』〔Earth, Inc, , 1973〕 15
『直感』〔Intuition, 1972〕 15
『恵み深い環境に向かって』〔Approaching the Benign Environment, 1970〕 15
『ユートピアか忘却か』〔Utopia or Oblivion, 1969〕 15
『私は動詞のようだ』〔I seem to be a verb, 1970〕 15
— ダイマキシオン・ハウス〔Dymaxion house, 1928〕 12
— ワールド・ゲーム〔World Game, 1965〕 14
フラー, ケヴィン〔Fuller, Kevin〕 349
フライ, マックスウェル〔Fry, Maxwell〕 123
プライス, セドリック〔Price, Cedric〕 67, 81, 126
ブラウンガルト, マイケル〔Braunart, Michael〕 355
ブラジリア〔都市計画〕〔Brasilía〕 19
フラスカーリ, マルコ〔Frascari, Marco〕 172
プラター＝ザイバーグ, エリザベス〔Plater-Zyberk, Elizabeth〕 186, 187, 193, 194 → DPZ
フランクフルト学派〔Frankfurt School〕 39, 42, 200-202, 204, 209, 210
フランゼン, ウルリッヒ〔Franzen, Ulrich〕 79
フランプトン, ケネス〔Frampton, Kenneth〕 38, 39, 52, 57-59, 97, 161-165, 186, 231, 241, 246, 315, 316, 338
『警告―テクトニクス擁護論』〔Rappel à l'ordre: The Case for the Tectonic, 1990〕 315
「正面性対回転性」〔"Frontality vs. Rotation," 1972〕 57
『テクトニック・カルチャーの研究』〔Studies in Tectonic culture, 1995〕 =『テクトニック・カルチャー―19-20世紀建築の構法の詩学』〔松畑強・山本想太郎訳, TOTO出版, 2002年 315
「ハイデガーを読んで」〔"On Reading Heidegger," 1974〕 161
『批判的地域主義に向けて―抵抗の建築の関する六つの考察』〔"Towards a Critical Regionalism," 1983〕 =「批判的地域主義に向けて―抵抗の建築に関する六つの考察」ハル・フォスター編『反美学―ポストモダンの諸相』室井尚・吉岡洋訳, 勁草書房, 1998〕の2章として掲載 164
フリーセンドルフ, マデロン〔Vriesendorp, Madelon〕 244
フリードマン, ヨナ〔Friedman, Yona〕 11, 119
プリエート, ルイ・J〔Prieto, Luis J.〕 68
プリックス, ヴォルフガング〔Prix, Wolf〕 253 → コープ・ヒンメルブラウ
ブリュッセル宣言〔Brussels Declaration〕 104
ブルーマー, ケント・C〔Bloomer, Kent C〕 163
ブルントラント委員会〔国連〕〔Brundtland Commission〕 351
『地球の未来を守るために』〔Our Common Future, 1987〕 351
ブレイク, ピーター〔Blake, Peter〕 33
プレーリー・スタイル〔Prairie Style〕 157
フロイト, ジークムント〔Freud, Sigmund〕 200-202, 207, 256, 262
『文化への不満』〔Civilization and its Discontents, 1930〕 =『幻想の未来／文化への不満』中山元訳, 光文社古典新訳文庫, 2007年 202
ブロイヤー, マルセル〔Breuer, Marcel〕 58
— グロピウス・ハウス〔Design for the Gropius House, 1938〕 58

バレ, フランソワ〔Barré, François〕 225
バンシャフト, ゴードン〔Bunshaft, Gordon〕 91, 111 → SOM
— レヴァー・ハウス〔Lever House, 1952〕 111
バンダ, ジュリアン〔Benda, Julien〕 310
『知識人の裏切り』〔Le Trahison des Clercs, 1927〕=『知識人の裏切り』宇京頼三訳, 未來社, 1990年 310
ハント, マイロン〔Hunt, Myron〕 157, 158
バンハム, レイナー〔Bamham, reyner〕 9-11, 13, 38, 57, 72, 81, 82, 126, 135, 219
『第一機械時代の理論とデザイン』〔Theory and Design in the First Machine Age, 1960〕=『第一機械時代の理論とデザイン』石原達二・増成隆士訳, 鹿島出版会, 1976年 10, 13, 135
『ロサンジェルス—四つの生態学の建築』〔Los Angeles: The Architecture of Four Ecologies, 1971〕 82

ヒ

ピアノ, レンゾ〔Piano, Renzo〕 92, 125, 127, 152, 330
— スタジオ・ピアノ〔Studio Piano, Genoa, 1969〕 330
— ニューカレドニアのカルチャー・センター〔Jean-Marie Tjibaou Cultural Center, Noumea, 1998〕 330
— ポンピドゥー・センター〔Georges Pompidou Cultural Centre, Paris, 1977〕〔リチャード・ロジャーズと共同〕 92, 125, 126f, 127, 330
— メニル・コレクション〔Menil Collection, Huston, 1997〕 330
ビートレイ, ティモシー〔Beatley, Timothy〕 367
ビービー, トーマス〔Beeby , Thomas〕 148, 183
ピエティラ, レイマ〔Pietilä, Reima〕 165
ピキオニス, ディミトリス〔Pikionis, Dimitris〕 160, 316
ヒッキー, デイヴ〔Hickey, Dave〕 311
ヒッチコック, ヘンリー=ラッセル〔Hitchcock, Henry-Russell〕 50, 77
ピノス, カルメ〔Pinós, Carme〕 281-283 → ミラージェス&ピノス
批判的地域主義〔critical regionalism〕 157, 160, 161, 164, 286, 315, 359
ヒュイッセン, アンドレアス〔Huyssen, Andreas〕 210
ピュージン, オーガスタス・ウェルビー〔Pugin, Augustus Welby〕 174, 184
ビュッティヒャー, カール〔Bötticher, Karl〕 315
ピラネージ, ジョバンニ・バッティスタ〔Piranesi, Giovanni Battista〕 44
ビル, マックス〔Bill, Max〕 64

フ

『ファイヴ・アーキテクツ』〔"Five Architects" (New York Five)〕 71-73, 77, 187
ファトヒー, ハサン〔Fathy, Hassan〕 143, 185
『貧者の建築』〔"Architecture for the Poor," 1973〕 143
ファレル, テリー〔Farrell, Terry〕 176, 183
ファン・アイク, アルド〔van Eyck, Aldo〕 7, 19, 32, 89, 142, 152-155, 161, 163
ファン・シャイク, レオン〔van Schaik, Leon〕 357, 358
ファン・デル・リン, シム〔Van der Ryn, Sim〕 191, 192
『持続可能なコミュニティ』〔"Sustainable Communities: A New Design Synthesis for Cities, Suburbs, and Towns," 1986〕〔ピーター・カルソープと共編〕 192
ファン・ベルケル, ベン〔van Berkel, Ben〕 303, 304, 306
ファン・ライス, ジェイコブ〔van Rijs, Jacob〕 301 → MVRDV
フィールズ, ダレル〔Fields, Darell〕 349
フィッシャー・フォン・エルラッハ, ヨハン・ベルンハルト〔Fischer von Erlach, Johann Bernhard〕 231, 232
フーコー, ミシェル〔Foucault, Michel〕 81, 204, 209, 225
『言葉と物』〔The Order of Things, 1966〕=『言葉と物—人文科学の考古学』渡辺一民・佐々木明訳, 新潮社, 1974年 204
『知の考古学』〔The Archaeology of Knowledge, 1969〕=『知の考古学』慎改康之訳, 河出書房新社, 2012年 204
ブーレー, エティエンヌ=ルイ〔Boullée, Etienne-Loius〕 49
フェリス, ヒュー〔Ferriss, Hugh〕 243
フォースター, カート・W〔Forster, Kurt, W.〕 45, 248
フォード, ジェームズとキャサリン〔Ford, James and Katherine〕 158
『アメリカの近代住宅』〔The Modern House in America, 1940〕 158
フォート=ブレシア, バーナード〔Fort-Brescia, Bernardo〕 187
『フォーラム』誌〔オランダ〕〔Forum〕 142
フォスター, ノーマン〔Foster, Norman〕 124, 128-130, 152, 180, 181, 184, 353, 354, 363
— ウィリス・フェイバー・デュマス保険会社本社〔Willis

66
『実存・空間・建築』〔Existence, Space & Architecture, 1971〕=『実存・空間・建築』加藤邦男訳, SD 選書 78, 1973 年　163
『西洋建築における意味』〔Meaning in Western Architecture, 1975〕=『西洋の建築──空間と意味の歴史』前川道郎訳, 本の友社, 1998 年　163

ハ

『ハーヴァード・アーキテクチュラル・レビュー』誌〔Harvard Architectural Review〕　149
ハーシー, ジョージ〔Hersey, George〕　85
ハーシュ, リー〔Lee, Hirsche〕　51
パース, チャールズ・サンダース〔Peirce, Charles Sanders〕　63
ハーバーマス, ユルゲン〔Habermas, Jürgen〕　209, 210
バイオフィリック・デザイン〔生物自己保存能〕〔Biophilic Design〕　364-368
バイセンズ, エリック〔Buyssents, Eric〕　68
ハイデガー, マルティン〔Heidegger, Martin〕　161, 162, 164, 212
「建てる・住まう・考える」〔1951〕=『ハイデッガーの建築論──建てる・住まう・考える』中村貴志訳, 中央公論美術出版, 2008 年　161
ハインリッヒ, ジョン〔Heinrich, John〕　42, 113
─レイク・ポイント・タワー〔Lake Point Tower, 1968〕〔ジョージ・シッポレットと共同〕　114f
パウエル, ケネス〔Powell, Kenneth〕　267
ハクスタブル, アダ・ルイーズ〔Huxtable, Ada-Louise〕　78
ハグマン, ジョン〔Hagmann, John〕　71
バタイユ, ジョルジュ〔Bataille, Georges〕　209, 220, 256
ハックニー, ロッド〔Hackney , Rod〕　183
ハッドナット, ジョセフ〔Hudnut, Joseph〕　88
ハディド, ザハ〔Hadid, Zaha〕　219, 223, 244-246, 250, 251, 253, 279, 280
『惑星建築 2』〔Planetary Architecture Two, 1983〕　246
— 59 イートン・プレイス〔59 Eaton Place, 1981–1982〕　245
— アイルランド首相官邸〔Irish Prime Minister's Residence, 1979–1980〕　245
— ヴィトラ・ファクトリー・キャンパス内の消防署〔Vitra factory campus in Weil-am-Rhein, Germany, 1993〕　279, 280
— シンシナティの現代美術センター〔Contemporary Arts Center in Cincinnati, 2003〕　280
— 香港・ピーククラブの設計競技案〔Peak Club in Hong Kong competition, 1982–1983〕　245, 253
— ラヴィレット設計競技案〔Parc de la Vllete in Paris competition, 1982–1983〕　245
パトカウ, パトリカとジョン〔Patkau, Patricia and John〕　345
ハノーヴァー原則〔ウィリアム・マクドノウ〕〔Hannover Principles〕　354
ハノーヴァー万博〔2000〕〔Expo 2000〕　302, 344, 354
パパダキス, アンドレア〔Papadakis, Andreas C〕　249, 252
『建築のデコンストラクション』〔Deconstruction in Architecture (Architectural Design Profile), 1988〕　252
パパネック, ヴィクター〔Victor Papanek〕　353
『グリーン・インペラティヴ』〔The Green Imperative: Natural Design for the Real World, 1995〕=『地球のためのデザイン──建築とデザインにおける生態学と倫理学』大島俊三訳, 鹿島出版会, 1998 年　353
ハポルド, テッド〔Happold, Ted〕　121, 125
ハミルトン, リチャード〔Hamliton, Richard〕　10, 57
パラーディオ〔Palladio, Andrea〕　50, 76, 151, 169
— ヴィラ・マルコンテンタ〔Villa Malcontenta〕　50
— ヴィラ・ロトンダ〔Villa Rotunda, Vicenza,1591〕　151
バラガン, ルイス〔Barragán, Luis〕　165, 333
— ルイス・バラガンの自邸〔Casa Luis Barragán, Mexico City, 1947〕　333
パラメトリック・デザイン〔parametric design〕　275
バリー, ジョゼフ〔Barry, Joseph〕　159
ハリス, ハーウェル〔Harwell Hamilton Harris〕　50, 51, 158-160
ハリソン, ウォーレス〔Harrison, Wallace〕　95
バルト, ロラン〔Barthes, Roland〕　204, 221, 224
「作者の死」〔"The Death of the Author," 1968〕=『物語の構造分析』〔花輪光訳, みすず書房, 1979〕所収　204
バルモンド, セシル〔Balmond, Cecil〕　273-275
パルラスマ, ユハニ〔Pallasmaa, Juhani〕　165, 338, 340, 341
「七つの感覚の建築」〔"An Architecture of the Seven Senses," 1994〕　340

ト

ド・ポルザンパルク, クリスチャン〔de Portzamparc, Christian〕 149
ドゥアニー, アンドレス〔Duany, Andrés〕 186, 187, 193, 194
ドゥアニー&プラター=ザイバーグ事務所〔DPZ〕〔Duany Plater-Zyberk & Company〕 186, 187, 193, 194
— キーウェストのレッカーズハウス改修〔Renovation of the Wrecker's House in Key West, 1975〕 187
— シーサイド〔Seaside ,1982〕 186-197, 187f, 189f
ドゥボール, ギー〔Debord, Guy〕 23, 211, 220, 256
『スペクタクルの社会』〔1967〕〔The Society of the Spectacle〕=『スペクタクルの社会』木下誠訳, ちくま学芸文庫, 2003年 23
ドゥルーズ, ジル〔Deleuze, Gilles〕 264-267, 276, 287
『襞〔ひだ〕』〔Le Pli (The Fold), 1988〕=『襞—ライプニッツとバロック』宇野邦一訳, 河出書房新社, 1998年 264
ドーソン, クリス〔Dawson,Chris〕 126
ドーソン, フィリップ〔Dowson, Philip〕 182
ドキシアデス, コンスタンティノス〔Doxiadis, Constantinos〕 14, 133
ドナルドソン, トーマス・L〔Donaldson , Thomas L, 〕 89
トムソン, ダーシー〔Thompson, D'Arcy〕 113, 119, 267
『生長と形について』〔On Growth and Form, 1917〕=『生物のかたち』柳田友道訳, UP選書121, 1973年 267
ドレクスラー, アーサー〔Drexler, Arthur〕 53, 76-78, 88
『エコール・デ・ボザールの建築』〔The Architecture of the Ecole des Beaux-Arts, 1977〕 77
トロステル, ルードヴィッヒ〔Trostel, Ludwig〕 119

ナ

中村 敏男〔Nakamura, Toshio〕 83
ナタリーニ, アドルフォ〔Natalini, Adolfo〕 241
ナッシュ, ジョン〔Nash , John〕 91

ニ

ニーヴェンホイス, コンスタント〔Nieuwenhuys, Constant〕 11
ニーチェ, フリードリッヒ〔Nietzsche, Friedrich〕 99, 201, 207
ニコリン, ピエルルイジ〔Nicolin, Pierluigi〕 105
ニコルソン, ベン〔Nicholson, Ben〕 271
— クレプトマン・セル, 器具のような住宅〔Kleptoman Cell, Appliance House, 1990〕 271
西沢 立衛〔Nishizawa, Ryue〕 326 → SANAA
ニュー・バウハウス〔New Bauhaus, Chicago〕 63
ニュー・ブルータリズム〔New Brutalism〕 9, 34, 57, 232
ニューアーバニズム〔New Urbanism〕 186, 189, 191, 194, 195, 196
ニューマン, オスカー〔Newman, Oscar〕 17
ニューヨーク近代美術館〔Museum of Modern Art〔MoMA〕〕 7, 32, 53, 75, 77, 78, 158, 159, 214, 243, 249, 252, 253, 255, 256, 272, 273, 316
ニューヨーク・ファイヴ〔New York Five〕 46, 50, 59, 71, 74, 82, 98, 104, 161

ヌ

ヌーヴェル, ジャン〔Nouvel, Jean〕 322-324, 327
— 終わりなき塔〔Tour Sans Fins, Paris, 1992〕 323
— カルティエ財団〔Fondation Cartier pour l'art contemporain, Paris, 1994〕 324
— トーレ・アグバル〔Torre Agbar, Barcelona, 2005〕 323

ネ

ネオリバティ様式〔Neoliberty〕 8, 9, 40
ネルヴィ, ピエール・ルイージ〔Nervi , Pier Luigi〕 111

ノ

ノイトラ, リチャード〔Neutra, Richard〕 82, 158, 229, 231, 341, 365
ノーレン, ジョン〔Nolen, John〕 190, 191
— ヴェニスの緩やかな幾何学的計画〔Loosely Geometric Plan for Venice, 1926〕 191
ノリ, ジャンバティスタ〔Nolli, Giambattista〕 76
ノルウィッキー, マシュー〔Norwicki, Matthew〕 118
— ローリー・アリーナ〔Raleigh Arena, 1952〕 118
ノルベルグ=シュルツ, クリスチャン〔Norberg-Schulz, Christian〕 65, 66, 163, 338
『ゲニウス・ロキ—建築における現象論に向けて』〔Genius Loci, 1979〕=『ゲニウス・ロキ—建築の現象学をめざして』加藤邦男・田崎祐生訳, 住まいの図書館出版局, 1994年 163
『建築における意図』〔Intentions in Architecture, 1963〕

チーム X〔Team 10〕 19, 38, 89, 106, 161, 213
チッパーフィールド, デイヴィッド〔Chipperfield, David〕 334
チャールズ〔ウェールズ公〕〔Charles, Prince of Wales〕 174-186
チャンディガール〔都市計画〕〔Chandigarh〕 19, 296
チュッチ, ジョルジョ〔Ciucci, Giorgio〕 60
チュミ, ベルナール〔Tschumi, Bernard〕 152, 213, 219-225, 245, 250-253, 263
「環境的誘因」〔"The Environmental Trigger," 1975〕 220
「空間の問い―ピラミッドとラビリンス〔或いは建築的パラドックス〕」〔"Questions of Space: The Pyramid and Labyrinth (or the Architectural Paradox)," 1975〕 220
「建築と侵犯」〔"Architecture and Transgression," 1976〕 221
「建築における暴力」〔"Violence in Architecture," 1981〕 222
— マンハッタン・トランスクリプト〔The Manhattan Transcripts, 1981〕 222, 223
— ラヴィレット公園〔Parc de la Vllete in Paris, 1983-1987〕 223-225, 245, 251, 253
— ル・フレノワの現代アートセンター〔Le Fresnoy Art Center, 1997〕 263
チョムスキー, ノーム〔Chomsky, Noam〕 55, 68, 72
チリーリ, グイド〔Cirilli, Guido〕 169

ツ

ツァウグ, レミー〔Zaugg, Rémy〕 318
ツィン, ビリー〔Williams, Tod and Tsien, Billie〕 345
ツォニス, アレクサンダー〔Tzonis, Alexander〕 160, 161
「地域主義の問題」〔"Der Frage des Regionalismus" (The Question of Regionalism), 1981〕 160
ツムトァ, ペーター〔Zumthor, Peter〕 342-345
— テルメ・ヴァルス〔Therme Vals, Vals, 1996〕 342, 343, 344f
— ブレゲンツ美術館〔Kunsthaus Bregenz, Bregenz, 1997〕 342

テ

デ・オイサ, フランシスコ・バビエル・サエンス〔De Oiza, Javier Sáenz〕 166
デ・キリコ, ジョルジョ〔De Chirico, Giorgio〕 47, 101
デ・ステイル〔De Stijl〕 45, 244
デ・フスコ, レナート〔De Fusco, Renato〕 66
デ・フリース, ナタリー〔De Vries, Nathalie〕 301 → MVRDV
デ・ミケリス, チェザーレ〔De Michelis, Cesare〕 42
デ・ムロン, ピエール〔de Meuron, Pierre〕 316-317, 322 → ヘルツォーク&デ・ムロン
ディーナー & ディーナー〔マルクスとロジャー・ディーナー〕〔Diener and Diener〕 331, 332
— ベルリン・スイス大使館増築棟〔Swiss Embassy, Berlin, 2000〕 332
— リーエンリングの集合住宅とオフィスの複合施設〔Riehenring Housing and Office Complex, Basel, 1985〕 332
デイヴィドソン, シンシア〔Davidson, Cynthia〕 193
ディクソン, ジェレミー〔Dixon , Jeremy〕 183
ディムスター, フランク〔Dimster, Frank〕 82
ディンケルー, ジョン〔Dinkeloo, John〕 → 30 ケヴィン・ローチ+ジョン・ディンケルー事務所
デーヴィス, マイケル〔Davies, Michael〕 126
デーヴィス, ロバート〔Davis, Robert〕 187
テーソー, ジョルジュ〔Teyssot, Georges〕 60
テキサス・レンジャーズ〔Texas Rangers〕 51, 56
デコンストラクション〔脱構築〕〔deconstruction〕 152, 165, 185, 200, 207, 208, 210, 215, 224, 227-256, 260-264, 267, 281, 286, 294, 329
デュラン, ジャン=ニコラ=ルイ〔Durand, J.-N.-L.〕 102
テラーニ, ジュゼッペ〔Terragni, Giuseppe〕 51, 52, 56, 58, 332
— カサ・デル・ファッショ〔Casa del Fascio, 1936〕 52, 53f, 56
テリー, クインラン〔Terry, Quinlan〕 96, 176
デリダ, ジャック〔Derrida, Jacques〕 185, 207-209, 214, 215, 219, 221, 225, 226, 249, 252, 256, 264, 267, 287
『グラマトロジーについて』〔On Gramatrogy, 1967〕=『グラマトロジーについて〔上・下〕』足立和浩訳, 現代思潮新社, 2012 年 207,
デレヴォイ, ロバート〔Delevoy , Robert L.〕 102
デロス宣言〔Delos Declaration〕 13
テンデンツァ〔Tendenza〕 48, 49, 66, 233

Architecture, 1969〕＝『アメリカ建築の新方向』鈴木一訳, SD 選書, 1976 年　30, 71
「ファイヴ・オン・ファイヴ」〔"Five on Five," 1973〕　71
「ポストモダンのダブルス〔"The Doubles of Post-Modern," 1980〕　150
スタルク, フィリップ〔Starck, Phillipe〕　294
スタントン, アラン〔Stanton, Alan〕　126
ストーン, エドワード・ダレル〔Stone, Edward Durell〕　79, 95
ストロマイヤー, ペーター〔Stromeyer, Peter〕　119
スノッツィ, ルイージ〔Snozzi, Luigi〕　331
スピアー, ローリンダ〔Spear, Laurinda〕　187
スピークス, マイケル〔Speaks, Michael,〕　288, 299
スミス, ニール〔Smith, Neil〕　193, 194
スミッソン, アリソンとピーター〔Smithson, Alison & Peter〕　57, 89, 154
スラツキー, ロバート〔Slutzky, Robert〕　51, 52, 56, 140

セ

セインズベリー, ジョン〔Sainsbury, John〕　178
セヴェラッド, フレッド〔Severud, Fred〕　118
ゼーヴィ, ブルーノ〔Zevi, Bruno〕　159, 166
ゼキ, セミール〔Zeki, Semir〕　369
妹島和世〔Sejima, Kazuyo〕　326　→　SANAA
セラ, リチャード〔Serra, Richard〕　237, 322
セリグマン, ワーナー〔Seligman, Werner〕　51
ゼンゲリス, エリア〔Zenghelis, Elia〕　241, 244, 245
ゼンゲリス, ゾエ〔Zenghelis, Zoé〕　244
ゼンパー, ゴットフリード〔Semper, Gottfried〕　237, 315

ソ

ソーン, ジョン〔Soane, John〕　76
ソシュール, フェルディナン・ド〔Saussure, Ferdinand de〕　62, 63, 67, 68, 70, 203, 207
『一般言語学講義』〔Course of General Linguistics〕＝『ソシュール一般言語学講義』町田健訳, 研究社, 2016 年　62
ソベック, ワーナー〔Sobek, Werner〕　305
ソマー, ロバート〔Sommer, Robert〕　17
ソモル, ロバート〔Somol, Robert〕　287, 311
ソラ=モラレス, イグナシ・デ〔Solà-Morales, Ignasi de〕　212, 322
「弱い建築」〔"Weak Architecture," 1987〕　212
ソリアーノ, ラファエル〔Soriano, Raphael〕　82, 158
ソロモン, ダニエル〔Solomon, Daniel〕　195

タ

ダーウィン〔Darwin, Charles〕　267, 369
ターンブル, ウィリアム〔Turnbull, William〕　68, 92
タイガーマン, スタンリー〔Tigerman, Stanley〕　83, 84f, 95, 97, 148, 290
竹山 実〔Takeyama , Minoru〕　92
タフーリ, マンフレッド〔Tafuri, Manfredo〕　40, 42-47, 49, 59, 98, 99, 166, 224
『建築とユートピア』〔Projetto e utopia, 1973〕＝『建築神話の崩壊』藤井博巳訳, 彰国社, 1981 年　45
『建築の理論と歴史』〔Teoria e storia dell'architettura〕＝『建築のテオリア』八束はじめ訳, 朝日出版社, 1985 年　43
「閨房建築」〔"L'Architecture dans le boudoir," 1974〕　59
ダミアーニ, ジョバンニ〔Damiani, Giovanni〕　222
ダリ, サルバドール〔Dali, Salvador〕　242
ダルコー, フランチェスコ〔Dal Co, Francesco〕　42, 60, 168, 171, 237
『カルロ・スカルパ―全作品』〔Carlo Scarpa: Opera complete, 1984〔英語版 Carlo Scarpa: The Complete Works〕〕　168
丹下 健三〔Tange, Kenzo〕　121, 131, 136
ダンス, 老ジョージ〔Dance, George the Elder〕　179
— マンションハウス〔ロンドン市長公邸〕〔Mansion House〕　179
ダンスター, ビル〔Dunster, Bill〕　362
— ベディットン・ゼロ・エナジー開発〔Beddington Zero Energy Development, London, 2002〕　362

チ

地域主義〔regionalism〕　157, 159, 160, 338　→　批判的地域主義
チーズマン, ジョージア〔Cheesman, Georgia and Wendy〕　124
チーム 4〔Team 4 (Richard Rogers, Norman Foster, Wendy Foster, Gegia Cheesman)〕　124
— クリーク・ヴィーン・ハウス〔Creek Vean House, 1966〕　124
— スカイブレイクハウス〔Skybreak House, 1966〕　124

192, 195, 286, 347-370
『持続可能なコミュニティ』〔1986〕〔Sustainable Communities〕 192
シチュアシオニスト・アンテルナショナル〔Situationist International〕 23, 24, 213
ジッテ, カミロ〔Sitte , Camillo〕 100, 185
シッポレイト, ジョージ〔Schipporeit, George〕 113
—レイク・ポイント・タワー〔Lake Point Tower, 1968〕〔ジョン・ハインリッヒと共同〕 114, 114f
シメンティ, マーク・M〔Schimmenti, Mark M.〕 195
シャーデル, バーラム〔Shirdel, Bahram〕 262
ジャッド, ドナルド〔Judd, Donald〕 334
シャフィー, リチャード〔Chaffee, Richard〕 77
シャマイエフ, サージ〔Chermayeff, Serge〕 17, 18, 64, 124
『コミュニティとプライバシー』〔Community and Privacy, 1963〕〔クリストファー・アレグザンダーと共著〕＝『コミュニティとプライバシイ』岡田新一訳, SD 選書 11, 1967 年 17, 18
シャロー, ピエール〔Chareau, Pierre〕 138
シュヴィツィンスキー, ヘルムート〔Swiczinsky, Hekmut〕 253 → コープ・ヒンメルブラウ
シュタイナー, ディーター・M〔Steiner, Dietmar M, 〕 120
シュトライター, リヒャルト〔Streiter, Richard〕 157
シュミット, ハンス〔Schmidt, Hans〕 48
シュルツ=フィエリッツ, エクハード〔Schultze-Fielitz, Echhard〕 11
ショー, ジョン〔Shaw, John〕 51
ジョゴラ, ロマルド〔Giurgola, Romaldo〕 72, 85
ジョバンニーニ, ジョセフ〔Joseph Giovannini〕 189, 255
ジョンソン, フィリップ〔Johnson, Philip〕 77, 78, 95, 251-253, 255, 333
— ワイリー邸〔Wiley House, New Canaan, 1953〕 333
シルバー, ネイザン〔Silver, Nathan〕 88
シルバーズ〔Silvers〕 74, 82, 83 → ホワイト vs グレー
シルバースタイン, マレイ〔Silverstein, Murray〕 142
神経美学〔neuroaesthetics〕 368-370
シンケル, カルル・フリードリッヒ〔Schinkel, Karl Friedrich〕 107, 234
— アルテス・ムゼウム〔Altes Museum in Berlin, 1830〕 234
シンドラー, ルドルフ〔Schindler, Rudolf〕 158, 229
シンプソン, ジョン〔Simpson, John〕 181-183

ス

スーパースタジオ〔Superstudio〕 241
スカーリー, ヴィンセント〔Scully, Vincent〕 52, 71, 74, 85, 98, 186, 196
スカルパ, カルロ〔Scarpa, Carlo〕 138, 168-172, 315
— カ・フォスカリ内部改修〔Restoration of Ca' Foscari, Venice, 1937〕 169
— カステルヴェッキオ美術館改修〔Restoration of the Castelvecchio Museum, Verona, 1973〕 169, 169f
— カノーヴァの石膏彫刻陳列館〔Extension to the Canova Plaster Cast Gallery, Treviso, 1957〕 169, 171
— クェリーニ・スタンパーリア財団〔Fondazione Querini Stampalia, Venice, 1963〕 169
— ブリオン・ヴェガ墓地〔Brion Tomb, San Vito d'Altivole, 1979〕 170, 172
スコット・ブラウン, デニーズ〔Scott Brown, Denise〕 31, 33-38, 46, 65, 72, 79, 161, 178, 210, 211
「意味のある都市」〔"The Meaningful City," 1965〕 34
「ポップから学ぶ」〔"Learning from Pop," 1971〕 37
『ラスベガスから学ぶ』〔Learning from Las Vegas, 1972〕〔ロバート・ヴェンチューリと共著〕＝『ラスベガス』石井和紘・伊藤公文訳, SD 選書 143, 鹿島出版会, 1978 年 35, 36, 37f
スコラーリ, マッシーモ〔Scolari, Massimo〕 48, 50, 60, 97
スターリング, ジェームズ〔Stirling, James〕 82, 83, 95, 101, 124, 149, 151, 153, 156, 180, 181, 229, 232, 233
— オックスフォード大学フローリー・ビル〔Oxford University Florey Building, 1966-71〕 233
— ケンブリッジ大学歴史学部図書館〔Cambridge University History Faculty Library, 1964-67〕 233
— シュトゥットガルト州立美術館〔Neue Staatsgalerie Stuttgart, 1984〕 153, 234, 234f
— ノルドハイム・ウェストファーレン美術館計画〔Düsseldorf Museum für Nordheim Westfalen, 1980〕 233
— レスター大学工学部〔Leicester University Engineering Building, 1959〕 232
スターン, ロバート〔Stern, Robert〕 30, 71, 72, 74, 83-86, 88, 92, 98, 99, 148, 150, 186, 190, 191, 193
『アメリカ建築の新方向』〔New Directions in American

2009年 75f, 95
ゴットマン, ジャン〔Gottmann, Jean〕 133
コフーン, アラン〔Colquoun, Alan〕 57, 69, 127
コリンズ, ピーター〔Collins, Peter〕 43
コルベット, ハーベイ・ワイリー〔Corbett, Harvey Wiley〕 243
コレア, チャールズ〔Correa, Charles〕 174
コロミーナ, ビアトリス〔Colomina, Beatriz〕 350
『セクシュアリティとスペース』〔Sexuality and Space, 1992〕 350
『プライバシーとパブリシティ』〔Privacy and Publicity, 1996〕=『マスメディアとしての近代建築―アドルフ・ロースとル・コルビュジエ』松畑強訳, 鹿島出版会, 1996年 350
コロンビア, メリーランド州〔Columbia, Maryland〕 19, 236
コンウェイ, パトリシア〔Conway, Patricia〕 350
『建築のセックス』〔The Sex of Architecture, 1996〕〔ダイアナ・アグレスト, レスリー・ケーンズ・ワイズマンと共著〕 350
コンティ, ラファエーレ〔Conti, Raffaele〕 101
— キエティの学生寮〔Student housing in Chieti〕〔ジョルジョ・グラッシ, アントニオ・モネスティローリと共同〕 101
『コントロピアノ』誌〔Contropiano〕

サ

サーリネン, エーロ〔Saarinen, Eero〕 31, 67, 69, 91, 95, 118, 124, 130, 246
— TWA ターミナル〔TWA Terminal〕 69, 91, 92
— イエール大学学生寮〔Dormitories at Yale University〕 95
サーリネン, エリエール〔Saarinen, Eliel〕 246
ザエラ=ポロ, アレハンドロ〔Zera-Polo, Alejandro〕 277, 278, 289
ザゴ, アンドリュー〔Zago, Andrew〕 262
ササキ, ミキオ〔Sasaki, Mikio〕 115
佐々木 睦郎〔Sasaki, Mutsuro〕 325
サモーナ, ジュゼッペ〔Samona, Giuseppe〕 40
サリヴァン, ルイス〔Sullivan, Louis〕 16
サンタンデール〔地名〕〔Santander〕 279

シ

ジェイコブズ, ジェーン〔Jacobs, Jane〕 17, 89
『アメリカ大都市の死と生』〔The Death and Life of Great American Cities〕=『アメリカ大都市の死と生』山形浩生訳, 鹿島出版会, 2010年 17
ジェイムソン, コンラッド〔Conrad Jameson〕 96
ジェイムソン, フレデリック〔Jameson, Frederic〕 210, 211, 288
「ポストモダニズムと消費者社会」〔"Postmodernism and Consumer Society"〕〔ハル・フォスター『反美学』所収〕 210
シェーンベルク, アルノルト〔Schönberg, Arnold〕 203, 248
シェット, ヴォルフガング〔Schett, Wolfgang〕 331
シェトナン, マリオ〔Schjetnan, Mario〕 354
— ソチミルコ生態公園〔Xochimilco Ecological Park, Mexico City, 1993〕 351
ジェンキン, パトリック〔環境大臣〕〔Patrick Jenkin〕 178
ジェンキンス, サイモン〔Jenkins, Simon〕 176
ジェンクス, チャールズ〔Jencks, Charles〕 67-69, 82, 83, 88, 89-99, 136, 151, 152, 181, 183, 250, 252
『建築における近代運動』〔Modern Movements in Architecture, 1973〕=『現代建築講義』黒川紀章訳, 彰国社, 1977年 88
『建築の意味』〔Meaning of Architecture, 1969〕〔ジョージ・ベアードと共編〕 67
『ポストモダニズムとは何か?』〔What is Postmodernism? 1986〕 151, 250
『ポストモダニズムの建築言語』〔The Language of Postmodern Architecture, 1977〕=『ポスト・モダニズムの建築言語』竹山実訳,『a+u』1978年10月臨時増刊, 1978年 90, 94
「ポストモダン建築の"伝統"」〔"The 'Tradition' of Post-Modern Architecture," 1977〕 95
「ポストモダン建築の黎明」〔The Rise of Post Modern Architecture, 1975〕 88, 89
シカゴ・セブン〔Chicago Seven〕 82
シザ, アルヴァロ〔Siza, Alvaro〕 165, 336-338
— カルロス・ラモス・パビリオン〔Pavilion Carlos Ramos, Porto, 1986〕 336
— ポルト大学建築学部棟キャンパスデザイン〔Oporto School of Architecture, Porto, 1993〕 336, 337f
持続可能性〔サステイナビリティ〕〔sustainability〕 12,

— ハリウッドボールの改修〔Renovation of the Hollywood Bowl, 1970–1982〕 236
— バルセロナのオリンピック村のための巨大な魚の彫刻〔Fish sculpture for the Olympic Village in Barcelona, 1989〕 239, 239f
— ビルバオ・グッゲンハイム美術館〔Guggenheim Museum Bilbao, 1997〕 240
— マリブのデイヴィス・スタジオ〔Davis Studio, 1968–1972 in Malibu〕 236
— メリウェザー・ポスト・パヴィリオン〔Merriweather Post Pavilion, 1966–1967〕 236
— レセプションセンター〔Reception Center, 1965–1967〕 236
— ロヨラ・ロースクール〔Loyola Law School in Los Angeles, 1978〕 237
ケック, ジョージ・フレッド〔Keck, George Fred〕 64
ケトグラス, ホセ〔Quetglas, Josep〕 322
ケノン, ポール〔Kennon, Paul〕 82
ケヴィン・ローチ+ジョン・ディンケルー事務所〔Kevin Roche, John Dinkeloo and Associates〕 30
— ナイツ・オブ・コロンバス〔Knights of Columbus〕 30
— メモリアル・コロセウム〔Memorial Coliseum〕 30
ケペシュ, ジェルジ〔Kepes, Gyorgy〕 64
ケルボー, ダグラス〔Kelbaugh, Douglas〕 192, 193, 195
現象学〔Phenomenology〕 157, 161, 163, 165, 200, 207, 246, 314, 323, 326, 330, 339-342

コ

公共交通指向型開発〔TOD〕〔Transit-Oriented Developments〕 193, 194f
構成主義／ロシア構成主義〔Constructivism〕 125, 138, 224, 228, 235, 244, 253, 255, 358
「合理主義建築」展〔アートネット・ギャラリー〕〔"Rational Architecture," 1975〕 101
コーエン, ジャン=ルイ〔Cohen, Jean-Louis〕 242
コーエン, スチュアート・E〔Cohen, Stuart E.〕 83
コーエン, プレストン・スコット〔Cohen, Preston Scott〕 270-273
— 石切法の並べ替え〔Stereotomic Permutations, 1997〕 272
— シエスタキーの住宅〔House on Siesta Key, 1992〕 270, 270
— トーラス・ハウス〔Torus House, 1998〕 272, 273f
— モンターギュ・ハウス〔Montague House, 1997〕 272
— ロングボートキーの住宅〔House on Longboat Key, 1992〕 270, 271
コーツ, ナイジェル〔Coates, Nigel〕 219
ゴードン, エリザベス〔Gordon, Elizabeth〕 159
コープ・ヒンメルブラウ〔Coop Himmelblau〕 252, 253
— ハンブルクの超高層プロジェクト〔Skyscraper project for Hamburg, 1985〕 253
ゴールドスミス, マイロン〔Goldsmith, Myron〕 111-113, 113f, 115, 116
ゴールドバーガー, ポール〔Goldberger, Paul〕 73, 88, 94, 95
ゴールドバーグ, バートランド〔Goldberg, Bertrand〕 111
— マリーナ・シティ〔Marina City, 1964〕 111
コールハース, レム〔Koolhaas , Rem〕 98, 152, 153, 156, 219, 223, 240-246, 250, 253, 273, 278, 279, 286, 287, 289-299, 302, 309-311, 314, 320, 349
『S,M,L,XL』〔S,M,L,XL〕=抄訳『S,M,L,XL+ ——現代都市をめぐるエッセイ』太田佳代子・渡辺佐智江訳, 筑摩書房, 2015 年 297, 299, 303
『デリリアス・ニューヨーク』〔Delirious New York, 1978〕=『錯乱のニューヨーク』鈴木圭介訳, 筑摩書房, 1999 年 242, 244, 290-292, 297, 302
「ビッグネス, あるいはラージの問題」〔"Bigness, or the Problem of Large," 1995〕〔上記『S,M,L,XL』所収〕 297
— ヴィラ・ダラヴァ〔サン・クルーのヴィラ〕〔Villa dall'Ava, Saint Cloud, 1991〕 290
— カールスルーエのアート・メディアセンター〔Center for Art and Media Technology (ZKM), 1992〕 263, 273, 291, 292, 293f
— 囚われた地球の都市〔City of the Captive Globe, 1972〕 241
— ハーグのオランダ議会増築設計競技案〔Dutch Parliament in The Hague, 1981〕 244
— ハーグのナショナル・ダンス・シアター〔National Dance Theater in The Hague, 1987〕 244
ゴーワン, ジェームズ〔Gowan, James〕 232
コッター, フレッド〔Koetter, Fred〕 75, 95
『コラージュ・シティ』〔Collage City〕〔コーリン・ロウと共著〕=『コラージュ・シティ』渡辺真理訳, SD選書,

156f
『都市空間』〔『理論と実践としての都市空間』英語版〕〔Urban Space, 1979〕 100
『理論と実践としての都市空間』〔Stadraum in Theorie und Praxis, 1975〕 100
クリサリス・グループ〔Crysalis Group〕 126
グリンベルト, メリーランド州〔Greenbelt, Maryland〕 19
グルーエン, ヴィクター〔Gruen, Victor〕 235
グルポ・デ・ディセノ・ウルバノ〔GDU, Grupo de Diseño Urbano〕 354 → シュジェットナン, マリオ
グレイヴス, マイケル〔Graves, Michael〕 52, 56, 58, 72, 74, 85, 92, 97, 148, 150, 151, 186, 235
「比喩的建築擁護論」〔"The Case for Figurative Architecture," 1982〕=『マイケル・グレイヴス作品集 1966-1981』植田実・菊池秦子訳, A.D.A.Edita Tokyo, 1982年 150
— サン・ファン・キャピストラーノの公共図書館〔Public Library, San Juan Capistrano, 1980〕 148
— ハンセルマン邸〔Hanselmann House〕 58
— ポートランド・ビル〔Portland Building, Portland, 1980〕 148, 235
グレイ派〔Grays〕 74, 75, 79, 85, 92 → ホワイト vs グレー
クレー, パウル〔Klee, Paul〕 203
グレゴッティ, ヴィットリオ〔Gregotti, Vittorio〕 30, 48, 155, 156
『イタリア建築の新方向』〔New Directions in Italian Architecture, 1968〕=『イタリアの現代建築』松井宏方訳, 鹿島出版会, 1979年 30
グローバリゼーション〔globalization〕 297, 349
黒川 紀章〔Kurokawa, Kisho〕 131, 132, 134, 135
『プレファブ集合住宅』〔1962〕 132
— 1970大阪万博・タカラビューティリオン〔Takara Beautillion Pavilion, 1970〕 134
— 1970大阪万博・空中テーマ館〔住宅カプセル〕〔Capsule House in the theme pavilion of Expo '70〕 134
— 埼玉近代美術館〔Museum of Modern Art, Saitama, 1982〕 134
— 中銀カプセルタワー〔Nakagin Capsule Tower, 1972〕 134
— 菱野ニュータウン〔Hishino New Town, 1967〕 133
— ヘリックス・シティ〔Helix City, 1960〕 132, 133f
— メタモルフォーゼ計画〔Metamorphosis proposal, 1965〕 133
— ワコール麹町ビル〔Wacoal Kojimachi Building, 1984〕 134, 135f
クロッツ, ハインリッヒ〔Klotz, Heinrich〕 152, 153
『ポストモダン建築の歴史』〔『モダンとポストモダン』英訳版〕〔The History of Postmodern Architecture, 1987〕 153
『モダンとポストモダン』〔Moderne und Postmoderne. Architektur der Gegenwart 1960-1980, 1984〕 153
グロピウス, ヴァルター〔Gropius, Walter〕 30, 58, 78, 88, 103, 123, 158, 160, 336
グワスミイ, チャールズ〔Gwathmey, Charles〕 52, 56, 85

ケ

軽量建設開発研究所〔ベルリン=ツァーレンドルフ〕〔Institute for the Development of Lightweight Construction〕 119
軽量構造研究所〔シュトゥットガルト〕〔Institute for Lightweight Structures (IL)〕 119, 120-123
軽量構造研究所〔ロンドン〕〔Lightweight Structures Laboratory〕 121
ケージ, ジョン〔Cage, John〕 255
ケーススタディハウス〔Case Study Houses〕 124, 236
ゲーテ, ヨハン・ヴォルフガング・フォン〔Goethe, Johann Wolfgang von〕 174
ケーニッヒ, ジョヴァンニ・クラウス〔Koenig, Giovanni Klaus〕 66
ケーニッヒ, ピエール〔Koenig, Pierre〕 82
ゲーリー, フランク・O〔Gehry, Frank O.〕 97, 148, 152, 235-240, 250-253, 262
— サン・フアン・キャピストラーノのオニールの納屋〔O'Neill Hay Barn, 1968 in San Juan Capistrano〕 236
— サンタモニカ・プレイス〔Santa Monica Place, 1972–1980〕 236
— スティーブズ邸〔Steeves Residence, 1958–1959〕 236
— スミス邸〔Smith House, 1981〕 237
— ダンツィンガー・スタジオ・レジデンス〔Danzinger Studio and Residence, 1965〕 236
— ディズニーコンサートホール〔Walt Disney Concert Hall, 2003〕 240

Headquarters, Granada, 2001〕 334f
— デ・ブラス邸〔De Blas House, Madrid, 2000〕 333

キ

ギーディオン, シグフリード〔Giedion , Sigfried〕 57, 72, 78, 91, 154, 160
菊竹 清訓〔Kikutake, Kiyonori〕 131, 132
— 海上都市〔Ocean City, 1960〕 132
キプニス, ジェフリー〔Kipnis, Jeffrey〕 247, 260-264, 269, 287
「新しい建築へ向けて」〔"Towards a New Architecture," 1993〕 262
「不抗争の答弁」〔"Nolo Contendere," 1990〕 260
キュロ, モーリス〔Culot, Maurice〕 95, 98, 105
「建築のための唯一の道」〔"The Only Path for Architecture," 1978〕〔レオン・クリエと共著〕 105
『ギリシャの建築』誌〔Architecture in Greece〕 160
ギル, アーヴィング〔Gill, Irving〕 158
ギンズブルグ, J·A〔Ginzberg, J.A.〕 48
「近代建築──国際展示会」〔MoMA〕〔"Modern Architecture: International Exhibition," 1932〕 158
近代建築国際会議〔CIAM〕〔Congrès International d'Architecture Moderne〕 7, 9, 16, 131, 159, 160, 195
「近代建築に何が起きているのか?」〔シンポジウム, MOMA〕〔"What to Happening to Modern Architecture?" 1948〕 159

ク

『クァデルンス・ダルキテクトゥーラ・イ・ウルバニスム』誌〔Quaderns d'arquitectura i urbanisme〕 276
クアローニ, ルドヴィコ〔Quaroni, Ludovico〕 170
クウィンター, サンフォード〔Kwinter, Sanford〕 310
グーズ, アドリアーン〔Geuze, Adriaan〕 300
クック, ピーター〔Cook, Peter〕 12, 82
— プラグ・イン・シティ〔Plug-in City, 1964〕 12
クッパー, ユージン〔Kupper, Eugene〕 74
グトブロード, ロルフ〔Gutbrod, Rolf〕 120
— モントリオール万博ドイツ館〔German Pavilion at Montreal Expo '67, 1967〕 120
クライフース, ヨーセフ·P〔Kleihues, Josef〕 101, 152, 155-157
クライマトロオフィス〔Climatroffice〕 128, 129
クライン, イヴ〔Klein, Yves〕 318
クラウス, ロザリンド〔Krauss, Rosalind〕 54, 314
クラックシャンク, ダン〔Cruickshank , Dan〕 181
グラッシ, ジョルジョ〔Grassi, Giorgio〕 41, 42, 48, 101
『建築の論理的構成』〔La costruzione logica dell'architettura, 1967〕 42
— キエティの学生寮〔Student housing in Chieti〕〔アントニオ・モネスティローリ, ラファエーレ・コンティと共同〕 101
— サン・ロッコ集合住宅計画案〔Design for San Rocco Housing in Monza, 1966〕〔アルド・ロッシと共同〕 41
グラハム, ブルース〔Graham, Bruce〕 111, 112, 116 → SOM
— インランド・スティール・ビル〔Inland Steel Building, 1957〕 111
— シアーズ・タワー〔現ウィリス・タワー〕〔Sears Tower (now Willis Tower), 1974〕 117
— ジョン・ハンコック・タワー〔John Hancock Tower, 1970〕 115, 116f
— チェストナット=ドゥウィット・アパートメント〔Chestnut-DeWitt Apartments, 1965〕 112, 114, 115, 117
— ブランズウィック・ビル〔Brunswick Building,1965〕 112, 113
グランダクス〔Grande Axe〕 296
グリーン・アーキテクチャー〔green architecture〕 352, 360, 368
グリーン・アーバニズム〔green urbanism〕 360
グリーン&グリーン〔Greene and Greene〕 157
グリーンバーグ, アラン〔Greenberg, Allan〕 72, 97, 186
グリーンバーグ, クレメント〔Greenberg, Crement〕 39
グリーンバーグ, ケン〔Greenberg, Ken〕 195
クリエ, レオン〔クリエ兄弟〕〔Krier, Léon〕 98, 100, 101-105, 151, 154, 181, 183, 190, 191, 193, 219, 220, 223, 233, 243
「建築のための唯一の道」〔"The Only Path for Architecture," 1978〕〔モーリス・キュロと共著〕 105
「都市の再興」〔"The Reconstruction of the City," 1978〕〔下記『ラショナル・アーキテクチャー』所収〕 103
『ラショナル・アーキテクチャー』〔Rational Architecture, 1978〕 101, 102f, 104
クリエ, ロブ〔クリエ兄弟〕〔Krier, Robert〕 98, 100, 156,

Enschede〕 106
— ドイツ建築博物館〔German Architectural Museum in Frankfurt, 1979–1984〕 106
— バチカン・ドイツ大使館〔German Embassy to the Vatican of 1965〕 106
— ベルリン・グリュンツーク・ズュードの再開発計画〔Project for Grünzug-Sud〕 106

エ

エイゼンシュテイン〔Eisenstein, Sergei〕 222
エイン, グレゴリー〔Ain, Gregory〕 158
『エー・アンド・ユー』誌〔a+u: Architecture and Urbanism〕 74, 340
エーコ, ウンベルト〔Eco, Umberto〕 66, 70
『不在の構造』〔La struttura assente, 1968〕 70
「エコール・デ・ボザールの建築」展〔MoMA〕〔"Architecture of the Ecole des Beaux-Arts, The," 1975〕 75-77
エシェリック, ジョセフ〔Joseph Esherick〕 96, 158
エリス, レイモンド〔Erith, Raymond〕 96, 104
エルウッド, クレイグ〔Ellwood, Craig〕 82

オ

オイサ, フランシスコ・ザビエル・サエンス・デ〔Oiza, Javier Sáenz de〕 166
オーヴ・アラップ & パートナーズ〔Ove Arup & Partners〕 121, 123-125, 129, 180, 182, 273, 352, 353, 362, 363
オーフィールド, ミーロン〔Orfield, Myron〕 195
オオソイス, ヘリット〔Oorthuys, Gerrit〕 241
大高 正人〔Otaka, Masato〕 131, 132
オットー, フライ〔Otto, Frei〕 11, 30, 100, 118-123
— ミュンヘン・オリンピックのための複合施設〔Complex Planned for the Munich Olympics of 1972〕〔ギュンター・ベーニッシュと共同〕 30
『オポジションズ』誌〔Oppositions〕 59, 69, 70, 80, 102, 105, 161, 213, 214, 221, 262
オルソップ, ウィル〔Alsop, Will〕 219
オルデンバーグ, クレス〔Oldenburg, Claes〕 238
オルムステッド, フレデリック・ロー〔Olmsted, Frederick Law〕 190

カ

カーン, ファズルール〔Khan, Fazlur〕 111-113, 115-117
カーン, ルイ〔Kahn, Louis〕 30-32, 34, 98, 124, 130, 132, 138, 163, 177, 315, 334, 336
ガウサ, マヌエル〔Gausa, Manuel〕 276, 277
ガウディ, アントニ〔Gaudí, Antonio〕 93, 282, 324
— カサ・バトリョ〔Casa Battló, 1904–1906〕 93f
— グエル公園〔Park Guëll, 1914〕 230
— サグラダ・ファミリア〔Sagrada Familia, Barcelona, 1882-〕 324
『カサベラ・コンティヌイタ』誌〔Casabella-continuità〕 8, 9, 37, 40, 48, 56, 155
カッチャーリ, マッシモ〔Cacciari, Massimo〕 42, 46
可動建築研究グループ〔Groupe d'Etude d'Architecture Mobile〕 119
カノ・ラッソ, フリオ〔Cano Lasso, Julio〕 332
カフカ, フランツ〔Kafka, Franz〕 203
カラトラヴァ, サンティアゴ〔Calatrava, Santiago〕 306-309, 308f
カリー, ミルトン〔Curry, Milton〕 349
カルソープ, ピーター〔Calthorpe, Pete〕 191-193, 195
『持続可能なコミュニティ』〔Sustainable Communities: A New Design Synthesis for Cities, Suburbs, and Towns, 1986〕〔ファン・デル・リンと共編〕 192
『ネクスト・アメリカン・メトロポリス』〔The Next American Metropolis, 1993〕=『次世代のアメリカの都市づくり――ニューアーバニズムの手法』倉田直道・倉田洋子訳, 学芸出版社, 2004 年 194f
— ラグーナ・ウェスト〔Laguna West,1989〕 193
ガルバリーノ, スティーブ〔Garbarino, Steve〕 189
川添 登〔Kawazoe, Noboru〕 131
『METABOLISM 1960 ――都市への提案』〔METABOLISM 1960: The Proposals for New Urbanism, 1960〕=日本語版:川添登編『メタボリズム 1960 未来の都市』美術出版社, 1960 年 131
ガンズ, ハーバート〔Gans, Herberd〕 17, 32, 34, 39
『都市居住者たち』〔Urban Villagers, 1962〕=『都市の村人たち――イタリア系アメリカ人の階級文化と都市再開発』松本康訳, ハーベスト社, 2006 年 17
ガンデルソナス, マリオ〔Gandelsonas, Mario〕 52, 59, 69, 70, 80, 213
「ネオ機能主義」〔"Neo-Functionalism," 1976〕 80
カンポ・バエザ, アルベルト〔Campo Baeza, Alberto〕 332, 333
— ガスパール邸〔Gaspar House, Cádiz, 1992〕 332
— グラナダ貯蓄銀行本部〔Granada Savings Bank

Takasaki, 1974〕 136, 153
— 福岡相互銀行本店〔Fukuoka Sogo Bank, 1971〕 136
イッテン, ヨハネス〔Itten, Johannes〕 64
伊東 豊雄〔Ito, Toyoo〕 152, 324-326, 325f
— 風の卵〔Egg of Winds, Tokyo, 1991〕 324
— 風の塔〔Tower of Winds, Yokohama, 1995〕 324
— せんだいメディアテーク〔Sendai Mediatheque, Sendai, 2001〕 325, 325f
イラセ, フルビオ〔Irace, Fulvio〕 149
イングラハム, キャサリン〔Ingraham, Catherine〕 255
インターナショナル・スタイル〔The International Style〕 13, 77, 252, 254
インディペンデント・グループ〔Independenta Group〕 10, 13
『インランド・アーキテクト』誌〔Inland Archietct〕 95, 255

ウ

ヴァーグナー, オットー〔Wagner, Otto〕 137, 232
ヴァイゼンホーフ・ジードルングの住宅展示会〔Weissenh of Exhibition of 1927〕 155, 158, 296, 337
ヴァイル, フェリックス〔Weil, Felix〕 200
ヴァッティモ, ジャンニ〔Vattimo, Gianni〕 212
『弱い思考』〔Il pensiero debole, 1983〕 =『弱い思考』上村忠男・山田忠彰・金山 準・土肥秀行訳, 法政大学出版局, 2012年 212
ヴァルツ, アーノルド〔Walz, Arnold〕 305
ヴァン・ザンテン, デイヴィッド〔Van Zanten, David〕 77
ヴァン・ブリュッゲン, コーシャ〔Van Bruggen, Coosje〕 238
ヴァンブラ, ジョン〔Vanbrugh, John〕 174
ヴィオレ・ド・デュク, ウジェーヌ・エマニュエル〔Viollet-le-Duc, Eugène-Emmanuel〕 307
ウィグリー, マーク〔Wigley, Mark〕 250-254
「ジャック・デリダと建築—建築的言説の構成的可能性」〔博士論文〕〔"Jacques Derrida and Architecture: The Constructive Possibilities of Architectural Discourse," 1986〕 252
ウィッタッカー, チャールズ〔Whitaker, Charles〕 158
ウィットカウアー, ルドルフ〔Wittkower, Rudolf〕 50, 271
ヴィドラー, アンソニー〔Vidler , Anthony〕 52, 102, 103
「第三のタイポロジー」〔"The Third Typology," 1976〕 102, 103
ウィトルウィウス〔Vitruvius〕 247
ウィルソン, エドワード・O〔Wilson, Edward O.〕 367
ウェーバー, マックス〔Weber, Max〕 41, 45
ウエスト8〔West 8〕 300 → グーズ, アドリアーン
ヴェセリー, ダリボア〔Vesely, Dalibor〕 246
ウェッバー, メルヴィン〔Webber, Melvin〕 34, 162
ヴェンチューリ・ラウク事務所〔Venturi and Rauch〕 187
ヴェンチューリ・スコット・ブラウン事務所〔Venturi and Scott Brown〕 178
ヴェンチューリ, ロバート〔Venturi, Robert〕 31, 33-37, 40, 44-46, 52, 56, 62, 65, 71, 72, 74, 77, 80, 92, 98, 104, 148, 161-163, 178, 210, 211, 263, 271, 320
『建築における複雑性と矛盾』〔Complexity and Contradiction in Architecture, 1966〕 =『建築の多様性と対立性』伊藤公文訳,SD選書174鹿島出版会, 1982年 32, 77
『ラスベガスから学ぶ』〔Learning from Las Vegas, 1972〕〔デニーズ・スコット・ブラウンと共著〕 =『ラスベガス』石井和紘・伊藤公文訳, SD選書143, 鹿島出版会, 1978年 35, 36, 37f
— 北ペンシルベニア訪問看護師協会〔North Penn Visiting Nurses Association, 1961–1963〕 31
— ギルド・ホール〔Guild House, 1961–1966〕 32
— 母の家〔Mother's House in Chestnut Hill, 1959–1964〕 31
ウォルシュ, グレッグ〔Walsh, Greg〕 236
ウッソン, ヨーン〔Utzon, Jørn〕 91, 123, 124, 164, 166, 329
— シドニー・オペラハウス〔Sydney Opera House, Sydney, 1973〕 91, 92, 123, 125, 329
ヴリーランド, トム〔Vreeland, Tom〕 52, 74, 82
ウルスター, ウィリアム〔Wurster, William〕 158
ウルフ, トム〔Wolfe, Tom〕 98
『バウハウスから私たちのハウスへ』〔From Bauhaus to Our House, 1981〕 =『バウハウスからマイホームまで』諸岡敏行訳, 晶文社, 1983年 98
ウルム造形大学〔ウルム造形学校〔Hochscule für Gesaltung, Ulm〕 37, 64-66
ウルリッヒ, ロジャー・S〔Ulrich, Roger S.〕 367
ウンガース, O・M〔Ungers, Oswald Matias〕 100, 106, 148, 156
— エンスヘーデの学生寮計画〔Student residences for

― ストックホルム図書館〔Stockholm Public library, 1928〕 234
『アッサンブラージュ』誌〔Assemblage〕 248, 262, 270, 288
『アッパーケース』誌〔Uppercase〕 65
アテネ憲章〔Athens Charter〕 8, 14, 41, 195
アドルノ, テオドール〔Adorno, Theodor W.〕 23, 57, 65, 70, 164, 201-203, 209-211, 220, 256, 262
『啓蒙の弁証法』〔Dialectic of the Enlightenment, 1947〕〔マックス・ホルクハイマーと共著〕＝『啓蒙の弁証法──哲学的断想』徳永恂訳, 岩波書店, 2007年 202
『アリーナ』誌〔Arena〕 67
アルバース, ヨーゼフ〔Albers, Josef〕 64
アルベルティ, レオン・バティスタ〔Alberti, Leon Battista〕 172, 247
アレグザンダー, クリストファー〔Alexander, Christopher〕 17-22, 52, 140-142, 163, 191, 193, 365
『形の合成に関するノート』〔Notes on the Synthesis of Form, 1964〕＝『形の合成に関するノート──都市はツリーではない』稲葉武司・押野見邦英訳, SD選書263, 2013年 18
「形態の合成──ある理論に基づくノート」〔博士論文〕〔"The Synthesisi of Form: Some Notes on a Theory," 1962〕 18
『コミュニティとプライバシー』〔Community and Privacy, 1963〕〔サージ・シャマイエフと共著〕＝『コミュニティとプライバシイ』岡田新一訳, SD選書11, 1967年 17, 18
『生命の現象──秩序の性質』〔Phenomenon of Life: Nature of Order, 2001-2004〕 142
『時を超えた建設の道』〔The Timeless Way of Building, 1979〕 140
「都市はツリーではない」〔"A City is Not a Tree," 1965〕 19
『パターン・ランゲージ』〔A Pattern Language, 1977〕＝『パターン・ランゲージ──環境設計の手引』平田翰那訳, 鹿島出版会, 1984年 142, 193
『パターンから生成された住宅』〔Houses Generated by Patterns, 1969〕 21, 21f
『マルチ・サービス・センターを生成するパターン・ランゲージ』〔A Pattern Language Which Generates Multi-Service Centers, 1968〕 20
― ペルー・リマ市の実験集合住宅・PREVI〔Experimental housing project-PREVI, Lima, Peru, 1970〕 20
アロウェイ, ローレンス〔Alloway, Lawrence〕 10
アロフシン, アンソニー〔Alfonsin, Anthony〕 160, 161
「アン・プライベート・ハウス」展〔MoMA〕〔"Un-Private House," 1999〕 272
アンウィン, レイモンド〔Unwin , Raymond〕 191
― ガーデンシティ構想〔Garden-City Ideal〕 191
『アンゲルス・ノブス〔新しい天使〕』誌〔Angelus Novus〕 42
アンジェライズ, フィル〔Angelides, Phil〕 193
アンダーソン, スタンフォード〔Anderson, Stanford〕 52
アンダーソン, マーティン〔Anderson, Martin〕 17
『連邦ブルドーザー』〔The Federal Bulldozer, 1964〕 17
安藤 忠雄〔Ando, Tadao〕 335, 336
― ストーン・ヒル・センター〔Stone Hill Center, Williamstown, 2008〕 336
― 光の教会〔Chapel of the Light (Ibaraki Kasugaoka Church), Ibaraki, 1989〕 335
― 水の教会〔Chapel on the Water, Shimukappu, 1988〕 335
アントナカキス, スザーナ〔Antonakakis, Susana〕 161
アントニオーニ, ミケランジェロ〔Antonioni, Michelangelo〕 222
アンバース, エミリオ〔Ambasz, Emilio〕 149, 252

イ

イームズ夫妻〔Eames, Charles and Ray〕 82
イェン, ケン〔Yeang, Ken〕 353, 358, 359
『エコ・デザイン』〔Ecodesign, 2006〕 359
『エコ・マスタープランニング』〔EcoMasterplanning, 2009〕 360
『エコ超高層』〔Eco Skyscrapers, 1994〕 358
― IBMタワー〔IBM tower, Kuala Lumpur, 1992〕 359
イシカワ, サラ〔Ishikawa, Sara〕 21f, 142
イスラエル, フランクリン〔Israel, Franklin〕 148
磯崎 新〔Isozaki, Arata〕 97, 135, 136, 153, 180, 181
― 大分県立図書館〔Oita Library, 1966〕 136
― 群馬県立美術館〔Gunma Museum of Fine Arts in

索引

本文中の書名・論文名・作品名はそれぞれの著者・作者名のサブ項目とした。
作品名には「—」を付した。頁番号の後のｆ記号は図版を指す。

ア

アーキグラム〔Archigram〕　12, 75, 126, 219
アーキズーム〔Archizoom〕　95, 220
『アーキテクチュラル・デザイン』誌〔Architectural Design〕　57, 78, 88, 94, 104, 121, 222, 249, 250, 262, 265, 267, 268
『アーキテクチュラル・フォーラム』誌〔Architectural Forum〕　73
『アーキテクチュラル・レビュー』誌〔Architectural Review〕　11, 71, 75
アーキテクトニカ〔Arquitectonica〕　187
アースキン, ラルフ〔Erskine, Ralph〕　92
— グリニッジ・ミレニアム・ヴィレッジ〔Greenwich Millennium Village, London, 2010〕　362
アールト, アルヴァ〔Aalto, Alvar〕　32, 164, 165, 177, 336, 342
— フィンランディア・ホール〔Finlandia Hall, Helsinki, 1967〕　342
アーレンズ・バートン・アンド・コラレク建築事務所〔Ahrends, Burton, and Koralek〕　175, 176, 178
— ナショナル・ギャラリー増築計画〔National Gallery on Trafalgar Square ,1986〕　175, 176, 178
アーレント, ハンナ〔Arendt, Hanna〕　39, 57, 164, 201
アーレント, ランドール〔Arendt, Randall〕　195
アイゼンマン, ピーター〔Eisenman, Peter〕　37, 50, 51-59, 68, 69, 72, 74, 79, 80-85, 150, 152, 193, 213-219, 224, 225, 228, 250-253, 262, 263, 265, 268-271, 286, 288, 290, 310
「近代建築の形態的基礎」〔博士論文〕〔"The Formal Basis of Modern Architecture," 1963〕　51
「古典的なものの終わり—始まりの終わり, 終わりの終わり」〔"The End of the Classical: The End of the Beginning, the End of the End"〕　218
『ファイヴ・アーキテクツ』〔Five Architects: Eisenman, Graves, Gwathmey, Hejduk, Meier, 1972〕　71-73, 77, 187
「ポスト機能主義」〔"Post-Functionalism," 1976〕　80, 81, 214
—ヴェニス・プロジェクト（カンナレージョ・プロジェクト）〔Cannaregio Project in Venice, 1978〕　215-217
— オハイオ州立大学ウェクスナーセンター〔Wexner Center for the Arts, Ohio State University, 1989〕　218, 219, 268
— グレイター・コロンバス・コンベンションセンター〔Greater Columbus Convention Center, 1993〕　268
— コーラルワークス〔Chora L Works, 1985-87〕　225
— ハウスⅠ〔バレンホルツ・パビリオン〕〔House I (Barenholtz Pavilion in Princeton), 1967〕　54, 55f, 58
— ハウスⅩ〔House X, 1976〕　214, 215f
— フランクフルト大学バイオセンター〔Biocenter for the University of Frankfurt, 1987〕　253
— ベルリンの「人工的発掘の都市」プロジェクト〔City of Artificial Excavation project for Berlin, 1981〕　217
— ベルリンのマックス・ラインハルト摩天楼プロジェクト〔Max Reinhardt skyscraper for Berlin, 1992〕　268, 269f
アイヒャー, オトル〔Aicher, Otl〕　64
アイモニーノ, カルロ〔Aymonino, Carlo〕　40, 43, 46
— ガララテーゼの集合住宅〔Gallaratese, 1969〕〔アルド・ロッシと共同〕　47, 47f
アウト, J·J·P〔Oud, J.J.P.〕　48
アクター〔建築出版社〕〔Actar〕　276
アクライトナー, フリードリヒ〔Achleitner, Freidrich〕　231
アグレスト, ダイアナ〔Agrest, Diana〕　70, 213, 214, 350
『建築のセックス』〔The Sex of Architecture, 1996〕〔パトリシア・コンウェイ, レスリー・ケーンズ・ワイズマンと共著〕　350
「デザイン対ノン・デザイン」〔"Design versus Non-Design," 1976〕　213
アスプルンド, グンナー〔Asplund, Gunnar〕

略歴

著者

ハリー・フランシス・マルグレイヴ（Harry Francis Mallgrave）
建築史家、イリノイ工科大学名誉教授。一九四七年生まれ。ペンシルベニア大学博士（Ph.D）。ゴットフリード・ゼンパーの研究により一九九七年アメリカ建築史家協会A・D・ヒッチコック賞受賞。二〇一三年よりRIBA名誉会員。著書に *Modern Architectural Theory: A Historical Survey, 1673-1968*（加藤耕一監訳『近代建築理論全史1673-1968』丸善出版）、*The Architect's Brain: Neuroscience, Creativity, and Architecture*、*Architecture and Embodiment: The Implications of the New Science and Humanities for Design* など多数。

デイヴィッド・グッドマン（David Goodman）
建築家、IE大学教授（スペイン）。ハーヴァード大学とコーネル大学で建築の修士号取得。ラファエル・モネオ事務所勤務を経てロードワーク・スタジオ主宰。イリノイ工科大学准教授を経て現職。

訳者

澤岡 清秀（さわおか きよひで）
建築家、工学院大学名誉教授。一九五二年生まれ。一九七四年東京大学工学部建築学科卒業。同大学大学院およびハーヴァード大学大学院建築修士課程修了。ケヴィン・ローチ、リチャード・ロジャーズ事務所を経て一九八〇－一九九二年槇総合計画事務所勤務。コロンビア大学客員教授、工学院大学助教授を経て一九九八－二〇一九年教授。澤岡建築設計事務所代表。博士（環境学）。おもな設計に「工学院大学スチューデントセンター」（東京建築賞優秀賞）、おもな著書に『音楽空間への誘い』（共著、鹿島出版会）など。
（前奏曲、1章1・4節、2章、4章、8章、10章担当および全体監訳）

大和田 卓（おおわだ たかし）
日建設計勤務。一九八八年生まれ。二〇一一年東京理科大学工学部第一部建築学科卒業。スイス連邦工科大学チューリッヒ校建築学専攻留学を経て、二〇一五年東京大学大学院工学系研究科建築学専攻修士課程修了、現職。
（5章、11章、12章担当）

片桐 悠自（かたぎり ゆうじ）
東京理科大学理工学部建築学科助教。一九八九年生まれ。二〇一二年東京大学工学部建築学科卒業。フランス国立パリ・ラヴィレット建築大学留学を経て、二〇一七年東京大学大学院工学系研究科建築学専攻博士課程修了、現職。博士（工学）。
（1章2・3節、3章、6章担当）

金 柾昍（キム ジョンホン）
オートデスク㈱勤務。一九八〇年生まれ。二〇〇八年光云大学建築学科卒業。東京大学大学院工学系研究科建築学専攻修士課程修了、二〇一七年同博士課程単位取得退学。NCN、AIS、日建設計を経て二〇二〇年現職。
（7章、9章担当）

現代建築理論序説《げんだいけんちくりろんじょせつ》
1968年以降《いこう》の系譜《けいふ》

二〇一八年五月二五日　第一刷発行
二〇二〇年五月二五日　第二刷発行

監訳者　澤岡清秀《さわおかきよひで》
発行者　坪内文生
発行所　鹿島出版会
〒一〇四―〇〇二八　東京都中央区八重洲二―五―一四
電話〇三―六二〇二―五二〇〇　振替〇〇一六〇―二―一八〇八八三
印刷　三美印刷
製本　牧製本

ISBN 978-4-306-04664-1 C3052

本書の内容に関するご意見・ご感想は下記までお寄せ下さい。
URL: http://www.kajima-publishing.co.jp/　e-mail: info@kajima-publishing.co.jp